中央高校基本科研业务费资助项目"现代科技发展的法哲学研究——基于伦理向度与法律规制的维度"（2019WKZDJC021）的结项成果；

国家社科基金重大项目"民族自治地方社会治理现代化的机理与路径研究"（22VMZ006）、国家人权教育与培训基地项目"大数据时代的生存方式与法治回应研究"（2022WKFZZX012）的阶段性成果。

现代科技发展的
法哲学研究

基于伦理向度和法律治理的维度

 何士青 著

中国社会科学出版社

图书在版编目（CIP）数据

现代科技发展的法哲学研究：基于伦理向度和法律治理的维度 / 何士青著. -- 北京：中国社会科学出版社, 2025. 5. -- ISBN 978-7-5227-4756-9

Ⅰ. D912.170.4

中国国家版本馆 CIP 数据核字第 2025ZH1080 号

出 版 人	赵剑英
责任编辑	宫京蕾
责任校对	秦　婵
责任印制	郝美娜

出　　版	中国社会科学出版社
社　　址	北京鼓楼西大街甲 158 号
邮　　编	100720
网　　址	http://www.csspw.cn
发 行 部	010-84083685
门 市 部	010-84029450
经　　销	新华书店及其他书店

印刷装订	北京君升印刷有限公司
版　　次	2025 年 5 月第 1 版
印　　次	2025 年 5 月第 1 次印刷

开　　本	710×1000　1/16
印　　张	18
插　　页	2
字　　数	311 千字
定　　价	108.00 元

凡购买中国社会科学出版社图书，如有质量问题请与本社营销中心联系调换

电话：010-84083683

版权所有　侵权必究

目　录

导论 …………………………………………………………………… (1)
　　一　研究缘起 …………………………………………………… (2)
　　二　研究意义 …………………………………………………… (3)
　　三　研究现状概览 ……………………………………………… (7)
　　四　研究思路、研究方法与研究创新 ………………………… (16)
第一章　科技的人本精神 ……………………………………………… (18)
　第一节　科技人本精神的理论诠释 ………………………………… (18)
　　一　科技概述 …………………………………………………… (19)
　　二　人本释义 …………………………………………………… (22)
　　三　科技人本精神解读 ………………………………………… (26)
　第二节　科技人本精神的人性本源 ………………………………… (30)
　　一　人的需要是人性的根基 …………………………………… (31)
　　二　人的需要对科技发展的决定意义 ………………………… (34)
　第三节　科技人本精神的实践根基 ………………………………… (36)
　　一　实践使生态自然转化为科技的内涵 ……………………… (36)
　　二　科技是人从必然迈向自由的重要力量 …………………… (39)
第二章　科技异化对科技人本精神的背离 …………………………… (44)
　第一节　科技异化的概念解读 ……………………………………… (44)
　　一　异化：科技异化的属概念 ………………………………… (45)
　　二　科技异化：科技成为人的异己力量 ……………………… (47)
　第二节　科技异化的思想成因 ……………………………………… (51)
　　一　科技工具理性的语义分析 ………………………………… (52)
　　二　科技工具理性膨胀是科技异化的思想成因 ……………… (56)

第三节　科技异化背离科技人本精神 …………………… （59）
  一　科技异化损害人的主体地位 ………………………… （60）
  二　科技异化消解行为规范效力 ………………………… （64）
  三　科技异化破坏自然生态环境 ………………………… （68）
  四　科技异化威胁人的族类安全 ………………………… （73）

第三章　科技现代化要求科技伦理与科技法律协同 …………… （79）
第一节　科技现代化是中国式现代化的战略支撑 …………… （79）
  一　中国式现代化及其构成体系 ………………………… （80）
  二　科技现代化是中国式现代化的关键和核心 ………… （85）
第二节　科技现代化的"健康"底色要求加强科技治理 ……… （90）
  一　科技健康发展是科技现代化的题中要义 …………… （90）
  二　科技健康发展要求加强科技治理 …………………… （94）
第三节　科技伦理与科技法律是保障科技健康发展的两翼 …… （100）
  一　科技伦理是科技健康发展的伦理诉求和伦理反映 …… （100）
  二　科技法律是科技健康发展的法律诉求和法律反映 …… （104）
  三　科技健康发展要求科技伦理和科技法律在科技治理
    中相协同 ……………………………………………… （108）

第四章　现代科技发展的伦理向度及其保障 …………………… （115）
第一节　现代科技发展伦理向度的确立依据 ………………… （115）
  一　科技之真 ……………………………………………… （116）
  二　科技之善 ……………………………………………… （122）
  三　科技之美 ……………………………………………… （125）
  四　科技之真、善、美的辩证关系 ……………………… （130）
第二节　现代科技发展伦理向度的基本构成 ………………… （133）
  一　求真务实 ……………………………………………… （133）
  二　人道主义 ……………………………………………… （135）
  三　和谐有序 ……………………………………………… （137）
第三节　现代科技发展伦理向度的偏离风险 ………………… （141）
  一　科技之伪对现代科技伦理向度的侵蚀 ……………… （141）
  二　科技之恶对现代科技伦理向度的消解 ……………… （144）
  三　科技之丑对现代科技伦理向度的遮蔽 ……………… （146）
第四节　现代科技发展伦理向度的重要保障 ………………… （148）

	一	以科技伦理原则为科技伦理治理基本遵循	(148)
	二	以科学家精神引领科技人员伦理素质提升	(149)
	三	以科技伦理法律化强化科技伦理治理功能	(156)
	四	以科技伦理制度防范科技发展的伦理偏离	(159)

第五章 以科技法律治理推进科技健康发展 (163)

  第一节 科技法律治理是科技治理的最佳方式 (163)
    一 科技法律治理以良好科技法律为前提基础 (164)
    二 科技法律治理以科技法律统治为关键要素 (167)
    三 科技法律治理以推进科技发展与防治科技异化为
      要旨 (170)
    四 科技法律治理以有效规范科技活动为功能优势 (175)

  第二节 以习近平法治思想指引科技法律治理实践行动 (178)
    一 习近平法治思想是新时代科技法律治理的根本遵循 (178)
    二 以习近平关于重点领域立法的论述引领科技法律
      规范完善 (180)
    三 以习近平关于法律运行过程的论述引领科技法律
      效能增强 (181)
    四 以习近平关于新发展理念的论述引领科技法律
      治理高质量发展 (182)

  第三节 以推进科技立法人本化提升科技法律品格 (186)
    一 将社会主义核心价值观融于科技法律 (186)
    二 科技立法及时对科技治理要求作出反应 (188)
    三 将科技人本精神浸润在科技法律规范中 (190)
    四 遵循科技进步与科技安全并重基本原则 (192)
    五 加快和谐统一科技法律规范体系的形成 (195)

  第四节 以科技管理依法行政实现政府科技管理职能 (196)
    一 强化政府科技管理职能是政府职能转变的重要内容 (197)
    二 科技管理依法行政为政府科技管理职能履行提供
      保障 (200)
    三 推进政府科技管理职能的法律界定及依法履行 (201)
    四 夯实保障科技领域行政执法严格规范公正文明的
      制度根基 (204)

第五节　以科技活动违法行为的司法矫治赋能科技健康
　　　　发展 …………………………………………………（210）
　　一　科技活动违法行为的司法矫治及其对科技健康发展的
　　　　保障 …………………………………………………（211）
　　二　科技活动违法行为司法矫治公正及其制约因素 ………（216）
　　三　实现科技活动违法行为司法矫治公正的基本要求 ……（219）
　　四　实现科技活动违法行为司法矫治公正的必由路径 ……（221）
第六章　现代科技发展伦理约束和法律治理之例证 …………（233）
　第一节　人工智能风险的伦理和法律防范 ……………………（233）
　　一　人工智能及其与人类智能的关系 …………………………（234）
　　二　人工智能的伦理风险防范 …………………………………（236）
　　三　人工智能的法律风险防范 …………………………………（241）
　第二节　人类基因编辑的伦理与法律保障 ……………………（250）
　　一　人类基因编辑及其缘起 ……………………………………（251）
　　二　人类基因编辑的伦理挑战及其应对 ………………………（255）
　　三　我国人类基因编辑的法律隐忧及其消解 …………………（261）

结语 …………………………………………………………………（274）
参考文献 ……………………………………………………………（278）
后记 …………………………………………………………………（283）

导　　论

当今中国已经进入全面建成社会主义现代化强国的时代，以中国式现代化全面推进中华民族伟大复兴是时代赋予我们的重任。科技在现代化体系中的基础性地位以及对现代化国家建设的战略性支撑功能决定了推进科技健康发展的重要性，必须"健全新型举国体制，强化国家战略科技力量，优化配置创新资源，使我国在重要科技领域成为全球领跑者，在前沿交叉领域成为开拓者，力争尽早成为世界主要科技中心和创新高地"[①]。科技研发和使用的社会效应有积极和消极之分，如果科技的研发和使用得当，则科技成为推动经济、社会和人的全面发展的力量；相反，如果科技的研发和使用不当，则科技成为引发风险事故、破坏生态环境、侵害人的权利、制约人的美好生活的力量。科技的"双刃剑"效应决定了加强科技治理的必要性和重要性，必须通过伦理治理和法律治理为科技健康发展以及以此为驱动的经济社会高质量发展提供有力保障。习近平指出："要前瞻研判科技发展带来的规则冲突、社会风险、伦理挑战，完善相关法律法规、伦理审查规则及监管框架。"[②] 从新时代中国高质量发展对科技创新驱动的诉求以及科技创新驱动发展对良法善治的需要出发，立足于科技异化现象滋生和蔓延的现实情况，对现代科技发展进行法哲学思考，探寻推进科技健康发展之理、之利、之路，具有重要的理论价值和现实意义。

---

　　① 新华社：《习近平在中共中央政治局第二次集体学习时强调 加快构建新发展格局 增强发展的安全性主动权》，《中国人大》2023 年第 3 期。
　　② 习近平：《在中国科学院第二十次院士大会、中国工程院第十五次院士大会、中国科协第十次全国代表大会上的讲话》，《人民日报》2021 年 5 月 29 日第 1 版。

一 研究缘起

当今人类已经走进科技勃兴的时代，以人工智能、信息技术、生命科技为代表的新兴科技加速"人""机""物"三者融合，推进人类社会进入"万物智能互联"时代，大数据、区块链、元宇宙、ChatGPT 等科技创新成果让人应接不暇，使得作为人的存在方式的时间、空间以及人的认知范围大大拓展，导致自然、社会和人的思想观念发生深刻变化，推动经济、文化、生态环境等高质量发展。国务院印发的《全民科学素质行动规划纲要（2021—2035 年）》指出："科技与经济、政治、文化、社会、生态文明深入协同，科技创新正在释放巨大能量，深刻改变生产生活方式乃至思维模式。"[①] 现代科技是引领经济社会发展的重要引擎，是推动人自由全面发展的重要动力。现代科技的巨大功能和迷人魅力吸引人类去研究、去开发、去应用，各国都在致力于发展和应用现代科技。中国以实现中华民族复兴为目的，实施创新驱动发展战略，推动科技与经济、社会以及人们生活的深度融合，顺应新时代对科技发展的迫切要求，"十四五规划"[②] 确立了"进入创新型国家前列"的目标，提出"深入实施科教兴国战略、人才强国战略、创新驱动发展战略，完善国家创新体系，加快建设科技强国"[③] 的战略任务。党的二十大进一步明确我国到 2035 年"实现高水平科技自立自强，进入创新型国家前列"[④] 的目标任务。

科技发展的道路从来都不是平坦的，在科技发展的道路上，科技异化现象如影随形，"面对风险和挑战，我们无路可退，唯有勇于面对，以人类智慧破解治理难题"[⑤]。现时代是一个科技高歌猛进的时代，群智赋能、共创分享、普惠包容、协同治理是这个时代的重要特征，生活在这个时代的我们应该有智慧应对风险和挑战，也有条件统筹科技发展与科技安全，

[①] 《全民科学素质行动规划纲要（2021—2035 年）》，《人民日报》2021 年 7 月 10 日第 7 版。

[②] 《中华人民共和国国民经济和社会发展第十四个五年规划和 2035 年远景目标纲要》的简称。

[③] 《中华人民共和国国民经济和社会发展第十四个五年规划和 2035 年远景目标纲要》，《人民日报》2021 年 3 月 13 日第 1 版。

[④] 习近平：《高举中国特色社会主义伟大旗帜 为全面建设社会主义现代化国家而团结奋斗——在中国共产党第二十次全国代表大会上的报告》，《人民日报》2022 年 10 月 26 日第 1 版。

[⑤] 张文显：《构建智能社会的法律秩序》，《东方法学》2020 年第 5 期。

让科技真正为人所用、为人类造福。为了消除科技异化现象、抑制科技负面效应，我国政界、学界和商界都在行动，或制定政策，或出台法律，或理论研究，或实践探索，形成使科技"向善"而不是"为恶"的强大力量。经过多年的努力，现代科技的功能和作用以及中国必须大力推动科技创新已经成为社会各界的共识，而如何防治科技异化、如何实现科技善治、如何促进科技健康发展等问题则需要在实践中进一步探索、在理论上进一步研究。

从逻辑上说，解决问题的关键不是单纯地采取行动，因为缺乏理性思考的单纯行动是盲目的。对现代科技的理性思考不应该是一种脱离科技人本价值、对科技活动的限度漠不关心的规范主义空谈，而应该关注如何通过健全完善的行为规范以实现对科技活动的有效控制进而促进现代科技健康发展。"作为马克思主义哲学重要组成部分，马克思主义法哲学与中国当下发展有着密切联系"①，马克思主义法哲学为探究现代科技健康发展提供了思维向度。面对现代科技发展的挑战，有必要立足于现代科技健康发展的需要，以马克思主义法哲学为指导，基于伦理和法理两个维度，对科技活动的规范化进行探讨。

二 研究意义

在科技的认识上，存在着一种将科技当作解决一切问题的"万能钥匙"和"永远方案"的"科技沙文主义"观点②，甚至一些科技刊物在发表成果的取向上存在着"技术主义倾向"，正如有研究者所指出的，个别医学期刊在成果选择上"过度重视如何使用先进的医疗技术去治愈疾病，却忽视了对病人的人文关怀"③。不论称之为"科技沙文主义"还是称之为"技术主义"，其核心内容是一样的，即认为科技引发的问题主要依赖科技本身去解决，将科技创新作为治疗"科技之病"的根本之道，将发展更先进、更发达的科技作为治疗"科技之病"的治本之策。例如，

---

① 李力：《理论与实践并重：马克思主义法哲学中国化研究论纲》，《人民论坛·学术前沿》2017年第23期。
② 参见陈长里、肖祥《异化理论与科技"沙文主义"》，《零陵师范高等专科学校学报》2002年第3期；斯亚平、宋羽雅《论科技沙文主义与科技虚无主义》，《科技创新导报》2008年第3期。
③ 赵骞、佘斯勇：《医学期刊的技术主义与人本主义思考》，《医学与哲学（A）》2016年第2期。

以人工智能治理为例，有学者将技术创新作为治本之策，认为"对人工智能进行治理，防止它被误用、制止它被滥用，一方面需要从法律法规、伦理规范、行业共识等不同层面去'治标'，还应从技术创新层面发力去'治本'"①。

然而，科技不是根治"科技之病"的万灵膏药，科技创新不能解决科技发展中的所有问题。否则，肇始于近代的科技异化在现代也不会持续蔓延，甚至愈演愈烈，因为正如我们所见，现代科技相较于近代科技在深度和广度都有了极大提升。更何况，为应对原有科技缺陷而出现的新科技本身也存在不足，甚至又会带来新问题。例如，横空出世的 ChatGPT 一时风头无两，众多科技公司纷纷涌入 ChatGPT 狂潮，从技术角度来说，ChatGPT 引入了新的算法技术 RLHF，因而可以说是技术工程和服务产品的胜利，然而，这一科技创新成果却因"给出的结果频频出现真实性、准确性问题"而遭到"诟病与质疑"②。此外，有人提醒人们不要忽视 ChatGPT 等 AIGC 模型所带来的安全合规问题以及伦理冲击：

> 在学术伦理方面，运用 ChatGPT 完成论文变得更加容易，一方面导致人类独立思考能力可能会被削弱；另一方面，也将加剧学术造假，增加著作权纠纷和学术不公平的问题。目前，也有一些检测 ChatGPT 的软件被开发出来，用于识别是否是人工智能生成的论文。在新闻伦理方面，运用 ChatGPT 生成的新闻由于信息不准确，可能存在新闻造假、谣言等问题。而在数据、隐私和个人信息安全方面，ChatGPT 可能在收集、处理数据、信息时，未征得用户授权，或者超范围使用，导致个人信息和隐私泄露的风险，滋生违法犯罪。③

单纯的技术主义路径不足以根治现代科技发展中的问题，因而有必要再辟蹊径、再找进路。于是，一种旨在约束追求个人利益最大化、认为行为发生在制度中因而对行为的分析必须植入制度因素的制度主义分析范式受到关注。秉持制度主义分析方式，人们将解决科技异化问题的视角从

---

① 闫晓虹：《〈人工智能产业担当宣言〉发布 致力推动 AI 企业共举科技担当》，http://www.chinanews.com/it/2021/08-03/9535642.shtml，访问时间：2021 年 8 月 18 日。
② 孙奇茹：《ChatGPT 热潮呼唤理性与定力》，《北京日报》2023 年 2 月 25 日第 7 版。
③ 参见赵熠如《爆火引担忧 ChatGPT 能否取代人类？》，https://www.zgswcn.com/article/202302/2023021 01350011046.html，访问时间：2023 年 2 月 27 日。

技术治理转向对科技活动中行为的规制，从而找到解决问题的钥匙。毕竟，科技只是工具，其本身没有灵魂，不会自主地采取行动。人是科技的主体，如何研发和应用科技全在于研发者和应用者自己。所以，防止科技异化现象的滋生和蔓延、保障和促进科技健康发展，归根到底在于对现代科技研发和应用等行为加以控制。

对人的行为进行控制的方法有多种，伦理约束和法律规制是两种基本方法。从历史看，在人类社会刚开始有法律的时候，法律与道德相交织，"纳礼入法"是古代立法的通例；随着人类社会从低级向高级发展，法律作为社会控制的手段逐渐独立；当人类进入发达阶段后，法律成为主要的社会控制手段。事实上，解决科技异化、科技风险事故以及科技负面效应等问题，根本之道在于实现科技与人文的平衡，而对现代科技发展的法哲学思考恰正是对科技与人文之间实现平衡之路径的探寻。法哲学"以法的理念，即法的概念及其现实化为对象"①，属于法学与哲学的交叉学科，具有将法律与伦理结合在一起的理论特色。在世界观和方法论角度，法哲学有唯心主义和唯物主义之分，马克思主义法哲学的特点和优势在于以唯物辩证的方法为指导，把伦理和法律放到一定的社会生活条件中加以辩证分析，考察伦理、法律与社会生活、社会存在的互动关系，获得对伦理和法律的总体性的逻辑建构。② 在科技迅猛发展的当今中国，运用马克思主义法哲学对现代科技发展规制进行研究，探讨现代科技发展的伦理约束和法律规制之理据和路径，是促进科技健康发展和全面推进依法治国的共同课题。

本书顺应科技健康发展对伦理向度和法律规制的需要，立足于我国科教兴国和全面依法治国两大时代课题，以现代科技发展的伦理向度和法律规制为研究对象，以揭示科技发展与法治建设的关系、厘定现代科技发展的伦理向度、提出加强现代科技健康发展法律保障的对策为目标，以现代科技发展伦理向度的内容构成、现代科技发展法律规制的基本路径以及加强现代科技发展伦理约束和法律规制的理据为重点，从科技的"双刃剑"特征出发，基于保障现代科技健康发展、防范科技风险、治理科技异化的目的，对现代科技发展进行法哲学研究，分析现代科技发展的价值，以科技伦理和科技法律为切入点，探讨对现代科技发展进行规制的理据和路

---

① [德]黑格尔：《法哲学原理》，范扬、张企泰译，商务印书馆1961年版，第1页。
② 参见公丕祥《恩格斯法哲学本体论思想述要》，《法律科学（西北政法大学学报）》2020年第4期。

径，既有重要的理论价值，也具有重要的现实意义。

众所周知，不管什么样的理论思维都是时代的产物，不同时代的理论思维往往呈现出不同的形式、具有不同的内容。不论理论思维如何表现出历史性、时代性、差异性，但理论思维的价值是永恒的。对于科技发展以及应用，理论思维是不可或缺的，科技创新需要人们对所观察到的自然事物、所感知到的自然现象进行思维上的逻辑加工和改造制作，因而一个人想要进行科技创新、一个民族要想登上科技高峰，离开理论思维都是不可能的。正是人类的理论思维，在人与自然相互作用的历史进程中不断将认识自然的知识和改造自然的技巧加以凝聚；正是人类的理论思维，将人们不断凝聚的认识自然的知识和改造自然的技巧加以融合从而使二者统一起来形成为科技；正是人类的理论思维，不断指导和推动人类的科技研发和应用活动，从而使得现代科技发展呈现出分化与组合频繁、结构与层次复杂、作用与功能凸显、与自然和社会的关联日益密切等特征，从深度和广度改变着人类的生产方式和生活方式。

本书以马克思主义法哲学为指导对现代科技发展的伦理向度与法律规制进行研究，具有重要的理论价值。一方面，本书为马克思主义法哲学乃至马克思主义法学的理论研究增添新成果。德国法学家冯·耶林（Rudolf von Jhering）曾强调对法律现象进行法哲学研究的必要性，他认为，"法律的各种驱动力，并不完全存在于纯然的实务面向上，应该说，伦理的面向总是跟它衔接在一起"，因而作为"在法律事物（Dinge des Rechts）中的科学意识"的法学"必须往法哲学的面向发展，以便探求现实世界法律之起源与效力所赖以成立之最终基础"。[①] 马克思主义法哲学是以马克思主义哲学为指导对法律现象、法律规范和法律意识进行一般性、普遍性分析而形成的具有丰富内容的法学理论，法律与伦理的辩证关系是马克思主义法哲学的重要内容。自近代以来，特别是在进入现代以后，社会发展导致法律现象纷繁复杂，科技健康发展要求伦理和法律的保障同时也促进伦理和法律的发展，科技伦理和科技法律的逐渐形成及其两者的辩证关系需要从法哲学的高度加以分析和厘清。本书顺应科技健康发展对法律和伦理的要求、立足于现代科技发展对科技和伦理的影响，将对伦理和法律及其辩证关系的宏观性、整体性研究推进到对科技伦理和科技法律及其辩证

---

① ［德］冯·耶林：《法学是一门科学吗?》（下），李君韬译，《比较法研究》2008 年第 2 期。

关系的微观性、具体性探讨，有助于丰富和发展法哲学理论。另一方面，本书可以助力马克思主义科技哲学乃至于马克思主义哲学的发展。科技哲学是哲学的组成部分，经历了一个产生和发展的过程。有学者指出：在西方，科技哲学是"数理传统与经验主义的糅合"，在我国，国务院学位办和国家教委于1990年"正式将自然辩证法更名为科学技术哲学"，这标志着科技哲学在我国走上相对独立的发展道路。① 本书在传统的科技哲学研究中注入法学思考的内容，在重视科技伦理的同时强调科技法治，基于保障科技健康发展与防范科技异化之目的，探讨科技伦理和科技法律以及两者的辩证关系，为科技哲学发展提供新的生长点，有助于推动科技哲学的理论创新。

对现代科技发展进行法哲学研究不仅具有重要的理论价值，而且具有重要的现实意义。一是为我国实施科技发展战略提供理据。诠释科技的人本精神，将科技定位为现代人类生活的基础以及运用理性法则主宰自己命运的方法手段，论证大力发展科技的重要性、必要性，从而为我国制定和施行科技发展战略提供充分理据。二是为防止科技滥用奠定思想基础。分析科技异化及其后果，揭示科技异化给人类精神世界所造成的深层烦苦、给人类生活世界所带来的严重破坏，有助于人们将关注科技的视角从单方面重视其积极功能转向重视其"双刃剑效应"，树立科技风险意识，防止科技滥用现象。三是为完善现代科技发展的规制体系提供参考。对现代科技发展的规制之"理"和规制之"道"进行分析和探讨，有助于从伦理和法律两个方面入手完善现代科技发展的规制体系。四是为全面依法治国贡献力量。全面依法治国是中国特色社会主义新时代的重要课题，科技法律治理是全面依法治国不可或缺的内容。考察科技法律治理的现状与存在的问题、探讨完善科技法律治理的方法和路径，有助于推进全面依法治国实践。

三 研究现状概览

对科技发展的法哲学思考并非始于今日，有关科技发展的伦理和法律思想随着科学和技术的萌芽而萌芽、随着科学和技术的发展而发展、随着科学和技术融合为科技并向深度和广度拓展而成熟。沿着历史的脉络对科

---

① 参见安维复《科技哲学与马克思主义：思想史与文献考察》，《自然辩证法研究》2020年第3期。

技的法哲学思想进行概览，可以从中获得思想启迪，找到深化理论研究的生长点。

1. 科技的法哲学思想胚胎

弗朗西斯·培根（Francis Bacon）说过，"我们所有的科学大部分来自希腊人"，虽然后人增加了诸多东西，但"不论所增加的是什么，也是以希腊人的发现为基础"。[①] 恩格斯也指出：要了解自然科学的各种一般原理是如何形成和发展的，就必须考察古希腊人的思想观点。[②] 正如科技、伦理、法治的思想源头在古代希腊，对科技的法哲学思考也萌芽于那个时期那个地方。虽然古希腊人没有形成系统的科技法哲学理论，甚至没有提出科技这一概念，但古希腊人对自然现象的观察、思考和归纳以及对知识、美德和法治的阐释却蕴涵着关于科技的法哲学思想胚胎。例如，在《荷马史诗》中，不仅正义和法律的概念已经开始使用，而且正义与法律的关系已经确立，认为自然的准则是正义。[③] 安提丰（Antiphon）主张公正主要在于自觉遵守自然规则，认为"一个人如果在证人面前尊崇法律，而在没有证人独自一人时又尊崇自然的规则，那么他就是在最有利于自己的方式下实行正义了"[④]。亚里士多德（Aristotle）将技术、善德、法律联系在一起，指出所有的技术、研究、实践和选择都以某种善为目标，法律是人们追求善的一种方式，"法律的实际意义却应该是促成全邦人民都能进于正义和善德的〔永久〕制度"[⑤]。

古代中国有着光辉灿烂的文化，造纸术、指南针、火药和活字印刷术等发明不仅对中国政治、经济、文化的发展产生了巨大的推动作用，而且对世界文明发展史也产生了很大影响。然而，古代中国既没有系统的科技思想，更谈不上系统的科技伦理思想，法治思想的缺失也导致很少有人从法律角度思考科技问题。

2. 科技的法哲学思想形成

人类历史上的科学发现和技术发明一个接着一个，但有时候也可能出现停滞和中断的情形。美国科学史学家乔治·萨顿（George Sarton）说：中世纪的人对科技的探索多少有一些像盲人骑瞎马，同时

---

① 参见［英］培根《新工具》，许宝骙译，商务印书馆1984年版，第47页。
② 参见《马克思恩格斯选集》第4卷，人民出版社1995年版，第287页。
③ 参见汪太贤《西方法治主义的源与流》，法律出版社2001年版，第2—3页。
④ 转引自周辅成《西方伦理学名著选辑》上卷，商务印书馆1964年版，第31页。
⑤ ［古希腊］亚里士多德：《政治学》，吴寿彭译，商务印书馆1965年版，第138页。

在几个方向上闯,结果在原地兜圈子。① 也就是说,古代并没有产生真正的自然科学。从历史看,"真正的自然科学只是从15世纪下半叶才开始,从这时起它就获得了日益迅速的进展"②。伴随着近代科技的形成和发展,对科技的伦理反思与对科技的法理分析不断靠拢,为科技的伦理约束和法律规制奠定思想根基。文艺复兴时期是西方历史上一个"知识发酵"的时期,人文主义者将思考和关注的对象从神转向人和自然,既为人的解放提供思想指南,也为近代科技发展奠定思想基础,尼古拉·哥白尼(Nicolaus Copernicus)日心说的提出成为自然科学从神学中解放出来并迅速发展的标志。文艺复兴运动对科技发展具有重大意义,从此,自然研究开始从神学中解放出来,科技发展进入"大踏步地前进"阶段。

随着科技进步及其对生产力推动作用的展现,弗朗西斯·培根看到了科技是对人类生产和生活的影响,提出了"知识就是力量"的著名观点,认识到了真理与善德的辩证关系,指出"真理能够印出善德"③,科技之善集中表现为"把新的发现和新的力量惠赠给人类生活"④。这种唯物主义自然观结束了以神学为中心的经院哲学旧时代,开启倡导以人为中心、保障人的权利的新时代。约翰·洛克(John Locke)、孟德斯鸠(Montesquieu)、卢梭(Jean-Jacques Rousseau)、伏尔泰(Voltaire)、康德(Immanuel Kant)等一大批法哲学家转变思维方式,他们从人的视角而不是从神的视角去认识和看待国家,他们"从理性和经验中……引伸出国家的自然规律"⑤,阐释以社会契约、自然权利、人民主权、权力制衡和法治为基本内容的自然法学理论。

孟德斯鸠在《论法的精神》等著作中将法与客观规律联系起来,指出:法是由事物的性质产生出来的必然关系,任何事物都有自己的法或规律,自然法是从人的生命本质中派生出来的。⑥ 卢梭在《社会契约论》

---

① 参见[美]乔治·萨顿《科学的生命》,刘珺珺译,商务印书馆1987年版,第114页。
② 《马克思恩格斯选集》第3卷,人民出版社1995年版,第359页。
③ [英]培根:《崇学论及新大西岛》,转引自章海山《西方伦理思想史》,辽宁人民出版社1984年版,第250页。
④ [英]培根:《新工具》,许宝骙译,商务印书馆1984年版,第58页。
⑤ 《马克思恩格斯全集》第1卷,人民出版社1956年版,第128页。
⑥ 参见[法]孟德斯鸠《论法的精神》上册,张雁深译,商务印书馆1961年版,第1—4页。

《爱弥儿》《论科学与艺术》等著作中将大自然看作是造成人类的"第一天堂",科学和艺术可以带给人们富裕和繁荣,"遵循自然的法则、听从大自然的人不用担心迷失方向"①,他在纷繁复杂的社会现象中发现了人类生活的规则,即人天生是自由平等的。康德认识到人对于科技的决定意义,在《实践理性批判》《纯粹理性批判》《伦理学演讲录》《道德形而上学探本》等著作中指出:科学知识的形成是通过人的理性去改造经验、运用概念进行判断和推理的结果。在他看来,人为自然立法也为自身立法②;人居于主体地位,不管在什么情况下都要遵循"你始终把人当作目的,总不把他只当作工具"③的"实践的令式";人具有感性、知性和理性三种能力,因而人可以按照最普遍的道德律令规定善恶概念和道德行为,创造一个伦理世界和法治社会。

近代法哲学家们的思想理论激发了资产阶级为维护和实现"自然权利"而进行科技创新和社会革命的热情、激情,导致近代科技创新和社会革命风起云涌。历史向我们展示,自然法学理论是发展资本主义生产方式、建立资本主义政治法律制度的重要理论基石。

在认识论维度,近代法哲学家们分属经验主义和理性主义两大阵营,这两大阵营不论是研究方法还是研究结论都各有千秋,总体而言,经验主义者强调经验材料的收集、重视感觉器官的认知作用;而理性主义者则强调知识的逻辑构造、重视理性思维的认知功能。马克思和恩格斯扬弃以往经验主义和理性主义的理论成果,将科技及其社会效应等纳入他们的分析框架中,对科技的思考与对人类解放的追求同步开展、一体呈现。④马克

---

① [法]卢梭:《爱弥儿——论教育》,李兴业等译,人民教育出版社2017年版,第384—385页。

② 在《实践理性批判》书中,康德写道:"人类,就其属于感性世界而言,乃是一个有所需求的存在者,并且在这个范围内,他的理性对于感性就总有一种不能推卸的使命,那就是要顾虑感性方面的利益,并且为谋求今生的幸福和来生的幸福(如果可能的话)而为自己立下一些实践的准则。但是人类还并不是彻头彻尾的一个动物……他所具有的理性还有一个较高用途,那就是,它不但也要考察本身为善或为恶的东西(只有不受任何感性利益所影响的纯粹理性才能判断这一层),而且还要把这种善恶评价从祸福考虑完全分离开,而把前者作为后者的最高条件。"[德]康德:《实践理性批判》,关文运译,商务印书馆1960年版,第62—63页。

③ [德]康德:《道德形而上学探本》,唐钺重译,商务印书馆1957年版,第43页。

④ 参见张瑾《马克思恩格斯科技观的形成及其解读》,《理论视野》2020年第9期;马秋丽、张永怀《马克思恩格斯科技使用观及其在21世纪的新发展》,《学习与探索》2021年第4期。

思和恩格斯对科技的进步作用给予充分肯定。在他们看来,科技具有坚实的客观基础,科技研发要从客观存在的事物出发,从客观事物的各种存在形式和运动形式出发;社会需要是促进科技创新、推动科技进步的巨大动力,"社会一旦有技术上的需要,这种需要就会比十所大学更能把科学推向前进"①;科技作为经济关系的一部分对于国家、政治、伦理、法律等具有决定意义,作为知识形态的生产力推动生产发展、社会进步和人的解放。马克思和恩格斯以奴隶制的消灭得益于蒸汽机和珍妮走锭精纺机的发明、农奴制的消灭得益于农业的改良等事例说明科技对于社会发展和人的解放的影响,明确指出人的解放"是由工业状况、商业状况、农业状况、交往状况促成的"②。

然而,科技既可能推动人类文明发展,也可能妨碍人类文明进步。在科技发展道路上,科技异化如影随形。卢梭是较早关注科技异化的代表人物,他虽然没有使用科技异化概念,但在著作的字里行间透射出警惕科技异化的思想光芒。在卢梭看来,科技促使国家富庶、工业发达和文艺繁荣,同时带来人们的腐化和道德堕落。他在《论科学与艺术》一书中写道:"我们的灵魂正是随着我们的科学和我们的艺术之臻于完美而越发腐败的……随着科学与艺术的光芒在我们的地平线上升起,德行也就消逝了。"③ 马克思和恩格斯是19世纪对科技异化进行法哲学思考的杰出人物,他们在《1844年经济学哲学手稿》《机器。自然力和科学的应用》等著作中深刻剖析了资本主义制度下的科技异化问题,将科技异化问题归因于资本主义私有制。在他们看来,人类历史上的每一项科学发现都为技术的新发明和生产方法的新改进奠定了基础,"只有资本主义生产方式才第一次使自然科学为直接的生产过程服务";在资本主义私有制下,"资本不创造科学,但是它为了生产过程的需要,利用科学,占有科学",机器作为科学的物化形态同劳动相对立,成为资本驾驭工人劳动的手段,成为资本家榨取工人剩余价值的工具,这样一来,"科学对于劳动来说,表现为异己的、敌对的和统治的力量"。④ 马克思和恩格斯指出:要克服科技异化等现象,就必须消灭资本主义私有制,"只有在劳动共和国里面,

---

① 《马克思恩格斯选集》第4卷,人民出版社1995年版,第732页。
② 《马克思恩格斯选集》第1卷,人民出版社1995年版,第74—75页。
③ [法]卢梭:《论科学与艺术》,何兆武译,商务印书馆1963年版,第11页。
④ 参见马克思《机器。自然力和科学的应用》,人民出版社1978年版,第206—207页。

科学才能起它的真正的作用"①。

3. 科技的法哲学思想发展

20世纪以来，科技应用导致生态危机，高科技犯罪频发，科技风险事故时有发生，所有这些加重了人们对现代科技发展的忧虑。现代学者对科技发展和应用的思考大多从科技发展与科技异化两个方面出发。

第一，现代西方学者对科技发展的哲学思考。在现代西方，众多哲学家对科技发展和应用问题进行思考，形成了丰富的科技哲学成果。例如，卡尔·雅斯贝尔斯（Karl Theodor Jaspers）在《历史的起源与目标》一书中提出了"轴心时代"理论，这一理论根源于他对技术时代的忧思，表达了对普遍历史的价值和意义的关切。② 赫伯特·马尔库塞（Herbert Marcuse）在《单向度的人》一书中通过对典型的高度工业化、技术化的美国社会的研究，指出建立在科技发展基础上的发达工业社会造成"单向度社会"和"单向度的人"，并就走出科技发展所导致的困境之路径进行了探讨。③ 尤尔根·哈贝马斯（Jürgen Habermas）在《作为"意识形态"的技术与科学》一书中继承了马克思的"科学技术是生产力"的观点，同时对晚期资本主义社会的科技意识形态功能进行了系统阐释，并就如何

---

① 《马克思恩格斯选集》第3卷，人民出版社1995年版，第104页。

② 在卡尔·雅斯贝尔斯看来，人类发展经历了史前时代、古代文明时代、轴心时代和科技时代，科技时代的特别之处在于科技成为决定力量。他将科技视作人类历史上的全新事物，指出：科技将深刻影响人类的未来，正确认识科学和技术具有必要性和迫切性；科技的效应具有积极和消极之分，既是人的能力也是人的手段，在为人提供无可估量的机会的同时也带来同样的危险；现代社会的一切危机与科技异化不无关系，而要消灭科技异化种种问题，就必须恢复科技的人性。参见［德］卡尔·雅斯贝尔斯《历史的起源与目标》，李夏菲译，漓江出版社2019年版；董成龙《雅斯贝尔斯的"轴心时代"与欧洲文明的战后重建》，《探索与争鸣》2019年第3期；陈赟《雅斯贝尔斯"轴心时代"理论与历史意义问题》，《贵州社会科学》2022年第5期。

③ 在赫伯特·马尔库塞看来，科技创造了一个富裕的工业社会，为人们提供了丰富的物质生活，也使得人们在生活领域的平等达到新高度，但是科技进步也带来种种恶果，使得人们满足于眼前的物质需要而遮蔽了对自由的追求，导致生活于其中的人变成没有反思能力的"单向度的人"。同时，他认为，现代技术也包含着解放的潜能，并从自动化技术对必要劳动时间的减少、新科学和新技术对个人的自由和全面发展的推动、摆脱消费社会的普遍物化等方面阐述了自己的社会变革方案。参见［美］赫伯特·马尔库塞《单向度的人》，张峰译，重庆出版社1988年版；齐其《试论马尔库塞异化理论及现实启鉴——以〈单向度的人〉为例》，《文化学刊》2020年第10期；杜松石《技术社会的控制机制及其解放潜能——马尔库塞前期社会批判理论研究》，《现代哲学》2021年第4期。

实现对科技意识形态的超越问题进行了探讨。① 德内拉·梅多斯（Donella Meadows）和乔根·兰德斯（Jorgen Randers）等人发布的《增长的极限》研究报告系统分析了人类发展和应用科技片面追求经济增长所导致的严重后果，包括人口爆炸、粮食生产的限制、不可再生资源的消耗、工业化及环境污染等，解决这些问题的一个重要方案就是实现人口、科技、经济的"零增长"。② 随着人工智能的兴起，美国学者梅瑞狄斯·布鲁萨德（Meredith Broussard）表达了他的忧虑，他在《人工不智能：计算机如何误解世界》一书中反对"科技沙文主义"，指出计算机在生活中方方面面的应用导致"大量存在设计缺陷的系统"的产生，科技不是万能的，指望"一个数字化的'乌托邦'"去"解决所有社会问题"是不切实际的梦想。③ 人类基因组图谱的发布引起各国在生命科学领域的产业竞争，但人们对人类胚胎基因编辑研发却存在争议。人类基因组编辑国际峰会（首届于2015年12月1—3日在华盛顿举行，第二届于2018年11月27—29日在香港举行，第三届于2023年3月6—8日在伦敦举行）对人类基因编辑技术带来的科学、伦理和社会问题进行了广泛讨论，虽然会议呼吁对人类基因编辑开展负责的研究，然而没有平息人们关于人类基因编辑的伦理和法律的争议。概言之，现代西方学者对科技发展与科技异化问题进行了深入思考和系统分析，这些思考和分析表明加强现代科技发展约束和规制是必要的。

---

① 在尤尔根·哈贝马斯看来，国家的干预活动增强必然保障制度的稳定性以及科学和技术之间的相互依赖性日益密切，使得诸科学成了第一生产力，这两种发展趋势破坏了自由资本主义时期生产力与生产关系之间的原有格局，科技作为意识形态的统治职能导致科技发展与人类文明相背离，导致各种社会异化问题，预防科学技术在发展方向及其使用中产生的副作用及危险性，有赖于政治科学化的理论，有赖于人的交往行为的合理化。他在检视工具理性膨胀的现代性危机的同时，试图通过交往理性的建构重建启蒙理性，改造被扭曲的"生活世界"，进而拯救现代性。参见［德］尤尔根·哈贝马斯《作为"意识形态"的技术与科学》，李黎、郭官义译，学林出版社1999年版；陈爱华《哈贝马斯科技伦理观述评——哈贝马斯〈作为"意识形态"的技术与科学〉解读》，《伦理学研究》2007年第3期；南星《哈贝马斯论真理与证成》，《世界哲学》2020年第5期；孙绍勇《交往理性的主体间性向度解析及当代审思——以哈贝马斯交往范式与交往实践旨趣为论域》，《山东社会科学》2022年第7期。

② 参见［美］德内拉·梅多斯、乔根·兰德斯等《增长的极限》，李涛、王智勇译，机械工业出版社2013年版；吴智慧《超越增长的极限——纪念〈增长的极限〉一书出版40周年》，《国土资源情报》2013年第1期；黄晶、王文涛等《摆脱人类困境，探索可持续发展——德内拉·梅多斯及〈增长的极限〉的诞生与影响》，《可持续发展经济导刊》2022年第3期。

③ 参见［美］梅瑞狄斯·布鲁萨德《人工不智能：计算机如何误解世界》，陈少芸译，中信出版社2021年版。

第二，当代中国学者对科技的法哲学分析。在新中国早期，科技发展的整体水平不高，法治思维也不是社会治理的思想主流，因而将科技与伦理、法律联系起来研究的成果不多。改革开放以来，随着现代科技迅猛发展以及科技异化现象愈演愈烈，学者们开始对现代科技发展进行法哲学思考。有学者从法哲学角度对科技革命进行分析，认为科技革命从"法的定义，法的意义与功能，法律暗含的自由与规制，法的演化与法范式，以及法律背后人的形象"五个核心方面"给传统法哲学提出了挑战"，面对这些挑战，法哲学研究者应该"贡献自己的心智"，"将科技革命与法律发展的命题提升到新的理论层次"。① 综观现有研究成果，目前我国学者对现代科技发展的法哲学研究形成了丰富成果：（1）立足于现代科技的积极效应，强调通过政策调整、管理改善以及制度创新推进现代科技的发展与应用；②（2）立足于科技的消极效应，对科技异化、科技负面效应等进行伦理学探讨，强调科技与伦理的结合，提出科技伦理的概念，形成科技伦理学这一交叉学科；③（3）立足于科技和法治作为人类文明的两翼，研究科技与法治的辩证关系，如《法理学》教科书相关内容大都分为两个方面，一方面是科技发展对法律产生影响，另一方面是法律对科技产生作用；（4）形成了科技法学的专论，这些专论对我国科技法律制度进行了较为系统和全面的介绍，但缺乏从法哲学高度对科技发展的伦理向度和法律规制的深入分析；④（5）对具体的科技伦理和法律进行研究，包括数字伦理与法律⑤、

---

① 参见鲁楠《科技革命、法哲学与后人类境况》，《中国法律评论》2018年第2期。
② 参见李源《改革开放以来中国科技创新法律发展研究》，《人民论坛·学术前沿》2019年第5期；凌岚、赵菁奇《科技创新法治机制存在的问题及对策研究》，《全球科技经济瞭望》2020年第2期；李胜会、朱绍棠《科技评价是否有效促进了区域科技创新？——基于政策驱动的视角》，《科研管理》2021年第7期。
③ 参见徐飞《科技文明的代价——科技发展的负面效应与对策研究》，山东教育出版社1999年版；王学川《现代科技伦理学》，清华大学出版社2009年版；邓达奇《科技发展中法律与伦理的双重变奏：案例、逻辑与建构》，《伦理学研究》2019年第6期。
④ 参见罗玉中《科技法学》，华中科技大学出版社2005年版；易继明、周琼《科技法学》，高等教育出版社2006年版；何悦《科技法学教程》，法律出版社2018年版。
⑤ 参见董军、程昊《大数据时代个人的数字身份及其伦理问题》，《自然辩证法研究》2018年第12期；马长山《数字时代的人权保护境遇及其应对》，《求是学刊》2020年第4期；郭利强《数字时代的教材编制：技术伦理与风险规避》，《课程·教材·教法》2021年第2期；衣俊霖《数字孪生时代的法律与问责——通过技术标准透视算法黑箱》，《东方法学》2021年第4期；路强《数字虚拟世界的伦理基底——以"VR性侵"为中心》，《探索与争鸣》2022年第7期；何柏生《数字的法律意义》，《法学》2022年第7期。

互联网伦理与法律①、人工智能伦理与法律②、人类基因编辑伦理与法律③等方面。

4. 研究现状简评

不论是古代西方还是古代中国，由于科学和技术尚处于萌芽阶段，因而关于认识和改造自然的方法和技巧零零散散，而关于科学和技术的法哲学观点亦是凤毛麟角，科学和技术还没有一体化使得科技的法哲学观点成为稀缺。但是，古代先贤关于认识和改造自然的思想火花照亮了后代发展科技、治理科技的前进道路。近代一些学者已经触及科技发展的伦理道德以及法律法理问题，但缺乏系统性的、体系化的认知和分析。

马克思和恩格斯对科技作用的"一分为二"辩证分析在人类科技思想史上具有划时代的意义，他们关于科技异化现象及其根源的思想观点对于解决现代科技异化问题具有指导意义。马克思和恩格斯将消灭资本主义制度作为彻底解决科技异化问题的根本对策，消灭资本主义制度在时间上并非一朝一夕之功，因而彻底解决科技异化问题需要经过长期努力。

在现代，科技的"双刃剑"效应凸显，科技治理成为国家治理中的重大课题，促进科技发展和保障科技安全同样受到重视，科技伦理和科技法律是有效防范利用现代科技实施违法犯罪行为的方式成为各界共识。研究成果众多，学术观点纷呈，总体情况是：目前学界对现代科技发展伦理约束和法律规制的研究已经展开但尚显不足。现有研究的成果为更加深入地进行现代科技发展法哲学研究提供资料借鉴和思想启迪，现有研究的不

---

① 参见王国岭、王彩云《和谐网络社会中的自律与他律——基于技术、伦理和法律的思考》，《福建论坛（社科教育版）》2009年第4期；周海博《网络伦理失范及其法律应对》，《光明日报》2014年8月26日，第7版；胡曦《网络直播中的伦理失范及其法律规制》，《今传媒》2020年第6期；刘晓璇《互联网平台异化导致的伦理问题及成因分析》，《产业与科技论坛》2022年第12期；巫文勇《互联网平台金融的信息披露规则与法律责任重叙》，《法律科学（西北政法大学学报）》2022年第5期。

② 参见党家玉《人工智能的伦理与法律风险问题研究》，《信息安全研究》2017年第12期；王春晖《人工智能的伦理、法律与监管》，《互联网天地》2018年第8期；吉萍等《医疗人工智能产品研发的伦理审查与法律考量》，《哲学与医学》2020年第5期；李宁《人工智能与网络安全：技术、治理和政策挑战》，《中国工业和信息化》2021年第8期；谢丽娜、孙振东《人工智能时代人的全面发展：何以可能和何以可为？》，《开放教育研究》2022年第4期。

③ 参见邱仁宗《人类基因编辑：科学、伦理学和治理》，《医学与哲学（A）》2017年第5期；蒋莉《基因编辑和人类生殖：社会伦理及法律规制》，《苏州大学学报（法学版）》2018年第4期；朱振《人类基因编辑的伦理与法律规制》，《检察风云》2019年第24期；张海柱《新兴科技风险、责任伦理与国家监管——以人类基因编辑风险为例》，《人文杂志》2021年第8期；徐娟《人类基因编辑技术的伦理争议及其法律规制》，《民主与科学》2022年第3期。

足使得更加深入地进行现代科技发展法哲学研究具有充足理由和拓展空间。如今，中国特色社会主义现代化建设踏上新征程，中国人民在党的领导下致力于以中国式现代化全面推进中华民族伟大复兴。现代科技是"人类实现梦想的翅膀，承载着人类美好生活的向往，能够让明天充满希望、让未来更加辉煌"①。以习近平关于科技法治的论述为指导对科技发展进行法哲学思考、提出实现科技良法善治的对策建议，是法学理论工作者的应有使命。

四 研究思路、研究方法与研究创新

本书的研究特色可以从研究思路、研究方法以及研究创新等方面得到说明。

1. 研究思路

本书以马克思主义法哲学为指导，沿着"是什么""为什么""怎么办"的思维路径，对现代科技发展的伦理向度与法律规制进行研究，首先梳理和整理相关文献，掌握研究状况；然后进行基础理论研究，对科技、科技异化、科技伦理、科技法治等进行诠释，通过案例分析和文献梳理，对我国科技异化的现状、成因进行实证分析；接着对现代科技发展的伦理向度和法律规制进行分析，厘清其内容构成；最后探寻通过科技法律治理推进科技健康发展、防治科技异化的具体方法和路径。

2. 研究方法

思路决定出路、方法决定创新。研究方法对于达成研究目的至关重要，正如不解决桥或船的问题就不能过河，不解决研究方法问题也难达成研究目的。本书坚持法哲学的思维向度，以科技伦理与科技法律及其功能效应为重心，运用多种研究方法，多方位、多角度考察现代科技应用于生产生活的实际效应，探寻规制科技活动、推进科技领域良法善治的现实依据，提出加强现代科技发展伦理约束和法律规制的路径。具体地说，运用概念分析法揭示科技异化、科技伦理、科技法治等概念的内涵和外延；运用实证分析法考察我国科技异化及其伦理约束和法律规制的现状与成因；运用价值分析法探讨科技的内在精神、社会效应以及科技法治建设的必要性；运用历史考察法回顾科技、科技异化、科技伦理、科技法治的历史演

---

① 习近平:《让工程科技造福人类、创造未来——在2014年国际工程科技大会上的主旨演讲》,《科技管理研究》2014年第13期。

进，总结过去经验以指导现在实践。此外，本书借鉴他人成果、运用一些案例，试图从理论和实践的结合中延引出可靠的结论。

3. 研究创新

本书紧扣推进科技创新和全面依法治国的时代课题，顺应在法治轨道上推进国家治理现代化的时代要求，回应促进科技健康、防范科技异化的现实需要，一方面将人们对现代科技发展的思考从哲学维度的聚焦转向哲学维度与法学维度的结合，探讨现代科技发展的伦理约束和法律规制的理据，为构建现代科技发展的规制体系提供法理依据；另一方面将人们对现代科技发展的关注从聚焦于其积极功能转向积极功能与消极作用并重，培育人们的科技风险意识，居安思危，为预防科技风险事故、遏制科技异化现象、矫正科技负面效应奠定思想基础。

本书的研究内容具有跨学科性，综合运用法学、哲学、伦理学、科学学等学科的知识和方法，多方位、多角度考察现代科技发展的社会效应，包括应然和实然、历史与现实、偶然和必然、积极和消极等，厘清为现代科技发展设置限度的现实依据，分析现代科技发展之真、之善、之美的伦理向度，探讨通过推进科技法治建设而强化科技发展法律规制的方法和路径。

在理论创新方面，本研究成果对科技进行人学解读，揭示科技的人本精神，指出科技是因人而产生、为人而产生的，科技的人本精神根植于人性、通过人的实践而实现；将对现代科技发展的思考从哲学维度转向法哲学维度，阐释对现代科技发展进行规制的理据；阐释科技发展的三个伦理向度，即基于科技之真的务实求真、基于科技之善的人道主义、基于科技之美的集体主义；分析科技异化对科技发展伦理所造成的巨大冲击，认为科技之真被科技之伪侵蚀、科技之善被科技之恶消融、科技之美被科技之丑遮蔽；论证科技伦理和科技法律是规制科技发展的两种基本方式，但科技法律的规制更为根本；实现科技的合道德研发和应用，不仅要求通过科技伦理法律化而强化科技伦理的规范功能，而且要求推进科技立法人本化、科技行政管理法治化以及科技领域侵权行为诉讼公益化等。

第一章　科技的人本精神

人无精神不立，国无精神不强，科技如果没有一定的精神支撑就难以健康发展。"科学成就离不开精神支撑。科学家精神是科技工作者在长期科学实践中积累的宝贵精神财富"①，习近平在2020年9月主持召开的科学家座谈会上的这一论断，道出了科学精神、科学家精神对于实现科技创新、推动科技健康发展的重要性，也透射出弘扬科学精神、科学家精神的思想光芒。在新时代，新的社会主要矛盾对党的工作、对国家的工作提出了更多更高的要求，必须通过高质量发展保障和改善民生。科技发展既是"发展"的题中之义，也是经济文化发展和生态环境优美的必要前提，是实现人民美好生活的巨大助力。因此，有必要正确理解科技与人的关系，从人出发厘定科技的实质，把握科技的人本精神。正是科技的人本精神，奠定了现代科技发展的内在品格，决定了对现代科技发展加以伦理约束和法律治理的内在根基。

第一节　科技人本精神的理论诠释

人以其思维属性和社会属性而成为有别于其他一切生物的特殊存在，人的思维属性和社会属性使得人们改造自然和社会的实践活动都具有主观意图和目的，这些主观意图和目的是推动人们从事实践活动的无形精神力量。科技发展史向我们展示，在推动科技产生和发展的理性精神、自由精神、人本精神等精神力量中，人本精神最重要、最基本。科技是人基于生存和发展的需要而创造出来的知识技能体系，是人从其行动被动地受自然

---

① 习近平：《在科学家座谈会上的讲话》，《光明日报》2020年9月12日第2版。

规律束缚和支配的必然王国迈向其行动自觉地遵从和符合自然规律的自由王国的重要推动力。人是科技的主体，没有人就不会有科技；人的生存和发展是科技的目的，人进行科技研发和应用归根到底是为了更好地生存和发展；科技是人的工具，科技的价值就在于能够以其功能满足人的需要、实现人的利益、维护人的生存、促进人的发展。科技的根本价值在于服务人、造福人，科技的内在精神集中表现为人本精神。

一 科技概述

在人类历史上，随着科学和技术不断发展、不断交融而形成"你中有我、我中有你"的科技，随着科技在生产和生活中的作用日益彰显，人们对科技的讨论也日趋热烈。然而，不论是关于科技的概念还是关于科技的价值，人们提出的看法、形成的观点都不尽相同。从哲学角度看，对科技的解读可以归纳为科学主义和人本主义两大阵营。科学主义聚焦于科技与自然现象及其规律、本质相一致，强调科技的客观性、真理性；人本主义在关注科技的客观性、真理性的同时重视科技的价值性、人文性，聚焦于科技服务人、造福人的功能，强调科技以人为本。毫无疑问，两种视角的科技解读各有其道理，但将两种视角的科技解读隔离开来甚至对立起来则是有失公平的。将科学主义和人本主义结合起来解读科技，必然聚焦于它的人本精神底蕴。对科技人本精神进行诠释，有必要对科技的含义、起源和发展作一概述。

科学和技术有着悠久的历史，自诞生以来涓涓细流汇成江河，这条江河奔流不息，从古代流向现代并奔向未来。科学与技术在漫长的发展过程中不断融合，逐渐形成为你中有我、我中有你的有机统一体。现代科技是人类文明史上最杰出的成果，它较之以往更深刻地揭示了自然的奥秘并为人类进一步认识和改造世界提供了更有效的方法和更有力的手段。如今，人类的科技发展成就巨大，科研论文汗牛充栋。然而，如何界定科技仍是一个学术难题，我们对科技的概念诠释只是对现有观点的概括和总结。

"科学"和"技术"是两个相互联系又相互区别的概念。"科学"是指人们正确认识自然的本质和规律所形成的知识体系；"技术"是指改造自然的技巧、方法和手段。科技史表明，科学和技术在古代社会已经出现，但那时候的科学是朴素的、零散的，仅仅是对自然现象的直观认识和经验总结，大多具有猜测的性质；那时候的技术处于以生产与工艺传统为基础的技巧和方法的层面，主要表现为个人的技能、技艺、手艺或世代相传的制作方法、手段和配方。正因为古代的科学和技术具有直观性、经验性而且两者之间缺乏密切联系，因而还不是严格意义上的科学和技术。

严格意义的科学和严格意义上的技术诞生在近代西方。关于这一点，恩格斯有过如下论断："在中世纪的黑夜之后，科学以意想不到的力量一下子重新兴起，并且以神奇的速度生长起来"[①]；"真正的自然科学只是从15世纪下半叶才开始，从这时起它就获得了日益迅速的进展"[②]。在近代的三百年左右的时间里，科学的发展呈现出从经验到科学实验、从定性到定量的特点，科学的发展为技术发展开辟了道路，近代技术革命风起云涌。例如，"牛顿力学使机器制造技术得到了迅速发展；热力学的发展使蒸汽机技术不断得到改进，并进而发明了内燃机技术；根据法拉第、麦克斯韦的电磁学理论，产生了发电技术、电动机制造技术、电波通信技术、电照明技术"[③]。近代科学和技术的产生和发展是由资本主义生产方式决定的，马克思曾经指出：只有在资本主义生产方式下，"才第一次产生了只有用科学方法才能解决的实际问题"，"只有现在，实验和观察——以及生产过程本身的迫切需要——才第一次达到使科学的应用成为可能和必要的那样一种规模"。[④] 随着生产、实验、观察的发展，科学和技术也在发展，科学逐渐凝练为自然事物的本质和规律的系统概括和总结，技术也逐渐发展为以改造自然的技巧、方法和手段的总和。

从19世纪末到20世纪初，科学和技术的发展进入现代时期，X射线、原子的放射线、电子等的发现以及量子学说、相对论的建立是公认的科技史发展到现代时期的标志。在现代，科学和技术不仅以快于以往任何时期的速度发展，而且自近代就开始的融合更加强烈。科学的技术化和技术的科学化使得科学和技术的界限日趋模糊，现代的科学和技术呈现出相互包含、不可分割的一体化趋势。一方面，科学借助技术手段探索自然事物的本质、发现自然事物变化和发展的规律、揭示物质能量转化的机制；另一方面，技术运用科学的知识和原理探索控制、应用和改造自然事物的技巧、方法和手段。这样一来，虽然现代的科学和技术在某些方面还存在

---

① 《马克思恩格斯选集》第4卷，人民出版社1995年版，第280页。
② 《马克思恩格斯选集》第3卷，人民出版社1995年版，第359页。
③ 关西普、汤步华：《科学学》，浙江教育出版社1985年版，第26页。
④ 《马克思恩格斯全集》第47卷，人民出版社1979年版，第570页。

一些区别，如，科学更多地表现为知识形态而技术更多地表现为技能手段、科学的评价标准是符合客观事物本性和规律的真理而技术的评价标准则是有效和实用，但是，两者在人类认识自然和改造自然的过程中相互融合而成为一个相互包含、相互作用的不可分割的科技整体，图1-1展示了现代科学和技术的整体关系①。

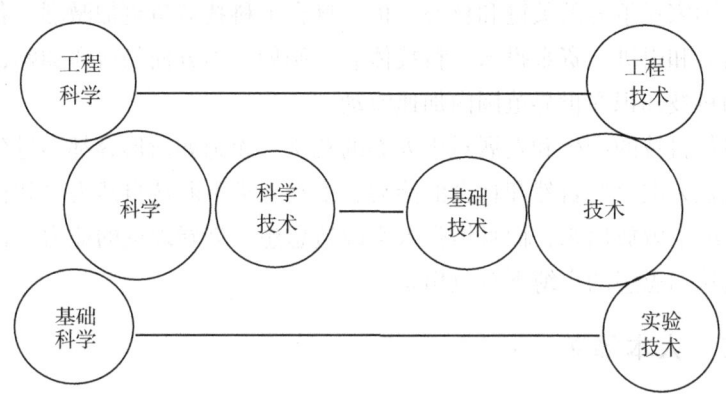

图 1-1 现代科技的整体关系

科技知识整体的形成为"科学技术"概念的诞生奠定基础，"科技"作为"科学技术"缩写词成为一个逐渐流行的独立词语。正如历史向我们所展示的：19世纪70年代以来，特别是第二次世界大战以来，科技与生产、科技与社会的关系越来越紧密，科学的发展也从"小科学"（仅指科学）发展到"大科学"（包括科学和技术），科学日益与技术、生产、经济、军事等相结合，呈现出科学技术化和技术科学化的态势，于是，人们逐渐习惯于把科学和技术连在一起，统称为"科学技术"，简称为"科技"。

科技创新不会停止脚步，科技发展永无止境。揆诸当下，新一轮科技革命正如火如荼，科技发展呈现高速、多元、综合、合作、普及的蓬勃趋势。有学者将现代科技发展的特征归结为四个方面：一是科技体系内部的交叉和融合更加频繁并催生新的生长点，综合学科蓬勃发展，新兴交叉学科领域引人关注，纳米科学与技术、生物医学与技术、信息技术、认知科学之间的协同和融合成为当前科技发展中一个令人瞩目的现象；二是科技发展在现代化需要的驱动下呈现出多点群发式突破的态势，能源、信息、

---

① 关西普、汤步华：《科学学》，浙江教育出版社1985年版，第30页。

生态、空间、人口健康等孕育着重大科技突破,为未来科技发展奠定方向;三是经济增长和可持续发展的需求向全球科技提出新的重大问题,自然资源供给与人类需要增长之间的矛盾日益突出,GDP的增长以生态环境的破坏为代价,例如,核能开发、转基因、大型工程等在造福人类的同时也可能带来伦理困境、引发社会风险、付出环境代价;四是科技竞争力将成为国家竞争力的关键和核心,世界舞台上科技竞争更加激烈,各国在人才培养和引进、资金投入、科技体制机制创新等方面的博弈加剧,科技人才和科技知识在世界范围内加速流动。[①]

现代科技的产生和发展对于人类的意义,无论如何形容都不过分,它不仅增强人类改造自然和社会的能力,推动人类不断从自然力量和社会力量的束缚下解放出来,而且增强人类改造思想、创新理论的能力,推动人类不断从旧思想的束缚下解放出来。

二 人本释义

"人本"是"以人为本"的缩写词。作为一种文明的思想理念,以人为本在人类思想史上源远流长,不论中国传统文化还是西方传统文化都包含有以人为本思想。人本的思想理念贯穿漫长的人类历史,推动人类文明滚滚向前。对人本思想理念的历史源流进行概览,有助于更好地厘清人本概念的内涵。

我国早在先秦时期就产生了人本理念,在《鹖冠子·博选》《管子·霸言》等典籍中有了"以人为本"的提法[②]。我国传统文化中的人本理念归纳起来主要有两个方面:一是将人看作世界万事万物中最宝贵的存在,正所谓"天地之性人最贵"[③]。"惟人兼乎万物"[④],吸收天地之精华、钟天地之灵秀,从而成为万物之灵,"有气、有生、有知,亦且有义"[⑤]。二是认为人是万事万物的根本,在万事万物的产生和形成、宇宙良好秩序的建立和维护等方面起着举足轻重的作用。世间万物由天孕育,即"天生

[①] 参见白春礼《当代世界科技》,中共中央党校出版社2016年版,第56—59页。
[②] 例如,《鹖冠子·博选》曰:"神明者,以人为本者也。"《管子·霸言》云:"夫霸王之所始也,以人为本。本理则国固,本乱则国危。"
[③] 《汉书·董仲舒传》。
[④] 《皇极经世·观物外篇》。
[⑤] 《荀子·王制》。

之"，由地抚养，即"地养之"，由人最终使之定型，即"人成之"。① 中国传统文化中的人本理念表达了古代先贤要求重视人、尊重人、善待人、关爱人的美好愿望，虽然带有时代和阶级的局限，从整体上说是服务帝王霸业、维护君主专制的思想工具，但也具有鲜明的进步性，不仅对君主暴政产生了遏制作用，而且对现代文明发展产生深远影响，为现时代奉行人本理念奠定深厚的文化根基。

西方人文主义思想肇始于古希腊时期，普罗泰戈拉（Protagoras）提出"人是万物的尺度"②的经典命题，把人从宇宙万事万物中分离出来，确定了人对于万事万物的根本意义。这是对人的地位的极大提升，是对人的价值的极大尊重。虽然古希腊的人文主义思想曾被中世纪的神本主义思想所遮蔽，然而文艺复兴运动使之重放光彩。文艺复兴运动以后，中世纪以神为本、以神为中心的世界转化为以人为本、以人为中心的世界，启蒙思想家提出"天赋人权"思想理念，康德提出"人是创造的终极目的"的著名命题，费尔巴哈（Ludwig Andreas Feuerbach）则把建立"人类学"当成自己的全部哲学使命。进入现代，西方人文主义者推崇人类理性，他们期盼人通过理性把自己从愚昧无知、贫困落后中解放出来，通过理性建立一个在人与人之间、人与社会之间、人与自然之间达到和谐的社会。然而，美好的理想被残酷的现实所摧毁，人的理性没有将人导向解放之路，相反却使人陷入异化状态，使人"作为一个依赖于他身外的、他投射于他的生命存在物的力量的、枯竭了的'物'而体验着"③。人异化为"物"的客观现实促使一些人反思，这些人整合既有的人文主义思想观点，提出"让人压倒一切"的经典命题。概览西方人文主义思想，可以发现它具有进步性也存在不足的方面，它是拓展人的个体人格的重要因素，但"没有充分地、透彻地肯定人"，因而"不能保证人相对于世界的独立性"④。以人为中心是西方人文主义的追求，但私有制度使这种追求只能是流于形式。在资本主义私有制度下，人被物化了、异化了，本来应

---

① 《春秋繁露·立元神》："天地人，万物之本也。天生之，地养之，人成之。天生之以孝悌，地养之以衣食，人成之以礼乐。三者相为手足，合以成体，不可一无也。"
② 转引自阎国忠《古希腊罗马哲学》，北京大学出版社1983年版，第138页。
③ ［美］弗洛姆：《人的呼唤——弗洛姆人道主义文集》，王泽应等译，生活·读书·新知上海三联书店1991年版，第85页。
④ 参见［俄］尼古拉·别尔嘉耶夫《人的奴役与自由》，张百春译，上海人民出版社2019年版，第26页。

该是人的工具的劳动产品反过来支配人的活动,人在其劳动产品面前俯首帖耳、卑躬屈膝。①

马克思主义创始人马克思和恩格斯高度重视"人"的问题,他们"扬弃"既有西方人文主义的思想观点,对人的理解不是以唯心主义和形而上学为思想基础,而是建立在唯物主义和辩证法的理论基础上,从社会的、现实的、实践的人出发对人的地位、人的价值、人的解放等进行系统阐述,在人类思想历史上第一次真正地将人置于"本"的地位。首先,马克思和恩格斯克服了旧唯物主义不懂得认识与实践的辩证关系、对客观事物只是从客体的或者直观的形式去理解的不足,从实践出发去理解客观事物,从生活在一定社会历史条件下的、从事实践活动的、具体的、现实的人出发去分析和解决问题。② 其次,马克思和恩格斯确定人对自然和社会的主体地位:在人与自然的关系上,人不是盲从于自然,而是通过认识和把握自然规律而改造自然、利用自然。近代以来的科技发展及其在工业生产中的应用,导致工业文明产生并日趋兴盛,也使得人的本质力量在改造自然和社会的实践中不断彰显,"工业的历史和工业的已经产生的对象性的存在,是一本打开了的关于人的本质力量的书"③;在人与社会的关系上,人不是蛰居于社会之外的抽象存在物,而是生活在社会关系中并对社会关系进行改造的主体,"人就是人的世界,就是国家,社会"④。最后,马克思和恩格斯将人的发展作为衡量社会进步的一个重要标志,人越是从自然力量和社会力量的束缚下解放出来、人的发展越自由越全面、人的文明程度越高,则人的主体性表现得越充分,社会也就越进步,为了实现人的解放和全面发展,"必须推翻那些使人成为被侮辱、被奴役、被遗弃和被蔑视的东西的一切关系"⑤。

中国共产党是中国人民根本利益的代表,自成立时起就以马克思主义为理论基础和思想指南,将"人民对美好生活的向往"作为奋斗目标和历史使命,在致力于中华民族伟大复兴事业的一百多年奋斗历程中始终"与人民休戚与共",在"扬弃"中国传统人本思想以及西方人文主义思

---

① 参见[美]弗洛姆《人的呼唤——弗洛姆人道主义文集》,王泽应等译,生活·读书·新知上海三联书店1991年版,第85页。
② 参见《马克思恩格斯选集》第1卷,人民出版社1995年版,第54—55页。
③ 《马克思恩格斯全集》第42卷,人民出版社1979年版,第127页。
④ 《马克思恩格斯选集》第1卷,人民出版社1995年版,第1页。
⑤ 《马克思恩格斯选集》第1卷,人民出版社1995年版,第10页。

想的基础上形成具有中国特色的人本思想。① 毛泽东高度重视人的地位和作用，提出"世间一切事物中，人是第一个可宝贵的"② 的著名论断，认为人民群众是历史的创造者和历史发展的真正动力，将"和最广大的人民群众取得最密切的联系"作为"我们共产党人区别于其他任何政党的又一个显著的标志"，将"合乎最广大人民群众的最大利益，为最广大人民群众所拥护"作为"共产党人的一切言论和行动"的"最高标准"，③ 指出党和政府应该坚持群众观点和群众路线、向人民负责、全心全意为人民服务。邓小平理论中包含着丰富的人本内涵，邓小平提出的"为了保障人民民主，必须加强法制"④ 以及"社会主义的本质，是解放生产力，发展生产力，消灭剥削，消除两极分化，最终达到共同富裕"⑤ 等论断透射出以人为本的思想光芒。江泽民重视民主法治建设，他在党的十五大上作报告时指出依法治国是党领导人民治理国家的基本方略；他重视人的尊严和价值，指出一切社会的发展和进步取决于人的尊严的维护和人的价值的发挥；他重视人民权利保障，指出生存权和发展权是中国人民的首要的、基本的权利，要"首先保障最广大人民的生存权和发展权"⑥。胡锦涛将以人为本作为科学发展观的核心，强调"以实现人的全面发展为目标，从人民群众的根本利益出发谋发展、促发展，不断满足人民群众日益增长的物质文化需要，切实保障人民群众的经济、政治和文化权益，让发展的成果惠及全体人民"⑦。进入新时代，习近平将人民主体地位与保障人民权益统一起来，强调坚持全面依法治国，坚持贯彻新发展理念，"践行以人民为中心的发展思想，发展全过程人民民主，维护社会公平正义，着力解决发展不平衡不充分问题和人民群众急难愁盼问题，推动人的全面发展、全体人民共同富裕取得更为明显的实质性进展"⑧。

---

① 参见傅小青等《中国共产党人本思想的形成与发展》，《中共南昌市委党校学报》2011年第3期；叶楠《论中国共产党的人本思想》，《武汉理工大学学报（社会科学版）》2013年第4期。
② 《毛泽东选集》第4卷，人民出版社1991年版，第1512页。
③ 参见《毛泽东选集》第3卷，人民出版社1991年版，第1094页、第1096页。
④ 《邓小平文选》第2卷，人民出版社1994年版，第146页。
⑤ 《邓小平文选》第3卷，人民出版社1993年版，第373页。
⑥ 《江泽民文选》第2卷，人民出版社2006年版，第52—56页。
⑦ 胡锦涛：《在中央人口资源环境工作座谈会上的讲话》，《国土资源通讯》2004年第4期。
⑧ 习近平：《在庆祝中国共产党成立100周年大会上的讲话》，《人民日报》2021年7月2日第2版。

综上所述，人本的思想源远流长，对人本的理解多种多样。总结和概况人本的思想成果，可以揭示人本的内涵，这就是：将处于一定社会关系中的具体的现实的人作为主体、根基、目的和动力的人文价值和伦理倾向。细分析之，人本具有三个方面的要义。一是确认人的主体地位。人是世间万物中唯一能够通过自己的活动实现自我发展和完善的能动存在物，通过理性思维指引改造自然和社会的活动，创造个人的全部生活和族类的整个历史，由此使自己对自然和社会的主体地位得到确立和确证，人是改造自然和社会的主体力量，又是改造自然和社会的根本目的。二是尊重人格尊严。人格权是一个人自由、独立、生存和发展的权利，人格权以保护人格尊严为基础价值并由此推进人格独立、实现人的自由发展，以维护生命存续的质量和维护生命结束的质量为内容的生命尊严是人格尊严的具体表现，保障人的行为自由彰显对人格尊严的维护，隐私权保护是对个人人格的尊重和保护。[1] 三是肯定人的本性。人的本性是人之所以为人的规定性，具体由自然性、社会性和意识性三个方面构成，肯定人以自己的实践活动来改造和改变世界、创造良好条件以满足自己需要的正当性是人本的题中意蕴。

三　科技人本精神解读

马克思在《1844年经济学哲学手稿》一书中的下列论述为学者们所熟知并且被经常引用："自然科学却通过工业日益在实践上进入人的生活，改造人的生活，并为人的解放作准备，尽管它不得不直接地完成非人化……通过工业——尽管以异化的形式——形成的自然界，是真正的、人类学的自然界。"[2] 在这里，马克思揭示了科技的人本价值，告诉我们科技蕴含人本精神、具有人本意蕴。在表层上，科技是人在与自然打交道的过程中所获得的知识与经验、方法和技能的概括、归纳和总结，是人对自然客观事物的内在规定、规律本质的认识和改造成果；在深层上，科技是人基于自己的生存需要与发展需要、物质需要和精神需要而"发现""发明"出来的知识技能体系，体现了人追求生存的意志以及过上美好生活的期盼，展现了人的本质和人的主体力量，表现了人对自由而全面发展的追求。科技是人的生存和发展所呈现的一种文化现象，是人本理念的沉淀

---

[1] 参见王利明《人格尊严：民法典人格权编的首要价值》，《当代法学》2021年第1期。
[2] 《马克思恩格斯全集》第42卷，人民出版社1979年版，第128页。

和外化，以人本为根本精神底蕴，科技的价值在于服务人、造福人。

1. 人是科技的主体

马克思和恩格斯在《德意志意识形态》一文中提出"全部人类历史的第一个前提无疑是有生命的个人的存在"①的论断。人与猿猴相揖别开启了人类历史的进程，"有生命的个人的存在"构成科技的逻辑起点，离开"有生命的个人的存在"而谈论科技是不能得出正确结论的。人是科技的主体，科技是因人而产生的、是为人而产生的。

科技是人的智慧的结晶，是人的思维创造，人通过理性思维的分析和综合、具体与抽象等，对丰富的感觉材料进行去粗取精、去伪存真、由此及彼、由表及里的改造制作，从而形成概念、构成理论体系。人在发明和创新科技时，势必将自己的本性和本质因素付诸其中，使得科技因此而富含人的因素，使得科技具有坚实的人性根基。所以，乔治·萨顿（George Sarton）对科学做出这样的论断："无论科学可能会变得多么抽象，它的起源和发展的本质却是人性的。"②科技发展到今天，其内容较之以往更加丰富，其体系较之以往更加完善，其功能较之以往更加凸显，一方面彰显出人对于科技的主体地位和主体价值，毕竟，离开人的理性和智慧，科技不会产生，更谈不上发展；另一方面彰显出科技对于人的工具地位和客体价值，科技既是人的美好生活的一个重要条件，也是人的发展和完善的一个重要动力。

2. 满足人的需要是科技的首要目的

科技不仅是因人产生的，而且是为人而产生的，人不仅是科技的主体，而且是科技的目的。人们从事科技活动不是无缘无故的，满足人的需要是人们从事科技活动的根本目的。马克思肯定人的需要对于人的行为的根本意义，认为"任何人如果不同时为了自己的某种需要和为了这种需要的器官而做事，他就什么也不能做"③。除了本能活动，人从事的其他一切活动都是直接地或间接地、有意识地或无意识地为了满足自身需要，科技活动作为人的一种社会实践活动也受到人的需要的影响和推动，可以说满足人的需要是人从事科技活动的原动力。下面这一点是不言而喻的：

---

① 《马克思恩格斯选集》第1卷，人民出版社1995年版，第67页。
② ［美］乔治·萨顿：《科学史和新人文主义》，陈恒六、刘兵、仲维光译，华夏出版社1989年版，第49页。
③ 《马克思恩格斯全集》第3卷，人民出版社1960年版，第286页。

人的活动以生命的存在为前提，而要维持生命的存在"首先就需要吃喝住穿以及其他一些东西"①。正是为了满足对衣食住行等方面的物质需要，人才去探讨自然的奥秘、去发现自然的本质和规律、去形成改造自然的技能和方法体系。

古代社会虽然有科学和技术的萌芽，但严格意义上的科技是从近代开始的，这一点可以从马克思的下列观点中得到印证："只有现在，实验和观察——以及生产过程本身的迫切需要——才第一次达到使科学的应用成为可能和必要的那样一种规模。"② 进入现代，科技展现出的迷人魅力导致各国对科技发展的追求，美国的硅谷和高新技术产业成为现代科技发展的范例。近几十年来，人口的急剧膨胀要求物质生产快速发展以获得更多的生活资料，人们对舒适生活的追求要求经济、社会、环境协调发展以提供更优质的生活环境。然而，生态平衡的破坏、生态危机的衍生导致资源短缺、自然环境恶劣，制约人的需要的满足、影响人的生活质量的提升。这一矛盾必须解决，在生态危机中寻找人类生存的出路便成为当代科技发展的重要使命，这一使命要求人类对自然的探究向更深、更广的领域拓展。由此，"科技创新广度显著加大，宏观世界大至天体运行、星系演化、宇宙起源，微观世界小至基因编辑、粒子结构、量子调控，都是当今世界科技发展的最前沿"③，"黑科技"广泛应用于生产和生活，例如，"在银行业，'黑科技'正在成为金融创新的'神助攻'""以科技引领推动数字化转型的他们，充分发挥'黑科技'的作用，积极创新应用云计算、区块链、人脸识别、指纹识别等技术，提升金融服务能力和客户体验"④。目前，人的需要与时俱进，满足人们不断增长的需要必须付出艰辛劳动、艰苦努力，而满足不断增长的需要的行动成为科技创新发展的源头活水，必将推动现代科技发展跃上一个新台阶。

3. 促进人的发展和解放是科技的终极依归

人不仅要生存，而且要发展，要从自然力量、社会力量和旧思想的束缚下获得解放，成为自由而全面发展的人。然而，"实现人的解放不仅是

---

① 《马克思恩格斯选集》第1卷，人民出版社1995年版，第79页。
② 马克思：《机器。自然力和科学的应用》，人民出版社1978年版，第206页。
③ 习近平：《在中国科学院第二十次院士大会、中国工程院第十五次院士大会、中国科协第十次全国代表大会上的讲话》，《光明日报》2021年5月29日第2版。
④ 马晓曦：《中国银行："黑科技"推动数字化转型》，《中国金融家》2018年第5期。

美好的愿景，更是现实的运动"①，在现实中诸多因素制约着人的发展和解放，卢梭的名言"人生来是自由的，但却无处不身戴枷锁"②道出了人的发展和解放受到制约的现实状况。砸烂压抑和禁锢自由的枷锁、使人从自然力量的束缚和社会力量的奴役下解放出来是人类的恒久愿望。马克思和恩格斯为实现这一愿望指明了努力的方向，正如有学者所归纳的：要实现人的解放，就必须进行社会改造，通过"摒弃'对物的依赖性'与发展人的'自由个性'""消除'人的价值异化'与推动'人的全面发展'""消灭'资本主义社会'与建立'共产主义社会'"等方式"推翻一切束缚人的社会关系"③。而要做到这些，归根到底离不开科技这一推动社会发展和人类进步的重要动力。

人创造科技不仅仅在于满足维持人的生命存续之所需，而且在于使用科技力量推动人的发展和解放，促进人的发展和解放则是科技的终极依归。通过科技研发而形成知识形态的生产力，通过科技应用于生产过程而提高生产效率，通过科学实验而揭示事物发展的客观规律，归根到底都是为了消减自然力量、社会力量等对人的身体、行为和思想的束缚。人类进行科技创新、推动科技发展，其根本就在于科技具有促进人的发展和解放的功能，换言之，科技是促进人的发展、实现人的解放的重要力量，将科技应用在生产中，有利于人从繁重的劳动中解放出来，既减小人们的劳动强度而有利于人们的身体健康，又提高生产效率而缩短人们的劳动时间、获得更多自由的时间；人们通过掌握科技，不仅不再受自然力量和社会力量的束缚，而且还能够通过利用高科技确证自己对于自然和社会的主体地位。毛泽东指出："自然科学是很好的东西，它能解决衣、食、住、行等生活问题……自然科学是人们争取自由的一种武装。人们为着要在社会上得到自由，就要用社会科学来了解社会，改造社会，进行社会革命；人们为着要在自然界里得到自由，就要用自然科学来了解自然，克服自然和改造自然，从自然里得到自由。"④ 人类正朝着"以人工智能为代表的工业智能新时代"迈进，这个时代"既代表着最新的生产力，也代表着社会

---

① 张端：《实现人的解放的现实路径探析》，《马克思主义与现实》2015年第3期。
② [法]让·雅克·卢梭：《社会契约论》，杨国政译，陕西人民出版社2004年版，第1页。
③ 参见刘建璋《"解放的人"与"人的解放"——马克思实践生存论的解释向度》，《天府新论》2020年第5期。
④ 《毛泽东文集》第2卷，人民出版社1993年版，第269页。

未来的发展方向",人工智能对于人的发展和解放具有极为重要的意义,"未来人工智能在造就高度发达的生产力和物质财富积累的同时,增加了人的自由时间,推动了人类的解放"[①]。

正确理解科技的人本精神,准确把握科技的人本意蕴,需要重视三个方面。(1) 科技是人的手段和工具,并且只能是人的手段和工具。科技因具有改造自然的作用和变革社会的功能而能够造福人、能够服务人,人可以借助科技手段、运用科技工具去深化对自然与社会的认识、去优化对自然和社会的改造、去更好地实现人与自然以及社会之间的物质和能量以及信息的交换。(2) 科技不能因其他社会因素的影响而偏离以人为本的发展方向。科技是一项社会性活动,社会因素包括政治制度、生产关系、价值观念、文化传统、教育水平等对科技发展的水平和科技的社会效应具有制约作用。因此,科技活动不能随心所欲,不论是科技研发还是科技应用都不能天马行空,否则,就可能引发科技的负面效应,就可能失落科技的人本精神。(3) 科技是一柄利弊并存的"双刃剑",既具有造福人的正面效应,也具有危害人的负面效应。例如,核能科技是解决能源危机的有效途径,但存在着核装置爆炸的风险,一旦风险事故发生则可能导致众多人瞬息丧生;又如,网络科技的普及为人们快速获取信息提供便利,但网络诈骗等违法犯罪行为也随之产生。因此,必须重视科技的负面效应,将关心人、关爱人、实现人对美好生活的诉求作为科技研发和应用的目的,坚持现代科技发展的伦理向度,保证科技研发和应用造福于人类而不是祸害人类。

第二节 科技人本精神的人性本源

科技的人本精神不是上天的赐予,也不是自然的衍生,而是根植于科技的人性基础。在人性的诸多因素中,人的需要最为基本,满足人的需要是人从事实践和认识活动的始因。关于这一点,恩格斯曾经提出他的灼见:社会活动的主体是具有意识的追求某种目的的人,在社会历史领域中任何事情的发生都具有自觉的意图和预期的目的。[②] 人们从事科技活动、进行科技研发和应用都是具有明确的意图、具有一定的目的,归根到底在于满足

[①] 刘旭雯:《人工智能视域下的分工与人的全面发展——对马克斯分工理论的思考》,《社会主义研究》2019年第4期。

[②] 参见《马克思恩格斯选集》第4卷,人民出版社1995年版,第247页。

人的需要，科技是人为满足需要而创造出来的知识和技能的有机体系。

一 人的需要是人性的根基

人是劳动创造的，这是马克思主义的基本观点，恩格斯的"劳动创造人"的观点为我们所熟知。那么，人以什么特质与动物区别开来？这就涉及人性问题。学界对何为人性的理解见仁见智、观点纷呈，无论从什么角度理解人性，都不会忽视人的需要在人性中的基础地位以及人的需要对人的活动的原动力作用。马克思说过："在任何情况下，个人总是'从自己出发的'，但由于从他们彼此不需要发生任何联系这个意义上来说他们不是唯一的，由于他们的需要即他们的本性，以及他们求得满足的方式，把他们联系起来（两性关系、交换、分工），所以他们必然要发生相互关系。"① 在这里，马克思不仅将人的本性与人的需要直接联系在一起，而且揭示出人的本性、人的需要、人的实践之间的内在联系，表明人的需要是人性的根蒂。

1. 人性界说

人性是人作为人所具有的规定性，这种规定性不是单一的。对于人性的构成，可以从本体论和认识论两个维度进行划分。

在本体论维度，人性是自然属性、社会属性和思维属性的统一体。人是自然的产物，作为生命有机体而存在和发展，"我们连同我们的肉、血和头脑都是属于自然界和存在于自然界之中的"②，自然属性是人作为人的最基本的规定性。人的物质需要是人的自然属性的直接表现，人的生命过程是人对自然界持续输入和输出物质、能量和信息的过程。人是群居的动物，依赖其他成员而生存和发展，"每一个隔离的个人都不足以自给其生活，必须共同集合于城邦这个整体［才能大家满足其需要］"③。社会属性是人的本质属性，正如马克思所言：人的本质从现实性上说是一切社会关系的总和。④ 人通过思维和意识对外界事物的影响、刺激和挑战做出能动反应，具有思维属性。人的思维属性使得人能根据自己的意图改造环境。马克思指出："环境的改变和人的活动或自我改变的一致，只能被看

---

① 《马克思恩格斯全集》第3卷，人民出版社1960年版，第514页。
② 《马克思恩格斯选集》第4卷，人民出版社1995年版，第384页。
③ ［古希腊］亚里士多德：《政治学》，吴寿彭译，商务印书馆1965年版，第9页。
④ 参见《马克思恩格斯选集》第1卷，人民出版社1995年版，第60页。

作是并合理地理解为革命的实践。"①

在认识论维度，人性是感性和理性的统一体。人的感性是人因其感觉器官受到外界事物的影响、刺激而产生的感觉、知觉和表象，它是人性的基础部分，是人作为动物生命体的最直接、最明显的体现。正如马克思所言："说人是肉体的、有自然力的、有生命的、现实的、感性的、对象性的存在物，这就等于说，人有现实的、感性的对象作为自己本质的即自己生命表现的对象；或者说，人只有凭借现实的、感性的对象才能表现自己的生命。"② 人的理性是人类在长期的社会实践中逐步发展起来的思维机制，以认知、预测、比较、选择为内容，以概念、判断、推理为形式，它是人正确把握和利用自然规律的思维基础，从而推动人朝着自由而全面发展的目标不断迈进；它也是人与人进行交换和合作的思维基础，从而推动人去探寻遏制欲望、情感等非理性因素扩展和膨胀。博登海默（Edgar Bodenheimer）写道："理性之声告诉我们，为使我们自己的需要适应他人的需要、为使公共生活具有意义，对个人行为予以一定的道德限制和法律约束是必要的。"③

2. 人的需要是推动人类实践的原动力

自然属性、社会属性和思维属性的统一以及感性与理性的统一使人与动物区别开来，使人成其为人。那么，人的自然属性、社会属性和思维属性的统一如何实现？感性与理性的统一如何可能？归根到底，人性是如何形成的？对这个问题，从不同维度思考会给出不同的答案。以唯物辩证法的方法分析人性的基础，可以得出这样的结论：人的需要是人的活动的原动力，是人性的根蒂。

众所周知，"需要"是指一切生命体的共同特征，它意味着生命体与外界事物之间的不可或缺关系、维持生命的存在必须对外界事物进行摄取。人作为生命有机体在需要方面展现出其他生命体需要所具有的共同特征即对象性，也就是说，人与其他动物一样，通过自己的活动与外界事物产生联系，将原本"自在"的外界事物转为满足需要的对象性事物。但是，人的需要也具有不同于其他生命体需要的特殊性，这些特殊性主要有

---

① 《马克思恩格斯选集》第 1 卷，人民出版社 1995 年版，第 55 页。
② 《马克思恩格斯全集》第 42 卷，人民出版社 1979 年版，第 168 页。
③ ［美］E·博登海默：《法理学——法哲学及其方法》，邓正来等译，华夏出版社 1987 年版，"作者致中文版前言"第 3 页。

多样性、发展性和社会性等。人不仅有着对衣食住行等方面的物质需要，而且有着对情感、快乐、愉悦、享受、尊重与被尊重等方面的需要，"已经得到满足的第一个需要本身、满足需要的活动和已经获得的为满足需要而用的工具又引起新的需要"①。人的需要因受到社会条件的限制而呈现出社会性，处于不同社会形态中的人以及处于同一社会形态不同社会阶层的人在需要及其满足方面都具有差异性。人在追求需要满足的道路上阔步向前，人为满足需要而进行的实践活动推动人类文明不断前进，推动生产力发展、生产关系变革以及科技大踏步地发展。

  人的需要是人从事一切实践活动的出发点和归属点。正是为了满足各种各样的需要，人们结成各种各样的社会关系，从事认识世界和改造世界的各种各样的活动，去劳动、去创造、去解决社会矛盾、去促进社会变革。由于衣食住行是人维持生存的最基本的因素，因而为满足衣食住行需要的生产实践成为最基本的实践形式，对人性的形成、发展和完善具有根本意义。首先，为了满足维持生命存在的物质需要，人必须通过生产实践与自然界进行物质和能量交换。生产实践是满足人的生存需要的手段，也是使得人的自然属性得到反映、印证、彰显的方式。诚如马克思所言："劳动这种生命活动、这种生产生活本身对人来说不过是满足他的需要即维持肉体生存的需要的手段。"② 其次，人们在生产实践中发生的不以人的意志为转移的物质社会关系即生产关系，这种生产关系由生产力决定同时又对上层建筑具有决定作用，上层建筑的产生表明人是一个政治动物，处于政治关系中。最后，人通过生产实践证明自己是有意识的类存在物，有意识的生命活动使得人同动物的生命活动直接区别开来。恩格斯写道："推动人去从事活动的一切，都要通过人的头脑……外部世界对人的影响表现在人的头脑中，反映在人的头脑中，成为感觉、思想、动机、意志，总之，成为'理想的意图'，并且以这种形态变成'理想的力量'。"③

  人的需要对实践行为的影响以它被人所意识并追求其满足为前提。当人意识到需要并追求需要的满足时，需要就转化为欲望。当满足需要的欲望驱使人去实施某一行动时，欲望就转化为行为动机，表现为人为满足需要而采取行动的意图、愿望和冲动。动机是行为的先导，是推动人从事一

---

① 《马克思恩格斯选集》第1卷，人民出版社1995年版，第79页。
② 《马克思恩格斯选集》第1卷，人民出版社1995年版，第46页。
③ 《马克思恩格斯选集》第4卷，人民出版社1995年版，第232页。

定行为的内在动因,是促使人采取行动的心理因素。边沁(Jeremy Bentham)写道:"每一种行动,因而每一种犯法行动,都可以根据它的动机的性质而具备不同的特性,带有不同的效果:这是一项公认的事实";对于"作用于意愿的动机"而言,"它通过影响一个有意识的存在物的意愿,起了促使后者在任何场合去行动或自愿避不行动的作用"。① 在动机转化为行为的过程中,人的情感和理性具有重要作用。人的情感是将动机转化为行为的强大心理动力。爱因斯坦(Albert Einstein)指出:"感情和愿望是人类一切努力和创造背后的动力,不管呈现在我们面前的这种努力和创造外表上多么高超。"② 人的理性对欲望和情感进行控制、对需要和动机进行审视、对行为和活动进行控制,由此构成满足需要、调控行为的思维机制。

二 人的需要对科技发展的决定意义

科技的发展犹如一条不断奔腾向前的长河,无数涓涓细流汇集其中,最终凝聚成为磅礴力量。自科学和技术诞生以来,两者不断融合、逐渐形成一体化的科技,从近代发展到现代、从现代奔向未来。现代科技是人类智慧的重要表现和人类文明的重要标志,比以往的科技更深刻地揭示自然的奥秘,为人类更深入地认识世界、更有效地改造世界提供更有力的方法和手段。对科技史的考察表明,科技的产生和发展归根到底在于人的需要的推动。正是为了满足需要,人才去探求自然的奥秘、形成对自然本质和规律的正确认识以及以此为基础改造自然的方法技巧为内容的知识整体。需要的多样性促使人们将各种自然事物纳入认识和改造的对象中并从不同的角度认识、把握、总结、概括,由此形成科技的多学科体系;需要的发展特性推动人不断地、持续地进行改造自然的实践活动并使人在改造自然的活动中深化对自然事物的认识,由此推动科技持续发展和不断进步。科技是人为了满足多样化的、不断发展的需要而创立的认识和改造自然的知识技能体系,人的需要对科技产生和发展的根本意义奠定了科技人本精神的内在根基。

---

① 参见 [英] 边沁《道德与立法原理导论》,时殷弘译,商务印书馆2000年版,第147—148页。
② [美] 爱因斯坦:《爱因斯坦文集》第1卷,许良英等编译,商务印书馆1976年版,第403页。

人的需要对科技发展的决定意义，可以用新冠疫情防控需要促进科技发展为例证加以说明。2020年春节前后，新冠疫情突如其来，这是我国在迈向小康社会的征途上遭遇到的一次重大突发公共卫生事件，疫情的传播速度之快、蔓延范围之广、病毒毒性之强、防控难度之大，在历史上前所未有。面对来势汹汹的疫情，党坚持人民至上、生命至上理念，领导人民"战疫"。经过三年的努力，中国疫情防控取得胜利，这一胜利也是科技的胜利，而科技为"战疫"胜利提供了有效手段。国务院新闻办公室在总结我国防控新冠疫情的经验时指出："科学技术是人类同疾病较量的锐利武器，人类战胜大灾大疫离不开科学发展和技术创新。"[1] 面对突如其来的新冠疫情，为了保障人民的健康和生命，我国以科技为支撑，坚持科研与临床救治、疫情防控的紧密结合，科技助力于抗击疫情成功，彰显了科技的人本精神。

"科学技术是病毒的克星，也是人类的救星"[2]，为了疫情防控的紧急需要，我国科技人员聚焦于病毒病原学、临床救治、药物和疫苗、检测技术和产品等方面，坚持"可溯、可诊、可治、可防、可控"等原则，进行科技攻关。我国不仅"第一时间研发出核酸检测试剂盒，推出一批灵敏度高、操作便捷的检测设备和试剂"[3]，而且集中力量进行疫苗研发，在北京举办的2020年中国国际服务贸易交易会上，三款国产新冠疫苗首次集体公开亮相。[4] 在疫情防控期间，国家卫生健康委员会疾病预防控制局通过官网发布"新冠病毒疫苗接种情况"。截至2022年12月11日，全国31个省（自治区、直辖市）和新疆生产建设兵团累计报告接种新冠病毒疫苗344899.2万剂次。[5] 虽然新冠疫苗与其他任何疫苗一样，保护效果不可能达到100%，但是接种新冠疫苗能够"有效防止病情向重症或者

---

[1] 国务院新闻办公室：《抗击新冠肺炎疫情的中国行动》，《人民日报》2020年6月8日第13版。

[2] 陈东恒、李新安：《疫情防控要坚持向科学要方法》，《学习时报》2020年3月25日第6版。

[3] 国务院新闻办公室：《抗击新冠肺炎疫情的中国行动》，《人民日报》2020年6月8日第13版。

[4] 贾璇：《国产新冠疫苗亮相服贸会》，《中国经济周刊》2020年第17期。

[5] 中华人民共和国国家卫生健康委员会：《新冠病毒疫苗接种情况》，http://www.nhc.gov.cn/xcs/yqfkdt/202212/d549a765d6584ecd85b67ebf78155b04.shtml，访问时间：2022年12月13日。

危重症转化"①。

第三节 科技人本精神的实践根基

科技作为人正确认识和改造自然的智慧成果，将人与自然连接起来，构建起人与自然之间的主体与客体关系。那么，本来是"自在之物"的自然如何成为"为人之物"的自然？人与自然之间的主体与客体关系是如何可能的？对这些问题的思考有助于理解科技的人本精神，而这些问题的答案根植于人的实践之中。自然是科技的物质基础，人是科技的主体条件，实践是将自然与人联系起来的桥梁，科技是人在改造自然的过程中获得的，科技根源于人的实践。人作为主体去认识和改造自然，通过改造自然的活动展现科技的人本价值，人改造自然的实践奠定了科技人本精神的实践根基。

一 实践使生态自然转化为科技的内涵

实践的观点是马克思主义认识论的首要的基本观点，这一观点不仅能够帮助我们正确理解人的认识的来源、动力以及检验其正确与否的标准，也能够保障我们正确理解科技人本精神的根基。实践是科技人本精神的客观基础，人们在改造自然的生产活动和探索自然本质和规律的科学实验中获得关于认识和改造自然的知识和技能、推动科技的产生和发展。

1. 实践与生态自然

所谓实践，是指人改造现实世界的客观物质活动，由改造和征服自然以获得物质生活资料的活动、处理社会关系的活动以及根据一定目的、运用一定的仪器设备去观察和研究自然现象及其规律的科学实验三种类型构成，人与自然之间的改造与被改造的关系既是人进行活动的基本方式，也是人得以存在的基本方式。

自然是实践的对象，是实践的客体。作为实践对象的自然由人体自然和生态自然两个方面构成。对于生态自然和人体自然的存在历史，任何一个智力健全的人都会得出"生态自然先于人体自然而存在"之结论。生态自然是人进行生产和生活的必要基础，是人类社会存在与发展的必要条

---

① 金振娅：《我国新冠疫苗研发取得哪些进展》，《光明日报》2021年9月4日第8版。

件。习近平说过:"人因自然而生"①,"自然是生命之母"②。人是自然界的产物,依赖生态自然而生存,不仅以生态自然为栖息之所,而且以生态自然为维持生命存在的物质资源,生态自然以其自身的物理属性、化学属性等满足人的需要从而表现出对人的有用性,为人的生产和生活、社会的存在和发展提供所必需的、必要的物质条件。

生态自然对人的生存和发展的重要性表明,人的实践不能离开生态自然而天马行空,人是受自然力量约束和限制的存在物,具有依从生态自然、服从生态自然、被生态自然限定、受生态自然约束的被动性,人的实践必须遵行生态自然规律,否则就达不到实践的目的。恩格斯早就告诫人们,不要因为对自然的改造取得一定成就而沾沾自喜,不要被对自然界的胜利冲昏头脑而做出违背生态自然规律的事情,否则,会受到生态自然的惩罚的。③ 在当代中国,生态自然保护受到党和国家高度重视,习近平反复强调要保护好生态自然:"人与自然是生命共同体,人类必须尊重自然、顺应自然、保护自然"④;"人与自然是一种共生关系,对自然的伤害最终会伤及人类自身。只有尊重自然规律,才能有效防止在开发利用自然上走弯路"⑤。习近平生态文明思想为正确认识人与自然的关系提供了科学指导,为建构自然生态的保护体系提供了根本遵循。

2. 实践是生态自然转化为科技内含的根基

科技作为人对自然本质和规律的正确认识以及基于这种认识的改造自然之方法技能的统一体,是人从生产活动和科学实验等实践活动中获得的。科技不能从人的头脑中主观自生,离开改造自然的实践活动谈论科技是典型的唯心主义论调。毛泽东说过:"人的正确思想,只能从社会实践中来。"⑥ 科技作为人对自然的正确认识毫无疑问是根植于人改造自然的实践的。在原生意义上,自然是"自在的",属于"自在之物"。那么,"自在之物"的本质和规律如何转化为科技?这个问题的答案至少有两个

---

① 习近平:《在省部级主要领导干部学习贯彻党的十八届五中全会精神专题研讨班上的讲话》,《人民日报》2016年5月10日第2版。
② 中共中央宣传部:《习近平新时代中国特色社会主义思想学习纲要》,学习出版社、人民出版社2019年版,第167页。
③ 参见《马克思恩格斯选集》第4卷,人民出版社1995年版,第383页。
④ 《习近平谈治国理政》第3卷,外文出版社2020年版,第39页。
⑤ 习近平:《在省部级主要领导干部学习贯彻党的十八届五中全会精神专题研讨班上的讲话》,《人民日报》2016年5月10日第2版。
⑥ 《毛泽东著作选读》下册,人民出版社1986年版,第839页。

方面，即人的理性和人的实践。科技的形成离不开人的理性思维的作用，也离不开人改造自然的实践活动。人改造自然的具体实践形式多种多样，主要有生产实践、处于社会关系的实践和科学实验三种类型，其中的生产实践和科学实验是导致科技产生、推动科技发展的两种基本实践类型。

生产实践是科技的必要前提和根本基础，毛泽东所言"人的认识，主要地依赖于物质的生产活动，逐渐地了解自然的现象、自然的性质、自然的规律性、人和自然的关系"① 同样适用于科技。自然界不会主动地满足人，人的生存和发展所需要的物质资料必须通过人类有意识的生产实践从自然界获取。人们在生产实践中不断与自然界打交道，不断总结与自然界打交道的成功经验和失败教训，不断获得关于自然的认识，不断积累改造自然的技巧，正是在这认识的深化和技巧的积累中，科学和技术逐渐形成并不断融合，最终形成系统化、体系化的科技。生产实践发展与科技进步相辅相成，机器大工业、现代化大生产、人工智能、区块链等既是科技发展的结果，也为科技进一步发展提供了方法和手段。

科技不仅根源于生产实践，也来源于科学实验。科学实验作为一种对自然现象进行反复观察和测试的活动，其目的是探究自然事物的本质、获得自然事物规律的正确认识，它往往在特定的环境中、借助特定的仪器设备工具进行。由于作为科学实验对象的自然事物是从复杂的联系中抽出来的，科学实验是在典型环境中进行的，因而可以消除一些偶然因素的干扰，得出准确可靠的、客观真实的结论。可见，科学实验弥补了生产实践在获取科技方面的一些局限，成为进行科技研发、推进科技创新的重要途径。正如生产实践与科技进步相辅相成，科学实验与科技进步也相互促进，科学实验的范围和深度受到科技发展的程度和水平的制约，科技越发展、越进步，科技实验在范围上越广阔、在深度上越深入。现代社会的许多科技不是直接来自生产实践，例如，光电子信息、生物工程、原子能、超导体、海洋、太空等方面的科技知识都是首先在科学实验中产生的。

科技既具有主观性，又具有客观性，客观性与主观性的统一是科技的重要特征之一。科技具有客观性的理据在于它以自然本质和规律为内容，科技具有主观性的理据体现在科技的形成、形式和目的中：就科技的形成而言，科技不是人本能地、盲目地适应自然、顺应自然的产物，而是能动

---

① 《毛泽东选集》第 1 卷，人民出版社 1991 年版，第 282—283 页。

地、积极地改造自然、征服自然的结果，反映了人对自然的能动性、主动性、创造性关系；就科技的形式而言，科技是人的智慧的产物，是对自然的本质和规律的理性认识，通过人的理性思维对人的感官所获取的关于自然事物的感性材料进行抽象概括和分析综合的加工改造而形成，以概念和原理、技能和技巧、方法和手段等为存在形式；就科技的目的而言，人的需要是科技发展的原动力，人们从事科技活动，发明科技、创新科技不是为了度过茶余饭后的无聊时光、不是为了给饱食终日的日子增添乐趣，而是为了更好地改造自然、更好地改善人类生活。

二 科技是人从必然迈向自由的重要力量

人是生命有机体，依赖自然界而生，依赖自然而活，依赖自然而发展，人必须将自己与自然的关系作为首要关系加以妥善处理。在科技出现以前，自然界"是作为一种完全异己的、有无限威力和不可制服的力量与人们对立的……人们就像牲畜一样慑服于自然界"①。随着科技的诞生，不仅物质生产变成对自然力的科学统治，而且人对自然的地位开始提升，而科技的不断发展进步更是使人逐渐从自然的盲从者变成自然的改造者。马克思的"三种社会形式"理论揭示了人的发展的历史进程，这是一个人不断摆脱盲目的自然力量的束缚而获得解放、迈向自由的历史过程。②

1. 必然与自由：人与自然关系的两种状态

在人与自然的关系上，必然是指人处于盲目受制于自然、屈从于自然的状态，造成这种状态的原因在于：人尚未认识和掌握自然本质与规律，自然力量对于人而言是一种异己力量，人的活动被动地接受自然的统治和支配，人的行为不能摆脱自然力量的束缚，也就是说，人不能自主地实施行动、不能自由地采取行动。自由则是指人在认识和把握自然规律的基础上摆脱自然力量的束缚并改造自然、利用自然为自身服务的状态，导致这种状态的根由在于：人形成了对自然本质与规律的正确认识、掌握了改造自然的方法和技巧。人的行为虽然依然要遵从自然的本质与规律、但是由于获得了对自然的本质和规律的正确认识因而是自主的，也就是说，人可以根据自然的本质和规律自主地、能动地改造自然。

自由与必然是人与自然关系的两种状态，这两种状态是对立统一的。

---

① 《马克思恩格斯选集》第 1 卷，人民出版社 1995 年版，第 81—82 页。
② 参见《马克思恩格斯全集》第 30 卷，人民出版社 1995 年版，第 107—108 页。

一方面，自然事物是"自在"的，自然的本质与发展规律是客观的，是不以人的个人意志和主观意图为转移的；另一方面，人所具有的理性思维能力使人有能力去认识和利用自然的本质和规律。但人的理性思维能力不是一蹴而就的，而是在实践中逐渐形成和提高的。当人的理性思维能力还不高的时候、还不能全面而准确地认识和把握自然本质和规律的时候，人只能盲目地受制于自然的本质和规律，不能自由地、能动地改造自然，甚至连正确地解释自然现象也是难以做到的；当人的理性思维能力发展到足以认识自然本质和规律、并且能运用和利用这种认识去改造自然的时候，人就处于对自然的自由状态中，人对自然的主体性、能动性、创造性就得到确立也得到显现。因此，人的自由不在于否定和拒斥自然界的必然性，而在于认识和利用自然规律"从而能够有计划地使自然规律为一定的目的服务"①。

人对自然的关系是一个从必然迈向自由的过程。一方面，人对自然的自由是在改造自然的实践中获得的，人将在实践中获得的关于自然本质和规律的"客观正确的反映"反过来运用于改造自然的实践活动②，人对自然的自由由此衍生。另一方面，人对自然本质和规律的认识"没有最好，只有更好"，没有顶点、终点，只有更深入、更准确，因而人对自然的自由是一个不断展开、逐步推进的历史过程③。曾经，原始人在大自然中是一个懵懂无知的、也是微不足道的栖息者，在自然面前"卑躬"，因自然力量的束缚而"匍匐"，与其他动物一样在大自然中踉跄而行，对自然灾害无能为力，既不能正确认识自然本质和规律，更谈不上利用自然本质和规律。随着人类实践的发展，人关于自然现象和过程的认识不断深化、人改造自然的经验不断累积，最终形成关于自然本质和规律的正确认识。不断增长的正确认识反过来又使人认识自然、改造自然的能力越来越强，使得人从自然界获得的自由也越来越多。如今，尽管人的活动依然受到各种自然因素的制约甚至束缚，但是正如我们所见，人类活动的空间范围越来

---

① 《马克思恩格斯选集》第3卷，人民出版社1995年版，第455页。
② 关于这一点，列宁有言："在人类实践中表现出来的对自然界的统治是自然现象和自然过程在人脑中客观正确的反映的结果。"《列宁选集》第2卷，人民出版社1995年版，第153页。
③ 恩格斯在《反杜林论》一文中提出了如下真知灼见："自由就在于根据对自然界的必然性的认识来支配我们自己和外部自然；因此它必然是历史发展的产物。最初的、从动物界分离出来的人，在一切本质方面是和动物本身一样不自由的；但是文化上的每一个进步，都是迈向自由的一步。"《马克思恩格斯选集》第3卷，人民出版社1995年版，第456页。

越宽广。毛泽东的"可上九天揽月，可下五洋捉鳖"这一表达中国人民雄心壮志和不畏艰险豪迈精神的词句，已经成为当今人类摆脱盲目自然力量的束缚而获得自由的真实写照。

2. 科技是人摆脱自然力量束缚而获得自由的重要力量

人是科技的主体，科技是人创造出来的。人之所以创造出科技，就在于科技对人的价值，科技是人摆脱自然力量的束缚而获得自由的重要推动力。科技作为人对自然本质和规律的正确认识和人改造世界的技能方法，在生产实践中的运用可以增强人改造自然的能力，能够极大地提高人改造自然的效能。人从自然力量的束缚下解放出来获得自由，是科技社会实践的现实产物，也是科技历史活动的发展成果，因为人的解放不仅是由社会革命造成的，而且是由工业、商业、农业、交往等方面的发展促成的。科技提供满足人的各种需要的方法和技巧，从而使人能够协调和满足各种需要；科技也是一种给人自信、带来鼓舞的力量，使人类对未经探索的未来的可能性抱有合理的希望，推动人类不断提升改造自然的能力。

科技何以成为推动人从自然力量束缚下解放出来获得自由的力量？答案就在于作为一种知识形态的潜在生产力的科技与生产者、生产工具、生产对象等实体要素结合在一起而展现出增强人类改造自然的能力。首先，"科学素质是国民素质的重要组成部分，是社会文明进步的基础"①，对生产者进行科技教育而提高生产者的科技素质，可以使科技转化为生产者的生产技能，从而提高生产者的生产能力；其次，生产工具是人控制和改造自然的手段，将科技物化为生产工具而提高生产工具的质量或制造出新的生产工具，从而使人类改造自然的手段得到优化；最后，科技不断拓展人类对自然的活动范围，使越来越多的自然物质进入人的生产活动、成为生产对象。

人从自然力量的束缚下解放出来获得自由是一个历史过程，这个历史过程随着科技的形成和发展而逐步推进。人在与猿猴相揖别的时候，还谈不上拥有改造自然的能力，只能匍匐在大自然的脚下，盲目地顺应自然，消极地适应自然环境。科技的形成和发展使人改造自然的能力不断提高，带来人与自然的关系不断变革，人逐步从自然力量的禁锢、束缚和奴役之下获得解放，并在改造自然的活动中实现人的本质力量的物质化、对象

---

① 国务院印发：《全民科学素质行动规划纲要（2021—2035年）》，《光明日报》2021年6月26日第2版。

化,使"自在"的自然转变为"人化"的自然。正是在科技的推动下,人从受自然力量统治和奴役的生存逆境中解脱出来,人对自然的地位得到提升,人对自然的不利地位得到改变。

社会实践向我们展示,体力劳动和脑力劳动的紧密结合是人改造自然的活动的重要特征。由这个重要特征所决定,衡量人改造自然能力的强弱大小有体力和智力两个标准。人的体力受到年龄、性别、睡眠、休息等因素的影响,并且人的体力的增强有一个极限;人的智力虽然与遗传、年龄、睡眠、休息有一定关系,但教育和学习是决定因素,可以通过用科技知识的教育和学习、用科技知识武装头脑而在短时间内大大提高人的智力水平。科技通过提高人的智力水平而推动人的自由全面发展:首先,科技在生产中的应用可以减少人的体力支付,使人从繁重的体力劳动中解放出来,科技手段用于改造自然所取得的巨大成就"与其说是手的技巧,不如说是脑的"①;其次,科技可以提升人的智力水平从而增强人改造自然的能力、提高生产效率,使得个人的自由时间因社会必要劳动时间缩短而相对延长,从而人的自由发展获得必要的时间保障②;最后,科技可以打破自然地域的限制,汽车、飞机、轮船等交通科技的物化产品以及电话、电报、网络等通信科技的物化产品使人们活动的空间得以极大拓展。

人类历史的发展就是不断扩大自己控制力的过程,这种控制力一方面表现为人对自然的关系,另一方面表现为人对社会的关系。科技通过促进生产力发展而推动生产关系变革,社会进步与科技进步及其产业化息息相关,正如马克思所言:"手推磨产生的是封建主的社会,蒸汽磨产生的是工业资本家的社会。"③ 在当今时代,科技发展方兴未艾,生物科技、信息科技、能源科技、纳米科技、量子通信科技等展现出广阔的应用前景;智能化使得工业生产向更加人本化、更加绿色化、更加效能化的方向发展;数字经济蓬勃发展,"5G、人工智能、智慧城市等新技术、新业态、

---

① 参见[美]查尔斯·R.沃尔科《走向自动化工厂》,转引自[美]马尔库塞《单向度的人》,张峰、吕世平译,重庆出版社1988年版,第23页。

② 马克思曾深刻说明时间对人的意义,指出:"时间实际上是人的积极存在,它不仅是人的生命的尺度,而且是人的发展的空间。"马克思:《机器。自然力和科学的应用》,人民出版社1978年版,第169页。

③ 《马克思恩格斯选集》第1卷,人民出版社1995年版,第142页。

新平台蓬勃兴起,深刻影响全球科技创新、产业结构调整、经济社会发展"①,服务机器人、智能穿戴设备、自动驾驶汽车的普及提升人的生活质量和人的解放程度;以大数据科技为基础的智慧城市、智慧物流、智能生活等推动人类生产方式、生活方式、管理方式的深刻变革;以工业互联网、车联网、能源互联网、物联网等为内容的"互联网+"的蓬勃发展全方位改变人类生产和生活。②百花齐放的现代科技在满足人的需要、增进人的福祉、促进人的发展等方面,已经展现并将继续展现神奇魅力。未来,科技在生产和生活中的广泛运用必然带来人与自然的关系、人与社会的关系的新变化,人的自由将获得更充分、更有效的保障,人的自由全面发展将进到新的阶段。

---

① 新华社:《习近平:开创数字经济合作新局面》,《新华每日电讯》2021年8月24日第1版。
② 参见白春礼《创造未来的科技发展新趋势》,《决策与信息》2015年第8期。

第二章　科技异化对科技人本精神的背离

以人为本是科技的基本精神，一切研发和应用科技的行为都应该以人为目的，应该围绕人而进行，致力于满足人的生存和发展需要、实现人的美好生活。这是从应然上说的。然而，从实然看，科技研发和应用并非总是产生正面的、积极的效应，自近代以来，背离科技人本精神的科技异化现象时常发生，违背科技伦理向度、违反科技法律规定的科技研发不是个例，科技滥用和误用所导致的风险事故并非鲜见，科技应用于生产和生活的负面效应时有出现。爱因斯坦所言"在战争时期，应用科学给了人们相互毒害和相互残杀的手段。在和平时期，科学使我们生活匆忙和不安定"[①] 表达了他对科技异化现象的担忧。科技异化使得人与科技的"人为主体，科技为工具"之关系颠倒过来，使人的行为受到科技的控制，科技成为人的异己力量。科技异化治理是现代科技发展中的题中要义，对科技异化进行分析是进行科技异化治理实践的思想前提。

第一节　科技异化的概念解读

概念是理论的最基本元素、是理论之网的"网上扭结"。"当人们对一个新的问题进行研究时，首先碰到的便是概念"[②]，这样一来，概念分析就成为理论研究的起点。概念分析是揭示概念的内涵和外延、厘定概念所具有的特质的基本方法，不同概念之间的种属关系决定了厘定作为上位概念的属概念对于明确作为下位概念的种概念的重要意义。异化与科技异

[①] 《爱因斯坦文集》第 3 卷，许良英等编译，商务印书馆 1979 年版，第 89 页。
[②] 刘作翔：《从文化概念到法律文化概念——"法律文化"：一个新文化概念的取得及其"合法性"》，《法律科学（西北政法学院学报）》1998 年第 2 期。

化之间存在着属种关系，即异化是科技异化的属概念，科技异化是异化的种概念。因此，对科技异化这一概念的理解，需要从异化概念的界定开始。

一 异化：科技异化的属概念

在我国，随着异化问题的日益严重，学界对异化的研究也日益深入，如今已经形成了研究视域多维、研究内容丰富的理论成果，这些理论成果涉及消费异化、产品异化、劳动异化、人的异化、科技异化等多方面、多领域。然而，从学术史考察，对异化问题的研究并非肇始于现代社会，异化理论也并非现代中国的独特理论。为明晰异化的概念，我们先对异化观点进行概览。

异化一词源于拉丁文 alienatio，英文为 alienation，其原生含义是疏远、脱离、转让、向他者转化等。最初，异化与宗教结合在一起，指亚当与夏娃因违禁行为而从上帝的神性中异化出去、成为凡人，意味着人因其"原罪"而与上帝疏远和分离。后来，异化在多学科中使用而获得多方面含义。

近代启蒙思想家赋予异化以"原始自由的丧失""自然权利的转让"等含义，将它引进社会契约学说中，成为一个兼具政治学性质和法学性质的范畴。例如，卢梭认为，人类最初生活在自然状态中，每个人都是自由平等的，但是人类能力的发展和人类智慧的进步使得不平等获得了力量并成长起来，导致人类逐渐远离自由的状态。于是，人们便寻找一种结合的形式，使它能以全部共同的力量来维护和保障每个结合者的人身和财富，并且每一个结合者仍然像以前一样自由，这一结合的形式就是通过社会契约成立的国家。通过订立社会契约，"每个人都把自己的人身和全部力量共同置于普遍意志的最高领导之下"①。在这里，人们虽然失去了"自然"的自由和平等，却获得了社会自由、生命财产的安全和法律上的平等。如果国家权力成为人民的异己力量，如果执政者违背契约、破坏公意、损害人民的公共利益，人民就有权取消契约，用暴力将自由和财产再夺回来。

德国古典哲学家们赋予异化以"外化""对象化"等含义，使它成为一个哲学概念。例如，在黑格尔（Georg Wilhelm Friedrich Hegel）看来，现在所有事物都根植于绝对精神，绝对精神所具有的差异和矛盾促使它异

---

① ［法］让·雅克·卢梭：《社会契约论》，杨国政译，陕西人民出版社2004年版，第12页。

化，即将自身的规定性加以展开、表现和外化，并通过这种自身规定性的展开、表现和外化而恢复自身。有学者这样解读黑格尔的观点：理念是一个纯逻辑范畴，但在异化成为自然之后就受到自然的束缚；当理念回到人的身上时，它就"挣脱了自然的桎梏，扬弃了自身的异化，重新回到自身"，成为"自在自为的（自觉的）理念"。[①] 费尔巴哈认为，上帝的人格性不外是人之被异化的、被对象化的人格性[②]，上帝与人相对立，成为控制人的精神和行为的外在力量，成为人的异己力量。

马克思和恩格斯继承和发展了黑格尔和费尔巴哈异化思想的合理因素，对资本主义社会的异化现象进行了深刻分析。在他们看来，在资本主义私有制下，"劳动所生产的对象，即劳动的产品，作为一种异己的存在物，作为不依赖于生产者的力量，同劳动相对立"；劳动产品的异化使得劳动失去其本来应有的意义，因为工人越是投入劳动，劳动产品就越多，工人越是受到劳动产品的制约；这样，劳动也异化了，劳动成为一种人的"对立的独立力量"、人的"敌对的和相异的东西"，人们在劳动中"不是肯定自己，而是否定自己，不是感到幸福，而是感到不幸，不是自由地发挥自己的体力和智力，而是使自己的肉体受折磨、精神遭摧残"；在劳动异化之下，人也异化了：本来，劳动创造了人，也证明人是"有意识的类存在物"，具有"自由的有意识的活动"之类特性，然而，"异化劳动把自主活动、自由活动贬低为手段"，这就是人的类本质的异化，即"人的类本质……变成对人来说是异己的本质，变成维持他的个人生存的手段"。[③] 可见，劳动产品是否为劳动者所占有，对人的本质和人的价值来说是事关宏旨的：若劳动产品为劳动者所占有，则确证人的本质；若劳动者失去劳动产品，则表明人的异化。

进入20世纪，一些西方马克思主义学者秉持马克思和恩格斯分析异化问题的思维范式，对当代西方发达国家的异化问题进行揭露和批判。例如，马尔库塞指出：发达工业社会的科技、经济、制度导致个人丧失合理地批评社会现实的能力，成为"单向度的人"，不断发展的生产力成为破坏"人类的需要和能力的自由发展"的因素，人"被贬低成一种机能的

[①] 王若水：《异化——这个译名》，《读书》2000年第7期。

[②] 参见路德维希·费尔巴哈《费尔巴哈哲学著作选集》下卷，荣震华、王太庆、刘磊译，商务印书馆1984年版，第267页。

[③] 参见《马克思恩格斯选集》第1卷，人民出版社1995年版，第41—47页。

角色"而丧失社会本质、失去自由自主的特性。① 弗洛姆（Erich Fromm）认为，私有制导致全面异化，人失去了丰富的内心世界而作为一个"枯竭了的'物'"而存在；人的创造物成为打破人的期望、摧毁人的设想并且人无法控制的力量。② 可见，在西方马克思主义学者的理论中，异化的主要含义是人的主体性丧失、人的创造物成为独立于人的异己力量。

概览各种异化观点，可以概括出异化的一般内涵。异化是指这样一种社会现象：人的活动及其产物、人的创造及其创造物反过来成为控制、奴役、危害人的力量。人基于一定的目的、本着一定的意图而进行活动、进行创造，人的活动及其产物本身是人的智慧的结晶，是人的本质的彰显。马克思明确指出："工业的历史和工业的已经产生的对象性的存在，是一本打开了的关于人的本质力量的书。"③ 但是，当人的活动、人的创造背弃他既定的目的时，当人的活动的产物、人的创造物远离他原本的意图时，就产生了异化现象。简言之，异化是人的活动、人的创造及其产物对他的意图和目的的背弃和疏离。异化现象因不同时代的政治制度、生产力状况、经济水平等方面的差异性而具有不同的形式和内容，呈现出时代性、社会性等特征。

二 科技异化：科技成为人的异己力量

在现代社会存在的各种各样的异化现象中，科技异化现象成为社会各界关注的重心，不仅学者进行理论探讨，而且政府采取治理行动。由于科技异化是一种与科技发展如影随形的现象，故而对科技异化的思考伴随着促进科技进步的整体进程。早在近代，当一些有识之士从异化的视角审视科技合理性问题、以异化的观点看待科技的滥用误用以及科技的负面效应时，科技异化的理论也就开始形成。历史地回溯科技异化理论，可以助力科技异化内涵的厘定。

1. 18 世纪科技异化认识的初成

在古代社会，科学和技术都处于萌芽状况，科技异化问题也不明显，

---

① 参见［美］马尔库塞《单向度的人》，张峰、吕世平译，重庆出版社 1988 年版，"中译者序"第 2—5 页。

② 参见［美］埃里希·弗洛姆《人的呼唤——弗洛姆人道主义文集》，王泽应、刘莉、雷希译，上海三联书店 1991 年版，第 85—86 页。

③ 《马克思恩格斯全集》第 42 卷，人民出版社 1979 年版，第 127 页。

科技异化也没有被人提及。进入近代社会，科学和技术得到较大发展，而且科学和技术日益融合为一体而开始显出功利的效力，与此同时，科技异化现象显露端倪，科技异化问题被一些有识之士关注。卢梭是较早触及科技异化问题的思想家，在他看来，文明的进步和知识的发展当然也包括私有制使人变坏，导致一系列堕落现象。卢梭指出：奢侈虽然促使国家富庶、工业发达和文艺繁荣，但它如同腐蚀剂，使大量农民流离失所并最终沦为盗贼而走上绞刑架，从而在国家强盛的表面光环下掩藏着人口锐减的危机，在富庶的背后潜伏着真正的衰微。① 不仅如此，科技还对人类的道德产生负面影响，窒息人类天生的自然情操，泯没人类纯洁、善良的自然本性，带来狡诈、虚伪、屈从和争端，导致人们的腐化和道德堕落。卢梭写道："我们的灵魂正是随着我们的科学与我们的艺术之臻于完美而越发腐败的……随着科学与艺术的光芒在我们的地平线上升起，德行也就消逝了。"② 在《论人类不平等的起源和基础》一文中，卢梭阐述了科技使人类付出的巨大代价，这些代价包括使人们产生狂烈情欲、导致人们精神痛苦、出现有害健康的调味法和掺假的药品以及配制药剂所用的各种有毒器皿、使聚集的人群因污浊空气而引起流行疫病等。③

2. 19世纪科技异化认识的深化

马克思、恩格斯曾言："资本不创造科学，但是它为了生产过程的需要，利用科学，占有科学。"④ 在资本主义制度下，科技发展迈上快车道。到19世纪，出现了进化论、细胞学说、能量守恒和转化定律等科学理论，诞生了机器、铁路、轮船、电报等科技产品。马克思和恩格斯高度关注和赞扬科技的发展和进步，不仅"把科学首先看成是历史的有力的杠杆，看成是最高意义上的革命力量"⑤，而且把科技看作人的本质的外化和展现，作出"工业是自然界同人之间，因而也是自然科学同人之间的现实的历史关系"⑥ 的论断。与此同时，马克思和恩格斯对科技的资本主义运用所导致的科技异化进行揭露，指出：科技在资本主义生产方式下的使命

---

① 参见赵林《浪漫之魂——让-雅克·卢梭》，武汉大学出版社2002年版，第121页。
② [法] 卢梭：《论科学与艺术》，何兆武译，商务印书馆1959年版，第11页。
③ 参见 [法] 卢梭《论人类不平等的起源和基础》，李常山译，商务印书馆1962年版，第161—162页。
④ 《马克思恩格斯全集》第47卷，人民出版社1979年版，第570页。
⑤ 《马克思恩格斯全集》第19卷，人民出版社1963年版，第372页。
⑥ 《马克思恩格斯全集》第42卷，人民出版社1979年版，第128页。

是"成为生产财富的手段,成为致富的手段"①;机器的职能是为资本家更多、更快地榨取剩余价值,从而体现在机器中的科技成为资本家剥削和压迫工人的"帮凶"。这样一来,"科学对于劳动来说,表现为异己的、敌对的和统治的力量"②。总之,在马克思和恩格斯看来,在他们所处的那个时代,每一种事物好像都包含有自己的反面,科技在展现出推动社会进步的功能的同时也呈现出对人的生存和发展的负面效应。科技的"双刃剑"效应表现在很多方面,具体事实如表2-1所示③。

表2-1　　　　　马克思对科技"双刃剑"效应的事实列举

列项	正面效用	异化效应
机器	减少人类劳动和使劳动更有效	引起饥饿和过度疲劳
新发现	财富的源泉	贫困的根源
科技	闪耀纯洁的光辉	引起道德败坏
行为	人类愈益控制自然	个人愈益成为别人的或自己卑劣行为的奴隶
发现和进步	物质力量成为有智慧的生命	人的生命成为愚钝的物质力量

3. 20世纪以来科技异化认识的拓展

自20世纪以来,随着科技的巨大发展及其在人类生产和生活中日益广泛的运用,科技异化较之以往任何时代都要严重。食品添加剂的滥用造成有毒食品、塑料制品滥用造成"白色污染"、科技用于改造自然造成资源耗损和环境深度破坏、核能开发潜藏着核辐射风险、科技用于军备竞赛使人类生活在战争阴影下、核武器威胁人类安全……所有这些,使人们对科技具有人本精神的信念产生怀疑、对科技推动社会发展的信心大打折扣,使众多学者对科技异化现象开展系统而深入的探讨。在德国存在主义哲学家海德格尔(Martin Heidegger)看来,在现代社会,科技不是"人的活动工具和手段",而是具有强求性、统治性的"座架",这一"座架"

---

① 《马克思恩格斯全集》第47卷,人民出版社1979年版,第570页。
② [德]马克思:《机器。自然力和科学的应用》,人民出版社1978年版,第207页。
③ 参见《马克思恩格斯选集》第1卷,人民出版社1995年版,第775页。

的功能在于把人"会集"到技术展现中,这样一来,现代科技超越了作为人的活动工具和手段的性质和地位,造成人的全面异化这一灾难性后果。① 马克斯·韦伯(Max Weber)将"学术"和"政治"作为考察和分析现代欧洲因陷入"专业化""理智化"而导致精神文明价值陷入困境的两个关键词,认为科技使人对世界的态度极度理智化,仅在将其作为可计算的经验现实时才能派上用场。② 雷切尔·卡森(Rachel L. Carson)考察科技工业化的双重后果,一方面是推动工业文明发展,另一方面是造成一个被毒化的环境、使得生态系统失去平衡。③ 芭芭拉·沃德(Barbara Ward)和勒内·杜博斯(Rene Dubos)指出:科技是造成生态危机的重要原因,科技的发展和广泛运用导致人类"所继承的生物圈"和"所创造的技术圈"之间失去平衡,这种情况严重威胁人们的健康生活、制约人类的未来发展。④ 爱因斯坦在从事科技研发、进行科技创新的同时反思科技异化现象,在他看来,科学使我们有可能生活得比以前无论哪一代人都要自由和美好,但是高度发展的科学技术也使人类面临着十分严重的问题和从未有过的巨大危险,如机械化的生产手段导致劳动力因激烈竞争而贬值、科技的工业化使人成为机器的奴隶、科技创造出来的工具变成对人类安全和生存的威胁、通信工具与现代化武器结合在一起使人的肉体和灵魂都受到束缚等。

中国属于后发型国家,尽管在古代曾经取得过科技的非凡成就,但在现代科技的发展道路上起步较晚。与此相应,科技异化现象的出现时间也相对较晚,从而中国学者对科技异化问题的理论研究起步也相对较晚。学者们以马克思主义为指导、借鉴西方科技异化思想,形成了对科技异化的理解和界定,共同观点是:(1)科技异化与科技活动相伴而生,科技异化与科技发展如影随形;(2)科技异化在一定的社会条件发生,科技异化现象的严重程度与社会发展状况相适应;

---

① 参见[德]刚特·绍伊博尔德《海德格尔分析新时代的科技》,宋祖良译,中国社会科学出版社1993年版,第87页。
② 参见常利兵《学术与政治:韦伯的两篇演讲稿》,《文史月刊》2019年第1期。
③ 蕾切尔·卡逊在《寂静的春天》一书中写道:"这是一个没有声音的春天……只有一片寂静覆盖着田野、树林和沼泽。"[美]蕾切尔·卡逊:《寂静的春天》,吕瑞兰等译,吉林人民出版社1997年版,第2页。
④ 参见[美]芭芭拉·沃德、勒内·杜博斯《只有一个地球——对一个小小行星的关怀和维护》,《国外公害丛书》编委会译校,吉林人民出版社1997年版,第16页。

(3) 科技异化是人的科技活动及其成果对人的需要、意图、期盼、目的的疏远甚至背离；(4) 科技异化是科技成为人的异己力量，否定人的本质，束缚人的力量、危害人的生存和发展。科技类型的多样性决定了科技异化种类的复杂性，我国学者对科技异化的研究已经深入到不同领域，形成了研究具体的科技异化现象的研究成果，这些研究成果涉及但不止于消费科技异化、网络科技异化、人工智能异化、数据科技异化等方面。

4. 小结：科技异化是科技从"为人"的工具变为"反人"的力量

从对科技异化学术史的回顾中，可以归纳出科技异化的一般含义，这就是：科技从"为人"的工具变为"反人"的力量。本来，科技是人的智慧成果，是人的理性精神的集中体现，人从事科技活动是为了满足自身需要，是为了能够运用科技更好地改造自然从而更好地造福自己。然而，科技异化使得科技与人的需要和要求反向而行、背离人从事科技活动的目的，使得科技成为人的异己力量、成为统治和危害人生存和发展的力量。在现实生活中，科技异化以各种各样的现象展现在我们面前，即便科技有着令人眩目的光环，也无法遮蔽滥用、误用科技所表现出来的物性凸显、文化堕落、道德滑坡等负面的、消极的现象。

第二节　科技异化的思想成因

透过科技异化的种种现象，可以发现科技异化的本质在于科技活动对人本精神的背离。科技是人类理性的产物，也是人类更好地认识和实践的有力工具，具有功利性，有利于提升人类理性思维的水平，增强人类认识和改造自然、改造社会的效能。正是科技的功利性使得科技存在着异化的潜质，科技成果"存在被一些情报机构、军方、黑客、疯狂科学家以及恐怖分子所利用的可能性"[1]。当科技的功利性被放大时，当人们只见科技的功利而忽视科技的负面效应时，科技工具理性就随之产生。在现代社会，"随着技术理性的无限膨胀，它已经渗透到社会的总体结构和社会生活的各个方面，蜕变为发达工业社会对人实行全面奴役和统治的思想基础"[2]。科技工具理性膨胀是科技异化的思想成因，它抑制科技的人本精

---

[1] 刘益东：《前沿科技领域治理应警惕科技伦理法律陷阱》，《国家治理》2020年第35期。
[2] 谢玉亮：《马尔库塞技术理性批判思想解析》，《北京社会科学》2014年第12期。

神，减弱甚至遮蔽科技关怀人类命运的功能。

一　科技工具理性的语义分析

语义分析是"通过分析语言的要素、句法语境来揭示词和语句意义的研究方法"①。运用语义分析这一自然科学和社会科学的常用方法对科技工具理性进行分析，有助于厘清科技工具理性的含义。

1. 工具理性及其发展

人是理性动物，人的理性是人认知事物、作出判断、进行推理的思维能力，对人的行为发挥控制、调整、规范和指引等方面的功能。人作为生命有机体而存在，为了生存和发展而必须与外界进行物质、能量和信息的交换，这种交换必须使用一定的方法和手段，这就决定了人的理性既具有工具属性，也具有价值属性，使应然与实然之间的相互转换得以实现，使本体世界、生活世界与个体世界之间的精神链得以构建。② 价值理性"以社会人文为对象"，以"研究社会，认识自己，崇尚'善'与'美'"为己任③，聚焦事物的实质内容、注重事物的价值内涵、追问事物的存在意义、寻找事物的普遍原则，具有主体性、目的性、批评性、建设性等特征，不仅是人的理性的组成部分，而且是人的理性的本质属性。价值理性为人的行为的合理性提供价值基础，对人的行为的正当性具有导向作用，引导人们自觉地将自己的行为与特定的价值理念、特定的行为准则保持一致。工具理性是人对事物作为工具的有用性的认识并基于这种认识而追求事物的最大功效，这种理性具有利益权衡、追求实用、功利优先等特征。

工具理性的形成与人类理性发展的一定历史阶段相适应。众所周知，古希腊时期的毕达哥拉斯学派在数学方面做出了贡献，这个学派在研究数学的同时还研究医学、声学和天文学等，并力图用它们来解释世界、说明世界。所以，原初意义的"理性"意指科学精神，而理性主义就是用科学来观察、认识、理解和解释自然的哲学观点。然而，"希腊哲学像它开

---

① 张文显主编：《法理学》第4版，高等教育出版社2011年版，第10页。
② 参见成长春等《意识形态自觉与价值理性认同》，《中国社会科学》2018年第2期。
③ 牛绍娜：《推动科技理性与价值理性的平衡》，《中国社会科学报》2020年9月8日，第A04期。

始一样，乃归结于宗教"①，古希腊哲学具有浓厚的神秘主义色彩②。这种神秘主义哲学随着奴隶制的日益腐朽和社会的急剧动荡而演进，到中世纪，规模达到顶峰，影响达到顶点，形成了囊括一切意识形态形式、上帝理性统治一切的宗教理性主义。恩格思指出：中世纪把"哲学、政治、法学"等意识形态形式"都合并到神学中"，神学成为包揽一切意识形态形式的东西，其他一切意识形态形式都"成为神学中的科目"。③推崇上帝理性导致人的信仰的偏移、造成人的理性的变异，这种信仰的偏移和理性的变异势必在人的思想上产生困惑、在人的情感中产生矛盾、在人的精神上产生痛苦。因为，正确的信仰、坚定的信念必须建立在科学理性的基础之上，通过逻辑推演就可以证明它们是指导人们达到离苦得乐之目标的思想保障。

宗教神学鼓吹的精神快乐与神权统治导致的痛苦生活之间的冲突促使本来具有理性的人们对推崇上帝理性的宗教理性主义质疑，这一质疑推动文艺复兴运动的兴起。在文艺复兴运动中，人文主义者对宗教理性主义发起攻击，涤荡了神权至上思想，克服了人类理性的异变，促进了人类理性的复归，从而彰显了人的理性的威力，使得"一切都必须在理性的法庭面前为自己的存在作辩护或者放弃存在的权利"④。然而，随着资本主义生产方式的兴起和发展，金钱代替了上帝的神圣地位，金钱的至上地位得以确立。于是，工具理性泛起，金钱从维持人的生存和发展的手段变成了人们追逐的目的。黑格尔曾经指出启蒙运动以来资本主义文明所面临的问题，这就是：启蒙所倡导的理性实际上是以"有用"为核心概念的知性思维，而知性思维实质上是一种工具理性，在这种思维面前，一切神圣的、绝对的东西都被否定，人的精神陷入空虚的状况。⑤随着工具理性的膨胀，出现工具理性霸权，工具理性变成支配、控制人的力量。随着民主的发展、法治的兴旺、科技力量的增强以及工业化程度的延展，工具理性的影

---

① [美] 梯利：《西方哲学史》，葛力译，商务印书馆1995年版，第8页。
② 例如，亚里士多德在谈到哲学时说："对于神来说，和他不谋而合的学科就是神圣的，任何与神圣事物有关的学科也是如此。" [古希腊] 亚里士多德：《形而上学》，郭聪译，重庆出版社2019年版，第6页。
③ 参见《马克思恩格斯选集》第4卷，人民出版社1995年版，第255页。
④ 《马克思恩格斯选集》第3卷，人民出版社1995年版，第355页。
⑤ 参阅王晓升《黑格尔与法兰克福学派的现代性批判理论》，《社会科学战线》2019年第1期。

响也越来越广泛。现代社会已经出现了工具主义控制人类的生产和生活、控制人类的思想和行为的危险，出现了一切事情按照效益或"代价—效益"分析来决定、生活目的被产出最大化的要求所遮蔽等异化现象①。

2. 科技工具理性及其相关因素

对人类理性发展史的考察表明，人的理性之所以能够战胜蒙昧主义的上帝理性，科技的助力是不可或缺的原因。科技助力人的理性在与上帝理性的斗争中获得成功，为科技工具理性的形成和发展埋下了伏笔。自近代以来，科技发展以其改造自然、改造社会的强大威力展现在世人面前，科技对神权、神学的否定推动了人类思想解放的进程，科技成为人类理性的典型表征，从而人们对科技的崇拜与日俱增，科技工具理性逐步形成。科技工具理性是工具理性的表现形式，主要内容是以工具理性思维对待科技、以工具主义指导科技活动，在科技与社会关系上呈现两个特征：一是将科技视为社会发展的"主要载体"；二是主张人不应该过多"关注如何运用科技以及运用科技对人与社会所带来的负面影响"而应该"更多关注科技、依赖科技"②。

科技工具理性与功利主义是相通的，主张和强调科技研发和应用的功利目的，其膨胀和扩张必然遮蔽科技价值理性，致使科技价值理性消弭，使科技研发和应用偏离以人为本的价值轨道、背离以人为本的价值目的。在人类文明的历史进程中，存在着两种思潮，一种是科学主义思潮，这种思潮与工具理性联系在一起，以尊重科学、进步、发展为现实取向；另一种是人本主义思潮，这种思潮与价值理性联系在一起，以追求精神、价值、意义为永恒主题。如果将科技和社会都看成一辆机车，那么科学主义是科技发展和社会演进的驱动系统，而人本主义是科技发展和社会演进的操控系统。如果只有驱动系统而无操控系统，那么科技发展和社会演进就会迷失方向。科技工具理性膨胀是造成科技研发和应用背离人本精神的思想原因，它使人们聚焦科技研发和应用的局部利益和眼前利益，忽视科技研究和应用的公共利益和终极价值。例如，在现代科技发展和进步的背景下，通俗文化已经成为科技的控制品，"追求收益的最大化"成为通俗文化生产

---

① 参见[加拿大]查尔斯·泰勒《现代性之隐忧》，程炼译，中央编译出版社2001年版，第6页。

② 参见周家荣、廉勇杰《从工具理性到价值理性：科技与社会关系的重大调整——兼论科技在构建和谐社会中的功能整合》，《科学管理研究》2007年第5期。

和传播的目的。① 倘若科技工具理性发展到极致，则势必导致科技帝国主义。在当今时代，科技帝国主义已经成为全球治理问题的一个症结②。

科技帝国主义的典型表现之一是科技商业化。当代美国批判社会学和文化保守主义思潮的代表人物丹尼尔·贝尔（Daniel Bell）说过："工业社会是围绕生产和机器这个轴心并为了制造商品而组织起来的。"③ 当科技研发和应用以"制造商品"为目的时，科技的商业化就势所必然。科技商业化具有一定的合理性，因为"高额的科技投入需要通过企业技术商业化才能转变为社会经济效益"④。但是，以制造商品为目的的科技商业化聚焦于科技成果的交易收益和科技产品的经济效益，势必导致科技成为谋取经济利益的工具、造成科技人本精神的失落。关于这一点，中国科学院2001年发布的《科学发展报告》曾有如下说明："科学商业化的后果之一就是：科学更多地成为赚钱的工具，而减弱和抑制了科学批评社会，洞悉、关怀人类前途和命运的功能。"⑤

科技帝国主义的典型表现之二是科技霸权主义。霸权主义是国际舞台上的一种常见现象，一些国家尤其是一些发达国家在对外关系上坚持唯本国利益原则，不尊重他国的独立和主权，凭借本国经济、科技、军事等方面的实力对他国进行控制、干涉他国内政。当科技成为推行霸权主义的工具和手段时，就产生了科技霸权主义。揆诸当下，在国际关系中推行科技霸权主义的代表性国家是美国，美国一方面通过科技合作和科技援助等方式加强对盟国的控制以对付竞争对手，另一方面通过封锁和禁运高科技产品、保护知识产权、加强技术情报保密等方式加强对科技的垄断以限制竞争对手。例如，"美国利用其在人工智能专利结构和顶级科研团队的技术成熟度、企业的丰富度和融资规模的全球领先地位，将人工智能作为维护其全球科技霸权的主要策略"⑥。又如，为了遏制中国发展，美国以国家

---

① 参见汪明峰《论法兰克福学派大众文化批判理论的旨归》，《社科纵横》2020年第4期。
② 参见张务农《科技帝国主义：全球治理问题的一个症结》，《深圳社会科学》2021年第6期。
③ ［美］丹尼尔·贝尔：《后工业社会的来临——对社会预测的一种探索》，高铦、王宏周、魏章玲译，商务印书馆1984年版，"序"第2页。
④ 曾繁英等：《财政科技补助对技术商业化的影响研究》，《天津商业大学学报》2020年第5期。
⑤ 中国科学院：《科学发展报告（2001）》，科学出版社2001年版，第16—17页。
⑥ 李括：《美国科技霸权中的人工智能优势及对全球价值链的重塑》，《国际关系研究》2020年第1期。

安全为借口对中国高科技企业进行霸权主义打压,"即便在新型冠状病毒肺炎疫情席卷全球的紧迫形势下,美方仍未放弃这些科技霸权主义措施"①。本来,搞清楚新冠病毒的源头,是一个地地道道的科学问题,而且对于有效防止类似疫情的再次发生也是有意义的。但是,美国将病毒溯源的科学工作政治化、意识形态化,背离科技求真求善的本质要求,不仅不利于战胜疫情,而且导致国际社会走向分裂。②

二 科技工具理性膨胀是科技异化的思想成因

科技本来就是人满足自身需要的工具和手段,在这个意义上,以科技工具理性对待科技研发和应用具有合理性、正当性。问题的关键在于科技工具理性不能超过必要的限度,超过必要限度的科技工具理性势必导致对科技功利的最大化追求、引发科技的负面效应,由此造成科技研发和应用对人本精神的背离,引发科技异化问题。正如有学者所指出的,"人类使自己的生物个性适合于技术设备的需要"是科技异化的成因之一,将"人作为工具的附属物"并以此建立"技术的联合体",势必造成人的异化,使得人在心理上和生理上出现畸形。③ 为了说明科技工具理性膨胀对科技异化的影响,在这里以法兰克福学派的理论观点为蓝本进行简要说明。

法兰克福学派是在反科学主义的斗争中逐步成长和发展起来的西方人本主义思潮的一支劲旅,虽然其成员所持观点不尽相同,但总的说来具有反科技的思想倾向。这一点可从20世纪80年代出版的《现代西方哲学教程》的观点中得到说明:"现代西方人本主义哲学思潮和流派"具有"反科学技术"的共同特征,这些思潮和流派把"科学技术的进步"看作"社会弊害的根源"。④ 法兰克福学派在对科技工具理性进行揭露和批判的基础上构建自己的理论,在批判科学主义、实证主义以及资本主义的同时,广泛探讨了科技研发和应用所涉及的方方面面的关系,包括科技与人

---

① 王俊、苏立君:《论科技霸权主义的形成机制、表现形式与经济影响——基于国际垄断资本主义科技治理模式的分析》,《长白学刊》2021年第6期。
② 参见钟声《究竟谁在破坏科学规范不言自明——政治操弄难掩美抗疫不力事实》,《人民日报》2021年7月29日第2版。
③ 参见[美]马尔库塞《单向度的人》,张峰、吕世平译,重庆出版社1988年版,第23页。
④ 夏基松:《现代西方哲学教程》,上海人民出版社1985年版,第377页。

的理性、意识形态、人的未来以及自然等方面的关系，形成了特色鲜明的科技和科技异化理论。

在法兰克福学派看来，以科技为基础的生产自动化发展虽然使人的物质生活和劳动条件得到改善，但同时造就"技术统治的极权社会"，使人们陷入异化之困境，科技异化根植于工具理性的发展和膨胀。工具理性本来是用来维持人的生存、用来发展生产力的，然而这种工具理性的方法在资本主义制度下被进一步延伸到了思想领域，使人们用物化的态度对待自己和他人。如果人们在发展生产力时需要运用工具理性的话，那么人们在相互交流之中就需要借助于交往理性。在人的历史活动中，人同时运用这两种理性能力。这两种理性能力在资本主义社会发展中表现为两种功能：工具理性被用来进行系统整合，而交往理性被用来进行社会整合。在当代社会，工具理性发展和膨胀起来，不论在经济领域，还是在行政管理领域，或者在社会文化领域，人们都用工具理性的方法进行管理。[①]

工具理性的膨胀既是科技发展的产物，又是科技异化的成因。科技发展及其功能凸显，使得启蒙从一种批判精神转变成一种实在论，转变成一种对于"事实"的崇拜，技术主义、数学理性在人们的意识中取得了胜利。当代一切标志文明的东西一方面是人类获得解放和自由的工具，另一方面是可能成为一部分人控制和奴役他人的手段。集权统治下的社会管理越强，居于被统治地位的人们摆脱控制和奴役的状态就越加困难。不仅如此，科技还将文化生产变为工业现代化的一个部分，利润成为首要的考虑因素。工业现代化产生的文化产品将文化变成个人消费品，使文化变成商人获利的工具，大众文化的商品性否定了人的本性，导致现代社会呈现出单向度性特征。此外，科技工具理性的膨胀导致科技成为一种统治工具，致使科技获得意识形态职能。社会统治的范围较之过去要大大扩张，统治者往往以科技手段去克服社会的离心力量。科技的意识形态化阻碍人们对客观事物的正确认识，使人们将自己的行为附着于技术、捆绑于机器，由此，人被物化为科技的附属物。

科技异化的危害有目共睹，如何走出科技异化困境是一个事关人类生存和发展的大问题。法兰克福学派对人类走出科技异化困境的路径进行讨论，学者们观点纷呈，马尔库塞和哈贝马斯的观点具有代表性。

[①] 参见王晓升《黑格尔与法兰克福学派的现代性批判理论》，《社会科学战线》2019年第1期。

马尔库塞认为科技带来的富裕和美好的现象隐藏着不合理性,他从科技所带来的人类需求增长、工业化导致的环境破坏、军事科技加剧的战争残酷、受到传播控制的虚假消费等问题中发现了正在增长的科技异化现象,将社会批判的锋芒主要指向科技工具理性对人性的压制和阻滞。在他看来,科技异化导致科技与人的幸福背道而驰,科技越发展越进步,人的需求本性也就越深越重地受到压制。在当代资本主义社会,科技的发展对个人本性的压制无论在广度还是在深度都强化到了前所未有的地步,科技的发展带来的高度机械化和自动化使个人的自由和创造丧失殆尽,于是,人就变成了只顾个人不顾公共、只顾眼前不顾未来、只顾物质不顾精神、只顾盲目依从不顾独立自由的"单向度的人"。人们缺乏主观能动性,缺乏创新精神,作为整个社会机制中的一个零件而被迫"随大流"地运转。此时,科技已经失落以人为本的价值和精神,对人们发挥着直接的工具性功能,产生统治人、奴役人的效应。为了遏制资本主义制度下科技异化现象的滋生和蔓延,马尔库塞提出如下主张:"完全'超越'现存社会,追求一种'质的变革';摧毁现实的根本结构,使人民能自由地发展自己的需求;建立一种新的技术……重新把握艺术和科学、科学和伦理学的统一;自由地发挥我们的想象力,给科学套上缰绳,使之用于人类的解放。"①

哈贝马斯对科技理性的看法与法兰克福学派其他成员的观点一脉相承。在他看来,科技不单单是人认识和把握自然、改造和控制自然的活动,它更多地是一种超越阶级局限而为全人类设计出来的产品。然而,在当代社会,随着科技飞速发展,科技的工具效用也加速显现,科技进入人类生产和生活的方方面面,成为控制自然、个人和社会的强大力量,异化为阻滞人的个性解放、制约人的独立自由的"桎梏"。哈贝马斯将完善"主体间性"作为打破科技桎梏的重要路径:就人与自然的关系而言,人不应该将自然"当作可以用技术来支配的对象"而应该把自然看作能够同人"相互作用的一方",人也不应该将自然"当作开采对象"而应该把自然看作生存和发展的"伙伴";② 就人与社会的关系而言,人应该以

---

① [美]马尔库塞:《单向度的人》,张峰、吕世平译,重庆出版社1988年版,"中译者序"第5页。

② 参见[德]尤尔根·哈贝马斯《作为"意识形态"的技术与科学》,李黎、郭官义译,学林出版社1999年版,第45页。

"交往理性"作为"人际交往的基础",在与特定对象的交往中"通过质量、数量、关系和方式四种方式"与之"建构主体间性",交往理性是"各个民族间和特定民族成员间建立和谐关系"的重要基础,是"构建人类命运共同体"的重要保证。①

总而言之,法兰克福学派的理论家们试图从人本主义和价值理性出发,确立一种不同于实证主义和工具理性的思维方式,他们的科技异化理论是现代人对科技"双刃剑"效应进行反思的印证,这一理论具有现实性、批评性,解构了人们基于科技进步而确立的对人的美好生活和人类美好前途的梦想,动摇了近代以来科学主义、实证主义、工具主义等社会思潮的基础。科技的研发和应用以及以此为基础的工业化、现代化导致科技异化、科技产品异化、劳动异化、劳动产品异化,并以此导致人的异化,使得人作为一个既有存在价值也有发展意义、既有欲望情感也有意志理性的完整整体的意义消失。而这种意义的消失导致严重的后果,使得个人因失去生活动力而茫然无措,使人类因失去价值共识而不能释放出"最高和最广泛的创造能量"。因此,对科技发展,不能"只停留在解决科学和技术难题的层次上",因为"一个肤浅和狭隘的目标"很难凝聚起解决科技异化问题、促进科技健康发展的磅礴力量,而缺乏这种磅礴力量,人类就可能"陷入渺小和昙花一现的境地"。② 这种观点听起来有点夸大其词,但并非危言耸听,它确实指出了科技工具理性的弊端,为人类敲响了科技异化的警钟。

第三节 科技异化背离科技人本精神

马克思在分析商品的拜物教性质、揭示商品拜物教性质的秘密时指出:"最初一看,商品好象是一种很简单很平凡的东西。对商品的分析表明,它却是一种很古怪的东西,充满形而上学的微妙和神学的怪诞。"③ 其实,商品如此,科技何尝不是这样!有时候,科技也充满着神秘色彩,科技异化使科技成为操控人们行为的力量。科技工具理性膨胀是

---

① 参见赵永峰《法兰克福学派论争:从阿多诺主体性到哈贝马斯主体间性——以哈贝马斯普遍语用学为例》,《重庆社会科学》2020年第7期。

② 参见[美]大卫·格里芬编《后现代科学——科学魅力的再现》,马季方译,中央编译出版社1995年版,第82页。

③ [德]马克思:《资本论》第1卷,人民出版社1953年版,第87页。

导致科技异化的思想原因,而科技工具理性膨胀使得人们聚焦科技的功利效应而忽略科技的人文关爱。科技异化对人的主体性地位的损害、生态危机对人类生存环境的戕害、机器人统治地球的风险、核武器对人类生存的威胁……所有这些印证了这一点:对科技的单纯功利追求势必侵蚀人类生活的美好,科技异化是对科技人本精神的背离。

一 科技异化损害人的主体地位

在现代,科技的突飞猛进导致"虚拟与现实、今天与未来"等关系被重新思考、重新构建,而无论科技如何风云变幻,人与科技的关系都是必须重视的课题。在应然上,科技是人的解放的重要推动力,科技推动人不断从自然力量和社会力量的束缚下解放出来而获得对自然、对社会的主体地位,因而人应该是科技的主体,科技应该是人的工具。在实然上,随着科技发展以及科技力量增长,科技从一种被人使用的被动性工具逐渐转变为一种统治人的自主性系统,迫使人们以自己的生物本性、自然属性去适应技术设备的需要,导致人们的思想和行为都受制于、依从于科技活动和科技产品,从而损害人的主体性。正如有学者所认为的:在当代社会,高智能技术"主动地"为人类提供服务,这势必遏制人的主观能动性,"造成人类主体性地位的缺失"。[1]

1. 科技异化制约人的自主性

人因具有思维属性而获得自由地、独立地支配自己言论和行为的自主性,人的自主性是人作为自然和社会的主体所具有的一个重要特征,它展现出人的主体性。然而,当科技异化为一种具有自主性的力量的时候,人的自主性势必受到压抑。正如有学者所主张的,科技具有自身的发展逻辑,人成为被科技促逼、摆置的东西而反向适应技术律令、物化为持存物,失去自主性。[2]

第一,科技的功利效用导致人们对科技的顶礼膜拜。科技的功利效用最直接的表现是提供人们省时省力、高效便利地改造自然的手段,使人能够获取巨大的物质财富而使物质生活得到极大改善。一些人因科技能够带

---

[1] 参见朱雯熙《技术社会中人类主体性发展与缺失——以普适计算为例》,《文化学刊》2020年第6期。

[2] 参见尹晶晶《新媒介技术时代高校思想政治教育的现实指向:人的主体性与技术的自主性》,《山东高等教育》2020年第2期。

来巨大利益而对科技顶礼膜拜,将科技捧上神坛,将科技作为调整人的行为的指挥棒。由此,人的行为受到科技的操控,人的自主性受到抑制,"生活在钢筋水泥丛林中的现代人,尽管生活水平不断提高,烦恼与焦虑却与日俱增"①。

第二,现代科技成为社会控制的手段。科技推动社会发展,科技进步推动社会变革。然而,一旦科技深入社会结构,则科技工具理性就可能成为社会控制的手段。不论是社会的生产还是人们的消费,不论是政治参与还是文化娱乐,不论是公共事务还是私人生活,都受到科技工具理性的操控。由此,人成为科技的支配物,个人的行动自主权难以实现。

第三,现代科技成为统治者压抑民意的手段。现代科技发展对人类生活产生广泛而深刻影响,这种影响不仅表现在生产领域、生活领域,而且表现在政治领域。在政治领域,统治者可以利用现代科技了解民意、争取民意,使现代科技成为实现民主的助力,也可以利用现代科技歪曲民意、强奸民意,使现代科技成为消解民主的手段。马克·斯劳卡（Mark Slouka）指出："数字革命在它的深层核心,是与权力相关的……当传媒以虚假的'民意'来牵引舆论时,公众往往只能被迫成为沉默的大多数。"② 美国总统唐纳德·特朗普（Donald Trump）"创造了一种超越白宫新闻秘书,通过推特直接与公众交流的方式",他不仅在推特上评论其他政治家、名人和时政新闻,而且在推特上发表政策声明。这种"推特治国"方式将"社交媒体和民粹主义"结合在一起,导致"美国互联网舆论生态越来越表现出'真相凋零'状态,日益分裂和极端化",使得"美国进入'后真相政治'和'真相凋零'时代"。③

第四,科技成为战争博弈的助力。以俄乌冲突为例,欧美国家以及部分全球科技头部企业对俄罗斯实施科技制裁,俄乌冲突不断升温,因为科技制裁不仅对俄罗斯的国家安全构成挑战,对其社会生产、居民生活也产生了巨大影响。④ 俄乌冲突开启了"技术极化"的地缘政治时代,科技巨

---

① 万川：《抵御科技崇拜 寻求人文回归》,《中国青年科技》2002年第2期。
② ［美］马克·斯劳卡：《大冲突：赛博空间和高科技对现实的威胁》,转引自万丽《论网络传播的伦理道德》,《新闻战线》2008年第6期。
③ 参见李期铿《"真相凋零"下的美国舆论生态极化现象分析》,《人民论坛·学术前沿》2020年第15期。
④ 参见肖隆平《发展数字经济要有不断改革的紧迫感》,《新京报》2022年3月11日第A10版。

头化身"硅谷军团","中性"的技术体系和数字基础设施成为一种新的经济武器。西方国家科技巨头的角色变化和行为逻辑在短时间内难以突破传统政治经济治理体系以谋求全球化技术统治,反而服膺于传统西方意识形态和政治博弈的地缘冲突框架,成为不同政治集体之间意识形态对抗的急先锋。[①]

2. 科技异化限制人的自由

科技对于人实现解放和获得自由的意义,已经为理论和实践所证实。然而,科技是推动人的解放、使人获得自由的助力,这只是问题的一方面。另一方面,科技也可能成为人实现解放、获得自由的阻力,科技统治可能使人的自由受到限制,甚至使人失去自由。科技从人挣得自由的力量异化为限制人的自由的力量是通过科技的物化也就是工具化而完成的,这一路径可用图2-1展示如下:

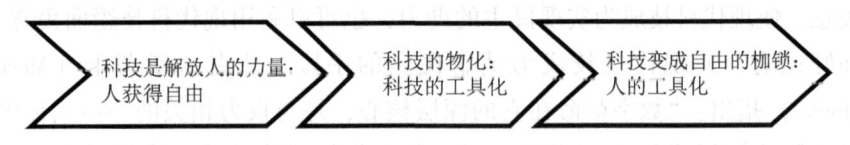

| 科技是解放人的力量:人获得自由 | 科技的物化:科技的工具化 | 科技变成自由的枷锁:人的工具化 |

图2-1 科技从人挣得自由的力量异化为限制人的自由的力量

科技异化限制人的自由,"为人的不自由提供了很大的合理性,并且证明,自主、自己决定自己的生活'在技术上'是不可能的"[②]。从西方历史看,现代西方人的自由并不比古代西方人多多少,如果说古代西方人的自由受到君权和神权的压抑,那么现代西方人的自由则更多地受到科技的制约。有学者写道:在今天,西方世界正在急剧地堕入不自由中,由于"技术进入大量生产时代",越来越多的科技成果进入人们的生产和生活领域、进入经济和文化以及政治领域,形成科技对人的统治,致使西方人的自由"似乎比历史上任何时期都更加不可能了"。[③]

科技限制人的自由性,突出表现为作为科技物化产品的机器使用人、控制人。马克思说过:机器不是自然形成的,机器的各种零件,不论大或小、轻巧或笨重,都是科技的物化成果,是人"根据数学准确性和精确

---

① 参见刘典《科技巨头重塑地缘格局:审视俄乌冲突中的数字权力竞争》,《东方学刊》2022年第2期。
② [美] 马尔库塞:《单向度的人》,张峰、吕世平译,重庆出版社1988年版,第135页。
③ 参见欧阳谦《人的主体性和人的解放》,山东文艺出版社1986年版,第30页。

性"设计和制造出来的。① 人将科技物化为机器的一个目的,在于减轻体力和脑力在劳动中的支付,消除繁重劳动所带来的身心疲惫,通过提高劳动效率减少必要劳动时间、获得更多可用来休息或娱乐的闲暇时间。但是,从现实看,"工人服侍机器"② 的情形时常发生,在这种情形中,人与机器之间的主体和工具关系被颠倒过来:不是人利用、使用和控制机器,相反,是机器在利用、使用和控制人。在发达的工业社会,人更多地"退化到物的境地",异化为"发达工业文明的奴隶"。③ 随着智能科技的发展,"当人类有意或无意享受着计算机主动提供的服务时,技术社会也正对人的主体性进行着潜移默化的影响,人的主体性逐渐演变成为机器的主体性"④。

3. 科技异化降低人的创造力

人有意识、有思维,从而能够进行创造,创造性是人有别于其他生物的重要标志。对此,马克思提出过真知灼见:动物只能根据所属物种的"尺度"并根据其本能进行"构造"而满足其生存所需,但是人与之不同,人不仅能够根据自身"内在的尺度"进行创造,而且能够根据"任何一个种的尺度"进行活动。⑤ 人具有创造性,通过作为自己创造成果的科技表现和确证自己的创造性。然而,在现实中,常常出现科技遏制人的创造性的情形。

研发者与使用者的分离是科技应用于生产的基础,因此,科技对于使用者而言就成为一种不需要他发挥创造性而只需要他"照章执行"的外在东西,长此以往,使用者作为人应有的创造性因长期对科技"照章执行"所衍生的惰性而消失殆尽。另外,机器生产中的单调重复操作也使得人不需要思考,由此抑制人的好奇本性和求知动能,人的独立思考能力受到阻滞,人的创造能力更不可能形成。

信息科技的发展、网络的兴起的确能够提供给人们更多、更快、更便捷地获得和掌握信息的方式和手段。但是,网络信息是碎片化的,因而对

---

① 参见马克思《机器。自然力和科学的应用》,人民出版社 1978 年版,第 123 页。
② [德] 马克思:《资本论》第 1 卷,人民出版社 1953 年版,第 463 页。
③ 参见 [美] 马尔库塞《单向度的人》,张峰、吕世平译,重庆出版社 1988 年版,第 30 页。
④ 朱雯熙:《技术社会中人类主体性发展与缺失——以普适计算为例》,《文化学刊》2020 年第 6 期。
⑤ 参见《马克思恩格斯选集》第 1 卷,人民出版社 1995 年版,第 47 页。

于读者而言，虽然提供了认识和思考的原料，但也界定和构造了思考的过程，导致读者对网络的依赖，影响和遏制甚至损害读者的思维能力。有研究者发现，网络传播具有三个特征，一是信息接收者总是受到信息的介入；二是信息介入的方式是"唤询"；三是信息对于接收者来说是开放的、变动的、多样的和过剩的，由于互联网上的信息交流和信息沟通是以处理信息的机器为媒介进行的，这就使得信息发出者与接收者所面对的不是人而是机器。① 如果人们长期收到来自网络的大量的碎片化信息的敲击，其思维机制和精神系统势必因"信息超载"之累而失去运转的灵动性，由此失去独立思考、进行批判、推陈出新的创造能力。人们在网络的信息汪洋中搜寻、冲浪、阅读时因受到大量零散信息的冲击而成为"信息解码器"，专注能力和思考能力受到严重影响；人们对网络信息的浏览往往走马观花，难以形成深度理解文本的能力和宏观综合概括的能力。所有这些势必导致人们的创造能力大大降低。②

二 科技异化消解行为规范效力

行为规范的效力即行为规范对行为的约束力，它是行为规范存在的意义所在，没有效力的行为规范失去存在意义。然而，并不是所有行为规范的效力都能得到充分发挥，在制约行为规范约束力的因素中，科技异化是一个不可忽视的方面。前面已经提及，科技具有功利性。正是这种功利性，诱发一些人的极端利己主义观念，使一些人的个人私欲膨胀到极致，从而消解行为规范的约束力，致使行为陷入失范的境地。科技异化消解人的行为规范、导致人的行为失范，突出表现在两个方面：一是导致科研不端行为时常发生，二是"带来了新的犯罪形态、导致刑罚适用的不公平、不平等问题，对我国刑法的罪刑法定原则、罪责刑相适应原则和适用刑法人人平等原则等带来挑战"③。

1. 科研不端行为

科研在这里是科技研究和开发的简称，它是科技活动的重要构成部分，是科技创新的首要和根本。作为"为了增进知识（包括关于人类文

---

① 参见 [美] 马克·波斯特《第二媒介时代》，范静晔译，南京大学出版社2005年版，第113页。
② 参见康慨《Google是否让我们越变越傻》，《中华读书报》2008年6月25日第17版。
③ 李民、洪森：《高科技发展对刑法三大原则的挑战》，《科技与法律》2010年第2期。

化和社会的知识）以及利用这些知识去发明新的技术而进行的系统的创造性工作"①，科研的最基本要求是务实求真、客观公正。然而，从现实看，由于名与利的诱惑，一些科技工作者失去作为一个"科技人"应有的理性与良知而实施科研不端行为。例如，在韩国被称为"最高科学家"的黄禹锡 2004 年 2 月和 2005 年 5 月分别在美国《科学》杂志上发表两篇论文，前一篇宣布在世界上率先用卵子培育出人类胚胎干细胞，后一篇宣布攻克了利用患者体细胞克隆胚胎干细胞的科学难题。然而，两篇论文均属捏造，有关科研成果纯属子虚乌有。②

科研不端行为是一种世界性现象，自 20 世纪 80 年代以来，科研不端行为引起各国科学界的关注。"目前不同国家、地区和组织在科研不端认定时秉持的尺度和标准有很大差异"③，不同的人对科研不端行为的界定也不尽相同。美国国立卫生研究院于 1986 年首次对科研不端行为的界定采用的是列举其外延作为种差的外延定义方式，将其定义为在计划、实施或报告科学研究时出现的伪造、篡改和剽窃或其他严重背离为科学共同体所公认的其他行为，之后诸多国家的科研机构、研究人员乃至政府机关采用外延定义方式对科研不端行为进行定义。在我国，有人将科研不端行为的外延归纳为六大类型二十种④，具体分类如表 2-2 所示。

表 2-2　　　　　　　　科研不端行为的类型及其表现形式

类型	表现形式
学术造假	伪造；篡改；买卖和代写论文；代投稿论文；虚假陈述
学术剽窃	文字抄袭；交流剽窃；评议剽窃；自我抄袭
隐匿学术事实	主观取舍科学数据；故意忽视他人重要学术贡献；隐匿利益冲突
虚假学术宣传	夸大、虚假宣传

---

①　类延村、陈杰：《高校教师科研诚信的制度规束与素养培育》，《中国科技人才》2021 年第 6 期。

②　参见陈公正《科技犯罪使一些人道德沦丧愈演愈烈的学术不端行为》，《科技中国》2006 年第 8 期。

③　和鸿鹏等：《科研不端认定的依据与争议》，《北京航空航天大学学报（社会科学版）》2022 年第 1 期。

④　参见杨卫平《20 种常见科研不端行为，如何认定？》，《中国科学报》2020 年 5 月 13 日第 1 版。

续表

类型	表现形式
学术侵权	侵犯署名权；侵犯知情权；侵犯隐私权；侵犯科研合约；滥用学术权力
不守科研伦理规范	不履行伦理审查义务；不执行伦理审查意见

对于科研不端行为，外延定义具有一定的局限，例如，仅仅能够解释科研不端行为的表现形式而不能揭示其本质、因使用"其他行为"的措辞而含糊不清、因科研不端行为的外延随着科研范式的不断演进而呈现出不断变化的趋势而难以全数列出。因此，有必要采用以科研不端行为本质属性作为种差的性质定义方式。依据学界的研究成果和实际中的具体案例，采用性质定义的方式，可将科研不端行为界定为科研人员在科技研发中出现的违背科学共同体所公认的科研道德、行为规范或其他公共行为准则的行为。科研不端行为与科技健康发展背道而驰，既影响和损害科技工作者的良好形象，又扰乱和破坏科技研发和应用的良好秩序、妨碍科技创新活动的顺利进行，最终对科技发展和进步造成阻滞。

2. 科技活动违法行为

在一些人看来，侵犯署名权、知情权、隐私权等"学术侵权"属于科研不端行为。其实，这些行为不仅违反了学术道德和学术共同体的规则，属于科研不端行为，而且违反了法律规定，属于科技活动违法行为。例如，我国《著作权法》规定，著作权包括署名权即"表明作者身份，在作品上署名的权利"（第10条），"著作权属于作者"即属于"创作作品的公民"（第11条），"没有参加创作的人，不能成为合作作者"（第13条）。依据这些规定，上述表格中列举的"将本应署名人员排斥在署名之外、未按照真实的学术贡献对相关作者进行正确排序"等侵犯署名权的侵权行为，违反了《著作权法》的规定，属于科技活动违法行为。

科技活动违法行为可以从三个方面进行解析。一是科技活动违法行为违反了现行科技法律规定。处于制定过程而没有正式出台或者已经被废止的科技法律规定，对科技活动没有约束力，不存在遵守或违反的情形。二是科技活动违法行为具有社会危害性。这里的社会危害性包括"对社会已造成实际上的损害"以及"虽然尚未造成实际上的损害但存在造成损害的危险"两种情形。三是科技活动违法行为是有过错的行为。仅仅属于思想意识的活动，不构成违法；没有社会危害性的行为，也不是违法。

科技活动违法行为有轻重之分，以违法程度轻重为标准可以将其分为一般违法行为和严重违法行为：前者由行政违法行为、民事违法行为等构成；后者是指犯罪行为。科技犯罪行为是一种具有严重社会危害性的违法行为，科技发展的程度越高，科技犯罪行为的危害性越大。

科技活动违法行为因为消解法律规范的功能、具有社会危害性、背离科技服务人造福人的目的而具有科技异化的性质。作为一种科技异化现象，科技活动违法行为是诸多社会消极因素的综合反映，其中一个根本原因就在于科技的功利性导致人的欲望的恶性膨胀。科技本来就是人与外部世界进行物质、信息和能量交换的一种工具，这种工具在拥有强烈个人私欲的人手中就可能成为违法犯罪的手段。在现实中这样的现象并不鲜见：一些人为了满足个人私欲，罔顾科技法律的规定，实施科技活动违法行为，以科技手段追逐个人的私利，侵害科技法律关系，损害他人利益、社会利益甚至国家利益。例如，"随着人工智能技术的发展和人工智能时代的到来，犯罪的样态也随之发生改变"①，使刑法规范和人权保护受到挑战；"以生殖为目的的人类胚胎基因编辑活动不仅可能危及当事人的健康，还可能对生物安全与刑法规范秩序构成挑战"②。

在形式多样的科技活动违法行为中，科技犯罪行为因具有最为严重的社会危害性而成为科技异化的典型样态。与传统犯罪行为相比，科技犯罪行为具有如下特征：一是犯罪主体具有一定的科技知识，犯罪主体呈现出知识化的特征；二是犯罪行为通过科技手段实施，犯罪手段呈现出智能化特征；三是犯罪动机大多是为了私利，但也不乏"猎奇""恶搞"等动机，犯罪动机呈现出复杂化特征；四是犯罪形式因使用不同的科技手段而具有差异，犯罪形式呈现出多样化特征；五是犯罪样态伴随着科技发展而翻新，犯罪样态具有变动性，例如，信息网络、人工智能、基因编辑、大数据、云计算、区块链等各式各样的科技不断涌现，"这些新型科技在改善社会生活的同时也使犯罪行为有了新的'包装'和新的'身份'：人工智能犯罪、区块链犯罪、数据犯罪等新型科技犯罪相继出现"③；六是由前面五个特征所决定，科技犯罪行为更隐蔽、更难侦破，因而社会危害性

---

① 刘宪权：《涉人工智能犯罪中的归因与归责标准探析》，《东方法学》2020年第3期。
② 马永强：《基因科技犯罪的法益侵害与归责进路》，《法制与社会发展》2021年第4期。
③ 林雨佳：《刑法司法解释应对新型科技犯罪的逻辑、立场与路径》，《东方法学》2022年第3期。

更大。

在当今时代，高科技犯罪不是哪一个国家独立存在的特殊现象，预防和打击高科技犯罪成为所有国家都必须认真面对的重大课题。例如，伦敦大学研究人员从新闻时事报道、科研学术论文、小说流行文化中收集人工智能犯罪现象，根据实施的难易程度、犯罪牟利的可能性、可能造成的社会危害、制止的难易程度等指标，"确定了未来15年内人工智能可能被用来犯罪的20种方式"，例如，"利用无人驾驶汽车作为武器、帮助制作更准的钓鱼信息、利用AI技术扰乱人工智能系统、为大规模勒索收集隐私数据和人工智能编写假新闻"等。① 在我国，科技发展导致我国出现新的犯罪形态。例如，网络欺诈行为不断变化翻新，电信网络诈骗犯罪形势严峻，来自《工人日报》且被新华网等多家媒体转载的一篇题为《当心！网络诈骗套路"上新了"》的报道为之提供佐证："当前，电信网络诈骗犯罪刑事警情数占比不断增大，其中网络诈骗增长迅猛，贷款、刷单、'杀猪盘'、冒充客服4类高发网络诈骗案件占70%以上。"②

三　科技异化破坏自然生态环境

生态环境是人类生存和发展的永久的必要条件，生态环境安全事关人类的福祉。科技发展一方面可以提高人类改造生态环境、优化生态环境的能力，另一方面也可以增强人类破坏生态环境、导致生态环境失去平衡的力量。早在19世纪，恩格斯就告诫人们不要过分陶醉于人类改造自然所取得的胜利，因为自然界对每一次这样的胜利都进行了报复。在当代社会，高科技发展及其推动的工业文明大大改善和丰富了人类的物质生活，而日益严重的科技异化使当代人的生存环境面临严峻挑战。习近平于2020年9月30日在联合国生物多样性峰会上讲话时指出："工业文明创造了巨大物质财富，但也带来了生物多样性丧失和环境破坏的生态危机。"③

1. 生态危机及其特征

何为生态危机？有人认为，生态危机是"生态环境被严重破坏，导

---

① 参见张元《人工智能犯罪或将随AI技术发展》，《计算机与网络》2020年第15期。
② 庞慧敏：《当心！网络诈骗套路"上新了"》，《工人日报》2021年4月7日第9版。
③ 习近平：《在联合国生物多样性峰会上的讲话》，《光明日报》2020年10月1日第2版。

致人类生存与发展受到威胁的现象"①；也有人将生态危机界定为"人与自然关系失衡"②；还有学者主张，"由工业文明引发的包括环境危机和资源危机在内的自然生态系统的危机统称为生态危机"③。可见，生态危机是生态平衡的相异状态、对立状态，生态平衡意味着"生态系统的生物之间、生物与环境之间都能够和谐共处，种群结构与数量比例相对稳定，系统能量与物质的输入、输出相对平衡"④；生态危机则意味着自然环境被严重破坏、生态系统严重失衡，出现臭氧层破坏、气候变暖、天降酸雨、大气污染、海洋酸化、淡水资源短缺、能源枯竭、生物物种减少、森林和湿地面积降低、土地荒漠化等现象⑤。

　　生态危机不是一下子爆发的，而是经历了一个愈演愈烈的过程。在当今时代，生态危机呈现出三个基本特征。一是破坏性。生态危机使人类生存和发展所需要的物质资料的来源变得紧张甚至匮乏，破坏人赖以生存的生态环境，消解人赖以生存的物质条件。生态危机事件频发，影响人的身体健康，威胁人的生命安全。这方面的例证有很多，例如比利时马斯河谷事件⑥、英国伦敦烟雾事件⑦、美国洛杉矶光化学烟雾事件⑧、日本富山

---

① 周小云：《生态危机的经济学研究——评〈生态危机与资本主义〉》，《生态经济》2019年第2期。
② 李沛莉、张金伟：《生态危机中的人性反思和生态经济人的理论构建》，《生态经济》2018年第9期。
③ 廖福霖：《生态危机》，《绿色中国》2018年第8期。
④ 周小云：《生态危机的经济学研究——评〈生态危机与资本主义〉》，《生态经济》2019年第2期。
⑤ 参见卢风、陈杨《全球生态危机》，《绿色中国》2018年第3期。
⑥ 在比利时境内马斯河谷，1930年12月，河谷上空出现很强的逆温层，致使工厂排出的烟尘无法扩散，大量有害气体积累在近地大气层，对人体造成严重伤害，数千居民呼吸道发病，一周内有63人丧生，许多牲畜死亡。刺激性化学物质损害呼吸道内壁是致死的原因。参见许庚《比利时马斯河谷烟雾事件》，《环境导报》2003年第15期。
⑦ 在英国伦敦，1952年12月，大气中不断积蓄的污染物不能扩散导致许多人感到呼吸困难、眼睛刺痛，发生哮喘、咳嗽等呼吸道症状的病人明显增多，5日至8日短短4天时间里，死亡人数就达4000多人。在此之后两个月内，又有近8000人因为烟雾事件而死于呼吸系统疾病。导致该事件的元凶是冬季取暖燃煤和工业排放的烟雾。参见李宏伟、宁悦《雾霾之都：伦敦烟雾事件》，《学习时报》2021年11月10日第7版。
⑧ 在美国洛杉矶，1943年7月，汽车排放物经过化学反应进而生成含有臭氧、氧化氮、乙醛及其他氧化剂的光化学烟雾大量涌向市中心，数千人出现咳嗽、流泪、打喷嚏的症状，严重者眼睛刺痛、呼吸不适、头晕恶心。后来，光化学烟雾事件经常发生，烟雾不仅使当地居民患病，而且严重时会造成居民死亡。1952年12月的光化学烟雾事件导致65岁以上的老人死亡400多人；1955年9月的大气污染和高温导致65岁以上的老人死亡400余人。参见方兴《雾散难识霾路：洛杉矶光化学烟雾事件启示录》，《中国社会科学报》2014年3月24日第A08版。

"痛痛病"事件①等。二是综合性。生态是一个系统，构成生态系统的生物群落与其生存环境圈（包括大气圈、水圈、岩石圈等）在相互影响相互作用中保持动态平衡，一个方面的破坏必然导致其他方面运行受阻，生态危机就是生态系统遭到破坏，生物群落与其生存环境圈之间的平衡被打破。三是全球性。生态危机不是一个地区、一个国家、一个民族所面临的问题，而是全世界、全人类、所有国家和地区都面临的问题。历史向我们展示：过去，刀耕火种的生产方式即使破坏了一个部落或村庄的生态环境的完整性，但这个部落或村庄的成员"还可以继续前进，寻找未开垦的土地和新的资源"；如今，人口数量剧增，似乎"地球上所有可以居住的地方"都已经居住了人，生态环境的破坏具有全球性，地球人"已经没有什么地方可去了"。②

2. 科技异化是生态危机的重要成因

生态危机是如何产生的？对这个问题的回答就要探讨生态危机的成因。从不同角度看，生态危机的成因是不同的。例如，有人主张消费异化是生态危机产生的直接根源③；也有人认为生态危机的根源在于"人类中心主义、个人主义和经济主义"所导致的"资本主义现代性价值体系的反生态本质"④；还有人提出"依赖生产和消费永恒增长的资本主义经济体制造成了严重的全球污染排放和生态危机"⑤。此外，有学者将发达国家向发展中国家、不发达国家转移垃圾看作导致发展中国家、不发达国家生态危机的一个原因："最近几十年间，发展中国家的环境状况迅速恶化，这当然与其延续发达国家'大量生产、大量消费、大量废弃'的生产生活方式有关，也与发达国家将高污染高耗能产业向发展中国家转移有

---

① 在日本富山县，1931年出现一种怪病，病症表现为腰、手、脚等关节疼痛，病症持续几年后，患者骨骼软化、萎缩，四肢弯曲，脊柱变形，骨质松脆，就连咳嗽都能引起骨折。到1955年，居民发病率大大提高，受害者不计其数，患病的有几百人，死亡的有128人。该怪病是由于神通川上游的神冈矿山废水引起的镉中毒造成的。参见莫若斌、曲伯华《1931年日本发生富山"痛痛病"事件》，《环境导报》2003年第16期。
② 参见[美]E·拉兹洛《决定命运的选择：21世纪的生存抉择》，李吟波等译，生活·读书·新知三联书店1997年版，第159页。
③ 参见罗克全、陈红睿《消费异化的批判与生态危机的解困》，《晋阳学刊》2019年第2期。
④ 参见张涛、高福进《从资本逻辑到现代性：有机马克思主义对生态危机根源的批判进路研究》，《海南大学学报（人文社会科学版）》2019年第1期。
⑤ [美]依莱德·柯拉斯：《能源、经济增长与生态危机》，杨天娇等译，《国外理论动态》2020年第1期。

关。除此之外，发达国家还向落后地区直接出口有毒有害废弃物。"① 这些观点从不同角度揭示了生态危机的原因，就其研究视角而言具有合理性。

实事求是地说，生态危机的成因有多种，人类过度地开发自然以掠取资源、盲目地进行生产和消费是根本原因，而不断发展的科技则起了推波助澜的作用。人类不加限制地使用科技所赋予的强大力量去改造自然、掠取自然，导致生态系统失衡，造成全球性生态危机，使得人类面临着发展的转折点。

第一，机器、汽车、轮船、飞机等科技物化产品的大量使用导致能源消耗激增，从而造成能源短缺。以煤炭、石油、天然气为主的化石能源是 20 世纪人类文明高速发展的能源支撑，但这些化石能源具有不可再生性而面临短缺危机。面对化石能源短缺的威胁，一些国家转向开发利用核能。然而，且不说核能用于战争的可怕性，即便是和平利用核能，如果发生核泄漏，也会对人的生命、健康乃至生活环境造成巨大损害。研究表明，放射性物质"对遗传基因的影响可以达到几个世纪"②。

第二，由科技所推动的工业化、城市化造成建设用地激增，从而导致耕地面积锐减。有资料显示，自 20 世纪 70 年代以来，全球耕地逐渐减少，进入 21 世纪，人均占有耕地约 0.37 公顷。我国在建设现代化国家的进程中，工业、交通和城镇的发展占用一部分耕地，而一些地方盲目设立各种开发区但开发区的土地利用率很低下、甚至出现耕地"撂荒"现象，更是使耕地数量雪上加霜。一旦物质需求的增长与耕地不足之间的矛盾突破极限，势必导致粮食危机，威胁人类自身的生存和发展。据统计，"2020 年，耕地面积为 19.179 亿亩……户均耕地面积仅有 7、8 亩，人均耕地面积仅有 1.36 亩，仅占世界平均水平的 1/3 左右"③。

第三，高科技在生产和生活中的应用加重废物污染的严重性。人与自然进行物质交换，而人从自然界获得物质资料只有 3%—4% 被人所利用，其余则被当作废物重新抛回自然界，一些废物构成环境污染源。废物污染

---

① 卢风、陈杨：《全球生态危机》，《绿色中国》2018 年第 3 期。
② [美] 芭芭拉·沃德、勒内·杜博斯：《只有一个地球》，《国家公害丛书》编委会译校，吉林人民出版社 1997 年版，第 44 页。
③ 韩杨：《中国粮食安全战略的理论逻辑、历史逻辑与实践逻辑》，《改革》2022 年第 1 期。

是自古以来就有的污染现象，只是其严重程度因近代以来科技发展及其应用而增加，科技发展推动工业繁荣而使得废物污染成为一种可怕的现象。在空气污染方面，化学工业、汽车燃烧、火力发电等成为空气污染的重要致因，未经过处理的垃圾和污水产生的甲烷加速气候环境的恶化。研究表明，"形成温室效应的气体主要是 CO_2，约占 50%；另外还有甲烷占 20%，氯氟烃占 15%；二氧化氮占 10%，臭氧占 5%"①，所有这些与化石能源使用、工业生产、交通运输、垃圾污水排放等息息相关。就水污染而言，"来自联合国的数据显示，目前世界上约有 22 亿人在生活中无法获得安全饮用水。到 2025 年，全球将有半数人口居住在水资源紧张的地区，到 2050 年，一年中至少有一个月面临严重缺水问题的人口可高达 57 亿"②。造成水污染的原因，当然包括人畜排出的废物，但更多的是工厂过度排出废水、农民过度使用化肥农药、堆放在地面的工业废物通过渗透作用而将毒物渗入地下水或流进邻近的河流等，"很多重金属污染物进入到水体环境，造成水体黑臭、引（饮）用水源受到污染"③。

第四，高科技战争对生态环境造成惊人破坏。战争虽然是人类社会稳定、发展、繁荣的公敌，但在人类历史进程中是一种常见的现象。不同时代的战争呈现不同的特征，随着科学技术的发展，核能、激光、红外线等技术被广泛运用于军事领域使军队的武器配置与战斗力发生了重大的变化，冷兵器时代的战争消耗人的体力和生命，高科技时代的战争在扼杀人的自由和生命的同时还摧毁人类赖以生存的环境与资源。战争是"人类投入自然生态环境的负向量劳动"④，在现代战争中高科技武器具有强大的破坏性。例如，炸弹爆炸会产生"二氧化碳、一氧化碳、二氧化硫、氮氧化物、一些含碳氢类化合物以及大量的悬浮颗粒物等"有毒有害气体，攻击化工厂、炼油厂等所引发的爆炸会产生"砷、铅、汞、铬、锌等"无机污染物和"氰化物、苯类化合物、酚类化合物、醛醚类化合物、氮磷类化合物、有机氯化合物及各种酸、碱、盐等"有机污染物，这些

---

① 甄宇：《形成温室效应的气体》，《国外农业环境保护》1988 年第 4 期。
② 朱宛玲：《（关注点滴 一起珍惜）全球约有 22 亿人无法获得安全饮用水》，https://news.cri.cn/20220322/a331d305-4eac-4862-2d4f-4b32f6e9cd2d.html，访问时间：2022 年 10 月 12 日。
③ 杨志恒：《探讨水污染防治攻坚战的重要措施》，《环境与发展》2020 年第 12 期。
④ 邓安成：《论战争乃天下人之公敌——战争是人类投入自然生态环境的负向量劳动》，《国土经济》2004 年第 3 期。

有毒气体和污染物对生态环境的损害是难以估计的。① 第二次世界大战使用的弹药爆炸毁掉无数森林，导致许多土地和良田贫瘠甚至成为沙漠、砾石、戈壁；美军在越南战争中大量使用化学毒剂、植物杀伤剂，毁坏越南的大量土地、庄稼、森林；海湾战争中几百吨原油泄入波斯湾，导致大量鸟类死亡、许多水生物物种灭绝；俄乌冲突为乌克兰的环境与动物保护工作带来了超过数十亿美元的损害，而这些负面影响将会持续多年②。

四 科技异化威胁人的族类安全

科技异化不仅影响人的个体生存，而且威胁人的族类安全。人自从与猿猴相揖别而形成具有独特规定性的族类以来，就面临着来自自然、来自社会的各种各样的风险，这种风险因科技异化的滋生蔓延而加剧，使人类安全受到威胁。

1. 机器人异化对人类安全的威胁

机器人会成为人类安全的威胁吗？人们对这个问题的回答不一。有人给出否定的答案，认为机器人是人创造出来的，没有思维情感而只有程序算法，它只是一种自动执行命令的机器装置，只是按照工程师设定的程序进行呆板操作的设备仪器。有人表达了对机器人的忧虑，提出机器人会不会伤害使用者、机器人一旦有了思维怎么办、机器人万一违背人类的命令怎么办等问题。的确，虽然艾萨克·阿西莫夫（Isaac Asimov）提出的以"机器人必须保护人类，不得伤害人类""机器人必须执行人的指令，但不得违背第一条""机器人必须保护自己，但不得违背前两条"为内容的机器人"三定律"以及李德顺在此基础上增加的以"机器人自己不能决定时，要向人请示"为内容的机器人"第四定律"③ 为构建人类与机器人的良好关系提供一定保障，但机器人是一种科技产品，与其他科技产品一样具有"双刃剑"效应，无论机器人定律如何严密，"机器人仍有可能在

---

① 参见贺志鹏等《现代战争对自然环境的影响及思考》，《中国人口·资源与环境》2011年第S1期。
② 参见南博、李涵萌《俄乌冲突对环境影响或持续多年，专家呼吁重新制定〈日内瓦公约〉》，https://www.thepaper.cn/newsDetail_forward_18477853，访问时间：2022年10月12日。
③ 李德顺：《人工智能对"人"的警示——从"机器人第四定律"谈起》，《东南学术》2018年第5期。

某种未被指令限制的情况下做出违背法则、反人类的决策"①。

机器人威胁人们的职业安全是机器人异化简单而直接的表现。本来，发明和使用机器人，让机器人完成各种不同的工作，甚至代替人从事一些具有威胁性的或者人完成难度高的特殊工作，这样有利于人从繁重的工作中解放出来获得更多的闲暇时间发展自己，或者有利于保障人的健康和生命安全。但是，在生产和生活中大量使用机器人，势必造成机器人"挤压"甚至"淘汰"工人的情况，导致一些行业的工人失业，因而影响这些人的生活水平，制约这些人的发展水平。

机器人失去控制而伤害其使用者是机器人异化的典型表现。在现实中，机器人伤害使用者的案例已经不是个别。据报道，早在1978年9月就发生过"机器人杀人事件"，在日本的一家工厂里，正在从事钢板切割工作的一个切割机器人突然出现异常，将一名值班工人切成肉片。这是世界上第一宗机器人杀人事件，虽然该事件引起了人类的警惕，但是"机器人杀人事件"并没有消失，相关报道见诸媒体。例如，1982年，一名工业机器人将正在测试其电池的英国女工的手臂折成两段；1989年，一名对弈失败的国际象棋机器人向金属棋盘释放了高强度电流使对手死于非命；2015年，德国大众汽车制造厂中一个机器人"出手"将正在安装和调制它的工人碾压在金属板上而致其身亡；2018年，中国安徽芜湖市一家企业的一名工人在给搬运机器人换刀具的时候突然被机器人夹住，导致其伤势太重而不治身亡。②

机器人发动对人类的大战是机器人异化的极端表现。未来世界是否会变成机器人统治的世界？有人答"会"，也有人答"不会"，还有人答"不好说"。无论如何，对于机器人研发和应用，树立风险意识是必要的，建立对机器人可能对人类发动大战的认识有利于防患于未然。未来，机器人可能发动一场与其制造者即人类争取地球统治权的战争。人类对机器人的开发使机器人的种类和数量与日俱增，而致力于开发"好色"机器人并使它能够"生育"、实现自我繁殖的研究一旦成功，则机器人增长可能

---

① 参见崔昕平《当"机器人三定律"逼近现实——读"翌平新阳刚少年科幻系列"有感》，《文艺报》2020年7月10日第6版。

② 关于机器人杀人事件，参见杨先碧《机器人杀人惨案的忧思》，《科学24小时》2004年第Z1期；徐大贵等编《哲学趣谈》，改革出版社1990年版，第164—165页；孙芮《搬运机器人突然拦腰"抱住"工人 致其伤重身亡》，《新安晚报》2018年9月11日。

不受人类控制，一旦大街小巷布满机器人，则机器人可能对人类发动争夺"生活空间"的战争。对机器人将统治地球持反对观点的人将机器人没有人类的智慧和感情作为一个论据，但这一论据似乎正随着机器人的研发而失去说服力。目前，一些机器人专家正在研发"向人类学习，以适当方式同人进行社会和感情交流"的机器人。一旦这一研发成功，则机器人的行为可能不受人类的掌握。有人预计，五十年后，"人工智能将成为人类最大的威胁。世界最终会因人工智能超过人类而爆发一场战争，这场智能战争也许会夺去数十亿人的生命"①。

2. 科技恐怖主义活动对人类安全的威胁

安全是人生存和发展之必要条件，保障安全的欲望"促使人类去寻求公共保护"，通过发展保障安全的技术手段、构筑防范外部侵害的制度屏障以"抵制对一个人的生命、肢体、名誉和财产的非法侵犯"。② 然而，在现实中，恐怖主义③对人的生命安全和财产安全造成威胁，打击恐怖主义是国际社会和世界人民的共同课题。科技是反对恐怖主义的重要手段，而科技也可能被恐怖分子用于恐怖主义活动。将科技运用于恐怖主义活动会大大增强恐怖性，科技恐怖主义是科技异化的重要表现。

科技恐怖主义的活动方式随着科技发展而花样翻新。过去，恐怖分子大多将炸药、毒物、飞机等科技的物化产品用于恐怖主义活动，炸药爆炸、投放毒气、劫持飞机等成为恐怖主义活动的惯用手法。如今，不断发展的科技及其产品使世界面临着高科技恐怖主义的威胁，"金融恐怖主义""电磁恐怖主义""网络恐怖主义"等新型恐怖主义活动威胁着经济安全和社会稳定。与过去的恐怖主义活动相比，如今的恐怖主义活动更加恐怖。例如，互联网对信息的传播不受时间和空间的限制，便

---

① 李莉：《"人工大脑之父"放言 50年后机器人将威胁人类》，《科学中国人》2007年第9期。

② 参见［美］E·博登海默《法理学——法哲学及其方法》，邓正来、姬敬武译，华夏出版社1987年版，"作者致中文版序言"第2页。

③ 所谓恐怖主义，是指个人或组织有意识地使用暴力制造恐怖并以杀害或威胁杀害个人或人群的生命、破坏公私财产为手段，以实现某种政治或其他目的的行为。恐怖主义活动并非今日始，1881年3月13日，俄国"民意党"人在彼得堡刺杀了沙皇亚历山大二世，这起刺杀事件被认为是近代以来的第一次典型的恐怖主义活动。第二次世界大战结束后，风起云涌的争取民族解放运动使恐怖主义得到了进一步发展，但当代恐怖主义活动的大规模爆发则始于20世纪60年代，有学者将1968年看作"当代恐怖主义的元年"。20世纪90年代以来，恐怖主义活动并没有随着人类文明的推进而消失，美国"9·11"事件、印尼"巴厘岛事件"等是21世纪发生的恐怖主义事件。

利而快捷，恐怖分子将恐怖主义活动的发生场景通过互联网传播，可以更快地对更多人造成恐慌。又如，生化武器、核武器等大规模杀伤性武器的出现使打击能力获得极大增强，所造成的破坏性更加严重，使得"超级恐怖主义"成为可能。

由于网络已经成为人们的生活方式，因而人们对网络恐怖主义尤其重视。所谓网络恐怖主义，是指"将网络作为工具或者目标的具有政治目的和意识形态的制造社会恐慌、危害公共安全、侵犯人身财产，或者胁迫国家机关、国际组织的主张和行为"①，这种恐怖主义新形式随着网络的发展而滋生和蔓延，形成了"将网络作为恐怖活动的工具"和"以网络为攻击对象"两大类型②。网络恐怖主义肇始于20世纪90年代，从那时候起，一些恐怖主义势力开始利用网络工具开展活动，也有恐怖组织开始将网络或网络设施作为直接攻击目标。网络的发展，特别是人工智能和大数据的兴起，使网络恐怖主义具有了可以实现的方式和手段。从现实看，信息科技成为军事斗争的新方式，互联网络成为军事斗争的新场域，网络战成为军事斗争的新样态，被认为是继陆战、海战、空战、太空战之后的"第五种作战形式"。③ 信息科技和互联网络一旦被恐怖分子用于恐怖主义活动，则人类生活势必受到恐怖主义笼罩而不得安宁。

3. 高科技战争对人类安全的威胁

战争是不同国家或一个国家不同组织的敌对双方基于一定的经济、政治、国家安全、领土完整等目的而进行以武装战斗为外在特征、以一方主动或被动丧失暴力能力为结束标志的暴力活动。战争是人类历史进程中的非常态，与常态的和平交替存在。虽然战争对人类文明的发展具有一定的促进作用，但是战争对人类生存和发展的危害也毋庸置疑。高科技在战争中的使用加剧了战争的危害性，使人类不得不面对死亡、伤害、环境污染、废墟、恐惧、人道主义灾难等方面的威胁，将人类置于毁灭的风险中。

战争史向我们展示，科技发展水平决定武器的先进程度。在农业时代，科技发展水平不高，作战武器主要是刀、镖、箭、戟等冷兵器；在工业时代，科技有了一定发展，作战武器包括飞机、坦克、大炮、枪支弹药

---

① 王俊超：《网络恐怖主义犯罪防控策略研究》，《信息安全与通信保密》2020年第8期。
② 参见黄丽文《网络恐怖主义的类型研究》，《信息安全研究》2019年第2期。
③ 参见韩春阳等《网络战形态及发展趋势探析》，《军事文摘》2020年第11期。

等机械化武器；在现代，科技发展进入信息化、智能化时代，一大批高新技术群在战争中的广泛运用导致"点穴战""瘫痪战""软杀战""信息战""全维战"等各种各样作战方式的产生，现代战争已经成为信息和智能的激烈角逐场域。科技用于战争是科技异化的重要表现，一些国家将研制"杀人机器人"，这势必加剧科技异化。早在2017年就有人注意到："'杀人机器人'似乎已被公认是下一轮军用技术的制高点。全球中美俄英法韩等主要军事大国，纷纷加大研发投入，争相打造无须人类驾驶员、操纵者的'钢铁雄师'。"[1]

GPS这项以为舰艇、飞机、汽车等交通工具提供导航定位服务为目的的高科技，如今却异化为谋取战争制胜的"杀手锏"。在现实中，GPS作为一项现代高科技对人类的积极功能有目共睹，从微观上讲，能为用户提供低成本、快速度、高精度的导航信息，亦可以用于防盗、反劫、行驶路线监控及呼叫指挥等；从宏观上说，能提高人类社会的信息化水平，推动数字经济的发展并以此带动整体经济的发展。然而，GPS用于战争导致"导航战"发生。从海湾战争开始到现在，美国的一切军事行动几乎与GPS有关，GPS在军事上发挥着帮助部队规划进攻线路、协助武器系统实现精确打击、为舰艇和飞机等武器平台提供导航定位服务等功能。[2] 发展通信网络，原本是为了便于人与人之间的联系，加强人们之间的交流和沟通，实现资源的互联、高速、智能与更为广泛的应用。然而，2022年俄乌冲突表明，通信网络异化为战争的帮凶，在俄乌冲突爆发前，西方政客就在国际社会密集散播"恐俄""反俄"新闻，为"混合战争"（经济战、金融战及军事战）在思想上铺路；在冲突发生后，又颠倒是非、混淆视听，使事态扩大化。[3] 有学者表达了这样的担忧："网络战正与传统战争结合，演变为数字战争，甚至在未来网络战很可能会成为战争的首选形态。"[4]

人类现有的核武器足以将地球毁灭上百次。有资料显示，两个军事大

---

[1] 李俊：《26国AI技术领袖上书要求联合国禁止"杀人机器人"的研发与使用》，《计算机与网络》2017年第18期。

[2] 参见邹昂、陆勤夫《导航战对高技术战争的影响及对我军的启示》，《空间电子技术》2010年第4期。

[3] 参见杨柠聪《俄乌冲突中的信息战及其启示》，《世界社会主义研究》2022年第10期。

[4] 孙冰：《周鸿祎谈俄乌冲突"网络战"刷新了人们对战争的认知》，《中国经济周刊》2022年第15期。

国都致力于大力发展核武器，"截至 2020 年初，俄罗斯拥有约 4310 枚现役核弹头，部署在远程战略发射装置和短程战略核武器上"①；已经"拥有世界上最大核武库"的美国迄今"在核武器领域"仍然"大干快上"②。依据瑞典斯德哥尔摩国际和平研究所在 2021 年 6 月 14 日发布的年度报告，2020 年全球部署于作战部队的核弹数量"从上年的 3720 枚增加到 3825 枚，其中约 2000 枚处于'高度警戒状态'，这些核弹几乎全部属于美国和俄罗斯"③。在发达国家的军备竞赛影响下，一些不发达国家也在发展自己的军事武器。在世界各国特别是在发达国家，新型武器随着科技发展而不断登场亮相，新型武器的性能和杀伤力不断增强。对于当前各国的武器状况，有人作出了"今天所有的国家都拥有远远超过了甚至是前现代文明中最强大的国家的军事力量"④的论断。现代军事科技成果及其武器化使世界和平和人类安全受到威胁，也使人道主义在国际社会受到潜在挑战。尽管作为"以人道主义为出发点，直接规定任何核武器的存在都违反国际人道主义法，要求完全'禁止核武器的拥有、研发、储存、转移、试验，或者威胁使用'，让核武器'完全非法化'"的多边国际条约的《禁止核武条约》已经于 2021 年 1 月 22 日生效，但该条约由于"拥核武器国家及其战略联盟与无核武器国家在条约的认识方面分歧巨大"而难以对各国产生普遍约束力。⑤防止科技异化为战争手段，任重道远。

---

① 郭慧芳等：《俄罗斯核武器装备发展现状》，《国外核新闻》2020 年第 5 期。
② 参见郭晓兵《美国核武器安全状况引担忧》，《解放军报》2020 年 7 月 21 日第 2 版。
③ 王逸：《瑞典国际和平研究所：全球"可部署"核弹比上年多 240 枚!》，《环球时报》2021 年 6 月 15 日第 2 版。
④ [英] 安东尼·吉登斯：《现代性的后果》，田禾译，译林出版社 2000 年版，第 65 页。
⑤ 参见戴定《〈禁止核武器条约〉即将生效》，《国外核新闻》2020 年第 11 期。

第三章 科技现代化要求科技伦理与科技法律协同

中国式现代化是中国共产党领导人民探索社会主义现代化的实践成果和智慧结晶,中国的现代化必须立足于中国国情,这是中国共产党历届领导人的共识。进入新时代,党领导人民围绕建设什么样的现代化国家以及怎样建设现代化国家这一课题进行新探索,在理论和实践上推进中国式现代化实现重大创新突破。如今,中国式现代化已经被确认为全面推进中华民族伟大复兴的必由之路。然而,中国式现代化不能离开科技现代化而存在和发展,科技现代化是中国式现代化的战略支撑,科技健康发展在中国式现代化体系中具有举足轻重的地位和功能。科技现代化对中国式现代化的重要地位和功能决定了科技健康发展的重要性,而科技健康发展又不能由科技自身所决定,科技治理为科技健康发展所必需。科技治理离不开科技伦理和科技法律,科技伦理和科技法律是规范科技活动的基本手段,两者相辅相成、协同作用是推进现代科技健康发展的有力保障。

第一节 科技现代化是中国式现代化的战略支撑[①]

人类社会是一个从低级向高级、从简单到复杂、从落后到先进、从野蛮到文明的演进过程,而现代化是过去演进的结果,也是未来演进的起点,它作为"人类社会从传统的农业社会向现代工业社会转型的历史过程"而"涉及全球的经济、政治、社会、思想、文化、心理各方面的巨

---

① 本节初稿由长沙职业技术学院易平撰写。

大变迁"①。现代化的时间起点在哪里？人们的看法不一。有人认为文艺复兴运动是先导，也有人认为英、法、美的资产阶级政治革命是开端，还有人认为工业革命是起点，但普遍认为作为世界潮流的现代化开始于第二次世界大战之后，是摆脱殖民统治的国家为追求独立自主、繁荣富强而采取的国家建设行动。历史条件的多样性以及国家具体情况的差异性决定了不同国家选择现代化道路的多样性，各国的现代化内容和目标因社会性质、历史传统和现实发展水平等方面的差异而各有特质。中国共产党自成立以来就高度重视我国的现代化事业，经过长期以来的努力追寻和不懈探讨，构筑起以科技现代化为关键和核心的中国式现代化理论体系，开拓出以科技现代化推进中国式现代化的生动实践。

一 中国式现代化及其构成体系

放眼人类，"现代化是工业革命后人类实现从传统经济向现代经济、传统社会向现代社会、传统政治向现代政治、传统文明向现代文明等各个方面深刻转变所经历的剧烈变革"②；立足中国，现代化发源于半殖民地半封建社会的积贫积弱状况，始于晚清政府的"洋务运动"，中途经过辛亥革命和新中国成立等一系列历史事变而持续至今。③ 在中国人民追求现代化的历史进程中，中国共产党的诞生具有划时代的意义，从此，中国人民在党的领导下开启反帝反封建斗争、推动社会变革的具体行动；新中国的成立不仅标志着中国人民站起来了，而且标志着中国式现代化建设正式启动；改革开放以来，特别是党的十八大以来，中国共产党的现代化思想不断发展和丰富，中国式现代化思想体系逐渐形成。习近平在党的二十大上作报告时指出："在新中国成立特别是改革开放以来长期探索和实践基础上，经过十八大以来在理论和实践上的创新突破，我们党成功推进和拓展了中国式现代化。"④

---

① 马敏：《现代化的"中国道路"——中国现代化历史进程的若干思考》，《中国社会科学》2016 年第 9 期。
② 韩保江、李志斌：《中国式现代化：特征、挑战与路径》，《管理世界》2022 年第 11 期。
③ 参见马敏《现代化的"中国道路"——中国现代化历史进程的若干思考》，《中国社会科学》2016 年第 9 期。
④ 习近平：《高举中国特色社会主义伟大旗帜 为全面建设社会主义现代化国家而团结奋斗——在中国共产党第二十次全国代表大会上的报告（2022 年 10 月 16 日）》，《人民日报》2022 年 10 月 26 日第 1 版。

1. 中国式现代化的中国特色

"中国式现代化扎根中国大地，切合中国实际"①，中国的具体国情决定了中国式现代化的独有特质，使中国式现代化彰显自身的独特内容。就性质而言，中国式现代化属于社会主义性质的现代化，具有不同于资本主义现代化的内容和特质；就领导力量而言，中国式现代化是中国共产党领导的现代化，中国共产党领导是中国式现代化的政治保障；就建设主体而言，全国各族人民是中国式现代化建设的主体力量，中国式现代化建设以全体人民为主体；就建设目的而言，中国式现代化建设以实现全体人民对美好生活的向往为目标，以实现全体人民共同富裕为目的；就方法手段而言，中国式现代化以深化改革、创新驱动高质量发展为手段，以解放和发展生产力、消灭剥削、消除两极分化为基本方式，走和平发展道路。

早在1983年6月，邓小平在会见参加北京科学技术政策讨论会的外籍专家时就说过："我们搞的现代化，是中国式的现代化。"② 在党的二十大上作报告时，习近平不仅提出"中国式现代化"概念，而且就这一概念作出界定，指出它是"中国共产党领导的社会主义现代化，既有各国现代化的共同特征，更有基于自己国情的中国特色"③。根据习近平的论述，"中国式现代化"的中国特色由图3-1所展示的五方面内容所构成。

中国式现代化具有五个方面的中国特色，这一论断不是毫无依据的主观臆断，而是具有充分的理据。恩格斯曾言："一切社会变迁和政治变革的终极原因，不应当到人们的头脑中，到人们对永恒的真理和正义的日益增进的认识中去寻找，应当到生产方式和交换方式的变更中去寻找。"④ 坚持经济基础决定上层建筑的历史唯物主义观点，以唯物辩证法的方法论为指导，遵循社会存在决定社会意识的逻辑思维去探寻中国式现代化的依据，可以发现中国式现代化的内容构成根植于中国具体国情，由中国社会主义现代化建设的具体实践所决定。

"人口规模巨大的现代化"根植于我国具有庞大人口数量的现实。依

---

① 乔文心：《如何推进中国式现代化？学者们给司法"支招"！》，《人民法院报》2022年11月22日第1版。

② 《邓小平文选》第3卷，人民出版社1993年版，第29页。

③ 习近平：《高举中国特色社会主义伟大旗帜 为全面建设社会主义现代化国家而团结奋斗——在中国共产党第二十次全国代表大会上的报告（2022年10月16日）》，《人民日报》2022年10月26日第1版。

④ 《马克思恩格斯选集》第3卷，人民出版社1995年版，第617—618页。

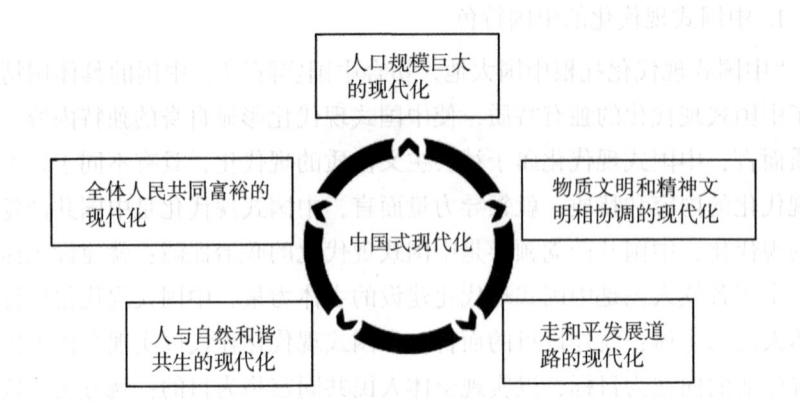

图 3-1　中国式现代化的构成体系

据第七次人口普查的数据，全国人口已达 141178 万人。规模巨大的人口整体迈进现代化社会是一项艰巨而复杂的系统工程，推进这项系统工程需要"保持历史耐心，坚持稳中求进、循序渐进、持续推进"[①]。

"全体人民共同富裕的现代化"根植于社会主义的本质。社会主义的本质不仅包括解放和发展生产力，而且包括消灭剥削、消灭压迫、消除两极分化、实现共同富裕。中国式现代化是社会主义性质的现代化，因而必须立足于全体人民对美好生活的共同期盼，以公平正义为价值导引，促进全体人民而不是部分人甚至少数人的共同富裕。

"物质文明和精神文明相协调的现代化"根植于社会主义现代化的根本要求。社会主义现代化有诸多方面的要求，其根本要求是"物质富足、精神富有"。因此，实现中国式现代化，一方面需要大力发展生产力、建设物质文明、丰富物质资料从而厚植物质基础；另一方面需要发展社会主义文化、建设精神文明、促进人的全面发展从而厚植精神基础。

"人与自然和谐共生的现代化"根植于自然环境对人的生存和发展的功能和意义。人因自然而产生、依赖自然而生存和发展，自然环境是人赖以生存和发展的永久的必要条件。优美的自然环境事关中国人民的美好生活，中国式现代化必须"坚定不移走生产发展、生活富裕、生态良好的

[①] 习近平：《高举中国特色社会主义伟大旗帜　为全面建设社会主义现代化国家而团结奋斗——在中国共产党第二十次全国代表大会上的报告（2022 年 10 月 16 日）》，《人民日报》2022 年 10 月 26 日第 1 版。

文明发展道路"①，认识自然、顺应自然、尊重自然、保护自然，实现人与自然共同存在、和谐发展，促进经济、社会和人的可持续发展。

"走和平发展道路的现代化"根植于和平发展是社会主义现代化建设的必由之路。人类发展的历史向我们展示，以战争、殖民、掠夺等方式实现现代化的做法给发展中国家的人民带来痛苦和灾难，中国式现代化摒弃野蛮侵略和残酷剥削的充满血腥罪恶的老路子，秉持合作共赢、共同繁荣的价值理念，坚持走和平发展的道路，通过维护世界和平而更好地促进中国发展，通过促进中国发展而更好地为世界和平作出贡献。②

2. 中国式现代化构成体系及其形成过程

中国式现代化是社会各领域的全面发展、社会各方面的全面进步，涉及农业、工业、国防、科技以及国家治理等方面的发展和进步，是以国家治理现代化统摄农业现代化、工业现代化、国防现代化、科技现代化、制度现代化和人的现代化的有机系统。有学者认为，中国式现代化构成体系经历了"从新中国成立初期提出'四个现代化'，到改革开放之初提出建设小康社会，再到新时代提出全面建设社会主义现代化强国"③的历史发展进程。从党和国家领导人的现代化思想看，其发展历程具体由三个阶段构成。

中国式现代化思想的第一阶段：以工业现代化为重心。中国是一个农业大国，刀耕火种的农业经济没有也不能为中国现代化提供经济助力，工业化成为中国共产党人思考中国现代化问题的关切。早在新中国成立以前，毛泽东就对中国的"工业问题"进行过论述。在党的七大上作报告时，毛泽东阐释了国家独立和富强与工业现代化的密切关系，认为国家独立统一是建设真正大规模工业的必要前提、工业是国家独立统一和繁荣富强的坚实基础，指出我国工人阶级的任务"不但是为着建立新民主主义的国家而斗争，而且是为着中国的工业化和农业近代化而斗争"，要求"中国人民及其政府必须采取切实的步骤，在若干年内逐步地建立重工业

---

① 习近平：《高举中国特色社会主义伟大旗帜 为全面建设社会主义现代化国家而团结奋斗——在中国共产党第二十次全国代表大会上的报告（2022年10月16日）》，《人民日报》2022年10月26日第1版。

② 参见本报评论部《这是走和平发展道路的现代化》，《人民日报》2022年11月10日第5版。

③ 李彬、李澍：《以科技现代化助推中国式现代化》，《福州晚报》2022年11月6日第A07版。

和轻工业,使中国由农业国变为工业国"。① 在党的七届二中全会上,毛泽东再一次强调,"在革命胜利以后,迅速地恢复和发展生产……使中国逐步地由农业国转变为工业国"②。新中国建立在战争的废墟上,为了尽快使中国摆脱贫穷落后面貌,"社会主义工业化"为社会主义革命和建设时期的党和国家领导人所高度重视。毛泽东于1953年12月在确定"过渡时期总路线的最终表述"时将"逐步实现国家的社会主义工业化"纳入其中③;他于1954年9月在第一届全国人大第一次会议上致开幕词时强调要把我国从"一个经济上文化上落后的国家""建设成为一个工业化的具有高度现代文化程度的伟大的国家"④。

中国式现代化思想的第二阶段:四个现代化。随着我国社会主义建设的推进,党和国家领导人的现代化思想也从实现"工业现代化"目标向实现"四个现代化"目标发展。1957年2月,毛泽东在最高国务会议第十一次(扩大)会议上讲话时指出:我国是"工人阶级领导的以工农联盟为基础的人民民主专政的国家","专政的目的是为了保卫全体人民进行和平劳动,将我国建设成为一个具有现代工业、现代农业和现代科学文化的社会主义国家"。⑤ 1959年底到1960年初,毛泽东在《读苏联〈政治经济学教科书〉的谈话》中在过去提出的"工业现代化""农业现代化"以及"科学文化现代化"的基础上加上了"国防现代化"⑥,形成了完整的"四个现代化"思想。1964年12月,周恩来在第三届全国人大第一次会议上作政府工作报告时指出:"在不太长的历史时期内,把我国建设成为一个具有现代农业、现代工业、现代国防和现代科学技术的社会主义强国。"⑦ 农业现代化、工业现代化、国防现代化、科技现代化是党对社会主义现代化的体系构想,为了实现这一构想,党领导人民"开展全

---

① 参见《毛泽东选集》第3卷,人民出版社1991年版,第1080—1081页。
② 参见《毛泽东选集》第4卷,人民出版社1991年版,第1437页。
③ 参见戚义明《从〈毛泽东年谱(1949—1976)〉看毛泽东与过渡时期总路线的形成》,《毛泽东研究》2019年第2期。
④ 《毛泽东著作选读》下册,人民出版社1986年版,第715页。
⑤ 《毛泽东著作选读》下册,人民出版社1986年版,第759、760页。
⑥ 参见《毛泽东文集》第8卷,人民出版社1999年版,第116页。
⑦ 《周恩来总理的政府工作报告——在第三届全国人民代表大会第一次会议上》,《前线》1965年第1期。

面的大规模的社会主义建设"①。

中国式现代化思想的第三阶段：以国家治理现代化为统揽。我国"四个现代化"建设伴随着改革开放以来逐渐实现的社会转型和迅猛发展的现代科技而不断向前推进，在时代发展中诞生"信息化""城镇化""市场化""国际化"等诸多新课题②，这些课题既增加了我国现代化建设的复杂性、艰巨性，也使国家治理现代化成为现代化建设的重要工程。以习近平同志为核心的党中央从社会主要矛盾的变化和国家治理面临的新情况新任务出发，就推进国家治理现代化进行宏观思考和整体谋划，形成了由科学地回答何为推进国家治理现代化、为何推进国家治理现代化、如何推进国家治理现代化等方面所构成的思想理论体系。国家治理现代化的提出是党领导人民不断探求我国现代化的结果，反映党对我国现代化的认识不断深入，意味着党的现代化思想达到新的高度。将国家治理现代化纳入中国式现代化的构成体系具有合理性。众所周知，现代国家是由现代经济基础和现代上层建筑的各种要素所构成，这些要素涉及现代人、现代农业、现代工业、现代科技、现代教育、现代制度、现代管理、现代国防等，因而国家现代化是一个由包括但不限于思想进步、经济发展、制度变革、科技创新、文化繁荣、生态良好、治理规范文明等方面"集大成"而形成的有机系统。值得一提的是，国家治理现代化是"四个现代化"发展到新阶段的产物，是"四个现代化"发展的集大成者，它不是离开"四个现代化"而独立存在的现代化，而是以"四个现代化"为内容、基础和方法同时包含制度现代化、人的现代化等新内容的复杂系统。

二 科技现代化是中国式现代化的关键和核心

科技现代化是指近代工业革命以来科技作为智慧成果和知识技能广泛浸润在工业产品、社会建制、生产生活乃至政治决策中并且达到世界前沿

---

① 《中共中央关于党的百年奋斗重大成就和历史经验的决议》，《人民日报》2021年11月17日第1版。

② 胡锦涛在党的十八大上作报告时指出："坚持走中国特色新型工业化、信息化、城镇化、农业现代化道路，推动信息化和工业化深度融合、工业化和城镇化良性互动、城镇化和农业现代化相互协调，促进工业化、信息化、城镇化、农业现代化同步发展。"胡锦涛：《坚定不移沿着中国特色社会主义道路前进 为全面建成小康社会而奋斗——在中国共产党第十八次全国代表大会上的报告》，《人民日报》2012年第11月18日第1版。习近平在党的十九大上作报告时进一步强调："推动新型工业化、信息化、城镇化、农业现代化同步发展。"《习近平谈治国理政》第3卷，外文出版社2020年版，第17页。

水平。科技现代化是一个国家迈向现代化的重要动力，是一个国家实现现代化的基本标志，从而成为一个国家现代化构成体系的关键因素，"科技创新是人类迈向现代化的驱动和引领力量，科技发展水平是衡量中国式现代化的重要标尺"①。对于中国式现代化，无论从什么角度、无论从哪个方面去理解，都不能忽视科技现代化的战略意义。科技现代化不仅是中国式现代化的题中内容，而且是中国式现代化的强大动力。在新时代新征程上推进中国式现代化，必须重视科技现代化的共振效应，将科技现代化作为关键和核心，发挥科技现代化的磅礴力量。

1. 科技现代化对工业现代化、农业现代化的支撑

"没有坚实的物质技术基础，就不可能全面建成社会主义现代化强国。"② 习近平在党的二十大报告中的这一论断揭示了推进农业现代化和工业现代化的重要性。众所周知，人类的物质生产活动不断向前发展而产生了农业和工业的分工，农业是人们通过利用动植物的生长发育规律而人工培育产品的物质生产部门，是国民经济的基础产业；工业是对自然资源开采和对各种原材料加工的产业，是国民经济的重要支撑。农业和工业的重要性决定了推进农业现代化和工业现代化的重要性，这两种现代化形式虽然在具体内容和实现路径方面存在不同，但依赖现代科技运用、通过科技创新驱动而不断提高水平为两者所共通。展望我国科技发展趋势，未来会出现一场由新能源、新材料、信息技术、生物医药以及高效节水技术等方面构成的现代科技创新成果，这些现代科技创新成果将给中国农业现代化和工业现代化以强有力的科技支撑。我们必须更加重视高科技成果在农业和工业中的转化运用，加快建设智慧农村和智慧城市的步伐。

需要指出的是，农业因提供人的生存所需食物而成为国民经济的命脉，因而加快推进农业现代化是我国社会主义现代化建设的重中之重。我国自改革开放以来，特别是进入新时代以来，农业现代化因与工业的联系日益密切以及农业科技的发展及其成果的转化而发展到新的水平，正如人们所见："一部分工业企业通过与农业产业资源组建新型产业链和产业集群，向农业领域进行产业、资本、技术和生产方式的转移、注入、渗透和

---

① 许先春：《中国式现代化的科技意蕴、战略支撑及实践要求》，《北京行政学院学报》2023 年第 1 期。

② 习近平：《高举中国特色社会主义伟大旗帜 为全面建设社会主义现代化国家而团结奋斗——在中国共产党第二十次全国代表大会上的报告（2022 年 10 月 16 日）》，《人民日报》2022 年 10 月 26 日第 1 版。

重组再造，从而实现对传统农业、农村、农户的现代化改造升级。"① 未来，我国农业现代化将在践行《中共中央 国务院关于全面推进乡村振兴加快农业农村现代化的意见》所提出的"强化现代农业科技和物质装备支撑"② 之任务的基础上大踏步前进。

2. 科技现代化对国防现代化的推动

国家主权是一个国家独立存在的前提条件，国家安全是一个国家繁荣发展的重要基石。党历来重视国家主权独立，反对帝国主义在中国的统治、改变旧中国的半殖民地半封建性质是中国共产党领导人民进行新民主主义革命的目标和任务之一。新中国成立以来，党高度重视国家安全问题，始终把维护国家安全作为党和国家的一项基础性工作来抓。如今，面对世界局势百年未有之大变局，中国共产党更加重视国家安全问题。习近平在党的二十大上作报告时指出："必须坚定不移贯彻总体国家安全观，把维护国家安全贯穿党和国家工作各方面全过程，确保国家安全和社会稳定。"③

保障国家安全需要加强国防力量，而国防现代化是加强国防力量的基本方式。虽然一个国家在不同历史时期的国防现代化具有不同的具体含义，但总体而言都是以所处时代的发达国家的国防先进水平作为参照系、通过用先进科技武装国防体系而使国防力量足以应对可能发生的现代战争。在当今时代，我国的国防现代化是由国防理论现代化、国防力量现代化、国防管理现代化、国防装备现代化等方面构成的有机系统，在这个有机系统中，国防力量现代化是重点，国防装备现代化是关键点，正是这一关键点决定了现代科技对于国防现代化的意义：缺乏现代科技的支撑，国防装备现代化只能是梦幻泡影。毛泽东早就有言："为了建设现代化的国防，我们的陆军、空军和海军都必须有充分的机械化的装备和设备，这一切都不能离开复杂的专门的技术。今天我们迫切需要的，就是要有大批能

---

① 王海元、单元庄、白云帆：《科技创新：中国农业现代化的新机遇》，《行政管理改革》2016年第3期。

② 《中共中央 国务院关于全面推进乡村振兴加快农业农村现代化的意见》，《人民日报》2021年2月22日第1版。

③ 习近平：《高举中国特色社会主义伟大旗帜 为全面建设社会主义现代化国家而团结奋斗——在中国共产党第二十次全国代表大会上的报告（2022年10月16日）》，《人民日报》2022年10月26日第1版。

够掌握和驾驭技术的人,并使我们的技术能够得到不断的改善和进步。"① 现代战争不再是人数的较量,而是军人素质和武器装备的较量,归根到底是军事科技的较量,军人对科技知识的掌握和运用以及高科技的武器装备对战争走向具有决定作用。如今,面对纷繁复杂的国际形势,我国的国防建设必须推进机械化、信息化、智能化深度融合,实施武器装备重大工程,推动国防科技现代化更快速度、更高质量地发展,切实提高捍卫国家主权、保卫国家安全、维护国家利益的战略能力。

3. 科技现代化对制度现代化的促进

制度是社会公认的比较复杂而又系统的行为规则,是维系团体和人际关系的法则和社会行为模式,是在特定的社会活动领域中比较稳定和正式的社会规范体系。"小智治事,大智治制"②,制度现代化是现代国家"治制"的重要内容。制度现代化因制度的功能以及国家治理需要运用一定的制度作为治理方法而成为国家治理现代化不可或缺的内容。制度现代化的过程是一个从愚昧野蛮迈向科学文明的过程。从近代开始直至现代,科技发展推动传统制度向现代制度转型,包括从专制制度转向民主制度、从人治制度转向法治制度、从等级制度转向平等制度、从权力本位制度转向权利本位制度等。

在迈向现代化的进程中,科技和制度从不同方面发挥协同作用。科技现代化离不开现代化的制度保障,现代化的制度为科技现代化提供基础和动力。众所周知,科技发展要求人们进行创新活动,而人们进行科技活动的智慧理性和创新精神就要有现代制度的保护和激发。例如,法治之法对人们的智慧成果以权利的方式加以保障,从而使人们的智慧之花在利益养料的培育下更加灿烂地绽放,创新积极性的增长、创新精神的激发有力地推进科技的创新发展。如今,在现代化急速推进百年未有之大变局的宏观背景下,我国面临着发展内容在先后上的排序选择,制度竞争是全球竞争的核心,因而制度现代化是我国新时代的重要工程。要着力推进制度创新,"既改革不适应实践发展要求的体制机制、法律法规,又不断构建新的体制机制、法律法规,使各方面制度更加科学、更加完善,实现党、国

---

① 《建国以来毛泽东军事文稿》中卷,军事科学出版社、中央文献出版社2010年版,第171页。

② 习近平:《共担时代责任 共促全球发展——在世界经济论坛2017年年会开幕式上的主旨演讲(2017年1月17日,达沃斯)》,《人民日报》2017年1月18日第3版。

家、社会各项事务治理制度化、规范化、程序化"①。

4. 科技现代化对人的现代化的助力

人是自然和社会的主体，因而将人的现代化作为中国式现代化的主线是必要的。如果作为组成国家基本元素的人没有普遍地实现其基本素质的现代化，那么实现中华民族伟大复兴就是一句空话。人的现代化既包括人的生活方式的现代化，也包括人的思想意识和价值观念的现代化，而人的现代化进程有赖于科技的推动。科技是推动人从人治专制统治下获得解放、实现从身份到契约转变的重要力量，也是人在现代化道路上不断提高和丰富自己、减少盲目行为和愚蠢行为的重要力量。科技手段推动人对自然和社会的改造，科学精神推动人的思想解放。马克思所言"思想的闪电一旦彻底击中这块素朴的人民园地，德国人就会解放成为人"②，对于理解以科技现代化推动人的现代化具有指导意义。在科技时代，人的现代化具有更加丰富的内容，良好的科技素质成为人的现代化的重要衡量指标。

人类已经进入科技时代，世界已经进入新一轮的历史性变革。我们必须紧跟时代的潮流，重视科技素质对人的现代化的意义，切实推进科技普及活动，着力提高人们的科技素养，为推进科技创新、实现科技现代化提供强大的主体力量。习近平曾指出："没有全民科学素质普遍提高，就难以建立起宏大的高素质创新大军，难以实现科技成果快速转化"，因而"要把科学普及放在与科技创新同等重要的位置"。③ 顺应科技时代对人们良好科技素质的要求，国务院印发《全民科学素质行动规划纲要（2021—2035年）》，该纲要指出："科学素质是国民素质的重要组成部分，是社会文明进步的基础"，提升广大人民群众的良好科技素质意义重大，不仅有助于"公民树立科学的世界观和方法论"，也有助于"增强国家自主创新能力和文化软实力、建设社会主义现代化强国"。④

---

① 《习近平谈治国理政》，外文出版社2014年版，第92页。
② 《马克思恩格斯选集》第1卷，人民出版社1995年版，第15—16页。
③ 习近平：《为建设世界科技强国而奋斗——在全国科技创新大会、两院院士大会、中国科协第九次全国代表大会上的讲话》，《人民日报》2016年6月1日第2版。
④ 参见《国务院关于印发全民科学素质行动规划纲要（2021—2035年）的通知》，《中华人民共和国国务院公报》2021年第19期。

第二节 科技现代化的"健康"底色要求加强科技治理

科技的人本精神以及"科技是国之利器,国家赖之以强,企业赖之以赢,人民生活赖之以好"①的积极效应决定了科技现代化不仅具有丰富的形式内容,而且具有鲜明的价值取向。科技现代化不仅仅是科技要素的创新、现代科技体系的形成、现代科技成果的转化应用,而且是科技人本精神的传播和践行,使科技成为谋求人类福祉、促进社会公正、实现人民美好生活、促进人的全面发展的力量。科技健康发展成为科技现代化的题中要义,其中,"发展"表达科技现代化的形式内容,揭示科技现代化的外在表征;"健康"彰显科技现代化的价值精神,反映科技现代化的内在底色。

一 科技健康发展是科技现代化的题中要义

自新中国成立以来,发展就是党治国理政的课题。为迅速改变贫穷落后的面貌,解决广大人民群众的生活贫困问题,在新中国成立后的一段时间里采取"简单追求数量和增速"的发展模式,其结果是导致生态环境的破坏以及社会公平问题的滋生。面对发展中出现的问题,我们党逐渐转换发展理念,从可持续发展观到科学发展观再到新发展理念,一个符合中国国情、具有中国特色的发展理念逐步形成。新发展理念产生新发展要求,以"质量和效益"为目标的高质量发展作为新时代我国发展的目标被提出、被确立。党的十九大报告首次提出新的表述:"我国经济已由高速增长阶段转向高质量发展阶段,正处在转变发展方式、优化经济结构、转换增长动力的攻关期。"②党的二十大报告进一步强调:"高质量发展是全面建设社会主义现代化国家的首要任务。"③高质量发展不是某个领域、

---

① 习近平:《为建设世界科技强国而奋斗——在全国科技创新大会、两院院士大会、中国科协第九次全国代表大会上的讲话》,《人民日报》2016年6月1日第2版。
② 习近平:《决胜全面建成小康社会 夺取新时代中国特色社会主义伟大胜利——在中国共产党第十九次全国代表大会上的报告》,《人民日报》2017年10月28日第1版。
③ 习近平:《高举中国特色社会主义伟大旗帜 为全面建设社会主义现代化国家而团结奋斗——在中国共产党第二十次全国代表大会上的报告(2022年10月16日)》,《人民日报》2022年10月26日第1版。

某个方面的发展,而是一项涉及领域广、经历环节多、要求标准高的复杂工程,这项复杂工程要求科技、教育、人才等因素作为支撑,其中,"科技创新的支撑作用更是重中之重"①。作为中国式现代化构成要素和战略支撑的科技现代化,毫无疑问也应该是高质量发展的。高质量发展是科技现代化的内核,正是这一内核使得科技健康发展成为科技现代化的基本要求和题中要义。

1. 科技现代化高质量发展与科技健康发展

有学者言:"党的十九大报告首次提出高质量发展,不只是对经济发展的要求,而是对现代化建设方方面面的要求。"② 高质量发展的要求不仅仅适用于经济领域,它可以延展到政治、经济、文化、科技、社会、生态等各个领域各个方面。当科技现代化与高质量发展的要求相遇,则诞生了科技现代化高质量发展。正是这科技现代化高质量发展,将现代科技健康发展的内涵注入科技现代化的概念中,只有以科技健康发展为内核的科技现代化才称得上是高质量的科技现代化。

作为科技现代化的内容,科技健康发展具有两个方面的含义:一是现代科技的"量"的增长,包括现代科技成果的数量增加和现代科技成果在生产和生活中应用范围的拓展;二是现代科技的"质"的提高,包括现代科技的研发创新和转化应用遵循科技发展规律,坚持科技"向善"取向,践行科技人本精神,遵循"增进人类福祉""尊重生命权利""坚持公平公正""合理控制风险""保持公开透明"等伦理原则③,从而使现代科技"沿着正确的方向发展,更好造福人类社会"④。正是这后一方面的含义,使科技健康发展与科技高质量发展联系在一起并成为科技高质量发展的题中之义,科技病态发展与科技高质量发展是背道而驰的。在现实中,科技病态发展并非个别现象,第二章所述科技异化现象就是科技病态发展的例证,遏制科技病态发展、保障科技健康发展是科技现代化建设中不可忽视的课题。理论和现实表明:"在科学新发现、技术新突破造福

---

① 李彬、李澍:《万劲波:以科技现代化助推中国式现代化》,https://theory.gmw.cn/2022-10/31/content_36125709.html,访问时间:2024年5月21日。

② 李彬、李澍:《万劲波:以科技现代化助推中国式现代化》,https://theory.gmw.cn/2022-10/31/content_36125709.html,访问时间:2024年5月21日。

③ 参见中共中央办公厅、国务院办公厅《关于加强科技伦理治理的意见》,《人民日报》2022年3月21日第1版。

④ 林治波:《促进科技事业健康发展的重要保障》,《人民日报》2022年4月14日第5版。

人类的同时，技术的谬用、滥用对社会公共利益和国家安全造成潜在威胁，给人类带来风险甚至灾难。实现科技造福人类的愿景，首先要确保科技自身的健康发展。"①

2. 科技现代化促进高质量发展与科技健康发展

高质量发展首先是经济意义上的。这个意义上的高质量发展以经济的活力、创新力和竞争力为根本动力，以绿色低碳循环发展为内在要求，以重大经济关系协调而顺畅发展为重要标志，以深化改革为基本手段，以全体人民共享发展成果、实现人民美好生活期盼为目标取向。经济高质量发展是以工业现代化、农业现代化为内容的经济现代化的核心要义，我国经济建设必须"坚持质量第一、效益优先，切实转变发展方式，推动质量变革、效率变革、动力变革，使发展成果更好惠及全体人民，不断实现人民对美好生活的向往"②；经济高质量发展也是科技现代化的重要目的，科技作为"第一生产力"的效应首先是通过促进经济发展而实现的，科技现代化是经济高质量发展的必由之路。《科学技术进步法》第3条第2款规定表达了科技现代化高质量发展的诉求："国家鼓励科学技术研究开发，推动应用科学技术改造提升传统产业、发展高新技术产业和社会事业，支撑实现碳达峰碳中和目标，催生新发展动能，实现高质量发展。"③

科技发展是科技现代化的外在表征，而科技发展与经济高质量发展具有共同的内涵，这就是"发展"。一方面，经济高质量发展是科技发展的根蒂。习近平引用恩格斯所言"社会一旦有技术上的需要，则这种需要就会比十所大学更能把科学推向前进"④的论断，为理解经济高质量发展对促进科技发展的重要意义提供启迪。另一方面，科技"发展"是经济高质量"发展"的动力源泉，科技发展可以引领新兴产业发展、助推传统产业升级、支撑重大工程建设、提升企业竞争力、促进区域创新发展，由此构筑起经济高质量发展的实践体系，使经济高质量发展从现代经济体系的不同维度、不同场景共同发力。在新时代新征程上，要"坚持科技是第一生产力、人才是第一资源、创新是第一动力，深入实施科教兴国战

---

① 王志刚：《完善科技伦理治理体系 保障科技创新健康发展》，《求是》2022年第20期。
② 王昌林：《以推动高质量发展为主题》，《理论导报》2020年第11期。
③ 《中华人民共和国科学技术进步法》，《人民日报》2021年12月27日第14版。
④ 习近平：《在中国科学院第十九次院士大会、中国工程院第十四次院士大会上的讲话》，《人民日报》2018年5月29日第2版。

略、人才强国战略、创新驱动发展战略,开辟发展新领域新赛道,不断塑造发展新动能新优势"①。

科技发展与经济高质量发展在"发展"上的契合意味着科技发展是经济社会发展所不可或缺的助力,但只是彰显了科技发展对于经济高质量发展的形式意义。事实上,科技是一柄"双刃剑",科技异化、科技风险事故、科技手段的滥用误用以及不正当不合理使用等表明科技发展的经济效应和其他社会效应并非总是积极正向的。经济高质量发展不仅要求发展"速度快、效率高",而且要求发展"质量优、效果好",而这经济发展"质量优、效果好"就与科技健康发展联系在一起。科技健康发展与经济高质量发展有着共同的价值取向,科技健康发展是实现经济高质量发展的前提基础和重要保障。不论是科技健康发展,还是经济高质量发展,都具有以人为本的价值取向,都是为了实现人民美好生活、促进人的全面发展。科技的人本价值取向自不待言,第一章关于科技人本精神的论述表明了这一点。科技产生于人的需要,是人的智慧的产物,是人的认识世界和改造世界的知识和经验的凝聚,反映了人的情感、人的意志、人的理性,因而在人与科技的关系上,人是科技的主体和目的,科技是人的工具和手段。同样地,经济高质量发展蕴含着人本精神,它将"效率、公平、安全和持续发展"作为"四大核心要义"②,坚持以人民为主体、以人民为中心的发展理念,从而"既是发展观念的转变,也是增长模式的转型,更是对民生水平的关注"③。可以说,经济高质量发展本质上是一种以人为本的发展,习近平的下列论断绽放出人本发展的思想光芒:"我们要在继续推动发展的基础上,着力解决好发展不平衡不充分问题,大力提升发展质量和效益,更好满足人民在经济、政治、文化、社会、生态等方面日益增长的需要,更好推动人的全面发展、社会全面进步。"④

---

① 习近平:《高举中国特色社会主义伟大旗帜 为全面建设社会主义现代化国家而团结奋斗——在中国共产党第二十次全国代表大会上的报告》,《人民日报》2022年10月26日第1版。

② 参见侯永志《高质量发展的内涵、任务、支撑和制度保障》,《中国经济报告》2021年第4期。

③ 赵剑波、史丹等:《高质量发展的内涵研究》,《经济与管理研究》2019年第11期。

④ 习近平:《决胜全面建成小康社会,夺取新时代中国特色社会主义伟大胜利——在中国共产党第十九次全国代表大会上的报告》,《人民日报》2017年10月28日第1版。

二 科技健康发展要求加强科技治理

当今中国正迈步在新时代新征程上，推进科技现代化高质量发展并以此带动经济高质量发展是这个时期的重大任务，这项重大任务的实质在于推进科技健康发展、保障科技向善而行。人是科技的主体，人的功利性决定了科技活动的目的性，因而科技健康发展就不能通过科技自身运作而形成，而是有赖于发挥人的作用，正如爱因斯坦所言的：科技"究竟是给人带来幸福还是带来灾难，全取决于人自己"①。科技治理为推动科技健康发展所必需，一方面是因为科技治理具有保障和促进科技健康发展的功能，另一方面是由于我国科技发展中存在的问题制约着高质量发展水平的提升。早在 2020 年，党的十九届五中全会就对我国的发展阶段作出了"我国已转向高质量发展阶段……同时我国发展不平衡不充分问题仍然突出"②的论断；2022 年，党的二十大进一步明确："党和国家事业取得历史性成就、发生历史性变革"，但"发展不平衡不充分问题仍然突出，推进高质量发展还有许多卡点瓶颈，科技创新能力还不强"。③ 推进我国科技健康发展，需要通过加强科技治理而扫除妨碍科技健康发展的障碍、保障科技健康发展的道路畅通。

1. 科技治理及其方式的多样性

随着科技发展以及与科技发展如影随形的科技异化现象日益严重，随着科技"双刃剑"效应的彰显，传统的科技管理理念受到挑战，治理理念逐渐向科技领域中延伸，科技治理的理念逐渐形成。由于中西方国家在科技现代化的逻辑起点、任务内容和价值目标等方面存在不同，因而中西方学者对科技治理的关注重心也具有差异性：国外学者的研究兴趣集中在科技治理与公共参与、科技治理与多级治理、科技治理与民主治理、科技治理与网络治理等方面；国内学者的研究焦点则在于科技治理与民众政治

---

① ［美］爱因斯坦：《爱因斯坦文集》第 3 卷，许良英等编译，商务印书馆 1979 年版，第 69 页。
② 《中共中央关于制定国民经济和社会发展第十四个五年规划和二〇三五年远景目标的建议》，《人民日报》2020 年 11 月 4 日第 1 版。
③ 习近平：《高举中国特色社会主义伟大旗帜 为全面建设社会主义现代化国家而团结奋斗——在中国共产党第二十次全国代表大会上的报告》，《人民日报》2022 年 10 月 26 日第 1 版。

生活的关系、科技治理全球化、科技治理模式与特点等。①

综观学界观点，这样理解和界定科技治理具有合理性：科技治理是在科技研发和应用过程中，国家机关和社会组织对科技活动进行规范和引导、对所涉及科技活动的人力物力财力以及信息等进行合理配置以保障科技健康发展、防范科技异化、推进科技现代化的新兴治理活动。这项治理活动是对传统的科技管理活动的发展和提升，侧重于对前沿科技的研发和应用进行引导、规范、调整和促进。科技治理的方式多样，归纳起来主要有以下五种。

一是技术治理。通过科技创新创造出更加先进、更加高级的科技成果用以堵塞原有科技的漏洞、填补原有科技的局限。对于科技健康发展而言，技术治理是必要的，但将科技创新作为根本之策的科技沙文主义主张和做法是不可取的。须知，科技创新不是根治"科技之病"的万灵膏药，不是科技异化的治本之策。为应对原有科技的缺陷、堵塞原有科技的漏洞而出现的新科技本身也可能存在不足，甚至又会带来新问题。

二是思想治理。通过宣传科技思想、科技精神、科学家精神、社会主义核心价值观等而培养人们良好科技素质、思想素质，用科技价值主义引导科技研发和应用活动，坚持科技人本原则，践行科技人本精神，将科技研发和应用与满足人民日益增长的美好生活需要紧密结合起来、与提高人民生活质量紧密结合起来、与提高人民的思想文化道德素质紧密结合起来、与提高人民身体及心理素质紧密结合起来。思想是行动的前提和动力，和谐的、具有建设性的思想往往导致美好的结果，而破坏性的、嘈杂不堪的思想势必产生不幸的结果。② 对科技进行思想治理是必要的，但所起的作用也是有限的。

三是政策治理。基于实现科技发展方针而制定发展科技战略以及协调科技发展中各种关系的指导原则和活动准则对科技活动进行调控，使科技对人、对社会、对自然的积极作用能够得到发挥和增强，同时使科技对人、对社会、对自然的消极影响得到避免和遏制，由此实现科技与人之间、社会和自然之间的协调发展，实现科技发展与经济增长、社会进步和生态平衡的共存并重。科技政策对于科技健康发展的作用有目共睹，但科

---

① 参见赵胤《从科技管理走向科技治理》，《人民论坛》2019 年第 7 期。
② 参见［美］查尔斯·哈奈尔《世界上最神奇的 24 堂课》，福源译，新世界出版社 2007 年版，第 71 页。

技政策的宏观性强而微观性不足、原则性强而具体性不足、变动性强而稳定性不足等特征使得它只能发挥有限作用。

四是伦理治理。以实现现代科技发展的伦理向度为目标，通过加强科技伦理建设、构建完善的科技伦理体系、提高人们的科技伦理素质、强化科技活动的伦理约束等方式来推进科技活动正当合理地进行、"努力实现科技创新高质量发展与高水平安全良性互动"①。科技的伦理治理对于阻遏科技异化以及科技负面效应、促进科技健康发展和良性运用是必要的，然而，科技伦理只能通过外部劝诫和内在良心起作用，因而不足以阻止一些人为了不正当利益而进行具有社会危害性的科技活动。科技伦理治理对科技健康发展也只能发挥有限功能。

五是法律治理。以调整和规范科技活动为目标，通过科技法律的立改废释等活动形成内容科学、形式合理、体例完整、结构严谨、内部协调、调整有效的科技法律体系，并以国家强制力为后盾而使这一法律体系在现实中切实施行，实现对科技活动的强制性调整，阻遏科技异化现象，保障科技健康发展。科技法律治理以法律规定的明确性、普遍性、具体性、利导性、国家强制性等特征而成为科技治理的有效方式，甚至科技伦理治理的功能和效应也需要通过科技法律加以强化。《关于加强科技伦理治理的意见》要求加强科技伦理的立法活动，"及时推动将重要的科技伦理规范上升为国家法律法规"，同时，"对法律已有明确规定的，要坚持严格执法、违法必究"。② 法律治理是科技治理的主要方式，但法律治理也不是万能的。

综上所述，科技治理对于现代科技健康发展是一项必要的、不可或缺的活动，为科技创新凝聚力量，为科技向善提供技术支撑、政策导引、伦理向度和法治保障。科技治理是一项复杂的社会治理工程，可能出现"一管就死，一放就乱"的情形。因此，要达到科技治理的良好状态，要使科技治理取得良好效果，就要采用技术治理、思想治理、政策治理、伦理治理、法律治理等多种方式，从科技的研究、开发、转化、应用等多角度进行，由此使科技治理取得"1+1>2"的效应。

---

① 中共中央办公厅、国务院办公厅：《关于加强科技伦理治理的意见》，《人民日报》2022年3月21日第1版。

② 中共中央办公厅、国务院办公厅：《关于加强科技伦理治理的意见》，《人民日报》2022年3月21日第1版。

2. 科技治理是科技创新的前提基础

"创新是引领发展的第一动力"①，科技健康发展的"发展"质素势必要求科技创新，只有通过科技创新才会有科技成果的"量"的增长和"质"的提升。科技创新是产生新知识、新技能并将其应用到产品或服务中从而促使企业获得成功、国家走向繁荣、社会取得进步的活动，它是科技健康发展的内在驱动因素，也是科技现代化的内在驱动力量。我国高度重视科技创新推动科技健康发展、推进科技现代化的地位和功能，坚持科技创新在中国式现代化建设全局中的核心地位，坚持以科技创新促进科技现代化的基本方针，实施创新驱动发展战略，致力于提高科技自强自立的水平。

然而，科技创新是一项涉及甚广的复杂巨型系统，在主体上包括政府、科技组织、企业、大学、国家科研合作机构、社会公众等，在要素上包括作为主体的科技人员、作为物质基础的财（如资金）和物（如科研设备）、作为结果的在法律上以知识产权形式存在的科技成果、作为制度保障的科技体制、作为良好环境的创新氛围等，在环节上由知识创新规划的制定、知识创新主体的构成、知识创新项目的实施、知识创新基础设施的建设与使用、知识创新成果的推广与运用等多方面构成，任何一个方面出现漏洞都可能影响科技创新的顺利开展。由此可见，科技创新是一种高收益与高风险并存的活动，投入和收获未必成正比，风险不可避免。要使知识创新顺利进行，必须有良好的科技治理，借助一定手段对科技创新的主体要素和物质要素进行组织、管理、协调，形成良好的科技创新体系。

科技创新作为一项物质性活动，需要有强大的物力和财力作为支撑。没有信息网络基础设施、大型科研设施、数据库、图书馆以及资金等物力、财力、信息力的物质要素支撑，科技创新终究只能是梦想成空。物力、财力、信息力的有限性要求加强管理和控制，实现合理配置。《关于进一步弘扬科学家精神加强作风和学风建设的意见》提出，深化科技管理体制改革，推进科研领域政府职能转变，要"树立宏观思维，减少对科研活动的微观管理和直接干预"，要"优化项目形成和资源配置方式"，

---

① 习近平：《决胜全面建成小康社会，夺取新时代中国特色社会主义伟大胜利——在中国共产党第十九次全国代表大会上的报告》，《人民日报》2017年10月28日第1版。

要"赋予科技领军人才更大的技术路线决策权、经费支配权、资源调动权"。①

对于科技创新而言，物力和财力是必不可少的，但科技创新主体才是第一重要的。马克思说过：机车、铁路、电报、走锭精纺机等都不是自然界创造出来的，而是人类劳动创造出来，是人的智慧的物化，是物化的知识力量。② 习近平强调："'盖有非常之功，必待非常之人。'人是科技创新最关键的因素。"③ 科技创新是一项主体性活动，离开一定数量和质量的科技主体，科技创新只能是一句空话，科技创新的主体性要求加强对科技主体的组织和管理，保证科技创新获得充分的主体力量。习近平曾经指出我国人才评价机制存在的不足："唯论文、唯职称、唯学历的现象仍然严重，名目繁多的评审评价让科技工作者应接不暇，人才'帽子'满天飞，人才管理制度还不适应科技创新要求、不符合科技创新规律。"④ 科技部、教育部、人力资源社会保障部、中国科学院和中国工程院于2018年10月发布通知，联手开展清理"唯论文、唯职称、唯学历、唯奖项"的专项行动。⑤ 国务院于2021年6月印发《全民科学素质行动规划纲要（2021—2035年）》，要求培养和提高全体人民包括"崇尚科学精神，树立科学思想，掌握基本科学方法，了解必要科技知识，并具有应用其分析判断事物和解决实际问题的能力"⑥ 等方面的科技素质。

3. 科技治理是科技良善应用的必要条件

科技的魅力不仅在于为人类揭示隐藏在纷繁复杂的客观现象背后的规律，而且在于使人类运用客观规律打造客观世界的美丽图景。马克思有言："哲学家们只是用不同的方式解释世界，而问题在于改变世界。"⑦ 在新时代，我们不仅要善于获得能够解释世界的科技理论成果，更要善于运用科技理论成果去指导改造世界的实践活动。科技成果虽然要通过发表论

---

① 参见中共中央办公厅、国务院办公厅《关于进一步弘扬科学家精神加强作风和学风建设的意见》，《人民日报》2019年6月12日第1版。
② 参见《马克思恩格斯全集》第46卷（下），人民出版社1980年版，第219页。
③ 《习近平谈治国理政》，外文出版社2014年版，第127页。
④ 《习近平谈治国理政》第3卷，外文出版社2020年版，第253页。
⑤ 参见赵永新《五部门开展专项行动 革除"唯论文、唯职称、唯学历、唯奖项"现象》，《人民日报》2018年10月26日第12版。
⑥ 国务院印发《全民科学素质行动规划纲要（2021—2035年）》，《光明日报》2021年6月26日第2版。
⑦ 《马克思恩格斯选集》第1卷，人民出版社1995年版，第61页。

文、申请专利等形式来展现，但论文的发表、专利的申请并不意味着科技活动到此为止；科技活动更为重要的一步是实现科技成果的转化和应用，是把创新成果变成实实在在的产业活动，科技成果转化应用的效果构成衡量科技健康发展的重要衡量标准。

与科技创新一样，科技应用也是一项系统性活动，具有加强治理的必要性。从主体方面来说，科技应用涉及诸多方面的关系，理顺这些关系需要加强科技治理，尤其需要注意两点：其一，科技成果应用应该有利于加快实施创新驱动发展战略、维护国家统一和安全、促进经济社会和人的全面发展，不得损害国家利益、社会利益和其他人的合法权益，因而必须通过加强科技治理以保证科技应用者合理地应用科技、防止科技应用者滥用科技；其二，科技应用应该尊重科技成果所有者的知识产权，科技成果的转化应该"遵循自愿、互利、公平、诚实信用的原则，依照法律法规规定和合同约定，享有权益，承担风险"[①]，因而必须通过科技治理预防和消除科技成果所有者与科技成果使用者之间的利益矛盾、构建科技成果所有者和科技成果使用者之间的良好关系。

科技健康发展常常受到科技风险事故的阻滞，科技风险事故与科技良善应用背道而驰，防范科技风险事故发生是实现科技良善应用的必然之举，是实现科技健康发展的必然内容。科技风险事故有内部风险事故和外部风险事故之分，前者是指科技创新不成功所导致的损失，对这种风险事故的防治属于科技研发阶段的治理内容；后者是指科技成果在应用中产生负面效应，对这种风险事故的防范属于科技应用阶段的治理内容。当今时代是一个风险四伏的不确定时代，对风险事故的防范需要运用高科技手段，而高科技发展也加剧了风险事故发生的概率。例如，在银行业，充分发挥"黑科技"的作用，积极创新应用云计算、区块链、人脸识别、指纹识别等技术，毫无疑问可以提升金融服务能力，但与此同时也存在侵害客户个人信息权、隐私权的风险。[②] 要想有效预防、化解和消弭风险事故，就必须加强科技治理，通过科技政策、产业政策和金融政策的叠加融合作用而引导资源配置，通过科技伦理和科技法律规范科技活动，通过责任追究机制"引领科技活动朝着'面向世界科技前沿、面向经济主战场、

---

① 《中华人民共和国促进科技成果转化法》第3条第2款，《人民日报》2015年12月25日第21版。

② 参见马晓曦《中国银行："黑科技"推动数字化转型》，《中国金融家》2018年第5期。

面向国家重大需求、面向人民生命健康'方向突破，同时在大幅提升国家科技治理整体效能的同时平衡和防范风险"①。

第三节　科技伦理与科技法律是保障科技健康发展的两翼

科技的"双刃剑"效应倒逼人们对科技发展进行思考、深入而广泛地探索解决之道，形成了多种科技治理方式和手段。实践证明，不论是以更先进科技进行治理，还是以先进科技思想加以指引，抑或是以灵活科技政策予以调整，都具有解决科技异化问题的功能，但都不是促进科技健康发展的根本之道，只有科技伦理治理和科技法律治理相协同才能切中要害。科技伦理治理和科技法律治理是科技治理的两种基本方式，科技伦理和科技法律分别是两种治理方式的依据。科技伦理和科技法律是保障科技健康发展的两翼，因而要"前瞻研判科技发展带来的规则冲突、社会风险、伦理挑战，完善相关法律法规、伦理审查规则及监管框架"②。

一　科技伦理是科技健康发展的伦理诉求和伦理反映

伦理一词源于"ethos"这一希腊词语，道德源于"mos"这一拉丁词语，两者的原生含义中都有风俗习惯（custom）的意思。③ 伦理和道德的密切联系表明对伦理的界说不能撇开道德的内容，伦理是人伦之理，基于人的类本质、类属性以及人的角色身份而形成，与人的个人生活和社会生活有着密切关系，通过风俗习惯、内心信念、舆论、教育等方式发挥作用的，用以维护人与人之间的和谐关系。科技伦理属于伦理的范畴，既具有其他伦理的共同属性，也具有有别于其他伦理的特殊属性。科技伦理是科技发展的伦理产物，诞生于伦理与科技的交汇之处，是科技健康发展的伦理诉求和伦理反映。

---

①　郑翼、唐昆、李伟：《新时代科技治理现代化：内涵、问题与路径》，《中国集体经济》2022年第34期。

②　习近平：《在中国科学院第二十次院士大会、中国工程院第十五次院士大会、中国科协第十次全国代表大会上的讲话》，《光明日报》2021年5月29日第2版。

③　参见刘家和《理性的结构：比较中西思维的根本异同》，《北京师范大学学报（社会科学版）》2020年第3期。

1. 科技伦理是伦理的子系统

"科技伦理是开展科学研究、技术开发等科技活动需要遵循的价值理念和行为规范。"① 中共中央办公厅、国务院办公厅《关于加强科技伦理治理的意见》对科技伦理所作这一权威性界定表明，科技伦理既是一种社会规范、道德法则，也是富含价值精神，蕴含道德观念。人类生产和生活的复杂性、多样性、变动性决定了伦理的复杂性、多样性和变动性，现代伦理是由政治伦理、经济伦理、社会伦理、家庭伦理、生态伦理、科技伦理等多方面构成的有机系统。不同种类的伦理反映人类共同生产和生活的不同方面，也对不同类型的活动进行规范和调整。

科技伦理是现代伦理系统的子系统，具有三个方面的基本内容。首先，科技伦理以科技活动为调整对象。这里的科技活动具有广泛性，包括科学研究、技术开发、科技成果的转让和应用等。依据科技伦理，科技人员在科学研究和应用活动中，不仅应当坚持理性的科学精神，而且要坚持理性的人文关怀，使科技在服务于人类的福祉和现代社会发展的同时，也体现出其对个人尊严和价值的尊重。其次，科技伦理以公共利益为依托。依据科技伦理，偏离集体利益、公共利益轨道的科技研发和应用为科技伦理所否定。科技人员在科技研究和应用活动中应该坚持公共利益的价值取向，正确认识和处理个人利益和公共利益的关系。再次，科技伦理以服务人民为根本。增进人类福祉是科技伦理的基本原则，科技活动应该将服务人民作为科技活动的出发点和落脚点，使科技服务人民、造福人类。习近平指出："马克思说：'科学绝不是一种自私自利的享乐，有幸能够致力于科学研究的人，首先应该拿自己的学识为人类服务。'这是一种很高的精神境界。"②

2. 科技伦理具有人性根基

科技伦理不是神来之笔，也不是自然萌生的，它既具有实践基础，也有人性根基。就实践基础而言，科技伦理是顺应科技健康发展对科技活动正当性的要求而逐渐形成和发展起来的，恩格斯所言"一切以往的道德

---

① 中共中央办公厅、国务院办公厅：《关于加强科技伦理治理的意见》，《人民日报》2022年3月21日第1版。

② 习近平：《在中国科学院第十七次院士大会、中国工程院第十二次院士大会上的讲话》，《人民日报》2014年6月10日，第2版。

论归根到底都是当时的社会经济状况的产物"① 适用于科技伦理。就人性根基而言，科技伦理是人的理性对科技功能和科技实践活动的集中反映。有学者曾将"一定社会的经济状况"看作伦理道德产生的"客观基础"和"最终根底"，将"人性"看作伦理道德产生的"第二原因或第二土壤"。② 无论人性在科技伦理成因中的排列序位如何，都是对科技伦理人性根基的肯定。

科技伦理包含着科技和伦理的共同质素，这些共同质素包括人的需要、人的本质、人的理性和智慧。诚如有学者所言："共同追求和展示人的本质，正是技术和伦理之间内在的、本质联系的基础。"③ 人性是科技与伦理相联系的纽带，是科技与伦理相统一的基础，是科技伦理得以形成和发展的根基。在科技伦理的形成过程中，人的理性和智慧功不可没。自近代以来，科技工具主义带着人们的美好理想一直主宰着人们的科技活动，科技带给人类的巨大利益使人们有意或无意地忽略了科技异化对人类的消极影响，科技导致的快速财富增长使人们在科技负面效应上双眼迷离。科技异化现象、科技负面效应倒逼人们对现代科技发展进行反思和反省，从人的福祉出发谨慎地进行科技研发和应用的科技伦理思想得以萌生。由此可见，科技伦理是人的理性思维机制作用于科技的价值功能和"双刃剑"效应的产物。

3. 科技伦理具有职业伦理属性

生产力的发展与社会分工的发展相辅相成、相互促进，社会分工不仅推动生产力进步，而且丰富社会构成因素，导致社会关系复杂化，使得人们角色多样化、职业化，导致伦理道德多样化、职业化。社会分工是伦理道德职业化的社会基础，正如恩格斯所言："每一个阶级，甚至每一个行业，都各有各的道德。"④ 科技领域是一个特殊领域，科技活动是一种专业性活动，在科技领域发生作用、对科技活动进行调整的科技伦理具有不同于其他伦理的职业属性。

科技伦理是一种职业伦理，科技伦理的职业属性至少可以从三个方面

---

① 《马克思恩格斯选集》第3卷，人民出版社1995年版，第435页。
② 参见曹刚《美的伦理学——曾钊新伦理思想的审美维度》，《伦理学研究》2017年第5期。
③ 刘则渊、王国豫：《技术伦理与工程师的职业伦理》，《哲学研究》2007年第11期。
④ 《马克思恩格斯选集》第4卷，人民出版社1995年版，第240页。

进行厘定。首先，科技伦理以科技人员为实施主体。科技伦理与科技研发、应用等科技活动密切联系在一起。"当这种道德与利益关系出现冲突时，就会引发出伦理问题"[1]，为了给具有强大力量的科技套上枷锁以防止其异化进而导致危害社会和他人的后果，科技人员必须对自己的科技研发和应用行为担负责任、履行应尽的义务。[2] 其次，科技伦理是科技职业共同体制定的科技活动准则。科技活动具有科技的专门性，科技活动的是非善恶有赖于科技"行家里手"的评判，科技职业共同体的评判具有权威性，科技职业共同体是科技伦理建设的重要主体，《关于加强科技伦理治理的意见》明确规定："相关学会、协会、研究会等科技类社会团体要组织动员科技人员主动参与科技伦理治理。"[3] 例如，中国工程院从建院开始就把院士科学道德建设放在重要地位，1997 年成立科学道德建设委员会，先后出台《中国工程院院士科学道德行为准则》（1998 年）、《中国工程院院士科学道德自律准则》（2001 年）、《中国工程院关于涉及院士科学道德问题投诉件的处理规定》（2008 年）、《中国工程院院士违背科学道德行为处理办法》（2017 年）、《中国工程院院士行为规范》（2020 年）等文件，这些文件为院士科技道德行为提供了指南。当然，科技伦理的形成和发展、科技领域的伦理治理不能拒斥国家机关、伦理委员会和其他社会组织等科技领域之外部组织的作用。最后，科技伦理根植于专业性的科技活动。一切科技活动都必须遵循科技发展的规律、运用特定的方法技巧，科技活动的科技属性决定了它的专业性、专门性、职业性。作为调整科技活动规则的科技伦理势必因科技活动的专业性、专门性、职业性而具专业性、专门性、职业性。

4. 科技伦理是一种新兴伦理

"时代是思想之母，实践是理论之源"[4]，人类实践不断向前，人类认识不断发展。不同时代形成不同的生产力和生产关系，不同的生产力和生产关系决定不同的道德规范和伦理要求。根据伦理形成的时代背景，伦理体系有传统伦理与新兴伦理之分：传统伦理包括政治伦理、经济伦理等，

---

[1] 王蒲生、雷毅：《技术的报复——科技伦理与科技人员的伦理责任》，《科学中国人》2002 年第 5 期。

[2] 参见刘大椿、段伟文《科技时代伦理问题的新向度》，《新视野》2000 年第 1 期。

[3] 中共中央办公厅、国务院办公厅：《关于加强科技伦理治理的意见》，《人民日报》2022 年 3 月 21 日第 1 版。

[4] 《习近平谈治国理政》第 3 卷，外文出版社 2020 年版，第 21 页。

它们是形成于古代社会并随着社会演进而演进、侧重于调整人与人之间的社会关系；新兴伦理包括生态伦理、科技伦理等，它们是近代以来伴随着科技的发展进步以及广泛应用而产生的、侧重调整人与自然之关系的伦理，侧重调整人们研究、探索、改造自然的行为，要求人们善待自然、尊重自然的本质和规律，从而"实现了伦理问题的'自然转向'"①。

科技伦理是一种新兴伦理，其新兴性的最直接、最直观的表现是时间上的后发性。科技伦理是近代以来适应科技发展和应用需要而产生的一种新兴伦理，时间上具后发性是科技伦理作为新兴伦理的最直接、最直观的表现。科技伦理的产生和形成晚于传统伦理，传统伦理在古代社会已经存在，传统伦理的优秀成分不因社会变迁而消失，而是在"扬弃"中与时俱进、成为现代伦理的一部分。科技伦理则是近代才开始萌生的，其内容体系至今依然在发展和完善之中。科技伦理的新兴性，最重要、最根本的表现是内容上的科技相关性。近代以来科技发展的突飞猛进以及与之如影随形的科技异化现象的滋生和蔓延使人类认识到，不顾人类福祉的科技研发和应用不仅可能破坏人类社会的稳定秩序，也可能摧毁人类生存的自然环境，甚至直接将人类置于毁灭的风险之中，因而在制定新兴科技发展战略时必须"充分考虑新兴科技可能引发的伦理风险和挑战"②。科技伦理在加强对科技研发和应用伦理约束的呼声中逐步形成，科技伦理成为防治科技异化现象、保障科技健康发展的必然选择。

二 科技法律是科技健康发展的法律诉求和法律反映

罗·庞德（Roscoe Pound）的下列论断表达了对社会进行法律控制的必要性："安全依赖于均衡……根本上必须在合作本能与利己本能之间维持均衡。社会控制的任务就在于使我们有可能建立和保持这种均衡，而在一个发达社会中法就是社会控制的最终有效的工具。"③ 这一观点同样适用于说明科技法律治理的必要性：科技安全依赖于人们在合作本能与利己本能之间维持均衡，科技法律是进行科技治理以阻遏科技异化、防范科技风险、保障科技安全、促进科技健康发展的最终有效的工具。科技法律是

---

① 王亮、张科豪：《从环境伦理到信息伦理："内在价值"的消解》，《自然辩证法研究》2019年第6期。
② 邱仁宗：《应对新兴科技带来的伦理挑战》，《人民日报》2019年5月27日第9版。
③ [美] 罗·庞德：《通过法律的社会控制 法律的任务》，沈宗灵、董世忠译，商务印书馆1984年版，第89页。

科技法律治理的依据，对科技法律治理的探讨必须从诠释科技法律开始。科技法律是法律延伸至科技活动并与科技活动相结合的产物，是顺应科技健康发展需要而形成和发展起来的、以科技活动为调整和规范对象的社会规范，属于新兴的法律部门。

1. 科技法律是法律与科技的统一体

科技与法律是人类文明的两大支柱，是社会良性运行的两个轮子。科技与法律之间的区别是明显的[①]，但两者不是隔离分治的，它们相互联系、相互作用、相互促进。科技法律是法律与科技相交融的产物，是法律在科技领域的延伸和拓展。科技、法律和科技法律的逻辑关系，可用图3-2加以明晰（在图3-2中，A表示法律；B表示科技；C表示科技法律）。科技、法律和科技法律所涉及人类生存和生活的广泛领域，在探讨法律与科技之间关系的基础上进一步研究和推进科技法律成为法治实践的重要课题。

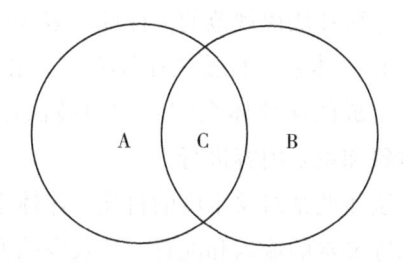

图3-2 科技、法律与科技法律的逻辑关系

科技法律诞生的必要性根植于科技活动的社会效应中。科技的车轮滚滚向前，科技活动范围日益广泛，科技的威力逐步彰显。伴随着科技成果的极大增长、科技效应的极大提升，科技异化现象也日益严重、科技风险事故也时有发生。在这种情况下，法律作为规范人的行为、调控社会关系的准则，必然对科技发展的状况作出反映，将人与自然之间的关系纳入法律调整的范围，将科技活动纳入法律的调整对象之中，从而导致科技法律规范的形成。

古人云："法与时转则治，治与世宜则有功。"[②] 科技和法律都具有自

---

① 在李龙主编《法理学》教科书中，法律与科学的区别表现在阶级性不同、在追求目标上具有不同步性以及因果关系具有非同一性三个方面。参见李龙《法理学》，武汉大学出版社2011年版，第573—574页。

② 《韩非子·心度》。

身发展的内在规律，同时受到社会关系变化的影响，因而必须与时俱进。从历史看，法律的产生早于科技，科技与法律的交融是科技发展到一定阶段的产物。科技现象的产生丰富了法律的调整对象，科技领域的形成拓宽了法律的调整范围。当科技发展到一定程度时，法律作为社会控制手段不会对此长期置之不理，科技与法律的融合成为人类法律生活中新的亮丽风景。

概言之，科技法律是法律与科技相交融的产物，是法律在科技领域的延伸和拓展。在当代社会，科技迅猛发展，科技应用范围加速拓展，科技法律势必要与时俱进、不断丰富自己的内容和体系，目前已经成为以科技宪法规范为核心、以专门科技法律规范为主体、以科技行政法律规范和科技民事法律规范以及科技刑事法律规范为组成部分的科技法律规范体系。

2. 科技法律是由多方面构成的规范体系

自然现象的多样性决定科技活动的多样性，进而决定科技领域社会关系的复杂性，由此决定科技法律规范的多样性，多样性的科技法律规范协调一致构成科技法律有机体系。科技法律体系是"由涉及科技的法律规范相互协调与衔接而组成的法律体系"①，对科技法律体系的厘定可以依据科技法律的调整对象和主要内容进行。

第一，基于科技法律调整对象维度的科技法律体系划分。科技活动涉及人、财、物、信息等要素的输入和配置，涉及发明专利、技术秘密、成果保护与推介、成果转让与转化等方面的肯定和激励。既然科技活动是一个涉及人与自然的由若干方面构成的大系统，那么以科技活动为调整对象的科技法律势必将科技活动诸要素纳入其调整范围中，从而科技法律具有多样性。在20世纪90年代，有学者基于科技活动的大系统观念对科技法律体系进行划分，指出科技法律体系由涉及科技发展、科技与经济协调发展、科技与社会协调发展、科技与自然协调发展、特殊领域的高科技发展以及国际交流等六个方面的法律构成。② 进入21世纪以来，伴随着我国整体科技水平的提升，国防科技领域的发明创新迅猛增长，这种情况推动了国防科技立法的发展，使国防科技法律规范成为科技法律规范体系不可或缺的部分。③

---

① 朱涛：《论中国科技法的双重体系及其建构》，《科技与法律》2016年第5期。
② 参见夏维力等《论我国的科技法律体系》，《科技与法律》1991年第4期。
③ 参见牛佳豪《我国国防科技法律的发展史》，《中国军转民》2022年第21期。

第二，基于科技法律规范的科技法律体系划分。科技健康发展的"健康"和"发展"要义决定科技法律规范由防治科技异化的规范和促进科技发展的规范两大板块构成。早在2001年，中国科学院就在《科学发展报告》中提醒我们：科技成为赚钱的工具而减弱和抑制了批评社会以及洞悉、关怀人类前途和命运的功能，这一倾向应该引起足够关注。[1] 科技法律不仅仅应该成为促进科技进步的手段，还应该成为防治科技异化的工具。在科技法律规范中，促进科技进步的内容主要体现在对知识产权的保护、科技主体权利的保障、科技奖励制度的构建等方面；防治科技异化的内容则主要表现为对科技主体义务的设定、科技法律责任的构建等。由于对科技活动的调整和规范不仅仅是专门科技法律的内容，在宪法、行政法、民法、刑法等传统法律部门中也有相应的内容，因而科技法律规范不仅存在于新兴的专门科技法律中，也存在于传统法律部门中。例如，宪法关于科技体制、科技奖励的规定具有科技法律规范的属性；公司法关于技术股权的规定、证券法关于技术期权的规定也可纳入科技法律规范的范围中。由此，科技法律部门是一个由多方面科技法律规范构成的有机体系，在这个有机体系中，宪法科技法律规范是根本，专门性科技法律文件中的科技法律规范是主体和核心，传统法律部门中的科技法律规范是补充。

3. 科技法律是一个新兴法律部门

古代社会没有真正意义上的科技，也没有真正意义上的科技法律。文艺复兴运动之后，科技从神学的桎梏中解放出来之后，通过法律为科技活动保驾护航为科技进步及其生产力功能的发挥所必需。1474年威尼斯城邦元老院颁布授予新创造的机械装置发明人十年垄断权的法律，这部被视为世界上第一部专利法的法律实质上是调整和规范科技活动的。从近代开始直到当代，科技一经形成就不断前行，不仅科技创新的硕果不断涌现，而且科技应用带来的社会变革日益鲜明。与之相应，人类的科技法律也不断前行和发展。如果说传统法律是"法律的1.0版本"，那么，"在新兴科技的两次影响下，分别产生了法律2.0和3.0版本"。[2] 相较于传统法律，受到新兴科技影响的科技法律不仅在具体方式方面发生转变，而且在适应范围方面向更多领域拓展。例如，我国于1993年出台了以宪法为依

---

[1] 参见中国科学院《科学发展报告（2001）》，科学出版社2001年版，第16—17页。
[2] 参见陈杰《科技时代，法律治理思维正在转变》，《法治周末》2021年2月4日第10版。

据的《科学技术进步法》，这部科技基本法经过2007年、2021年两次被修订后更加适用我国科技健康发展的需要。

科技法律是一种既以传统法律为基础、但又不等同于传统法律的新兴法律。科技法律之"新"主要表现在三个方面。一是调整对象"新"。科技法律以科技活动为调整对象，从时间上看，严格意义上的科技活动自近代才诞生，在人类行为中具有"新颖性"；从性质上说，科技活动与人类对自然规律的探索密切相联系，具有专业性和专门性。科技法律反映了科技发展的客观规律，而且随着科技创新发展而常新。（2）法律性质"新"。自古罗马法学家乌尔庇安（Ulpianus）提出公法和私法之分以来，这一法律分类方式为大陆法系国家所承袭，"由于我国的法律制度与欧洲大陆法系的法典法具有较多共通性，目前也有不少学者赞同公法与私法的划分"[1]。然而，这一传统的分类方式不适用科技法律，科技法律既不是纯粹的公法也不是纯粹的私法，而是兼具公法和私法的性质。一方面，为了促进科技进步和保障科技健康发展，公权力必须也必然介入科技活动；另一方面，公权力介入以不影响个人合法权利为基础，科技行政部门的科技行政管理不得侵害科技研发者和应用者的合法权益，司法机关对科技活动违法行为所侵害的合法权利进行救济。（3）法律功能"新"。科技法律担负着规范科技活动、调整科技领域社会关系的职能，担负着协调人类社会、自然生态与科技发展之关系的使命，科技法律的制定和实施是促进科技进步、保障科技健康发展、推进科技成果合理使用从而使得科技服务人类、造福人类、增进人类福祉的有力保障。

三 科技健康发展要求科技伦理和科技法律在科技治理中相协同

科技的发展过程伴随着对自然的破坏过程，也刺激人们的功利追求并由此导致滥用科技的现象日益严重，尤其是人类进入现代以来，与科技发展所导致的生产力水平持续提升及社会逐步现代化相伴相生的科技异化现象日益严重。然而，人类不会放任科技异化现象不断蔓延，也不会放任科技负面效应不断滋生，毕竟人是具有理性的高级生命形式。关于这一点，我们可以从《中共中央关于全面推进依法治国若干重大问题的决定》关

---

[1] 付子堂：《法理学初阶》，法律出版社2005年版，第165页。

于"坚持依法治国和以德治国相结合……实现法律和道德相辅相成、法治和德治相得益彰"[①] 的论断中获得深刻启示。科技伦理与科技法律是现代社会规范人的科技行为、调整科技领域社会关系的两种基本依据，两者之间的辩证关系决定了任何一方对科技健康发展都是不可或缺的，科技伦理是一种非正式制度安排，通过其规范性要素与科技主体的文化认知性要素相结合而对科技行为进行约束。科技法律是一种正式制度安排，通过其规范性要素与国家强制力相结合而对科技行为进行规制。科技伦理与科技法律之间的相互区别、相互联系，构成科技伦理与科技法律在科技治理中相协同的理据，科技伦理与科技法律相协同是科技健康发展的有力保障。

1. 科技伦理与科技法律在科技治理中相协同的理据

科技伦理和科技法律都是社会意识形态，由社会存在决定并为社会存在服务；都属于上层建筑的范畴，体现着经济社会和人的发展对科技进步的诉求；都以科技向善为价值追求，以遏制科技异化现象、推动科技健康发展和正当运用为目的；都具有规范科技活动、调节科技领域社会关系、维护良好社会秩序、发挥科技促进经济社会发展和满足人的正当需要的功能。然而，科技伦理和科技法律是两种不同的社会规范，两者在产生方式、调整方式、评价标准、作用机制等方面具有相异性。科技伦理与科技法律的差异决定了在科技治理中将两者结合起来的必要性，构成两者在科技治理中相向而行、协同作用的缘由和根蒂。

第一，科技伦理与科技法律的产生方式不同。科技伦理和科技法律都以科技的存在和发展为前提和依据，但两相比较，科技伦理的形成早于科技法律，在古希腊时期已经有了科技伦理的胚胎，这一点可以从亚里士多德的"人类每一种技艺、每一种学科，以及每一种经过考虑的行为都是以某种善为目的"[②] 的观点中得到印证。在科技法律还没有登上历史舞台之时，科技伦理成为规制科技活动的首选，在应对科技发展的规制诉求中逐渐地、自发地形成。与科技伦理不同，科技法律不是在科技发展中自发形成的，而是通过国家机关有目的、有意图的制定而产生，是国家机关采取自觉的立法行动的结果。

第二，科技伦理和科技法律的调整方式有异。科技伦理侧重调整科技

---

① 《中共中央关于全面推进依法治国若干重大问题的决定》，《人民日报》2014年10月29日第1版。

② 参见章海山《西方伦理思想史》，辽宁人民出版社1984年版，第99页。

人员从事科技活动的动机，主要通过塑造科技人员的善心、仁心、公心、羞耻心、是非心等内在的"良心"因素而发挥规范科技活动的功能、实现对科技活动的规范化调整；相较于科技法律，科技伦理的约束力不强，构成科技伦理的原则、规范、范畴大多具有抽象性，可操作性程度不高。科技法律侧重调整科技研发、成果转化与应用以及其他涉及科技的行为，除了这些行为，科技主体根本不是科技法律的对象；相较于科技伦理，科技法律规范具有具体性、明确性、统一性、系统性，不仅通过规定法律原则为科技活动提供价值指南，更重要的是通过构建权利（职权）和义务（职责）行为模式为科技工作者提供明确的行为指引；科技法律具有较高程度的可操作性，科技主体从科技法律规范中可以明确可为之行为、必为之行为以及禁为之行为，执法机关和司法机关从科技法律规范中可以明确如何判定科技活动中的违法行为、如何追究科技活动中违法行为的法律责任。

第三，科技伦理和科技法律的评价标准有别。科技伦理以善、正当、合理等为依据对科技活动中的行为进行评价：如果科技活动中的行为符合这些标准，就是好的行为，就是"善行"，否则就是不好的行为，就是"恶行"。科技法律治理以科技法律为准绳对科技活动中的行为进行评价：如果科技活动中的行为符合科技法律，就是合法行为；否则就是科技活动违法行为。在对科技活动中的行为作出评价以后，就产生了如何对待科技活动中的行为的问题。违反科技伦理的行为受到科技伦理的否定，而符合科技伦理的行为受到科技伦理的肯定；同样地，违反科技法律的行为受到科技法律的否定，而符合科技法律的行为则受到科技法律的肯定。

第四，科技伦理与科技法律的作用机制迥然不同。科技伦理是一种内省机制，对科技活动中的行为发生"自律"作用，即便社会舆论的"劝诫""告诫"有一定的影响，这种影响也只有通过科技人员的内疚、自责、忏悔等内在因素才能发挥作用，因而科技伦理的作用由于作用机制的"柔性""软性"而力度有限。科技法律是一种外控机制，通过国家暴力机关对科技活动发生"他律"作用，这种作用以国家机关对科技活动中的行为的肯定（奖励）或否定（惩罚）的方式进行。科技活动必须遵照科技法律规定进行，否则就会被国家暴力机关追究法律责任。科技法律的追责机制强化了科技法律的"硬度"和"刚性"，使科技法律对科技活动具有相较于科技伦理更强更有效的规范功能。

2. 科技伦理与科技法律在科技治理中相协同的要求

科技伦理和科技法律之间的区别表明,科技伦理和科技法律的任何单一作用都不能为科技健康发展提供充分的保障,科技伦理和科技法律不能隔离分治,习近平的下列论断适用于科技治理:"法治和德治不可分离、不可偏废,国家治理需要法律和道德协同发力。"① 科技伦理与科技法律在内容上可以相互渗透、在功能上可以相互补充,科技健康发展要求科技伦理与科技法律的协同发力。《科学技术进步法》第 98 条规定浸润着科技伦理和科技法律协同发力的精神:"国家加强科技法治化建设和科研作风学风建设,建立和完善科研诚信制度和科技监督体系,健全科技伦理治理体制,营造良好科技创新环境。"②

第一,明确科技伦理与科技法律相协同的基点。思想是行动的基础和指南,在科技治理中协同发挥科技伦理和科技法律的作用,首先要搞清楚科技伦理和科技法律的协同如何成为可能?科技伦理与科技法律在内容上可以相互渗透、在功能上可以相互补充,从而两者可以相辅相成、相向而行。

科技伦理与科技法律在内容上相互渗透。一方面,科技伦理规范转化为法律规范。科技法律通过直接的肯定方式对科技主体"为所应为"的积极道德义务作出明确规定,通过禁止的否定方式把科技主体"不应当为"的消极道德义务纳入其中,通过法律责任对违反科技道德的行为给予否定。《科学技术进步法》第 67 条规定是科技伦理转化为科技法律规范的典型例证:"科学技术人员应当大力弘扬爱国、创新、求实、奉献、协同、育人的科学家精神,坚守工匠精神,在各类科学技术活动中遵守学术和伦理规范,恪守职业道德,诚实守信;不得在科学技术活动中弄虚作假,不得参加、支持迷信活动。"另一方面,科技法律规范转化为道德要求。例如,《科学技术进步法》第 107 条第 2 款关于"从事科学技术活动,应当遵守科学技术活动管理规范"的法律规范随着该法的实施而成为科技伦理的内容,"严重违反科学技术活动管理规范的组织和个人"将会被"科学技术行政等有关部门记入科研诚信严重失信行为数据库"。

科技伦理与科技法律在功能上相辅相成。科技伦理是科技法律的精神

---

① 新华社:《习近平在中共中央政治局第三十七次集体学习时强调 坚持依法治国和以德治国相结合 推进国家治理体系和治理能力现代化》,《人民日报》2016 年 12 月 11 日第 1 版。

② 《中华人民共和国科学技术进步法》,《人民日报》2021 年 12 月 27 日第 14 版。

基础，科技法律是科技伦理的制度彰显。科技伦理通过保障科技主体从事科技活动的正当动机而促进科技健康发展，科技法律通过保障科技主体从事科技活动的规范行为而促进科技健康发展。因此，如果科技法律不健全、科技主体的行为无措、科技领域社会秩序紊乱，则势必导致科技主体伦理道德沉沦；反之，如果科技法律制定得良好且能够得到切实地、公正地施行，则有助于伦理道德教化、提高科技主体的伦理道德水平。另一方面，科技道德不仅为科技法律的制定提供精神滋养，而且为科技法律的公正执行提供价值指南，科技良法的制定和施行在一定程度上有赖于立法者、执法者、司法者、律师以及科技工作者的良好科技伦理素质，科技伦理的普及对于遏制科技违法犯罪具有一定作用。概言之，"法安天下，德润人心。法律有效实施有赖于道德支持，道德践行也离不开法律约束"①，在科技治理中，只有将科技伦理和科技道德结合起来才能取得综合效应、奠定科技创新发展的坚实根基。

第二，坚持科技伦理先行。《关于加强科技伦理治理的意见》明确提出了"伦理先行"的"治理要求"，指出要"加强源头治理，注重预防，将科技伦理要求贯穿科学研究、技术开发等科技活动全过程，促进科技活动与科技伦理协调发展、良性互动，实现负责任的创新"②。伦理先行的依据在于道德是内心的法律：从事科技活动的人都是有情感、有意志、有理性的具体的、现实的人，一个人的行为受到他自己的思想意识的调控；而伦理道德恰正具有滋养人心的功能，所谓"德润人心"。按照伦理先行的要求，不论是科技的研究开发，还是科技的转化应用，都不能先干了再说，而应该先进行伦理审查，"坚持促进创新和防范风险相统一，强化底线思维和风险意识，主动开展前瞻研究，对风险及时从规制上予以应对，由此，努力实现科技创新高质量发展与高水平安全的良性互动"③。

推进科技伦理在科技治理中先行，要求从多方面入手推进科技伦理建设，包括"国家建立科技伦理委员会，完善科技伦理制度规范，加强科技伦理教育和研究，健全审查、评估、监管体系"④等，将科技伦理的要

---

① 新华社：《习近平在中共中央政治局第三十七次集体学习时强调 坚持依法治国和以德治国相结合 推进国家治理体系和治理能力现代化》，《人民日报》2016年12月11日第1版。
② 中共中央办公厅、国务院办公厅：《关于加强科技伦理治理的意见》，《人民日报》2022年3月21日第1版。
③ 杨舒：《科技向善，伦理先行》，《光明日报》2022年3月24日第16版。
④ 《中华人民共和国科学技术进步法》，《人民日报》2021年12月27日第14版。

求嵌入科技活动的各个环节、各个方面，从而确保科技活动不仅仅考虑科技的工具性价值，而且关注科技的人本精神。有学者提出了"道德物化"的建议，主张放弃传统的技术中立论的视角，更加注意物的价值敏感性，把人和物放在一个层面去描述道德行为如何生成，由此"将道德行动的参与者从人拓展到物，把技术品也看作是道德行为的一个构成性参与者"。① 在科技伦理建设中，"道德物化"是不可或缺的内容，但基于科技活动如何进行以及科技产品如何运用的关键在人，因而应该更加重视培养人们的科技道德素养，加强科技道德教育，弘扬科技精神，培养人们的科技道德认知、科技道德情感、科技道德信念、科技道德意志，提升人们的精神境界，引导人们自觉地坚持科技向善的价值诉求，使科技活动朝着科技造福人类的目标进行。

第三，以科技法律治理为后盾。要解决科技异化以及科技负面效应等问题、推进科技健康发展，实行科技伦理治理是必要的，但科技伦理治理的局限性表明不能停留于科技伦理治理。"法律是成文的道德"②，科技伦理与科技法律的这种亲缘关系决定了科技法律治理对于强化科技伦理治理效能的重要性。科技法律治理是科技伦理治理的坚强后盾，因而《关于加强科技伦理治理的意见》不仅要求科技伦理治理"依法依规"，而且要求"提高科技伦理治理法治化水平"。

科技法律不仅具有"硬化"科技伦理的作用，而且以其特质获得相较于科技伦理的优势，从而填补科技伦理治理的不足，成为科技治理的根本方式。科技法律与所有其他法律一样具有国家意志性，但同时具有其他法律所不具有的"科技"特征，它集中反映科技的本质和发展规律，包含诸多科技方面的内容，因而对科技活动具有规范和调整作用，对现代科技发展具有引导和促进功能。一方面，科技法律规定科技主体的权利义务以及违法行为的法律后果，为科技主体提供具有可操作性的行为模式，为科技主体从事科技活动提供具体而明确的指引。另一方面，科技法律蕴含秩序、正义、自由、平等、人权、幸福等人文精神，通过规范科技活动、调整科技领域社会关系，既为科技健康发展保驾护航，又促使自然环境和社会环境朝着更加符合人的本性需要的方向演进。科技法律在规范科技活

---

① 王小伟：《"道德物化"与现代科技伦理治理》，《浙江社会科学》2023年第1期。
② 新华社：《习近平在中共中央政治局第三十七次集体学习时强调 坚持依法治国和以德治国相结合 推进国家治理体系和治理能力现代化》，《人民日报》2016年12月11日第1版。

动、遏制科技活动违法行为、保障科技健康发展等方面具有优势功能，因而每一次完善科技法律的举动都会受到社会关注。例如，《科学技术进步法》第二次修订因为"健全科技创新保障措施，完善国家创新体系，着力破除自主创新障碍因素"而被认为是"为科技自立自强夯实法治根基"①；《刑法修正案（十一）》对基因科技犯罪正式作出立法上的回应②被认为既"使得对相关行为的刑法规制更加有据可循"，同时"也令处罚避免遭受罪刑法定原则的诘问"。③

综上所述，中国式现代化有赖于科技现代化的高质量发展以及以此为基础的经济社会高质量发展，科技现代化的高质量发展有赖于加强科技治理，防范科技活动失范，阻滞科技滥用误用和不正当使用，消除科技异化现象，保障科技健康发展，"特别是对创新技术带来的风险隐患加强研究从而做出准确判断，增强治理的预见性，及时建立预警机制，防止苗头性倾向性问题坐大成势、造成损失"④。科技治理是一项系统工程，科技伦理和科技法律之间的异同决定了两者相向而行、协同发力的必要性和可能性，要求将科技伦理先行、科技法律保障的原则精神切实贯彻到科技治理中。

---

① 参见白静《破除自主创新障碍 加速建设科技强国——解读新修订的〈中华人民共和国科学技术进步法〉》，《中国科技产业》2022年第7期；王萍《科学技术进步法修订：为科技自立自强夯实法治根基》，《中国人大》2022年第2期。

② 我国《刑法修正案（十一）》将"违反国家有关规定，非法采集我国人类遗传资源或者非法运送、邮寄、携带我国人类遗传资源材料出境，危害公众健康或者社会公共利益，情节严重"的行为以及"将基因编辑、克隆的人类胚胎植入人体或者动物体内，或者将基因编辑、克隆的动物胚胎植入人体内，情节严重"的行为被纳入刑法的规制范围。参见《中华人民共和国刑法修正案（十一）》，《人民日报》2021年1月4日第15版。

③ 参见马永强《基因科技犯罪的法益侵害与归责进路》，《法制与社会发展》2021年第4期。

④ 洪乐风：《科技向善还须良法善治》，《中国纪检监察报》2021年4月1日第2版。

第四章 现代科技发展的伦理向度及其保障

现代社会是一个风险社会，迅猛发展的科技不仅冲击传统的生产方式、生活方式，而且挑战着传统伦理和道德底线，导致一些科技研发和应用与科技健康发展要求的伦理向度相偏离的风险。但人类具有理性能力，不会忽视现代科技发展偏离伦理向度的风险，也不会放任背离伦理向度的科技异化现象不断滋生和蔓延。科技的"双刃剑"效应引起人们的反思，科技价值中立观点受到挑战，科技功利主义遭到贬抑，科技向善理念受到推崇，科技治理呈现出伦理化态势，科技伦理先行、科技法律紧跟的科技治理模式逐步形成。应对现代科技发展带来的伦理风险，科技伦理建设势必挺在前面。防范现代科技发展偏离伦理向度的风险、保持现代科技发展的伦理向度是科技伦理建设的主题。习近平指出："要深度参与全球科技治理，贡献中国智慧，塑造科技向善的文化理念，让科技更好增进人类福祉，让中国科技为推动构建人类命运共同体作出更大贡献。"[①] 在当今中国，明确现代科技发展的伦理向度、防范现代科技发展偏离伦理向度，成为科技伦理建设的题中内容，成为推进科技治理的基础工程。

第一节 现代科技发展伦理向度的确立依据

普遍联系的观点是唯物辩证法的基本观点，这一观点表明：在人类社会的各个领域，无论在政治领域、经济领域还是在文化领域，一切事情的发生和发展都有着一定理由、一定原因；处于普遍联系、相互制约中任何一种事

---

① 习近平：《在中国科学院第二十次院士大会、中国工程院第十五次院士大会、中国科协第十次全国代表大会上的讲话》，《人民日报》2021 年 5 月 29 日第 2 版。

情的出现都是由其他某种或某些事情所引起的，而这种事情的出现又会进一步导致另外一种或一些事情的产生。运用唯物辩证法关于普遍联系的观点分析现代科技发展的伦理向度，可以揭示科技实质与科技发展伦理向度的因果关系：科技的实质决定科技的基本品格，科技的基本品格决定科技发展的伦理向度。换言之，从科技的实质到科技的品格再到科技发展的伦理向度存在着密切联系的因果逻辑。科技是人在实践中认识和改造自然的积极成果，科技的实践本源和人本精神决定了科技的真、善、美三重品格。

一　科技之真

人类对自然、社会和人自身的探讨源远流长，古今思想家们对"何为真"的回答不尽相同。认识论和伦理学是界定"真"的两个维度：在认识论维度，"真"即真理、真知，意指人的主观认识与外部的客观存在的一致性；在伦理学维度，"真"即真诚、真实，是指不隐匿自己的真实诉求并推己及人，使个人诉求与社会需要相契合。"真"具有认识论维度与伦理学维度的双重含义，为从科技之真的品格迈向现代科技发展求真务实的伦理向度奠定了学理基础。恩格斯曾言："在自然界和历史的每一科学领域中，都必须从既有的事实出发，因而在自然科学中要从物质的各种实实在在的形式和运动形式出发。"[1] 这一名言揭示了科技的客观基础：当且仅当人们从认识和改造自然的活动中所获得的知识、技巧与自然事物及其规律相一致时，才会因其内容具有客观真实性而成为科技。"真"是科技的首要的、基本的品格，"一种理论如果是不真实的，那么无论它多么高雅，多么简单扼要，也必然会遭到人们的拒绝或修正"[2]。

1. 人类对自然的探索过程是一个"求真"过程

从一定意义上说，人类对自然奥秘的探索，在人与猿相揖别的时候就已经开始。文字的发明对于人类文明的意义、对于科技产生和发展的作用，无论使用怎样的赞美之词都不会过分。有了文字，就有了将观察自然获得的认识和改造自然得到的技能进行总结、记载、传播、延续和传承的载体，为后人进一步认识和改造自然提供了重要条件。有学者考察人类科技史，得出这样的结论："人类有文字记载的文明史，起于5000多年前。从那时起，人类对自然的探索也就开始了。在现存世界上公认的文明古国

---

[1]　《马克思恩格斯选集》第4卷，人民出版社1995年版，第288页。
[2]　[美] 约翰·罗尔斯：《正义论》，谢延光译，上海译文出版社1991年版，第3—4页。

那里，人们都能看到早期科学思想知识的萌芽。只是那时候的科学不成体系，更没有理论指导，主要是以神话和猜想的形式出现的。"①

科学"以神话和猜想的形式出现"，这一论断揭示出古代科技知识处于萌芽时期的历史事实，而这一点又可以从我国"神农尝百草"的传说中得到印证。在这个传说中，生活在以狩猎为生、不懂种植农作物时代的神农为了开发农作物而尝试野草和水源，最终找出可食用之植物、可饮用之水源，同时认识了一些药物。"神农尝百草"被认为是我国草本学和医药学的源头，成书于西汉的《神农百草经》被认为是我国现存最早的本草学专著，"神农尝百草，始有医学"的说法流传至今。②如果说"神农尝百草"的传说反映了原始初民探索自然本质和规律的方式和手段，那么从自然本身去解释自然则意味着开启了人类赋予科技之"真"品格的旅程。古代的智者们将水、气、火等看作万物的本源，既是对人们观察自然的经验总结，也体现了人类开始从事物的多样性中探寻事物的统一性，开始从客观事物的普遍联系中把握客观事物的发展进程。人类的好奇天性以及人的需要的多样性、广泛性、发展性使人类探索和改造自然的脚步不断向前迈进，人类所获得的关于认识和改造自然的知识、经验、技能在人类对自然现象及其本质和规律的不断探索中逐渐累积和增加。

哲学史表明，"唯物主义也经历了一系列的发展阶段。甚至随着自然科学领域中每一个划时代的发现，唯物主义也必然要改变自己的形式"③。辩证法是揭示自然、社会和人类思维的本质和规律的科学，其形成、发展与科技发展有着密切联系，即便是黑格尔的唯心辩证法，也自觉地或不自觉地大量渗入了各种科学，唯物辩证法更是唯物主义与辩证法在近代科技发展推动下实现的有机统一。受到近代以来不断发展的科技的冲击，唯心主义和形而上学的思想观念逐渐瓦解，唯物主义和辩证法不断完善自己的存在形式，两者结合为本体论意义上的辩证唯物主义和辩证法意义上的唯物辩证法，都得益于自然科学的迅猛发展。与18世纪以前以"搜集材

---

① 林成滔：《科学简史》，中国友谊出版社2004年版，第1页。
② 参见张玲丽《由"神农尝百草"论炎帝神农对中医药文化的贡献与影响》，《山西中医学院学报》2015年第3期；刘欣《"神农尝百草"新解》，《中国医学人文》2016年第9期；贾利涛《从"神农尝百草"看本草起源的神话建构》，《中医药文化》2017年第2期；曾雪兰、蔡苏州《从"神农尝百草"认知茶的药用价值对中医药文化的贡献》，《福建茶叶》2018年第8期。
③ 《马克思恩格斯选集》第4卷，人民出版社1995年版，第228页。

料"为特征、以"既成事物"为内容的自然科学相呼应，机械唯物主义衍生并盛行。19世纪的细胞学说、能量守恒与转化定律、生物进化论三大发现以及其他的科技成果揭示了事物产生和发展的秘密在于各事物是一个相互联系的整体，使人们进一步认识到自然事物的联系和发展，为唯物辩证法的形成奠定坚实的科技知识基础。唯物辩证法是认识和改造自然的科学方法，要发展科技就要坚持和运用这一科学方法，从客观存在的事实出发。科技和唯物辩证法都是人类探索自然的智慧成果，也都是推动人类进一步探索自然的有力武器。在现代，人类探索自然的领域不断拓展，从地上到地下、从天空到海洋、从动物到植物、从天文到地理、从交通到能源、从通信到网络……而在人类探索自然奥秘的各个领域，科技和唯物辩证法都散发着迷人的光彩。

2. 科技之"真"及其标准

科技研发的任务在于认识和掌握自然现象及其本质和规律、并利用自然现象的本质和规律去改变自然现象的形态和面貌，以满足人们的需要、服务人们的生存和发展。科技研发者发现了自然现象的本质和规律，就意味着获得真理，因而将科技与真理联系在一起、从真理维度观照科技的品格是必要的，也是必然的。"真理是认识论和科学发展理论中最辉煌的范畴"[1]，科技作为人类认识和改造自然的知识方法体系是以"真"为首要品格的，没有"真"品格的"伪科技"在本质上说不是科技。

科技之"真"是科技内容与自然事物的一致性。在认识论维度，"真"亦即"真理"。真理是有用的，但有用的不一定是真理，"有用性是真理的一个重要特征"的实用主义真理观是值得存疑的。真理具有主观形式，但把"批判经验"当作出发点的经验批判主义真理观本质上属于主观唯心主义。列宁指出："经验批判主义哲学的出发点和基本前提是主观唯心主义。世界是我们的感觉，这就是它的基本前提，这个前提虽然被'要素'这个字眼以及'独立系列'、'同格'、'嵌入'的理论掩盖着，但并不因此有丝毫改变。这种哲学的荒谬就在于：它导致唯我论。"[2] 马克思主义扬弃人类思想史上关于真理客观性的观点，从"现实的人"的实践活动出发探讨认识问题，真理是人们对客观事物及其规律的正确认识，是主观与客观相符合，是理论指导实践取得了成

---

[1] 刘怡翔：《科学技术发展第一定律与真理问题》，《西安联合大学学报》2002年第3期。
[2] 《列宁选集》第2卷，人民出版社1972年版，第91页。

功、实现了目的。

科技不是自然事物的本质和规律在人脑中的直观显现,在科技产生和发展过程中人类理性思维发挥作用,科技是经过了人脑的分析与综合、抽象和概括等思维活动加以改变而保存在理智中的关于自然的本质和规律的知识。科技不等于自然的本质和规律,而是人们对自然的本质和规律的一种主观反映,概念、判断、推理、原理、理论、方法、技巧等是科技的具体存在形式。因此,科技具有主观性。但是,科技不是神学家们脱离自然事物的主观臆断,也不是科学家们纯粹思维的自由创造,科技渊源于不以人的意志为转移的自然事物,是人对自然事物的正确反映,科技是"建立在公共的经验事实基础上的,也就是说,每个人在常态下都能够通过自己的感官来证明理论的正确性"[①]。正是科技内容的客观性,决定了科技之"真"品格,当且仅当科技的主观形式与客观内容相一致时,即当且仅当人们对自然事物的认识成果和改造方法符合自然事物本身时,科技知识才会形成。概言之,科技之"真",就在于人们对自然事物的认识与改造符合自然事物的本质及规律。

科技作为一种真理,不仅具有客观性和主观性相统一的辩证属性,而且具有绝对性和相对性相统一的辩证特征。科技的绝对性是指科技内容是客观存在的自然事物及其本质、规律,这一点是确定的、无条件的;同时,人类思维的无限性、人类认识能力的发展性为人类不断认识自然事物及其本质、规律提供可能性,由此决定人们对自然事物的认识一步又一步地由低级向高级演进,因而科技的发展性是确定的、毋庸置疑的。科技的相对性是指任何一项科技都只是人们在一定条件下认识和改造自然界所形成的某一方面、某种程度、某个阶段的知识和技能,科技会随着人类认识和改造自然的能力的日益提高而不断丰富和拓展。科技的绝对性和相对性的统一表明,科技随着实践发展而从较低阶段向高级阶段上升,但不可能达到绝对顶点,人类不会停止科技创新的脚步,科技的车轮滚滚向前。

在人类认识真理、发展真理的过程中,社会实践具有决定作用。科技知识不是神创的,也不是人脑中主观自生的,科技知识来源于人的社会实践,社会实践是科技知识的客观来源。生产活动是人类最基本的实践方

---

① 徐坼:《科学与伪科学的分野》,《贵州日报》2018年6月8日第11版。

式，为科技知识的产生奠定客观基础。毛泽东曾言："以解决人类物质生活问题"的生产活动是"最基本的实践活动"，这一实践活动是人的认识发展的基本来源；不论是人的感性认识还是人的理性认识，都"主要地依赖于物质的生产活动"；正是在物质生产活动中，人们"逐渐地了解自然的现象、自然的性质、自然的规律性、人和自然的关系"。① 以探索自然事物的本质和规律为目的的科学实验，是在生产实践不断发展的基础上出现和发展起来的一种相对独立的人类实践方式，为科技知识提供直接来源。在科学实验中，人们借助仪器和设备，通过模拟实验、预测实验、替代实验等方式方法，观察自然现象、探索自然奥秘、揭示自然事物的本质和规律，既可以缩短科技成果的产生和转化应用的时间，又可以节约科技创新的投入成本、避免不必要的损失。

正如"思维的至上性是在一系列非常不至上地思维着的人中实现的"，人们对真理的获得也是在不断试错中实现的，也即"拥有无条件的真理权的认识是在一系列相对的谬误中实现的"。② 恩格斯在《反杜林论》一文中把知识领域分为精密科学、生物科学、历史科学三个部分，并指出这三大领域的真理呈现出不同情形：精密科学是指"研究非生物界的并且或多或少能用数学方法处理的科学"；生物科学是指"研究活的有机体的科学"；历史科学是指"按历史顺序和现今结果来研究人的生活条件、社会关系、法的形式和国家形式"的科学。根据恩格斯的论述，可以将精密科学、生物科学和历史科学及其知识真理性的具体情形通过表4-1予以清楚展示。③ 需要说明的是，在恩格斯关于科学知识的分类中，历史科学虽然也属于"科学"，但不属于科技范畴。

表4-1　　　　　　　　　恩格斯关于科学的观点

科学类型	研究对象	子系统构成	知识的真理性
精密科学	非生物界	数学、天文学、力学、物理学、化学	部分成果是永恒真理
生物科学	活的有机体	疾病及其致病原因、细胞的发现	永恒真理的情况不如精密科学领域

---

① 参见《毛泽东选集》第1卷，人民出版社1991年版，第282—283页。
② 参见《马克思恩格斯选集》第3卷，人民出版社1995年版，第427页。
③ 参见《马克思恩格斯选集》第3卷，人民出版社1995年版，第428—430页。

续表

科学类型	研究对象	子系统构成	知识的真理性
历史科学	人的生活条件、社会关系、法的形式和国家形式	哲学、宗教、艺术	永恒真理的情况更糟，认识在本质上是相对的

科技知识的正确性依据什么来断定？在马克思主义认识论视角，人的认识是否具有真理性的问题是一个实践的问题，归根到底由实践来证明；科技是一种知识技能体系，它的真伪同样由实践来检验。这一点，毛泽东在《实践论》一文中有着精彩说明："理论的东西之是否符合客观真理性这个问题，在前面说的由感性到理性之认识运动中是没有完全解决的，也不能完全解决的。要完全地解决这个问题，只有把理性的认识再回到社会实践中去，应用理论于实践，看它是否能够达到预想的目的。许多自然科学理论之所以被称为真理，不但在于自然科学家们创立这些学说的时候，而且在于为尔后的科学实践所证实的时候。"[1]

人的需要的发展性决定了认识和改造自然的实践活动永不停歇，人类的实践活动没有止境，因而科技发展没有终点。实践不断向人类提出探索自然奥秘的新课题、新任务、新使命，人类在不断解决这些课题、完成这些任务、担当这些使命的过程中不断将科技推向前进。对此，恩格斯有过精彩说明："科学的产生和发展一开始就是由生产决定的……如果说，在中世纪的黑夜之后，科学以意想不到的力量一下子重新兴起，并且以神奇的速度生长起来，那么，我们要再次把这个奇迹归功于生产。"[2]

人类通过理性思维将通过观察自然所获得的感性认识以及通过改造自然而获得的经验技能进行加工，不是茶余饭后的无意义活动，而是具有一定目的、一定意图的有意义活动。人类进行科技创新的目的在于认识客观事物的本质和规律并运用这种认识去改造自然、改造社会。归根到底，一切科技知识都源于实践，都应实践需要而产生，都助力于人们"拿了这种对于客观规律性的认识去能动地改造世界"[3]。

---

[1] 《毛泽东选集》第1卷，人民出版社1991年版，第292页。
[2] 《马克思恩格斯选集》第4卷，人民出版社1995年版，第280页。
[3] 《毛泽东选集》第1卷，人民出版社1991年版，第292页。

二 科技之善

善是伦理学的基本范畴,何为善、如何善则是人类思想史上一个富有魅力的课题。从抽象地谈论人性本善到考察人类行为动机之善、再到关注人类行为结果之善,人类对善的探讨随着社会演进和实践发展而不断深化、不断拓展。归根结底,人的行为及其结果的多样性使得善的世界色彩斑斓。善是一种以实现最大多数人的最大利益为目的的德性和德行、一种"人不独亲其亲,不独子其子"的大道情怀,维护正当利益、肯定道德自由、尊重自然规律等都属于善的范畴,其核心理念是公共利益和人类福祉,最低要求是"无害于他人"。善既是一种普适性伦理诉求,也可以具体化为各个领域各个方面的伦理诉求。当善与科技活动相遇时,则科技之善应运而生。科技之善是科技应有的伦理品格,科技应该是一种向善、护善、扬善、为善的力量,"发展科技的目的始终是服务和改善人们的生活"①。在科技治理中,应该推动科技与社会的契合、与产业的结合、与人的融合,实现科技造福人的价值,彰显科技之善的品格。

1. 科技之善的渊源

在人类思想史上,很早就有人将知识与"善德"联系在一起。例如,早在古希腊时期,柏拉图就提出过"善的范型是最高的知识"②的观点,亚里士多德也作出过"每种技艺与研究,同样地,人的每种实践与抉择,都以某种善为目的"③的论断。毫无疑问,这些观点蕴含着科技之善的思想胚胎。到近代,弗朗西斯·培根告诉人们:追求、认识和信赖真理是"人性中的最高品德""知识能塑造人的性格"④。这些观点蕴含着科技对于健全人格具有积极意义的思想内涵,是对科技之善的间接表达。在当今时代,科技被认为是一种善的力量、具有善的品格,科技向善而行成为人们的殷切期盼。

科技之善渊源于科技的人本精神。科技是人的理性和智慧的结晶,科技之善是一个需要从人类福祉去思考的、关乎人的发展和社会进步以及人

---

① 参见张建峰《新科技浪潮会让世界更温暖》,《光明日报》2020年1月16日第16版。
② 周辅成:《西方伦理学名著选辑》上卷,商务印书馆1964年版,第165页。
③ [古希腊]亚里士多德:《尼各马可伦理学》,廖申白译注,商务印书馆2017年版,第1—2页。
④ [英]弗兰西斯·培根:《培根论人生》,何新译,上海人民出版社1983年版,第2、14页。

类文明的概念。德国哲学家恩斯特·卡西尔写道："科学是人的智力发展中的最后一步，并且可以被看成是人类文化最高最独特的成就……在我们现代世界中，再没有第二种力量可以与科学思想的力量匹敌。它被看成是我们全部人类活动的顶点和极致，被看成是人类历史的最后篇章和人的哲学的最重要主题。"① 科技是因人而产生的，是人的理性精神的产物，是人的感性认识发展到理性认识的智慧结晶；科技也是为人而产生的，以满足人的需要为目的，服务人、造福人是科技的价值和功能所在。所以，科技蕴含着善的因子，是一种向善的力量、一种为善的手段。

2. 科技之善的具体表现

科技之善集中表现为科技对人的积极效应。"人是万物的尺度，是存在的事物存在的尺度，也是不存在的事物不存在的尺度"②，古希腊智者普罗泰戈拉（Protagoras）的这一观点虽然错误地把个人感觉作为衡量事物的标准，但可以给我们确定科技之善的根本标准以启示，即：对人产生积极效应，服务人，造福人。虽然人们有时会对某一项科学原理或科技成果质疑，但科技对人的生存和发展具有积极意义毋庸置疑。正如有学者所说的："科学的主要任务，是成为人们合理的、最有效的活动的基础。"③ 科技通过促进生产力发展、推动社会进步等为人的自由而全面发展创造良好条件。

第一，科技助力于实现人的正当利益。人是一种利益动物，每个人都有着自己的利益诉求，正如马克思所言："个人总是并且也不可能不是从自己本身出发的。"④ 人是处于一定社会关系中的具体的、现实的人，人的社会性决定了个人对利益的追求应该以社会为尺度，决定了个人利益的正当性寄寓在与公共利益的契合中，而追求个人利益的行为无害于公共利益则是善的最低标准。科技可以助力于实现无害于人的个人利益，例如，生命科技、生物科技、医药科技为医生治疗他人疾病、挽救他人生命立下汗马功劳；生育与遗传科技使医生可以为不育不孕者送去福音；当发现他人的人身、财产和其他权利正在遭受非法侵犯时，电话、网络等为目击者

---

① ［德］恩斯特·卡西尔：《人伦》，甘阳译，上海译文出版社1985年版，第263页。
② 《古希腊罗马哲学》，北京大学哲学系外国哲学史教研室编译，商务印书馆1961年版，第138页。
③ ［苏］П. А. 拉契科夫：《科学学——问题·结构·基本原理》，韩秉成译，科学出版社1984年版，第54页。
④ 《马克思恩格斯全集》第3卷，人民出版社1960年版，第274页。

向警方报告危急情况或发出危急信号提供了便利的有效方式。科技也可以助力于个人利益与公共利益的统一，这就是有学者所写的："科学技术产品在与社会的关联过程中形成对社会公益和公共价值的关注，科技向善作为一种价值或要求有利于促进社会进步和刺激社会创新，实现技术与个体或企业责任的联结，同时以公平、包容原则驱动社会公益可持续发展。"① 如今，人类正在进入数字时代，互联网将发挥更大、更多、更好的作用，通过互联网技术"推动经济发展，推动教育、医疗，推动技术造福于人，推动国家富强，推动更多人一起分享互联网发展的福祉"②。

第二，科技助力于认识和改造自然。科技原本是一种知识技能，由于能够与生产力的三大实体要素即生产者、生产工具和生产资料相融合而被称为生产力，甚至因为具有提高劳动者技能、改进劳动工具、发展生产资料等效能而被称为"第一生产力"。科技是生产力，科技运用于生产中使人类从自然获得更多更优质的物质财富。这不仅是马克思主义经典作家的观点，而且已经为人类发展史所证成。科技向人们描绘出客观世界的辩证图景，在方法论上有助于人们树立系统观点、发展观点以提高普遍联系的思维能力；科技是人从自然力束缚下解放出来的一种手段，是推动人从必然王国迈向自由王国的重要力量。

第三，科技助力于建立良好社会秩序。关于科技与秩序之间的关系，恩斯特·卡西尔（Ernst Cassire）作出过如下阐释：科技是自然的现象、本质和规律的反映，科技所追求的不仅仅在于各类事物的"相似性"和共同性，而且在于各类事物之间的稳定和"秩序"。如果从词源学上考察，就可以发现：古希腊语的科学（episteme）一词"来源于一个意指坚固性和稳定性的词根"。科技本身具有秩序的含义，正是科技的秩序含义决定了科技是一种维护社会秩序的有效方式，科技发展的进程意涵着"一种稳定的平衡"，将人类的思想和行为导向"稳定化和巩固化"。③ 科技所助力的社会秩序应该是良好的社会秩序。科技使得宗教迷信被扔进垃圾堆里，使得等级特权和集权专制为平等、自由、民主所取代，使得人逐

---

① 王长征、徐龙超、王盟迪：《科技向善的国外研究回顾与展望》，《科技进步与对策》2023年第9期。

② 郭天凯：《面对数字未来：敬畏、进取、向善》，《中国科学报》2021年1月21日第4版。

③ 参见［德］恩斯特·卡西尔《人伦》，甘阳译，上海译文出版社1985年版，第263—265页。

步从自然力量、社会力量和旧思想的束缚下解放出来。在现代社会，虽然人们之间面对面交流的形式无可取代，但对于不同地域的人而言，网络科技、通信科技等为人与人之间的交流提供便利，人们通过电话、微信、QQ等方式进行沟通，从而加深情感、增进幸福感。

第四，科技助力于伦理道德发展。科技的人本实质使得科技与伦理道德有着不解之缘，科技的伦理道德价值在古代就为思想家们所认识，德谟克利特（Democritus）之言"科学是使人获得美好的道德品质的需要"[①] 是这方面的经典表述。在近代，科技的有用性激发了人的逐利本能，应用科技追逐利益的行为冲击了传统的伦理道德，这就是卢梭所观察到的现象：人的"德行""随着科学与艺术的光芒"在"地平线上升起"而"消逝"[②]。在现代，科技对伦理道德的挑战依然存在，"不仅科学的意义被娱乐的喧嚣所掩盖，而且科学研究本身也渗进了过多功利色彩"[③]。但是，我们不能忽视科技发展对于伦理道德的进步意义，一方面，科技活动对丰富、巩固、强化伦理道德发挥了重要功能，从科技活动中凝练而成的科技精神成为伦理道德的重要组成部分；另一方面，在不断回应科技对伦理道德的挑战中，伦理道德日益发展。总之，现代科技对伦理道德的影响更加深入和全面，科技伦理已经成为新兴伦理子系统。

三 科技之美

美是生活中常见的现象，也是人们的不懈追求。从古到今，人们都在审美、赞美，在欣赏美的形象、感受美的魅力。从学理上看，美首先是一个美学概念，是人对客观事物进行审美的一种结果（审美的另一个结果是丑），体现了美的对象与创造或欣赏它的心灵之间的关系。当客观事物的形体、线条、颜色等展现出秩序、协调、和谐的样式时，就能在人的心灵产生美的反应。美也具有伦理价值，有学者主张把美的形貌与美的德行结合起来，认为"美德好比宝石，它在朴素背景的衬托下反而更华丽"[④]，也有学者"试图对比着道德和功利来弄清美的规律和原则"[⑤]。美的事物

---

① 转引自［英］W. C. 丹皮尔《科学史》，李珩译，商务印书馆1975年版，第72页。
② 参见［法］卢梭：《论科学与艺术》，何兆武译，商务印书馆1963年版，第11页。
③ 刘金祥：《秉持科学精神是一种价值追求》，《深圳特区报》2019年10月8日第C3版。
④ ［英］弗朗西斯·培根：《培根论人生》，何新译，上海人民出版社1983年版，第2页。
⑤ 刘东：《西方的丑学——感性的多元取向》，四川人民出版社1986年版，第7页。

对人的生存和发展具有正面意义和积极效用，这种正面意义和积极效应的最基本表现是客观事物契合人对美的需要、带给人精神上的愉快感受，最高表现是展现人追求自由的本质力量。审美对象的多样性决定了美的多样性，当审美对象为科技时，则科技之美应运而生。有人认为科技活动是人们以理性方式掌握世界的活动，"不具有直接的情感性、可感知的形象性、非功利的愉悦性等"，因而不具有美的属性。有人认为"科学的活动就是审美活动，美是科学的至高境界"。① 对于科技之美的争论，马克思的下列观点提供了评判标准："人懂得按照任何一个种的尺度来进行生产，并且懂得处处把内在的尺度运用于对象；因此，人也按照美的规律来构造。"②

1. 科技之美的根源

美以一定的载体存在，科技是美的载体之一。有学者言："审美的性质也可以存在于科学著作之中。对于外行来说，科学家的资料通常是令人望而生畏的。对于研究者来说，这里面存在着一种达到完成与完美的性质。"③ 科技之美具有两层含义：一是科技本身之美，科技以自身的属性和特征散发出迷人的魅力；二是指科技创造美，科技通过在生产和生活中的运用使得事物变丑为美，或者使美的事物从无到有。科技之美不是感性事物的"天然美"，而是感性事物的"生成美"，是从科技的必然性、技巧性而生发出来的与人对美的需要相契合的科技知识和科技产品样态。

黑格尔曾言："如果要说明我们的对象（即艺术美）的必然性，我们就必须证明艺术或美是某些前提或先行条件的结果，这些先行条件，如果按照它们的真实概念来推演，就会以科学的必然性生发出美的艺术概念。"④ 科技之美的先行条件是什么？毫无疑问，科技产品以及美的概念都是讨论科技之美不可或缺的条件，但是人和感性事物是科技之美的根源。一方面，没有人欣赏的感性事物是纯粹的自在之物，谈不上"美"与"不美"。人是科技的主体，也是审美的主体，人通过主观的审美活动对感性事物作出美或丑的评价。所有感性事物必须经过人脑的先行反映才能获得美的属性，正如马克思所言的："植物、动物、石头、空气、光等

---

① 陈理宣、黄英杰：《论科学活动中的审美精神——基于马克思主义实践美学的视角》，《求索》2013年第12期。

② 参见《马克思恩格斯选集》第1卷，人民出版社1995年版，第47页。

③ 秦德君：《科学之真与艺术之美》，《学习时报》2017年11月15日第A7版。

④ [德] 黑格尔：《美学》第一卷，朱光潜译，商务印书馆1979年版，第31页。

等"是"人必须事先进行加工以便享用和消化的精神食粮"。另一方面，不论是动物、植物，还是阳光、雨露、石头、空气等无机物，所有感性自然事物都是"人的生命活动的对象（材料）和工具"，而"人的生命活动"既包括对感性事物的认识和改造，也包括对感性事物的审美评判，用马克思的话说就是感性事物"作为自然科学的对象"以及感性事物"作为艺术的对象"。① 科技与美在主体和对象方面同根同源，为科技与美的交融提供土壤，决定科技之美的品格势必生成。

2. 科技之美的表现形式

科技以一定的样态而存在，科技的样态与科技的本质不是一回事，这一判断的观点支持是海德格尔说过的"技术不同于技术之本质"②。科技的本质是科技内在的、固有的、根本的属性，科技的样态是科技外在的、具体的存在形式。如果说科技的真、善品格与科技的本质相勾连，那么科技之美的品格则与科技的样态相联系。也就是说，科技之美是就科技的存在形式而言的。科技的样态具有多样性，归纳起来有科技知识和科技产品两大类型，相应地，科技之美由科技知识之美与科技产品之美两方面构成。

第一，科技知识之美。科技知识之美是科技的内在美，表现为科技知识的和谐统一。众所周知，科技作为对自然的正确认识与改造自然的方法技巧的统一，首先是以知识样态存在的。科技的知识样态即我们俗称的科技成果，自然界领域的广阔性使得科技成果具有多样性，每一项科技成果都具有独立的、完整的内容和存在形式。科技成果是"自然的人化"，即是自然的本质和规律反映在人脑中。人脑对各种自然现象的本质和规律的正确认识和操作技能进行分类整合，形成以不同科技成果形式存在的科技知识。科技知识，不论是整体体系还是个别理论或方法，都不是机械的拼凑和偶然的堆积，而是有着和谐、协调、有序的结构体系。科技知识的统一性与大自然的统一性相呼应，"整个宇宙拓扑结构就是一个面包圈。于是，有了 alpha 方程，宇宙基本粒子的结构常数计算，宇宙学常数计算，宇宙可见物质、暗物质、暗能量的计算，真空玻色子（Higgs）的计算等重要宇宙结构参数，我们的理论计算结果与世界公认的客观观测高度匹

---

① 参见《马克思恩格斯选集》第1卷，人民出版社1995年版，第45页。
② ［德］海德格尔：《演讲与论文集》，孙周兴译，生活·读书·新知三联书店2005年版，第3页。

配。这样整体性的结果,举世无双,无人能及"①。

前面已经提到,在19世纪,恩格斯对科技知识的结构体系进行过划分,在他把整个知识领域划分成的精密科学、生物科学和历史科学三个部分中,精密科学、生物科学属于科技意义上的科学领域。19世纪科学和技术的发展还没有充分地展开,科学和技术的融合也还刚刚开始。随着科学和技术进步,科学与技术之间的融合也向前发展,到20世纪20—30年代形成了从整体上研究科学技术的本质、关系和运动规律的科学学。在对科学学的产生作出重要贡献的科学家中,贝尔纳(John Desmond. Bernal)位列其中,这位在对金属结构、激素、维生素、蛋白质、病毒等作出了卓越学术贡献的科学家撰写了《科学的社会功能》一书,"书中引用了很多统计资料,对科学自身进行了科学的、社会的、历史的综合性研究",被认为是"科学学研究的经典作品"和"科学学的奠基性著作"。② 不仅如此,该书还强调科学家的责任在于把握科学的社会功能、最大限度地避免科学成为掌握在特权阶级手中的剥削和压榨人民的武器。在20世纪80年代,有学者提出如下观点:现代科学由于各学科研究对象、目的和功能的差异,大致可以划分为基础科学、技术科学和工程科学三大门类;与现代科学结构相对应,现代技术也可以分为实验技术、基础技术和工程技术三大门类。③ 进入21世纪,科学技术迅猛发展,又有学者提出以"科学理论转化为生产力的过程"为标准将现代科学技术划分为基础科学、技术科学和应用科学的观点,这种分类所揭示的科学技术结构体系如表4-2所示④。

表4-2　　　　　　现代科技的结构体系与科研过程

基础科学	+	实验设备	➡	基础研究	科研过程
⬇					
技术科学	+	专业设备	➡	技术研究	
⬇					
应用科学	+	生产设备	➡	应用开发研究	

---

① 李小坚:《自然之道——宇宙万物终极理论探索》,http://www.pptv1.com/? p = 2417,访问时间:2022年10月30日。
② 方勇:《科学学的产生》,《科学学与科学技术管理》2000年第8期。
③ 关西普、汤步华主编:《科学学》,浙江教育出版社1985年版,第48—51页。
④ 赵春红编著:《现代科技发展概论》,南京大学出版社2008年版,第9—10页。

表 4-2 所展示出的现代科技结构体系表明,现代科技知识的结构体系呈现复杂的情形,但它具有协调性、有序性、和谐性。正是这种协调性、有序性、和谐性带给人们美的感受。从科技理论和科技实践看,"工程美学""实用美学"等各美学学科正在相互渗透、相互融合,一个"科学和技术美学的完整的学科体系"正在形成。①

第二,科技产品之美。科技的产品之美是科技的外在美,表现为科技产品的形态优美。科技产品是"人化的自然",人在"人化自然"的实践中不仅彰显自己的智慧,而且展示自己的情感力量,人通过"人化自然"的实践"共同完成了'人性'的建构"。② 科技产品是人运用科技改变自然事物存在形态而产生的物质成果,人在制造科技产品时将美的理念赋予其中,使科技产品在线条、颜色、比例、结构、形状等方面呈现出美的特征。从现实看,当代人对美的追求正在"通过先进的科技手段被更加人性化地融入进产品设计中"③,这些蕴含科技因子的产品在满足人们功利需要的同时也带给人们越来越多美的享受。

科技之美是科技的人本实质在审美领域中的体现,既表明人是具有自由意志的"类存在物"④,也展现人对美的追求、对美好生活的向往。在当今时代,高科技迅猛发展,高科技在生产中的应用在带来美的"作品"的同时,也在自然界造成污水横流、雾霾弥漫、荒漠荒凉等丑陋"作品"。这些丑陋"作品"从反面强化着人性中对美的需要,促进生态审美主义兴起。生态审美主义发端于 1972 年约瑟夫·米克(Joseph W. Meeker)出版的著作《走向生态美学》,该著作主张借鉴当代生物学家和生态学家已经形成的自然与自然过程的观念去理解美、界定美⑤。

生态审美主义反映了人对美的需要受到现代科技发展的挑战,在信息爆炸的时代,审美就是对平衡、完整和真实的渴望,是对健全人格的渴望,是对获得一种舒适感和良好的判断力的渴望。从本质讲,审美活动

---

① 参见王位丹《产品设计的科技美与生活美》,《硅谷》2010 年第 8 期。
② 参见裴萱《从"美的规律"到"美学伦理"——20 世纪 80 年代马克思主义"美学热"的理论谱系》,《重庆工商大学学报(社会科学版)》2019 年第 1 期。
③ 钟煜岚:《产品设计中的科技与审美应用研究》,《艺术与设计(理论)》2017 年第 7 期。
④ 《马克思恩格斯选集》第 1 卷,人民出版社 1995 年版,第 47 页。
⑤ 参见程相占《生态审美学与审美理论知识的有效增长》,《学术研究》2019 年第 2 期。

"在实现人与自然和谐、身心和谐、感性与理性和谐的过程中发挥着重要作用"①,以生态审美主义指导科技运用,有助于形成优美的科技产品,有助于塑造更加优美的自然环境。在当今时代,随着生态学形成以及与美学不断交融,一个新兴的美学分支学科即生态美学逐步兴起。② 由于"生态科学所揭示的现象和事实都是真实的、实在的,其真实性都是确定的"而美学的思想主题是将线条、颜色、声音、形态等各种形式因素有规律地结合在一起,于是,作为生态学与美学之交叉学科的生态美学对于解决人类与自然之间的严重冲突具有指导意义,它"试图通过生态审美的方式而使自然与人类达到共生、共益的和谐统一状态"③。

四 科技之真、善、美的辩证关系

科技之真、科技之善、科技之美三者在逻辑上存在着含义和内容之别,然而不能据此将科技之真、科技之善、科技之美三者对立起来。事实上,科技之真、之善、之美是辩证统一的关系,既存在区别,又存在着联系,甚至有些方面是交织在一起的。

1. 科技之善与科技之真

科技之善与科技之真是不可分割的,探寻自然事物的真相、尊重自然的规律是科技之善的要求,也是科技之善的题中内容。自然本来是"自在之物",按照自己既有的规律存在和运动;倘若没有人的介入,自然的意义和价值无从显现。自然环境为人类提供生存之所、生活之源,自然环境之优劣事关人类福祉,良好的自然环境是人民美好生活的重要基础,自然资源是人类生存和发展的永久的必要条件。个人离开自然,个人无法生存;人类离开自然,人类就会毁灭。自然对人的重要性要求人类尊重自然、善待自然。更何况,人类对自然界的每一次胜利,或迟或早都遭到自

---

① 王茜:《生态文化的审美之维》,上海人民出版社2007年版,"内容摘要"第5页。
② 关于生态美学,可参见徐恒醇《生态美学》,陕西人民教育出版社2000年版;曾繁仁《生态美学导论》,商务印书馆2010年版;[美]阿诺德·伯林特、李素杰《生态美学的几点问题》,《东岳论丛》2016年第4期;朱璟《中西生态美学的研究分歧浅议》,《济南大学学报(社会科学版)》2019年第6期;程相占《中国生态美学的创新性建构过程及其生态人文主义思想立场——敬答李泽厚先生》,《东南学术》2020年第1期;胡友峰《自然的人化与生态美学的理论构建》,《中国高校社会科学》2022年第5期;楚金波《一幅诠释生态美学思想的文学画卷——论迟子建〈候鸟的勇敢〉》,《辽宁师范大学学报(社会科学版)》2023年第1期。
③ 程相占:《生态审美学与审美理论知识的有效增长》,《学术研究》2019年第2期。

然界的报复。① 在自然环境受到破坏、生态危机显现的当今时代，更应该将尊重自然规律、按照自然规律办事纳入"善"的范畴中。

无数事实表明，只有科技之真才能保障科技之善。在古代，李冰修建都江堰，对流水采取疏而不是堵的符合水流规律的方式，从而造就了至今仍然惠及当地人民的水利工程；在现代，警察可以按照人脸的成长变化规律构建人脸样本、利用人脸技术进行跨越年龄的人脸识别，再辅以DNA亲子鉴定，使丢失孩子的父母在孩子长大后仍然可以与之相认。从古到今，中国文化都强调对自然的尊重，习近平于2020年1月在联合国生物多样性峰会上讲话时指出："从道法自然、天人合一的中国传统智慧，到创新、协调、绿色、开放、共享的新发展理念，中国把生态文明建设放在突出地位，融入中国经济社会发展各方面和全过程，努力建设人与自然和谐共生的现代化。"②

2. 科技之真与科技之美

有人认为，美是人的一种主观感受，审美需要想象、遐想，要求思想的自由驰骋，而科技以对自然的认识成果和改造技能符合自然本来面目、顺应自然规律要求为前提，科技的本质在于客观、真实、符合逻辑，科技创新必须立足于现实、立足于客观存在的事物，把握自在之物的规律性，因而科技之真与科技之美格格不入。例如，无数文学家沉醉于彩霞的"赤橙黄绿青蓝紫"之绚色美景，艾萨克·牛顿（Issac Newton）用三棱镜对太阳光谱进行分解、揭示彩霞背后的科学原理，而英国诗人约翰·济慈（John Keats）则认为牛顿此举可惜，将彩虹归入单调无聊的平常俗物，毁掉了彩虹的诗意，大煞风景。

科技之真与科技之美虽然不能绝对等同，但是两者之间不是相互对立、相互隔离的，而是相互关联、相互交融在一起的。科技之真为科技之美奠定基础，也使科技之美具有不同于艺术之美的独特性。杨振宁曾对科学之美与艺术之美作出如下区分："科学之美是一种客观的美、无我的美，换言之，这种美不因人类的存在才存在……而艺术之美则不同，艺术里的美是一种主观的美、有我的美，它是因为人类的存在才存在，并且因

---

① 参见《马克思恩格斯选集》第4卷，人民出版社1995年版，第383页。
② 习近平：《在联合国生物多样性峰会上的讲话》，《人民日报》2020年10月1日第3版。

为人类的参与而升华的。"① 因此，科技人员应该能够将求真与审美有机结合起来，即便有些事物在外在形式上"显得丑陋甚至令人厌恶"，他们"也能用敏锐的目光从中发掘出美"。②

3. 科技之善与科技之美

"尽善尽美"是我们所熟知的一个成语，这一成语表明善与美之间是一种既有区别又有联系的辩证关系。作为科技的品格，善与美也是辩证统一的关系。从上面对科技之善与科技之美的界定中可以推出这样的结论：两者的内涵不尽相同。不仅如此，科技之善与科技之美的关注重心也存在区别，科技之善的品格更注重科技的内在质素，科技之美则更强调科技的外在形式。科技之善与科技之美的统一奠定在科技之真的基础上，两者都以科技之真为前提和基础。从价值功能而言，科技之美具有实现和强化科技之善的作用。

众所周知，科技之善的品格突出表现为科技给人类带来福祉，科技是服务人、造福人的强大力量，而科技之美可以助力于科技之善的实现：科技知识体系和科技物质产品的和谐之美使人赏心悦目，给人带来愉快的心情，塑造人的美好心灵，实现科技推动人的自由全面发展的功能。以优美的语言符号表达科技的知识成果、以生动的具体形象展示科技创新成果，可以增强人们对科技的了解，可以激发人们对科技的兴趣，从而助力科技知识的传播、提高人们的科技素质。国务院印发的《全民科学素质行动规划纲要（2021—2035年）》指出："围绕在更高水平上满足人民对美好生活的新需求，需要科学素质建设彰显价值引领作用，提高公众终身学习能力，不断丰富人民精神家园，服务人的全面发展。"③

综上所述，科技之真、善、美是一种既相互联系又相互区别的辩证统一的关系。真是科技的第一要义，构成科技的最基本品格，离开"真"品格，科技不复存在，科技之善和科技之美也随之失去依存。善是科技的价值底蕴，构成科技的最根本、最重要的品格，离开"善"的品格，无论如何"真"、如何"美"都没有意义。美是科技的重要品格，科技之美与科技之善的联系在于科技之美中蕴含着科技具有改造自然以满足人们生

---

① 杨振宁：《〈论美〉拓展阅读——科学之美与艺术之美》，《初中生世界》2015年第35期。
② 参见张惠《诗意文字讲述科学真谛》，《中国纪检监察报》2019年11月26日第7版。
③ 国务院印发《全民科学素质行动规划纲要（2021—2035年）》，《光明日报》2021年6月26日第2版。

理需要和心理需要从而实现人的美好生活诉求之价值功能，诚如有学者所言：科技之美的特质在于"'真'的内容与'善'的形式的统一"，科技之美从本质上说是"真与善的统一，合规律性与合目的性的统一"。①

第二节　现代科技发展伦理向度的基本构成

可以预见，在未来，人类的生产会更加科技化，人类的生活也将被科技产品所环绕。然而，科技异化现象提醒人们，要使科技真正地为人所用、真正地造福人，就需要有正确的价值观作为引领，就需要坚持正确的伦理向度。科技的人本实质为现代科技发展提供了根本的价值依据，而科技之真、善、美品格则为现代科技发展指明了基本的伦理向度。《关于加强科技伦理治理的意见》对科技治理提出了"伦理先行"的要求，指出："加强源头治理，注重预防，将科技伦理要求贯穿科学研究、技术开发等科技活动全过程，促进科技活动与科技伦理协调发展、良性互动，实现负责任的创新。"②《科学技术进步法》第67条明确规定："科学技术人员应当大力弘扬爱国、创新、求实、奉献、协同、育人的科学家精神，坚守工匠精神，在各类科学技术活动中遵守学术和伦理规范，恪守职业道德，诚实守信；不得在科学技术活动中弄虚作假，不得参加、支持迷信活动。"③ 现代科技发展的伦理向度由多方面构成，求真务实、人道主义以及和谐有序是最基本方面。

一　求真务实

求真务实是由求真与务实两个概念构成的。所谓求真，就是探求事物的本真、认识事物的本质、把握事物的规律。所谓务实，就是讲求实际、立足于客观存在的具体事务，它是对"求真"的进一步强调，要求从实际出发，从客观存在的事实出发，排斥主观臆断，拒绝虚妄空想。求真务实是正确实践的必要条件，人们想要达到实践的意图和目的，就要从实际出发，从客观存在的事实出发，使自己的认识合乎客观事物的规律，否则

---

① 参见陈望衡《论科学美与真、善》，《浙江大学学报（社会科学版）》1992年第1期。
② 中共中央办公厅、国务院办公厅：《关于加强科技伦理治理的意见》，《人民日报》2022年3月21日第1版。
③ 《中华人民共和国科学技术进步法》，《人民日报》2021年12月27日第14版。

就注定会在实践中失败。务实求真不仅是党和政府做好各项工作的作风要求，也是现代科技发展的伦理要求。毛泽东说道："知识的问题是一个科学问题，来不得半点虚伪和骄傲，决定地需要的倒是其反面——诚实和谦逊的态度。"① 习近平指出："一个知识分子，不论在哪个行业、从事什么职业，也不论学历、职称、地位有多高，唯有秉持求真务实精神，才能探究更多未知，才能获得更多真理，也才能为社会作出更大贡献。"② 作为现代知识谱系的重要组成部分，科技以"真"为基本品格，科技研发的直接目的在于探求客观事物之"真"，科技应用的一个基本要求是坚持客观事物之"真"，科技之真的品格蕴含着现代科技发展求真务实的伦理向度。在当今时代，务实求真已经作为一项科技伦理品格而要求科技工作者在科技活动中遵循。《关于进一步弘扬科学家精神加强作风和学风建设的意见》指出："自觉践行、大力弘扬新时代科学家精神……（六）大力弘扬追求真理、严谨治学的求实精神。把热爱科学、探求真理作为毕生追求，始终保持对科学的好奇心……"③

1. 现代科技发展归根到底由人的需要推动

恩格斯说过：一旦社会产生对科技的需要，那么这种需要对科技发展的推动力远超过"十所大学"的推动力。④ 因此，现代科技发展应该面向现实，进行调查研究，明确当今社会最需要的科技，掌握科技研发和应用的规律，制定科学的科技发展战略，确定符合时代需要和社会发展趋势的科技攻关项目。这是现代科技发展求真务实的基本要求，也是它的基本内容。如果不明确社会发展对科技的实际需要，不了解科技研发和应用的规律，那么科技活动就会是盲目的，这种情况借用陶渊明《杂诗》的表述方式⑤，就是"科技无根蒂，飘如陌上尘"。

2. 科技之真的品格决定了科技活动的真谛是求真

科技活动是一种厘清自然事物现象的真假、对通过感官所获得的事物表象进行理性思考而把握事物的本质和规律、对改造自然的实践经验和方

---

① 《毛泽东选集》第1卷，人民出版社1991年版，第287页。
② 习近平：《在知识分子、劳动模范、青年代表座谈会上的讲话》，《人民日报》2016年4月30日第2版。
③ 中共中央办公厅、国务院办公厅：《关于进一步弘扬科学家精神加强作风和学风建设的意见》，《人民日报》2019年6月12日第1版。
④ 参见《马克思恩格斯选集》第4卷，人民出版社1995年版，第732页。
⑤ 陶渊明《杂诗》的原文是"人生无根蒂，飘如陌上尘"。

法技能进行概括总结、运用关于自然现象的正确认识和实践技巧去改造自然现象的存在样态以使之更加符合人的需要。科技活动求真的真谛决定了坚持求真务实伦理向度在促进现代科技发展方面的重要性。科技活动中的科技不端行为，包括抄袭和剽窃他人成果、伪造或者篡改数据和文献、捏造数据和事实等，既是对科技之真品格的蹂躏，也是对科技务实求真伦理向度的背离。

3. 科技创新和应用是需要付出艰苦努力的活动

在科学史上有着无数动人的传说，例如，牛顿（Isaac Newton）被下落的苹果砸了头而发现了万有引力，瓦特（James Watt）看到壶盖被蒸汽顶起而发明了蒸汽机，门捷列夫（Д. И. Менделеев）玩纸牌时想出了元素周期表，阿基米德（Archimedes）在洗澡时发现了浮力定律，这些传说给人们造成这样的印象：科技创新是一件很容易的事情。然而，事实上，科技创新是一个艰巨而复杂的过程，习近平引用马克思名言说明科技活动的艰巨性："在科学上没有平坦的大道，只有不畏劳苦沿着陡峭山路攀登的人，才有希望达到光辉的顶点。"[1] 当今中国正在致力于创新型国家建设，科技创新成了当今中国的时代主旋律。然而，科技创新不能一蹴而就、不能浅尝辄止，必须下大力气、辛苦耕耘。科技创新是众多主体、众多要素交互复杂作用下的复杂系统，任何一个方面出现疏漏都可能影响科技创新的顺利进行。这就要求科技主体树立求真务实的思想理念，遵循科技创新规律，经过艰苦努力，促进现代科技大踏步向前发展。

二　人道主义

人道主义作为一种社会思潮发端于文艺复兴时期，是适应资本主义生产方式的发展需要、在反对宗教禁欲主义斗争中逐渐形成的，随着马克思主义产生和发展而获得新的内容。作为一项伦理原则，人道主义以人为中心来思考道德，主张尊重人的本性、满足人的需要、保障人的权利、弘扬人的价值、维护人的尊严，强调利己与利他的统一，认为"一个人有责任不仅为自己本人，而且为每一个履行自己义务的人要求人权和公民权"[2]，追求人的解放和全面发展。人道主义对社会进步和人的解放的作

---

[1] 习近平：《在纪念马克思诞辰 200 周年大会上的讲话》，《人民日报》2018 年 5 月 5 日第 2 版。

[2] 《马克思恩格斯全集》第 16 卷，人民出版社 1964 年版，第 16 页。

用既通过指导人们改造自然和改造社会的行动而表现，也通过人们改造自然、改造社会所取得的积极成果而彰显。科技作为人类探索自然、改造自然的活动和成果而具有人道主义精神，"关心人、关注人是科技革命最初的、最朴素的动力"①，科技的历史是一部人为了生存和发展而认识和掌握自然规律以有效利用和改造自然而满足自身需要的历史。现代科技发展的伦理向度根植于科技之善的品格，也根植于科技现代化高质量发展的需要。由于科技活动的社会效应是善还是恶归根到底取决于研发和使用科技的人，因而科技之善的应有品格转化为科技实践的实然效应要求科技主体树立人道主义精神。揆诸当下，科技发展比历史上的任何时期都要迅猛，科技异化现象比历史上任何时期都要严重，必须坚持人道主义的伦理向度，保障科技研发和使用按照有利于人的生存和发展的方向进行，避免科技成为人的异己力量而危害人的生存和发展。

1. 人道主义是科技健康发展的精神滋养

科技健康发展不是单纯的技艺活动，不仅仅需要创新精神，更需要人道主义精神滋养。创新精神作为一种科学精神，是科技健康发展中"发展"的智慧源泉，促进科技研发和应用在广度上拓展；人道主义作为一种伦理理念，是科技健康发展中"健康"的伦理保障，促进科技研发和应用在质量上提升。具有人道主义情怀的科技研发者和应用者，会自觉地将科技研发和应用与人类的前途和命运联系起来、同人的尊严和价值结合起来、同人的需要和利益统一起来，从人类福祉、最大多数人的最大利益出发进行科技研发和应用活动，自觉地防范和遏制科技异化现象滋生和蔓延。

2. 人道主义是科技健康发展的伦理尺度

人不仅有需要和欲望，而且有思维和理性，因而不会放任科技的负面功能，而是会采用措施展示科技之善的品格、防范科技之恶的发生。人的需要和欲望对于个人行为的作用会因思想教育、伦理引导和法律规制的影响而有所不同，人道主义的伦理原则通过对科技活动的动机产生影响而为科技健康发展提供伦理保障。该原则一方面尊重和鼓励科技主体通过科技活动去追求和实现个人自由、个人权利和个人幸福，另一方面要求科技主体在科技活动中维护公共利益、秉持合作精神、严格遵守集体道德原则。

---

① 白夜昕：《前苏联科学技术哲学中的人道主义问题研究》，《自然辩证法研究》2010年第2期。

人道主义伦理原则的底线是科技人员不使用科技手段去侵害他人利益和社会公共利益,"科技活动应最大限度避免对人的生命安全、身体健康、精神和心理健康造成伤害或潜在威胁"[1];人道主义的最高要求是科技人员通过科技研发和应用造福人民,"科技活动应坚持以人民为中心的发展思想,有利于促进经济发展、社会进步、民生改善和生态环境保护,不断增强人民获得感、幸福感、安全感,促进人类社会和平发展和可持续发展"[2]。

3. 人道主义是科技健康发展的价值彰显

自然生态环境是人类生存和发展的永久的必要条件,但自然界不会主动地改变自身以满足人的需要。事实上,"自然界没有制造出任何机器"[3],铁路、机车、电报以及其他机器都是人制造出来的,任何机器都是人以关于自然的科学知识为指导并运用一定的技术改造自然的产物,都是科技的物质外化,都是物化的科技力量。随着科技不断发展,生产力不断进步并由此推动生产关系不断改善,在这个过程中,人道主义的光辉将不断显现。以科技发展为基础的大工业发展为私有制的消灭奠定物质基础,而私有制的消灭为实现人道主义创造了条件。马克思指出:"私有财产的积极的扬弃,作为对人的生命的占有,是一切异化的积极的扬弃,从而是人从宗教、家庭、国家等等向自己的人的即社会的存在的复归",人属于自然界,也属于社会,而"自然界的人的本质只有对社会的人说来才是存在的",所以,"社会是人同自然界的完成了的本质的统一,是自然界的真正复活,是人的实现了的自然主义和自然界的实现了的人道主义"。[4]

三 和谐有序

和谐有序蕴含着确定性、一致性、稳定性、联系性之意,但又不是绝对同一,而是建立在差异性基础上的同一,所谓"和而不同"。和谐有序是自然界和人类社会共有的现象,一旦与人类相联系就获得伦理意蕴。古

---

[1] 中共中央办公厅、国务院办公厅:《关于加强科技伦理治理的意见》,《人民日报》2022年3月21日第1版。
[2] 中共中央办公厅、国务院办公厅:《关于加强科技伦理治理的意见》,《人民日报》2022年3月21日第1版。
[3] 《马克思恩格斯全集》第46卷(下),人民出版社1980年版,第219页。
[4] 参见《马克思恩格斯全集》第42卷,人民出版社1979年版,第121、122页。

人有"美德乃是一种和谐，正如健康、全善和神一样"①之观点，今人有"和谐最重要的内涵就是做事符合规律、真理和道义，实事求是，恰如其分"②之界定。和谐有序是人类孜孜以求的生活模式和社会状态，"历史表明，凡是在人类建立了政治或社会组织单位的地方，他们都曾力图防止不可控制的混乱现象，也曾试图确立某种适于生存的秩序形式"③。如今，人类对有序的追求跨越历史的长空，和谐在当今中国成为社会主义核心价值观的内容，不仅要求铸牢中华民族共同体意识，而且要求树立人类命运共同体观念，不仅强调人与人之间守望相助，而且强调人与自然和谐发展。《道德经》有言："人法地，地法天，天法道，道法自然。"④ 人与自然是一个相互联系、相互作用的统一整体，万事万物有其规律，人应该尊重自然，效法自然，顺应自然，遵循自然之道、社会之道、人为之道。由此，自然、人、社会三者形成一幅统一有序的美丽图景。这幅统一有序的美丽图景构成科之美的客观基础，决定现代科技发展的和谐伦理向度。

1. 现代科技发展以人与自然之间的和谐有序为伦理向度

自然作为"自在之物"是谈不上伦理意义的，自然的伦理价值根植于"自然为人的生存和发展所必需"的客观事实，因而自然的和谐在伦理学维度上归根到底是人与自然的和谐。保护自然环境、维护生态平衡、建设美好家园涉及人类永续生存和发展的根本，而现代科技在其中发挥重要作用，因而必须构建人与自然和谐发展的科技现代化建设格局。在将科技从知识形态的生产力转变为物质形态的生产力时，坚持人与自然和谐发展的伦理向度，摒弃功利至上思想，将推动社会发展与建设优美环境统一起来，使现代科技成为改造自然、美化自然的手段，防止现代科技成为破坏生态环境的力量。

习近平说过："人与自然是生命共同体，无止境地向自然索取甚至破坏自然必然会遭到大自然的报复。"⑤ 人与自然关系的历史表明，人类掠

---

① 阎国忠:《古希腊罗马美学》，北京大学出版社1983年版，第36页。
② 张利华:《人权与和谐》，《中国科学报》2014年1月25日第7版。
③ [美] E. 博登海默:《法理学——法哲学及其方法》，邓正来、姬敬武译，华夏出版社1987年版，第207页。
④ 老子:《道德经》第二十五章。
⑤ 习近平:《高举中国特色社会主义伟大旗帜 为全面建设社会主义现代化国家而团结奋斗——在中国共产党第二十次全国代表大会上的报告（2022年10月16日）》，《人民日报》2022年10月26日第1版。

夺和伤害大自然的行为最终会伤及人类自身是一条客观存在的规律，不管人类喜不喜欢，这条规律都在发生作用。人类只有在遵循自然规律的前提下去改造自然、去开发和利用自然，才能取得良好效果。当今中国正在建设中国式现代化，而中国式现代化的一个重要方面就是"人与自然和谐共生"，因而"必须尊重自然规律、加强环境保护，坚定不移走生产发展、生活富裕、生态良好的文明发展道路"①，唯其如此才能实现可持续发展，为中国人民的美好生活、为中华民族的永续发展提供优质的生态系统。

2. 现代科技发展以社会和谐有序为伦理向度

"在一定意义上，'利用科学技术构建和谐社会'是个'系铃—解铃'的问题"②，科技是人的理性的产物，反过来又受到人的理性的控制。当人认识到科技具有促进社会和谐和破坏社会和谐的双重效应时，就会采取措施实现积极效应、防范消极效应。社会和谐有序是现代科技发展的伦理向度，至少可以从三个方面说明。首先，现代科技发展为人们知礼节、讲礼貌奠定物质基础。现代科技发展提高改造自然的能力，使人类从自然界获取更多的物质资料，大大增加全社会的物质财富，从而保障社会成员维持生存和发展所需要的物质资料，使古代先贤关于"仓廪实而知礼节，衣食足而知荣辱"③的观点成为现实。其次，现代科技推动思想道德文化建设。借助现代媒体的传播，社会主流价值观、社会公共道德、社会正能量榜样对民众产生影响；"利用高科技手段，为中国公民诚信文化建设构筑可靠的技术平台和技术环境，有利于在社会发展中确立和维护以诚信为基础的主流价值观和公民行为准则"④。这些都有利于遏制社会矛盾的滋长、减少社会冲突的发生。再次，现代科技缩短人们的空间和时间距离，手机、网络等通信工具为民众之间、民众与政府之间的信息交流和沟通提供了便利，有利于公民之间、民众与政府之间形成共识，从而预防矛盾发

---

① 习近平：《高举中国特色社会主义伟大旗帜 为全面建设社会主义现代化国家而团结奋斗——在中国共产党第二十次全国代表大会上的报告（2022年10月16日）》，《人民日报》2022年10月26日第1版。

② 王鸿生：《科学技术在构建和谐社会中的作用》，《西北师大学报（社会科学版）》2009年第4期。

③ 《史记·管晏列传》。

④ 王鸿生：《科学技术在构建和谐社会中的作用》，《西北师大学报（社会科学版）》2009年第4期。

生、及时化解纠纷。

现代科技发展的社会和谐有序伦理向度，根植于科技本身所具有的和谐有序底蕴。麻省理工学院物理学终身教授马克思·泰格马克（Max Tegmark）在腾讯科技有限公司主办的第三届"千里之行·Action Now"科技向善年度论坛上发言时谈到了通过科技和谐迈向社会和谐的三条路径。一要真正实现人工智能的技术向善、和谐共存。这不仅仅是技术层面上，而更应该建立更广、更远大的目标。要画一条清楚的红线，规范什么是可接受的、什么是不可接受的，从而有一个非常清晰的"指示灯"来实现科技向善、阻止科技向恶。二要和技术和谐相处。人类需要一个共有、全球、积极的愿景。三是辩证看待 AI 造成的问题，如果只关注负面消息是无法促进合作的，应该意识到积极的契机与愿景，真正把命运掌握在自己的手中。马克思·泰格马克呼吁国际社会建立更加广泛的共同体以实现科技与人类的和谐共存、科技惠及人类美好生活的愿景。①

3. 现代科技发展以人体和谐有序为伦理向度

人体是人的生命载体的有机体，既有结构之美，又有和谐之功能。② 人体和谐具体表现为身体各部分发育正常、功能健全、没有疾病、体质好、对疾病有一定的抵抗力等，它是人体机能顺利发展和正常发挥的前提基础。如果某一个人体器官或某一个人体组织发生病变，则体力和脑力受到影响，人体机能不能正常发挥。研究表明，"个人的健康和寿命15%决定于遗传，10%决定于社会因素，8%决定于医疗条件，7%决定于气候影响，60%决定于自己"。③ 这组数据表明，科技对人体和谐的直接作用有8%，但科技也可以通过作用于其他因素而对人体健康产生间接影响。

具体而言，人体和谐有序作为现代科技发展伦理向度至少体现在三个方面。一是实现优生优育。例如，由微流控芯片、温度控制模块、微型电机运动模块和CCD检测模块所构成的"优生优育指标检测微流控装置"，

---

① 参见 [美] Max Tegmark《人类的下半场，我们如何与科技和平相处》，https：//www.tisi.org/13070，访问时间：2022年11月12日。
② 在生物学意义上，人体"是由细胞、组织、器官和系统4个不同的级别和层次构成的一个小社会。在这个社会中，有发达快捷的通讯、运输系统，高效有序的管理系统，设备齐全的加工系统，更有抵御外来微生物入侵的免疫系统。在各系统内和系统之间，还有横向和纵向的联系，使整个机体无论是在结构上还是功能上都浑然成为一个整体"。苏中静：《和谐的人体——有感于人体结构的科学和完美》，《西北医学教育》2006年第6期。
③ 本刊编辑部：《人的寿命60%取决于你自己》，《健康必读》2013年第3期。

可将隐性疾病及时检出，为出生人口的整体质量提供保障。二是增强人体机能。食品安全方面的科技为保障"舌尖上的安全"、防止有毒有害食品损害人体机能提供科技手段，外骨骼、基因编辑和人机交互技术等有助于增强人体机能的科技成为当前科技发展的热点领域、受全球关注①。三是保障身体健康。人吃五谷杂粮难免生病，疾病引起细胞或组织的变化而导致人体组织失序，这就需要通过医疗和用药治愈疾病、使发生病变的机体恢复到和谐状态。就目前的情况看，"个性化药物和精准医学、生物大数据和人工智能、基因编辑技术、癌症免疫疗法、CAR-T细胞治疗技术、蛋白激酶靶标等以及新药研究的新策略与新技术等研究热点不断涌现，为新药研发带来了新机遇和新挑战"②，新药研发有助于防治人体疾病、保障人体健康。

第三节 现代科技发展伦理向度的偏离风险

科技之真善美品格以及由此延引出来的求真务实、人道主义、和谐有序的伦理向度，为现代科技健康发展提供了伦理依据和道德保障。这是从应然上讲的。但是，在实然上，"在科技与伦理的边界，总有一些'背德实验'给人以期望和联想"③，"背德"的科技研发时有出现，"背德"的科技应用也不鲜见。事实上，科技对伦理的冲击并非始于今日，早在近代社会就已现端倪，卢梭观察到了德行随着近代科技光芒的冉冉升起而逐渐消失的客观事实。④ 现代科技的内容更精深、体系更完善、力量更强大、异化问题更严重，因而现代科技发展面临着更严重的偏离伦理向度的风险，这种风险依据成因而划分主要有科技之伪侵蚀、科技之恶消解、科技之丑遮蔽三种。

一 科技之伪对现代科技伦理向度的侵蚀

"伪"与"假"同义，具有虚构、伪造、假冒、不真实之含义。伪与

---

① 参见汪逸丰《国外人体机能增强热点领域发展现状及瓶颈分析》，《中国战略新兴产业》2018年第16期。

② 陈凯先：《生物医药科技创新前沿、我国发展态势和新阶段的若干思考》，《中国食品药品监管》2021年第8期。

③ 《盘点科学家最渴望的七种"背德实验"》，《科技传播》2011年第18期。

④ 参见［法］卢梭《论科学与艺术》，何兆武译，商务印书馆1963年版，第5—6页。

真相对立，如果说真是与客观实际相一致的事物或现象，那么"伪"则是与客观实际相悖逆、不符合的事物或现象。从内容看，伪与真是水火不容的，这就是人们常说的"真的假不了，假的真不了"；从地位看，伪与真是相比较而存在、相对立而斗争、相斗争而发展的，正所谓"道高一尺，魔高一丈"；从性质看，伪与真都具有道德属性，在大多数情况下真与善相统一，"伪"则常常与"恶"相联系。有学者写道："真假问题，不仅仅是一个科学认识问题，而且是一个伦理道德问题。虚假是客观现象，本身无所谓善恶。只有当这种虚假同人的利益发生联系时，才具有道德意义……假恶联姻的机制在于，假是歪曲客观事实与规律，而恶正是基于这种歪曲而实现其负价值。"① 当"伪"成为人们损人利己的方法和手段时，它就从认识论范畴转化为伦理学范畴并具有"恶"的伦理含义。

伪的存在形式有多种，科技之伪是伪的典型形式。科技之伪，意指冠以科技之名的东西在内容上与自然事物的现象、本质和规律相背离，因此又可以称为伪科技。"伪科技"具有虚构、伪造、假冒、不真实等成分，但不是所有具有这些成分的东西都是"伪科技"。例如，始于20世纪中叶、目前受到人们极大关注的虚拟现实技术，虽然具有"凭想象编造"的"虚拟"性质，但它是科技而非伪科技。该项技术"融计算机软硬件技术、传感技术、仿真技术、语音识别与合成技术、人工智能技术、微电子技术、视觉生理学、行为心理学等诸多科学技术领域成果于一身"②，具有广泛的应用空间。"伪科技"在内容上表现为主观与客观的相脱节、不一致，在根源上则是由人的思维的有限性决定的。

人的思维既是无限的，又是有限的，"按它的本性、使命、可能和历史的终极目的来说，是至上的和无限的；按它的个别实现情况和每次的现实来说，又是不至上的和有限的"③。人的理性思维的有限性决定了科技之真的相对性，即人在一定条件下对自然的本质和规律的正确认识总是有局限的、不完全的，不同人的思维能力的差异性也决定了不是每一个人都能正确认识自然的本质和规律。这就为"伪科技"的滋生提供了土壤。"伪科技"披着科技外衣、顶着科技之名却在实际上与自然事物的现象、

---

① 李建华：《罪恶论——道德价值的逆向研究》，辽宁人民出版社1994年版，第35页。
② 力光瑞等：《虚拟现实技术在军事医学领域中的应用》，《解放军医学杂志》2023年第8期。
③ 《马克思恩格斯选集》第3卷，人民出版社1995年版，第427页。

本质和规律相背离。有学者将新媒体背景下科技谣言的类别归纳为"夸大事实类、过度联想类、编造信息类与证据不足类等四种"①，无论哪一种类型都展现出科技之伪的特征。在各种各样的"伪科技"中，"占星术"与"永动机"因历史悠久、流传广泛而具有代表性、典型性。

占星术是指以天体的相对位置及其变化，尤其是行星的相对位置（星座）及其变化为依据解释和预测人间各种事物的存在和发展趋势、特别是人的性格情绪和行为命运的一种方术。这种解释事物产生和形成、预测事物变化和发展的方术古已有之，在今天依然有很大影响，而且"越是在受过教育的学生和白领中，'星座学'就越流行"②，甚至一些原本信奉市场教旨主义的金融人士也落入占星术的窠臼之中，"点燃金融专家热情的，却是全球最大社交媒体公司脸书的一个决定，他们将发行名为'天秤座（Libra）'的虚拟货币"③。尽管占星爱好者们坚信"浩瀚宇宙中的天体和它们的变化会影响我们的人生"，但事实上占星术是一种伪科技。星座的划分具有人为的主观因素，星座的命名也包含了诸多想象的成分，"天上所有的恒星和行星，他们的位置和运动、变化都绝对不可能影响到地球上的人或事"，也就是说，"天体运动绝不可能影响人的性格命运"。④

永动机是一种不消耗任何自然资源就能获得无限动力的机器，它是人类很早就有的美梦，人们设想如果能制成永动机，在不消耗任何自然资源的情况下，它就能获得无限动力。这一美梦诱使很多人投入永动机的研究开发，着迷于永动机的设计，但迄今为止却没有试验成功任何一种永动机。在热力学体系建立后，物理学家们通过缜密的逻辑推理和研究证明，永动机是违背热力学基本原理的。⑤ 永动机是一种伪科技，却被一些人用来牟私利。18 世纪早期，一个德国人声称发明了名为自动轮的永动机，想方设法获得州长颁发的鉴定证书，从中获取大量钱财。然而，自动轮是一个骗局，它不是自动的，也不是永动的，而是"人动的"，是依靠隐藏在房间夹壁墙中的女仆牵动缆绳运转的。近两个多世纪以后，我国也出现

---

① 何丹晨：《新媒体背景下科技谣言的传播机制与防范》，《新媒体研究》2017 年第 8 期。
② 黄永明：《科考占星术：星座到底有没有科学依据》，《求知导刊》2014 年第 4 期。
③ 王亚宏：《星相学与虚拟币》，《中国黄金报》2019 年 6 月 25 日第 5 版。
④ 王婷婷：《扯下占星术的科学假面》，《科技日报》2013 年 10 月 31 日第 5 版。
⑤ 参见胡君辉等《利用热力学第一定律分析一种磁力伪永动机》，《实验科学与技术》2016 年第 1 期。

了永动机骗局。① 1999年8月，仅有初中文化的桃源县农民彭清满以自己制成一台"永动机"模型需筹集开发资金为由，伙同刘成善、冯姣月、刘志明成立"高科技筹款领导小组"，花言巧语使百余群众上当受骗。三年后东窗事发，2002年9月，四个农民被桃源县公安局以诈骗为由作出劳动教养两年的行政处罚。②

"三人成虎"的典故流传至今，或许在生活中存在这样的情形：某些事情被人说多了就有人信以为真。然而，在科学上，"伪科技"不会因人们信以为真就获得"真"品格，不论多少人将"伪科技"当作科技，都不能改变"伪科技"的"虚假"的本性。"伪科技"不是对自然的本质和规律的正确认识，没有一项是经得起实践检验的，它背离了科技之真的品格，对求真务实伦理向度的侵蚀是不言而喻的。"伪科技"的产生与主观臆想、盲目信仰、捏造或窜改数据、虚假测试等科研不端行为息息相关，而科技不端行为是对求真务实、客观公正、实事求是等科技伦理的背离。在现实中，个别利欲熏心者"将一些荒诞无理的事物用看似科学的言论加以包装，以达到欺骗民众，获取自身利益的目的"③，这种利用科技作恶的行为更是偏离了科技服务人、造福人的应有伦理目的。

二 科技之恶对现代科技伦理向度的消解

"恶"是一个与"善"既相互对立同时又相互映衬的伦理概念，也是一种与"善"相互对立同时又相互映衬的伦理现象。伏尔泰曾言："在任何地方，美德与过恶，道德上的善与恶，都是对社会有利或有害的行为。"④ 自古以来，行善是人类的道德追求，防恶也是人类的伦理课题。何为恶？人们的回答众说纷纭。在伦理学意义上，恶是对违背一定社会或阶级的道德原则和规范的行为或事件的否定评价，人们往往将侵害他人利益、损害公共利益的行为称为恶行，将主观上具有侵害他人利益、损害公共利益的倾向或者客观上造成侵害他人利益、损害公共利益的结果称为恶性。在善恶的评价机制上，不论是强调行为主观动机而忽视行为实际效果

---

① 参见凌岳《永动机骗局》，《中外能源》2009年第2期。
② 参见涂定平、费祥富《竟扬言发明"永动机" 四农民冒充科学家沦阶下囚》，http://www.chinanews.com/2002-09-07/26/220063.html，访问时间：2022年11月5日。
③ 王孟祺：《浅谈科学——科学、非科学、伪科学之联系》，《科技风》2018年第3期。
④ 北京大学哲学系外国哲学史教研室：《十八世纪法国哲学》，商务印书馆1963年版，第84页。

的唯心主义观点，还是忽视行为主观动机而强调行为实际效果的机械唯物主义观点，都有失偏颇，必须以辩证唯物主义为指导，在聚焦于行为动机的基础上坚持行为动机和行为效果的结合。然而，动机与效果并不是一一对应关系，在某些情况下，动机与效果常常发生背离，善的动机也可能产生恶的效果，在生活中常常出现"弄巧反拙"的情形。手段是从动机达到效果的桥梁，手段可能成为致恶的力量。

在现代社会，人类在认识和改造自然中最常用、最有效的手段是科技，而科技在人类认识和改造自然中的应用并非总是产生积极的正效应，在某些情况下科技成为恶的帮凶。早在18世纪，卢梭透过科技进步的繁荣景象看到了初现的科技之恶端倪，指出科技不仅导致有害健康的调味法、掺假的药品、医生处方的谬误，而且窒息人们天生的自然情操，导致人们的灵魂的腐败和德行的消失。[①] 马克思、恩格斯发现了科技在推动生产力发展、促进社会发展和人的解放等方面的重大意义，也看到了资本主义社会的科技之恶，例如，机器使用"引起了饥饿和过度的疲劳"、产生了"贫困和衰颓"，技术胜利"似乎是以道德的败坏为代价换来的"，科技进步的结果似乎是"使物质力量成为有智慧的生命，人的生命则化为愚钝的物质力量"，等等。[②] 所以，当人们为科技歌功颂德、对科技大加赞扬的时候，千万不能忘记科技是一柄"双刃剑"，既可以带来有利于人的生存和发展的"善"的效应，也可能导致不利于人的生存和发展的"恶"的效应。科技发展史表明，不是每一项科技活动的动机和目的都是善良的，"意外为恶"的科技活动时有出现，"蓄意为恶"的科技活动也经常发生。

综上所述，科技之恶背离了科技之善的品格，损害科技人道主义伦理向度的根基，导致科技研发和应用等行为对集体主义、人的主体性等伦理原则的疏离。当有人以个人主义而不是集体主义为行为导向时，势必急功近利、见利忘义，利用科技实施违法犯罪行为，侵害他人权益、损害社会公共利益。忽视人的主体性而以利益为至高原则的科技应用，势必导致科技对人的统治、对人的压迫、对人性的压抑，出现人的异化的恶果。

---

① 参见［法］卢梭《论人类不平等的起源和基础》，李常山译，商务印书馆1962年版，第161—162页；《论科学与艺术》，何兆武译，商务印书馆1963年版，第5—6页。

② 参见《马克思恩格斯选集》第1卷，人民出版社1995年版，第775页。

三　科技之丑对现代科技伦理向度的遮蔽

虽然人类一直在追求美、不断致力于"按照美的规律构造"世间万物，但人类"按照美的规律构造"的活动并不一定达到预期的效果。事实上，丑是人类社会中的常见现象。有学者用诗样的语言写道："'美与丑从来就不肯协调'，却又'挽着手儿在芳草地上逍遥'。丑，就是这样在人类的感性心理中分化和独立出来，向美的超越地位挑战，要求当一个'齐天大圣'。"① 丑是客观事物呈现出来的纷乱、无序、畸形、芜杂、毁损、疮痍等外在形态作用于人的感官使人产生的不愉快感觉。罗丹（Auguste Rodin）说："所谓'丑'，是毁形的，不健康的，令人想起疾病、衰弱和痛苦的，是与正常、健康和力量的象征与条件相反的——驼背是'丑'的，坡脚是'丑'的，褴褛的贫困是'丑'的。"② 正如美具有美学和伦理学双重价值，丑也具有美学和伦理学的双重属性。舍勒肯斯（Elizabeth Schellekens）说："艺术作品的美学瑕疵可以使它在道德方面是有瑕疵的或败坏的。"③ 尽管"丑"可以作为一种参照用以映衬美、增强美，在现实中"丑"也可以成为艺术美的源泉，甚至存在"在自然中越是丑的，在艺术中越是美"④ 之情形，但归根到底，"丑"是对美的遮蔽。

任何事物的"丑"都是对美的遮蔽，科技之丑也不例外。科技的功利性激发甚至放大人性的阴暗面，一旦科技被用作损人利己的手段，则势必扰乱社会秩序、破坏社会和谐。科技的滥用或过度使用造成生态环境的恶化，导致生态系统失去平衡，破坏自然现象之间相互协调、有序运转的和谐美景。科技的意识形态化导致极权主义滋生，损害人与人之间的平等关系和个人的独立人格。对于科技之"丑"遮蔽科技之美从而损害现代科技伦理向度的根基，可以进行以下具体分析。

首先，科技的功利性激发甚至放大了人性的阴暗面，彰显人性之丑。人具有"扩张性的或自我主张的本能"⑤，这种本能借助科技的力量而膨

---

① 刘东：《西方的丑学》，四川人民出版社1986年版，第119页。
② ［法］罗丹：《罗丹艺术论》，沈琪译，人民美术出版社1978年版，第23页。
③ ［英］舍勒肯斯：《美学与道德》，王柯平、高艳萍等译，四川人民出版社2010年版，第61页。
④ ［法］罗丹：《罗丹艺术论》，沈琪译，人民美术出版社1978年版，第26页。
⑤ ［美］罗·庞德：《通过法律的社会控制：法律的任务》，沈宗灵、董世忠译，商务印书馆1984年版，第81页。

胀，使人"只顾自己的欲望和要求，不惜牺牲别人来设法满足这些欲望和要求"，暴露出人的自私和贪婪。有科学家期盼人兽胚胎为绝症患者带来希望而展开相关研究，也有科学家想利用基因编辑婴儿抵抗艾滋病病毒而进行相关实验，然而，美好的目标不能遮蔽手段的残酷，再美好的理由也不能掩盖研究者的私欲膨胀，罔顾生命伦理、背离科学精神的科技研发和利用就如同打开了潘多拉盒子。信息科技的诞生和发展为人们获取信息提供了极大便利，但同时导致屏幕取代人的活动、人的感官而成为人联系、认知、把握外界的桥梁，由此"使得人性发生变化，开始对现实生活冷漠厌倦，变得自私敏感"，催生诸多违背人伦道德的事件；也有人打着正义的旗号，借助网络平台，"把丑恶的情绪投放到参与社会公共事件的过程之中"，破坏了人们生存和发展所需要的良好公共秩序。[1]

其次，科技滥用或过度使用造成生态环境的恶化，破坏了自然的美景，甚至导致自然环境的丑陋情形。一方面，科技在生产和生活中的利用加大了人类对自然资源的掠夺，导致环境污染、森林锐减、土壤沙化、能源枯竭，破坏了大自然本身具有的多样性、整体性、平衡性之和谐美景。另一方面，"劳动并不必然地与自然美的创造相关"[2]，违背"美的规律"制作出来的科技产品必然以丑陋的形象示人。从 2010 年开始，"建筑畅言网"每一年都主办"十大丑陋建筑"评选活动，"从许多丑陋建筑中评出最突出的前十名"[3]。建筑物是建筑科技的外化，丑陋的建筑物是科技之丑的一个例证。

再次，科技意识形态化导致极权主义等丑恶现象。科技因其在引领人改造自然获得物质财富的巨大成功而获得人们的普遍推崇，科技成为统治合法性的基础。哈贝马斯曾论证：由于科技的介入，生产力"在生产关系面前似乎有了一种新的状态和地位"，这种新的状态和地位具体表现为生产力在政治方面的作用"不再是对有效的合法性进行批评的基础"，而是"本身变成了合法性的基础"[4]。科技被神圣化，成为一种"解释统治

---

[1] 参见张欣宇《科技映射下的人性阴暗面——以〈黑镜〉为例》，《大众文艺》2016 年第 17 期。

[2] 吴江玲：《从人的主体性出发论马克思的自然美》，《美与时代（下）》2018 年第 3 期。

[3] 顾孟潮：《丑陋建筑为什么会这么多？——读〈建筑审丑大时代：中国十大丑陋建筑评选五周年纪念刊〉》，《华中建筑》2016 年第 1 期。

[4] 参见［德］尤尔根·哈贝马斯《作为"意识形态"的技术与科学》，李黎、郭官义译，学林出版社 1999 年版，第 41 页。

合法化和维护现行制度"的"新的意识形态"①，民众的思想和行为受到科技制造的"虚假需求"和各种产品的控制而丧失辨别能力和质疑、批判精神，成为统治者可以任意操控的顺民。马克·斯劳卡（Mark Slouka）曾对数字科技的意识形态化作出过如下阐释："数字革命在它的深层核心，是与权力相关的……当传媒以虚假的'民意'来牵引舆论时，公众往往只能被迫成为沉默的大多数。"②科技的意识形态化是滋生极权主义的肥沃土壤。

第四节 现代科技发展伦理向度的重要保障

党的十九届四中全会通过的决定将"实施公民道德建设工程"纳入"坚持以社会主义核心价值观引领文化建设制度"之中③，加强科技伦理建设是我国新时代实施公民道德建设工程的题中内容。2019年7月召开的中央全面深化改革委员会第九次会议审议通过《国家科技伦理委员会组建方案》，国家科技伦理委员会的组建将极大地"推动构建覆盖全面、导向明确、规范有序、协调一致的科技伦理治理体系"④。2022年3月，中共中央办公厅、国务院办公厅印发《关于加强科技伦理治理的意见》，该意见在提出"总体要求"之后就"明确科技伦理原则""健全科技伦理治理体制""加强科技伦理治理制度保障""强化科技伦理审查和监管""深入开展科技伦理教育和宣传"等方面作出了具体规定。⑤所有这些，为我国建设科技伦理、加强科技伦理治理从而使现代科技沿着伦理向度发展提供了遵循、指明了方向。

一 以科技伦理原则为科技伦理治理基本遵循

原则是活动的准则，以科技伦理原则为基本遵循的科技伦理治理为现

---

① 参见滕松艳《哈贝马斯科技意识形态异化解析》，《北方论丛》2017年第4期。
② [美]马克·斯劳卡：《大冲突：赛博空间和高科技对现实的威胁》，转引自万丽《论网络传播的伦理道德》，《新闻战线》2008年第6期。
③ 《中共中央关于坚持和完善中国特色社会主义制度 推进国家治理体系和治理能力现代化若干重大问题的决定》，《人民日报》2019年11月6日第1版。
④ 潘教峰：《推动构建科技伦理治理体系》，《人民日报》2022年7月13日第11版。
⑤ 中共中央办公厅、国务院办公厅：《关于加强科技伦理治理的意见》，《人民日报》2022年3月21日第1版。

代科技发展的伦理向度提供重要保障。那么，科技伦理原则由哪些方面构成？这个问题的答案存在于《关于加强科技伦理治理的意见》中，依据该意见的规定，科技伦理原则由表4-3中所列出的五个方面构成。[1]

表4-3 《关于加强科技伦理治理的意见》规定的科技伦理原则及其内容

原则构成	具体内容
增进人类福祉	科技活动应坚持以人民为中心的发展思想，有利于促进经济发展、社会进步、民生改善和生态环境保护，不断增强人民获得感、幸福感、安全感，促进人类社会和平发展和可持续发展。
尊重生命权利	科技活动应最大限度避免对人的生命安全、身体健康、精神和心理健康造成伤害或潜在威胁，尊重人格尊严和个人隐私，保障科技活动参与者的知情权和选择权。使用实验动物应符合"减少、替代、优化"等要求。
坚持公平公正	科技活动应尊重宗教信仰、文化传统等方面的差异，公平、公正、包容地对待不同社会群体，防止歧视和偏见。
合理控制风险	科技活动应客观评估和审慎对待不确定性和技术应用的风险，力求规避、防范可能引发的风险，防止科技成果误用、滥用，避免危及社会安全、公共安全、生物安全和生态安全。
保持公开透明	科技活动应鼓励利益相关方和社会公众合理参与，建立涉及重大、敏感伦理问题的科技活动披露机制。公布科技活动相关信息时应提高透明度，做到客观真实。

二 以科学家精神引领科技人员伦理素质提升

科技问题归根到底是人的问题，科技创新活动怎样开展、科技成果怎样转化和运用、科技成果如何发挥作用以及发挥什么样的作用等归根到底在于从事科技的研发、使用、管理的人。习近平曾言："'盖有非常之功，必待非常之人。'人是科技创新最关键的因素。"[2] 科技主体的伦理素质是保障现代科技发展伦理向度的关键因素，从而提高科技主体的科技伦理素质就成为科技伦理建设的基础工程。为了"激励和引导广大科技工作者追求真理、勇攀高峰，树立科技界广泛认可、共同遵循的价值理念，加快培育促进科技事业健康发展的强大精神动力"，中共中央办公厅、国务院办公厅于2019年联合印发《关于进一步弘扬科学家精神加强作风和学风建设的意见》，该意见提出"以塑形铸魂科学家精神为抓手，切实加强作

---

[1] 参见中共中央办公厅、国务院办公厅《关于加强科技伦理治理的意见》，《人民日报》2022年3月21日第1版。

[2] 《习近平谈治国理政》，外文出版社2014年版，第127页。

风和学风建设"的要求。① 党的二十大报告进一步强调"弘扬科学家精神，涵养优良学风，营造创新氛围"②。科学家精神是"科学精神最集中体现"，"中国科学家精神是科学精神的时代化、中国化和人格化，是中国科学家群体呈现出独特的精神气质"③。科学家精神为科技伦理建设提供了重要内容，也提供了价值导引。保障现代科技发展的伦理向度，应该以科学家精神引领科技主体伦理素质提升。

1. 培养科技人员的求真务实精神

既然求真务实是现代科技发展的伦理向度，那么如何保障科技活动符合而不是背离这一伦理向度就成为推动现代科技发展需要直面的问题。科技人员求真务实伦理品德是现代科技发展求真务实伦理向度的基本保障，《关于进一步弘扬科学家精神加强作风和学风建设的意见》将求真务实纳入"科学家精神"之中④。为了保障现代科技发展朝着求真务实的伦理方向运行，科技人员至少要做到以下三个方面。

第一，解放思想，实事求是。邓小平所言："解放思想，就是使思想和实际相符合，使主观和客观相符合，就是实事求是。"⑤ 坚持科技发展的求真务实伦理向度，要求将解放思想与实事求是结合起来。科技人员囿于现实、故步自封、墙垣思维等是不可能实现科技创新的，只有解放思想、勇于怀疑和批评、不畏困难和挫折、敢于另辟蹊径进行独创，才有可能开辟新的领域、探寻新的路径、提出新的理论，才有可能实现和推进科技创新。但是，科技的本质在于客观真实，科技工作来不得半点虚假，因而解放思想不是离开实际的主观臆想，而是奠定在实际的基础上，科技工作必须从实际出发，实事求是，"深入科研一线，掌握一手资料"，不投机取巧，不学术注水，不传播未经科学验证的现象和观点。科技研发和应

---

① 新华社：《中共中央办公厅 国务院办公厅印发〈关于进一步弘扬科学家精神加强作风和学风建设的意见〉》，《中华人民共和国国务院公报》2019年第18期。
② 习近平：《高举中国特色社会主义伟大旗帜 为全面建设社会主义现代化国家而团结奋斗——在中国共产党第二十次全国代表大会上的报告》，《人民日报》2022年10月26日第1版。
③ 潘伟：《科学文化、科学精神与科学家精神》，《科学学研究》2019年第1期。
④ 中共中央办公厅、国务院办公厅于2019年6月印发的《关于进一步弘扬科学家精神加强作风和学风建设的意见》指出："大力弘扬追求真理、严谨治学的求实精神。把热爱科学、探求真理作为毕生追求，始终保持对科学的好奇心。坚持解放思想、独立思辨、理性质疑，大胆假设、认真求证，不迷信学术权威。坚持立德为先、诚信为本，在践行社会主义核心价值、引领社会良好风尚中率先垂范。"中共中央办公厅、国务院办公厅：《关于进一步弘扬科学家精神加强作风和学风建设的意见》，《人民日报》2019年6月12日第1版。
⑤ 《邓小平文选》第2卷，人民出版社1994年版，第364页。

用不是一个人的事情，往往需要研究和讨论，需要各抒己见方能拨开云雾见真情，因而在科技活动中尊重权威是必要的，但不能以权威的观点和意见为唯一标准，必须打破"学术圈子"，消除相互封锁、彼此封闭的门户倾向，遏制"学术霸权"，破除各种利益纽带和人身依附关系的藩篱，从而使科技工作者们能够进行学术观点的展示和争鸣。

第二，脚踏实地，坚持诚信。科技不是趣事逸闻，而是正确认识和有效改造自然的积极成果。科技探索必须立足于客观存在的自然事实，脚踏实地、勤勤恳恳，讲求实际，坚持诚信，来不得半点虚假，也来不得半点浮夸。脚踏实地、坚持诚信是坚持求真务实科技伦理向度的内在要求，是防范科技不端行为的伦理准线。在当今时代，科技诚信建设成为国际科技领域的一个重要课题，世界科研诚信大会从2007年在里斯本首次召开会议到2022年在开普敦举行第七届会议，科研诚信是历次会议的重要议题，世界科研诚信大会发布的《科研诚信新加坡宣言》《科研诚信蒙特利尔宣言》等文件为在全球范围内开展负责任的研究及合作提供了科研诚信基本框架。[①] 我国高度重视科研诚信建设，《关于进一步加强科研诚信建设的若干意见》[②] 和《科研诚信案件调查处理规则（试行）》[③] 等规范性文件为科技诚信建设提供了政策导向和操作规程。在科技伦理治理中，要坚持"保持公开透明"的伦理原则，"建立涉及重大、敏感伦理问题的科技活动披露机制"，同时"公布科技活动相关信息时应提高透明度，做到客观真实"。[④] 目前，我国已经形成了包括制度规范与教育引导相协调、外部监督和自律约束相结合的科研诚信保障体系。科技的车轮滚滚向前，科技诚信建设永远在路上。

第三，独立思考，摒弃盲从。科技探索需要了解研究现状，需要借鉴他人的科技成果、实验技巧、研究方法等，习近平用以说明对外开放重要

---

① 参见宋艳双、郑玉荣等《科研诚信的新挑战——第六届世界科研诚信大会综述》，《中国医学伦理学》2019年第11期；孙平编译《第七届世界科研诚信大会聚焦国际科研合作中公平问题》，http：//www.ircip.cn/web/1044764-1044764.html? id=26645&newsid=3900405，访问时间：2014年5月23日。

② 新华社：《中共中央办公厅国务院办公厅印发〈关于进一步加强科研诚信建设的若干意见〉》，《中华人民共和国国务院公报》2018年第17期。

③ 凌童：《史上署名单位最多的〈科研诚信案件调查处理规则（试行）〉发布》，《编辑学报》2019年第5期。

④ 中共中央办公厅、国务院办公厅：《关于加强科技伦理治理的意见》，《人民日报》2022年3月21日第1版。

性的"不拒众流,方为江海"①一语同样适用于科技探索。借鉴他人成果、尊重学术权威是必要的,但囿于学术成果、屈从学术权威是难以实现科技创新的,科技人员应该独立思考,不能盲从他人的观点。怀疑是学术研究的高贵品质,习近平曾借用明代陈献章的《白沙子·与张廷实》中的"学贵知疑,小疑则小进,大疑则大进"说明怀疑对于创新的意义,指出要实现创新就要做到"凡事要有打破砂锅问到底的劲头,敢于质疑现有理论,勇于开拓新的方向,攻坚克难,追求卓越"。②真理不惧怕质疑和批评,正相反,真理好比燧石,越敲打就会发出越明亮的光芒。

2. 培养科技人员的人道主义精神

保证现代科技发展的人道主义伦理向度,展现科技之善的品格,发挥科技服务人、造福人的"善性",是科技工作者不可推卸的责任。问题的关键在于如何才能保证现代科技发展的人道主义伦理向度。依据现代科技的品格和人道主义的内核,在科技伦理治理中要尤其注意两个方面。

一方面,培养科技人员的人道精神。科技的社会价值在于助力人在自然界中更好地生存和发展。任何一项科技项目的研发,任何一项科技成果的应用,只有坚持这一价值导向才合乎人道主义精神。科技追求"真",科技也追求"善",作为科技研发和应用主体的科技人员应该既有"求真"的大脑,也有"人道"的内心,将关心人本身、促进人更好地生存和发展作为科技活动的出发点,树立对自然生态环境负责、对社会和谐发展负责、对人类美好未来负责的伦理理念,用以保证科技成果"造福于人类,而不致成为祸害"③。在当今社会,科技发展与人道主义事业紧密联系在一起,协和医学院在20世纪20年代提出的"科学济人道"校训在新中国成立后转化为"严谨、博精、创新、奉献"的具体要求,人道关怀构成协和精神传承的核心。④保障现代科技朝着人道主义的伦理向度发展,必须培养科技人员的人道精神,使科技人员致力于以科技减轻人类

---

① 《习近平在同外国专家座谈时强调 中国要永远做一个学习大国》,《光明日报》2014年5月24日第1版。
② 参见中共中央文献研究室《习近平关于科技创新论述摘编》,中央文献出版社2016年版,第39页。
③ [美]爱因斯坦:《爱因斯坦文集》第3卷,许良英等编译,商务印书馆1976年版,第89页。
④ 参见王勇、刘欢《科学济人道:协和精神的传承和发扬》,《中国医学人文》2018年第4期。

苦痛、以科技造福民生幸福的科技活动。

另一方面，强化科技人员的人权理念。人权一开始就与人道有着亲缘关系，"早在几千年前就有了人权意识的萌芽，这就是古代的人道主义"①，从近代开始，人道主义转化为人权理念并随着时代发展而发展为人权制度和人权实践。人道与人权的亲缘关系决定了人权的道德属性，人权的道德属性表明尊重人权、保障人权是践行人道主义的基本路径。在与科技发展相伴而生的科技异化问题日益严重的当今社会，人权成为应对科技发展和科技异化带来的道德困境与伦理挑战的基本原则，强化科技人员的人权理念成为保障现代科技发展的人道主义伦理向度的重要举措。一要强化科技人员的人类福祉理念，从大多数人的利益出发而不是个人利益或少数人利益出发，并将当代人的利益与后代人的利益结合起来，将科技活动对人类的负面效应最小化、积极效应最大化，应该建立科技风险评估机制，对科技风险的评估应坚持"两利相权取其重、两害相权取其轻"原则。二要强化科技人员的人格尊严理念。"人权建基于对人的内在价值和尊严的承认"②，保护个人信息、尊重和保护人的隐私是尊重人格尊严的基本要求，因而在研发和使用信息科技时要特别注意个人信息保护、防止泄露个人信息；鉴于"在智能社会中，依据个人行动等数据可以高精度推断其政治立场、经济状况、兴趣爱好、生活习惯、交往范围、生理缺陷等，这就很容易触及个人隐私"③，因而要特别注意保护个人隐私权。三是强化人民利益至上理念，以人民利益为科技活动的出发点和落脚点，"以支撑服务社会主义现代化强国建设为己任，着力攻克事关国家安全、经济发展、生态保护、民生改善的基础前沿难题和核心关键技术"④。

3. 培养科技人员的和谐精神

科技创新潮流滚滚向前，社会秩序在科技时代展现出不同于以往时代的显著特征，借助科技的力量使世界变得更加和谐有效是这个时代的重要课题。不正当的科技研发和应用破坏了科技系统的和谐之美、基于个人主

---

① 夏勇：《从人道到人权》，《百科知识》1995 年第 1 期。
② 谌章明：《人权与伦理学：科技、尊严与跨文化视野——"第五届人权与伦理学论坛"述要》，《哲学动态》2016 年第 3 期。
③ 张文显：《构建智能社会的法律秩序》，《东方法学》2020 年第 5 期。
④ 新华社：《中共中央办公厅国务院办公厅印发〈关于进一步弘扬科学家精神加强作风和学风建设的意见〉》，《人民日报》2019 年 6 月 12 日第 1 版。

义诉求的科技研发和应用势必侵害他人利益或社会共同利益进而使社会陷入混乱无序中、改造自然活动中的科技滥用使自然界满目疮痍从而破坏人与自然的和谐发展。克服现代科技发展中的不和谐现象，借助科技的力量使世界变得更加美好，使现代科技朝着和谐有序的伦理向度发展，是从科技之美的品格中得出的必然结论，更是人类生存和发展的必然要求。从科技之真、善、美的品格及其受到科技之伪、恶、丑的冲击看，现代科技发展和谐有序伦理向度的保持和维系要求培养科技人员的和谐精神，具体可以从三个方面入手。

第一，尊重客观规律。规律是事物客观存在的"本质的关系或本质之间的关系"①，决定事物发展的连续性、秩序性以及确定不移、必定如此的趋势。规律是事物存在和发展的有序性，具有和谐的质素，现代科技活动不能违背自然规律而任性妄为，否则就会扰乱科技秩序、危及社会和谐、毁坏自然生态系统。科技活动必须符合自然规律，科技人员必须尊重自然规律。大自然是由无数的相互联系、相互作用的有机物和无机物所构成的统一整体。大自然和科技活动的统一性决定了必须将和谐统一的科技知识运用于改造自然的实践，实现自然各要素之间的协调与平衡。与此同时，科技活动也不是孤立进行的，而是涉及人类生产和生活的各个方面，是科学与技术、政治与经济、社会与环境等多方面因素相辅相成所构成的统一整体，因而科技活动不能"只见树木不见森林"，必须综合考虑科技研发及其应用。在当今时代，科技活动面临着内容精深化、设备精密化、关联复杂化、知识结构繁复化、功能作用全面社会化等挑战，这些挑战既为科技人员探讨和认识自然规律提供更好条件，也对科技人员尊重和利用自然规律提出更高要求。科技人员应该顺应现代科技发展规律，"持续聚焦重大、关键、尖端、核心的科技领域，瞄准突破带动性作用显著的战略型新兴行业，集中力量实现重点突破，形成自主创新的强大合力"②。与此同时，科技管理也应该"适应科技发展新常态，尊重科研规律，尊重学术共同体"③，健全完善产学研融合机制，推进产学研跨越合作"鸿沟"而实现深度融合，引导、鼓励和促进科技研发以及科技成果的转化和应用

---

① 《列宁全集》第 55 卷，人民出版社 1990 年版，第 128 页。
② 李飞、陈劲：《新一轮科技发展规划，要抓住这四个"变"与"不变"》，《科技日报》2019 年 12 月 20 日第 5 版。
③ 倪思洁：《周忠和：科技管理首先要尊重科研规律》，《中国科学报》2018 年 6 月 13 日第 1 版。

跃上一个新台阶。

第二，集体主义精神。不加约束的个体性是一种"离心力"，不加约束的个体行为势必造成对和谐的破坏。集体主义是遏制个人欲望冲动的伦理原则，引导人们将个人诉求与公共利益结合起来，在坚持公共利益优先的同时要求减少个人利益的损失、对受损失的个人给予补偿。现代科技发展和谐有序的伦理向度离不开集体主义原则的保障。在现代科技活动中，科技人员应该以集体主义为导向处理个人的利益与公共利益的关系，避免将科技作为满足个人贪欲的工具而导致丑陋现象，将集体主义伦理原则贯彻到科技活动中。一要承认科技人员个人利益的合理性，尊重科技人员的人性诉求、思想自由和人格尊严，承认科技主体对其智慧成果拥有知识产权，从而能够调动科技主体的积极性，使现代科技发展充满活力——充满活力是现代科技和谐发展的重要标志。二要坚持公共利益的优先性，使科技活动着眼于社会公共利益，使科技的研发和应用以增进社会公共利益为轴心。科技人员对社会公共利益负责，切忌为贪图个人利益、眼前利益而滥用科技成果进而损害公共利益。三是将人与自然当成一个整体，将后代人的利益与当代人的利益勾连在一起，提高科技人员的审美意识，使科技活动"按照美的规律"来进行，发挥科技建设美好家园的功能，促进人与自然的和谐发展。

第三，坚持国际主义。站在构建人类命运共同体的高度，集体主义伦理原则就转化为国际主义的伦理要求。国际主义原本是一种政治原则，意指各国无产阶级为争取自身解放而互相支持和援助、实现国际团结和互助。国际主义作为一项伦理原则，要求将人类看作一个命运共同体，共同应对天灾人祸所造成的生存危机。国际主义伦理原则延引到科技领域具体化为科技国际主义精神，科技国际主义精神的典型表现是基于科技人本精神和真善美品格而形成的"科技人员有国界，而科技无国界"的认识。科技作为一种真理性、功用性的知识技能不因国别而呈现差异性，科技是全人类"完全共同的事业"，具有国际性，因而发展科技应该具有全球视野。科技具有"坚定不移"而又"从容平静"的理性特质，"反对任何形式的非理性或疯狂昏乱"[①]，因而作为实现世界和平的手段受到推崇，有

---

① [美]乔治·萨顿：《科学史和新人文主义》，陈恒六、刘兵等译，华夏出版社1989年版，第137页。

人"把未来制止战争、维护和平的希望寄予科学的国际主义或世界主义"①。当今中国正"致力于推动构建人类命运共同体"②，中国科技工作者不仅应该有深厚的爱国主义情感，而且应该有广阔的国际主义胸怀，在推动科技创新时，应该坚持全球视野，积极融入全球创新网络，加强同各国科研人员的联合研发；应该深度参与全球科技治理，积极参与解决人类面临的重大挑战，努力推动科技创新成果惠及更多的国家和人民，让中国科技为推动世界的和平、发展和进步作出贡献。

三 以科技伦理法律化强化科技伦理治理功能

科技治理必须坚持伦理先行，然而科技伦理的力量不足以阻止人们为追求不正当利益而进行具有社会危害性的科技活动。科技伦理的柔性特征制约着科技伦理治理的功能；科技伦理的功能局限表明不能全然寄望于科技伦理对科技活动的规范和调整。法律的特质决定了科技法律治理的优势，法律的国家强制性决定了法律化后的科技伦理获得"刚性"特征，借助国家强制力可以保障科技伦理的功能得到实现。科技伦理法律化就成为强化科技伦理功能的必然选择，要通过科技伦理法律化强化科技伦理治理功能，使科技伦理切实发挥为科技向有利于人类社会文明与进步方向发展提供保障的作用。

1. 科技伦理法律化诠释

所谓科技伦理法律化，是指国家立法机关依据法定职权和程序将一定的科技伦理转化为具有国家意志性、国家强制性和普遍约束力的行为准则，使这些科技伦理借助法律的权威而为科技主体所遵循。科技伦理法律化使得科技伦理和科技法律两种社会规则有机结合在一起。有学者写道：道德在本质上是一种价值性存在，只有通过价值这一纽带与中介，它才能合法地、逻辑地进入法律领域；反之，法律也只有在其成为一种价值性存在时，它才能与道德发生内在的、必然的联系。③

科技伦理法律化何以可能？这个问题的答案可以从两个方面探讨和回

---

① 李醒民：《科学的世界主义特征》，《中国科学报》2014年10月24日第6版。
② 参见习近平《高举中国特色社会主义伟大旗帜 为全面建设社会主义现代化国家而团结奋斗——在中国共产党第二十次全国代表大会上的报告》，《人民日报》2022年10月26日第1版。
③ 参见胡旭晟《法的道德历程——法律史的伦理解释（论纲）》，法律出版社2006年版，第121页。

应。一方面，科技伦理和科技法律之间具有共同性，如科技伦理和科技法律均含有"义务"规范、科技伦理与科技法律都具有普适性特征，这些共同性使得科技伦理与科技法律之间能够相贯通；另一方面，民主、人权和法治是统一的有机整体，既要坚持科技法律在科技治理中的至上地位，又要使科技法律成为具有人权、自由、平等、公平、正义、幸福等伦理底蕴和价值精神的良好法律。科技伦理法律化是"硬化"科技伦理治理功能的客观要求和必由路径，也是"提高科技伦理治理法治化水平"的前提条件和题中内容。《关于加强科技伦理治理的意见》指出："推动在科技创新的基础性立法中对科技伦理监管、违规查处等治理工作作出明确规定，在其他相关立法中落实科技伦理要求。"[1]

科技伦理法律化使得科技人员能够基于法律要求更加"客观评估和审慎对待不确定性和技术应用的风险，力求规避、防范可能引发的风险，防止科技成果误用、滥用，避免危及社会安全、公共安全、生物安全和生态安全"[2]。当然，这并不意味着"只要加强科技伦理法律的建设与实施，科技风险与伦理问题就可以迎刃而解"[3]，在加强科技伦理法律化的同时也要防止落入科技伦理法律化万能论的陷阱。

2. 推进科技伦理法律化的基本原则

科技伦理法律化不是毫无约束的立法活动，推进科技伦理法律化必须坚持一定的原则。与所有原则一样，推进科技伦理法律化的原则也是从自然界和人类历史中抽象出来的[4]，它由多方面构成，主要有人本主义与生态主义并重原则、功利主义和人道主义协调原则、个人主义和集体主义统一原则等。

第一，人本主义与生态主义并重原则。人本主义要求科技研发和使用以更好地满足人的需要为目的，因而立法应该对能够增强改造自然能力的科技研发、能够带来更多物质资料的科技应用加以保障；生态主义要求人类像尊重同类一样尊重宇宙万物，以生态主义指导立法要求在立法时将平等和公平原则运用于人与自然、承认所有物种同人一样享有平等的生存权

---

[1] 参见中共中央办公厅、国务院办公厅《关于加强科技伦理治理的意见》，《人民日报》2022年3月21日第1版。

[2] 中共中央办公厅、国务院办公厅：《关于加强科技伦理治理的意见》，《人民日报》2022年3月21日第1版。

[3] 刘益东：《前沿科技领域治理应警惕科技伦理法律陷阱》，《国家治理》2020年第35期。

[4] 参见《马克思恩格斯选集》第3卷，人民出版社1995年版，第374页。

利从而为实现人与自然的和谐发展提供法律保障。正如有学者所主张的："人类应当抛弃早期自然保护主义以人的需要来对待自然的观点,代之以兼顾大自然整体和谐的理念。"[①]当科技研发或应用可能发生人本主义和生态主义的冲突时,立法必须坚持比例原则和法益兼顾原则:前者是指两善相权取其重、两害相权取其轻;后者是指为了更大的法律利益必须牺牲某个方面时应对被牺牲的方面进行补偿,例如,对于为满足人的生存和发展需要所必需、但可能导致生态危害的科技研发和应用,法律规定研发者和应用者必须提出相应的预防和补救措施。

第二,功利主义和人道主义协调原则。在功利主义和人道主义协调统一的层面,功利主义注重科技的实际效用,因而立法应该对有益于人的科技研发和应用予以肯定;人道主义注重科技对人的人文关怀,因而立法应该对不利于人的生存和发展的科技研发和应用加以禁止。当科技研发或应用可能发生功利主义与人道主义的冲突时,立法的价值选择应该是人道主义。

第三,个人利益和公共利益统一原则。"从社会层面来讲,科技向善是一种赋能活动(enabling activity),其切入点是通过赋予个人与共同体更大的能动性,使人们能更加合理有效地运用科技促进个人的幸福平安和社会的福祉繁荣……在科技向善实践中,个人、组织和机构首先要思考的问题,不仅仅是'新兴科技或适用技术如何满足个人与共同体的需求'?而且应该进一步追问'借助新兴科技或适用技术,个人和共同体能够做什么?'。"[②] 科技向善是一种赋能活动,其切入点是赋予个人利益与公共利益更大的能动性。在科技活动中,一方面要承认个体的意义与价值,将满足个人需要、保障个人权益作为科技研发和应用的出发点;另一方面要肯定集体和社会的意义与价值,将公共利益作为科技研发和应用的目的。在科技研发或应用可能发生个人利益和公共利益的冲突时,法律的价值取向是公共利益优先,同时对被牺牲的个人利益予以补偿。

[①] 陈廷辉、林贺权:《从还原主义到生态整体主义:我国环境保护立法模式的转变》,《西南政法大学学报》2021年第3期。

[②] 段伟文:《科技向善:为科技确立合乎人性的发展目标》,https://www.sohu.com/a/397029752_472886,访问时间:2023年2月11日。

四 以科技伦理制度防范科技发展的伦理偏离

《关于加强科技伦理治理的意见》指出："坚持依法依规开展科技伦理治理工作，加快推进科技伦理治理法律制度建设。"[①] 制度是社会公认的比较复杂而又系统的行为规则，是维系团体和人际关系的法则和社会行为模式，是"一系列被制定出来的规则、守法程序和行为的道德伦理规范，它旨在约束追求主体福利或效用最大化利益的个人行为"[②]。科技制度是现代制度的重要组成部分，由国家机关或社会组织制定，以规范性文件为表现形式，以调整和规范科技活动为目的，要求科技人员在科技活动中遵循。科技制度既可以通过科技政策作出规定，也可以科技法律加以构建。《关于加强科技伦理治理的意见》以"意见"的形式呈现，从科技政策方面为科技伦理制度建设提供依据和导引。法律是科技治理的最有效最根本的手段，科技伦理法律制度是防范科技发展发生伦理偏离的根本方式。"任何单位、组织和个人开展科技活动不得危害社会安全、公共安全、生物安全和生态安全，不得侵害人的生命安全、身心健康、人格尊严，不得侵犯科技活动参与者的知情权和选择权，不得资助违背科技伦理要求的科技活动"[③] 的规定不能停留在科技政策的层面，有必要使这一规定从科技政策转化为国家法律，从而提高科技伦理制度在国家规范性文件中的位阶，更有效地发挥科技伦理制度的功能。

1. 推进科技伦理治理体制的法律构建

科技活动涉及的范围广泛，任何一个国家机关、任何一个政府部门、任何一个社会组织的单独行动都不能完全应对前沿科技领域面对的各类科技伦理挑战，任何一项单独的科技治理行动都不足以解决现代科技发展中遇到的科技伦理问题。科技伦理治理是一项系统工程，必须建立由国家机关、社会组织、企事业单位和科技人员共同参与的科技伦理治理体制。《关于加强科技伦理治理的意见》为从法律层面完善科技伦理治理体制提供了政策指南。

---

① 中共中央办公厅、国务院办公厅：《关于加强科技伦理治理的意见》，《人民日报》2022年3月21日第1版。

② [美] 道格拉斯·C·诺思：《经济史中的结构与变迁》，上海三联书店、上海人民出版社1994年版，第225—226页。

③ 中共中央办公厅、国务院办公厅：《关于加强科技伦理治理的意见》，《人民日报》2022年3月21日第1版。

整体而言，完善科技伦理治理体制涉及以下方面的内容："政府管理部门应当完善科技伦理管理体制，理顺工作关系，形成各部门和各地方分工明确、推进顺畅、监管到位的工作体制机制。高校、科研机构、企业等创新主体应当自觉履行科技伦理管理主体责任。各类科技社团应当主动参与科技伦理治理，制定发布本行业、本领域科技伦理规范指引，发挥行业自律自净作用。广大科研人员应当主动学习科技伦理知识，坚守科技伦理底线，自觉接受科技伦理审查与监管，主动与公众交流科技创新前沿发展和伦理问题，涉及公众利益的重大科技创新活动要保障公众知情权。"[①] 具体地说，在推进科技伦理治理体制的法律构建时，不仅要明确科技伦理治理主体的主要构成，而且要明确科技伦理治理主体的具体职能。《关于加强科技伦理治理的意见》对科技伦理治理体系的主体构成及其具体职能作出了规定。依据这些规定，科技伦理治理体系由表4-4所示的内容构成。

表4-4　　　　　　　　　科技伦理治理体系

科技伦理治理的主体		科技伦理治理的职能
政府	国家科技伦理委员会	负责指导和统筹协调推进全国科技伦理治理体系建设工作，研究制定科技伦理高风险科技活动清单。
	科技部	承担国家科技伦理委员会秘书处日常工作。
	国家科技伦理委员会各成员单位	按照职责分工负责科技伦理规范制定、审查监管、宣传教育等相关工作。
	各地方及相关行业主管部门	按照职责权限和隶属关系具体负责本地方、本系统科技伦理治理工作，细化完善本地方、本系统科技伦理监管框架和制度规范，加强科技伦理高风险科技活动的监督管理。
企事业单位	高等学校、科研机构、医疗卫生机构、企业等	履行科技伦理管理主体责任，建立常态化工作机制，加强科技伦理日常管理，主动研判、及时化解本单位科技活动中存在的伦理风险。
	下属科技伦理审查委员会	坚持科学、独立、公正、透明原则，对科技活动进行科技伦理审查、监督与指导。
科技类社会团体	中国科技伦理学会	进行科技伦理研究，提供学术支撑。
	科技类学会、协会、研究会	组织动员科技人员参与科技伦理治理，促进行业自律，加强与科技创新主体合作，开展科技伦理知识宣传普及。

---

① 王志刚：《完善科技伦理治理体系　保障科技创新健康发展》，《求是》2022年第20期。

续表

科技伦理治理的主体		科技伦理治理的职能
科技人员	科技人员	主动学习科技伦理知识，增强科技伦理意识，自觉践行科技伦理原则，坚守科技伦理底线。
	科技项目（课题）负责人	按照科技伦理审查批准的范围开展研究，加强对团队成员和项目（课题）研究实施全过程的伦理管理，遵守有关规定严谨审慎地发布、传播和应用涉及科技伦理敏感问题的研究成果。

2. 科技伦理治理程序制度的法律构建

任何实体的目标定位都需要借助程序的技巧以安排和落实，科技伦理治理目标的实现需要推进程序制度的法律构建。科技活动有诸多步骤，科技伦理治理由多环节构成，因而科技伦理治理的程序制度建设是必需的，科技伦理治理程序制度的法律构建也是必然的。为了保障科技活动各个环节符合科技伦理的要求，为了防范科技活动的任何一步发生偏离科技伦理向度的风险，必须在法律中多方面多维度构建科技伦理治理程序制度，尤其要重视以下三个方面。

一是科技伦理审查机制。在法律中应该明确规定"开展科技活动应进行科技伦理风险评估或审查"，并对科技伦理审查的主体、内容和程序作出明确规定。尤其要重视突发公共卫生事件等紧急状态下的科技伦理应急审查机制的法律构建，在法律中对应急审查的规则和程序作出科学规定。

二是科技伦理监管机制。这一机制包括高风险科技活动伦理审查结果专家复核机制、对重大科技伦理案件调查处理机制、科技活动全流程科技伦理监管评价机制。尤其要重视高风险科技活动的动态跟踪、风险评估和伦理事件应急处置的制度设计，要将对"财政资金设立的科技计划（专项、基金等）"的伦理监管"全面覆盖指南编制、审批立项、过程管理、结题验收、监督评估等各个环节"[①]；要通过科技伦理风险监测预警的法律构建，引导事业企业单位和社会组织在科技研发或科技成果转化应用中跟踪新兴科技发展前沿动态，对科技创新和科技成果转化应用可能带来的利益纠纷、社会风险、规则冲突和伦理挑战进行研判并提出对策。

---

① 参见中共中央办公厅、国务院办公厅《关于加强科技伦理治理的意见》，《人民日报》2022年3月21日第1版。

三是科技伦理违法违规行为查处机制。未来在制定《科技伦理治理法》时，可以将《关于加强科技伦理治理的意见》的相关规定载入其中：一是"相关行业主管部门、资助机构或责任人所在单位要区分不同情况，依法依规对科技伦理违规行为责任人给予责令改正，停止相关科技活动，追回资助资金，撤销获得的奖励、荣誉，取消相关从业资格，禁止一定期限内承担或参与财政性资金支持的科技活动等处理"；二是"科技伦理违规行为责任人属于公职人员的依法依规给予处分"；三是"涉嫌犯罪的依法予以惩处"。[①] 通过科技伦理违法违规行为查处机制的法律构建和完善，为防范现代科技发展偏离伦理向度的风险构筑起严密屏障。

[①] 中共中央办公厅、国务院办公厅：《关于加强科技伦理治理的意见》，《人民日报》2022年3月21日第1版。

第五章　以科技法律治理推进科技健康发展

科技伦理与科技法律的辩证关系决定了科技伦理治理与科技法律治理不可偏废，而"提高科技伦理治理法治化水平"包含着科技法律治理对于科技健康发展具有更重要意义的思想意蕴。科技伦理法律化、科技伦理制度的法律构建有助于强化科技伦理的功能，但科技伦理与科技法律毕竟存在着差异，因而科技伦理法律化、法治化不能替代科技法律治理。当今中国已经迈上全面建设社会主义现代化国家新征程，但科技健康发展尚受到"原始创新能力还不强、创新体系整体效能还不高、科技创新资源整合还不够、科技创新力量布局有待优化"[①] 等因素的制约，科技异化现象、科技负面效应等成为推进我国科技现代化以及经济社会高质量发展的卡点。消除阻滞科技健康发展的制约因素、推动科技现代化高质量发展并由此推动经济社会高质量发展，不仅需要加强科技伦理治理，更需要加强科技法律治理。加强科技法律治理是新时代全面推进依法治国的必然要求，也是新时代推进科技健康发展的根本举措。通过全面推进科技法律治理，使科技研发和转化应用等活动在良法善治的轨道上进行，从而使科技人本精神从应然转化为必然，使科技的真善美品格得以彰显，使科技向善的功能得到真切实现。

第一节　科技法律治理是科技治理的最佳方式

实践向我们展示，能否构建良好的创新生态，成为集聚整合创新资

[①] 陈凯华：《习近平关于科技发展重要论述的战略意义》，《国家治理》2022 年第 13 期。

源、提高创新效率的关键。① 现代高科技的发展和应用为经济社会和人的发展带来新的机遇，也带来新的挑战，这就要求加强科技治理。科技治理是一项复杂的社会治理工程，可能出现"一管就死，一放就乱"的情况。实现良好的科技治理，需要运用多种方式、从多角度多方位进行，坚持系统治理、综合治理等原则。众所周知，不论是科技的研究开发还是科技成果的转化应用，虽然涉及物力、财力、信息力等物质资源的支撑，但归根到底是人的行为和活动。科技活动归根到底是科技人员的活动，因而科技治理归根到底是对科技人员的内在本性进行社会控制，通过对科技人员施加压力而迫使他尽自己的本分、制止他从事有害于社会和他人的行为。科技思想引导、科技政策调整、科技伦理约束、科技法律治理等方式相辅相成而共同推进科技领域的善治。其中，科技法律治理以良好科技法律为前提基础、以科技法律统治为核心要素、以保障科技健康发展与治理科技异化为基本内容、以自身特质彰显功能优势，由此成为实现良好科技治理的最佳方式。

一　科技法律治理以良好科技法律为前提基础

法治不仅是一种法律规则之治，而且是一种良好法律规则之治，良法之良"不仅是道德层面的善良，而且是价值、功能层面的优良"②。不论法律将什么行为作为调整对象，无论调整什么性质的社会关系，都应该内含文明进步的价值因素，具有普遍性、规范性、公开性、确定性、可操作性等形式特征。良法之治是人类孜孜以求的治理方式，自从亚里士多德揭示法治具有良法之治之要义以来，人类对法治的追求就沿着良法之治的路数向前推进。从法治的要义中可以合乎逻辑地推出以下结论："善立良法才能善用科技"③，科技法律治理以良好的科技法律为前提。

1. 良好科技法律的基本标准

何为良好的科技法律？这个问题涉及良好科技法律的标准，包括表现形式、具体内容和价值取向三个方面的标准。（1）在表现形式上，良好的科技法律与其他所有良法具有共通性，即具有普遍的约束性、系统的统

---

① 参见马名杰等：《全球科技创新趋势的研判与应对》，《经济日报》2021年1月22日第10版。
② 陈祥森：《用良法来推动科技研发》，《中国储运》2017年第12期。
③ 徐铭恩：《善立良法才能善用科技》，《团结》2021年第3期。

一性、明确的可操作性、稳定的连续性等特征。（2）在具体内容上，良好的科技法律构建其合理的科技活动调控机制，这些机制包括科技权利义务机制、科技风险评估机制、科技奖励评估机制、科技资金调拨机制、产学研合作机制、科技法律责任机制等。（3）在价值取向上，良好的科技法律立足于科技的人本精神以及科技发展的现状、科技发展的规律，以公共利益、人类福祉、自由平等、秩序安全、公平正义为价值取向。由于科技法律与科技之间存在着密切关系，基于保障科技活动正当进行、科技发展健康良性等方面的需要而产生，因而它不仅以科技研发和应用行为这一特殊调整对象与其他法律相区别，而且以规范科技研发和应用行为、发挥科技对人的生存和发展的积极功能而展现出不同于其他法律的独特价值。

2. 良好科技法律之治的必然性

"在现代社会，风险的产生或者放大与科技应用有着密不可分的关系，因此，这些法律从另一个侧面来看，就是有关科技治理的法律。"[①] 科技法律产生和发展的历史表明，它一方面是顺应科技发展的需要而产生和发展起来的，其价值突出表现为推进科技进步的积极作用，保障人们可以享受到科技进步所带来的利益和好处；另一方面是顺应治理科技异化的需要、克服科技研发的盲目性和科技应用结果的不确定性而健全和完善起来的，使得人们可以尽可能避免科技研发和应用的负面后果。科技法律是一套规则体系，它所构建的行为模式为人们从事科技活动提供行为指南，科技法律所规定的法律后果为人们从事科技活动提供约束，既推动人们为实现正当利益而开展科技活动、进行科技研发和科技成果转化应用，同时也预防人们因私欲膨胀而进行有害于他人利益和社会公共利益的科技活动。科技法律也是一套人文精神体系，它是立法者将科技发展与人的存在和发展、价值和尊严、前途和命运等方面的关系规则化、制度化的产物。由此，科技法律治理就不仅是科技法律的规则之治，而且还是良好的科技法律规则之治，通过制定良好的科技法律对科技活动进行规范和调整而形成和谐的社会关系、维护稳定的社会秩序、保障科技发展保持既定的伦理向度，最终实现科技服务人、造福人的价值功能。

3. 我国良好科技法律的制度保障

科技立法要贯彻辩证思维、系统思维、整体思维，秉持解决问题与简

[①] 赵鹏：《科技治理"伦理化"的法律意涵》，《中外法学》2022年第5期。

便易行相结合、宏观规划与微观设计相结合、目标导向与立足实际相结合、创新发展与有机衔接相结合等原则，增强制度的指导性、针对性和可操作性。在我国，《宪法》《立法法》等对立法体制、立法原则和立法程序等方面的规定为制定良好的科技法律提供制度保障。

（1）立法体制保障。我国"一元两级多层次"的立法体制决定了立法有横向结构和纵向结构之分。在横向结构上，科技立法包括人大及其常委会、政府及其工作部门制定规范性科技法律文件。在纵向结构上，全国人大及其常委会制定科技法律，国务院制定科技法规，国务院各部、各委员会制定部委科技规章，地方人大及其常委会制定地方科技法规，地方政府及其科技工作部门制定地方科技规章。值得一提的是，在制定部委科技规章的国务院各部各委员会中，科技部因其科技管理职能的专门性而居于主导地位。依照自2018年7月30日起施行的《科学技术部职能配置、内设机构和人员编制规定》，科技部下设政策法规与创新体系建设司，该司承担的职能包括"组织起草相关法律法规草案和规章"[1]。科技部可以独立地制定科技规章，由部务会议讨论通过，以部长令的形式发布。例如，"为规范科学技术活动违规行为处理，营造风清气正的良好科研氛围"，科技部于2020年6月18日第10次部务会审议通过《科学技术活动违规行为处理暂行规定》，该规定自2020年9月1日起施行。[2] 科技部也可以会同其他有关部委制定规章，由科技部和有关部委分别通过后共同发布。例如，为贯彻落实党的十九届四中全会关于"改进科技评价体系"精神，科技部会同财政部、发展改革委制定《中央财政科技计划（专项、基金等）绩效评估规范（试行）》，由三个部门于2020年6月19日共同发布，自发布之日起实行。[3]

（2）立法原则保障。我国《宪法》和《立法法》就立法原则作出规定，这些原则为制定良好的科技法律提供根本遵循。一是合宪原则。宪法是国家的根本大法，科技立法必须符合宪法的原则和精神，一切科技法律规范都不得同宪法相抵触，与宪法相抵触的科技法律规范是无效的。二是

---

[1] 《科学技术部职能配置、内设机构和人员编制规定》，http://www.gov.cn/zhengce/2018-09/10/content_ 5320819. htm，访问时间：2022年11月22日。

[2] 《科学技术活动违规行为处理暂行规定》，《中华人民共和国国务院公报》2020年第25期。

[3] 科技部、财政部、发展改革委：《科技部 财政部 发展改革委关于印发〈中央财政科技计划（专项、基金等）绩效评估规范（试行）〉的通知》，《科学中国人》2020年第14期。

合法性原则。《立法法》对国家机关的立法职权、立法内容、立法程序、立法技术等方面作出了规定，科技立法必须遵循。三是民主原则。《立法法》第5条对立法的民主原则作出了明确规定，科技立法必须遵循。科技立法要从人民利益出发，坚持群众观点和群众路线，"搭建包含生命科学、信息科学、法律、哲学等不同领域专家的平台，让不同领域的专家，以及政府、媒体和公众共同参与相关的讨论和立法工作"①，从而使科技法律规范成为全体人民共同意志的反映。四是科学原则。《立法法》第6条对立法的科学原则作出了明确规定，科技立法必须遵循。科技立法要立足于当前科技发展和应用的实际情况，立足于当前科技发展对法律的诉求，立足于当前科技法律治理的现实状况。

（3）立法程序保障。制定良好的科技法律，要求科技立法必须按照《立法法》规定的立法程序进行。立法程序是指国家机关认可、创制、修改和废止法律和规范性法律文件必须遵循的法定步骤。在大多数国家，立法程序由宪法或专门的法律明文规定。虽然由于国情不同，世界各国的立法程序不尽相同，但从各国法律规定和立法实践看，立法基本步骤和主要环节大致相同，主要包括提出立法议案、审议法律草案、通过法律草案、公布法律等四个环节。我国《立法法》规定的立法程序也是由这四个环节构成。依照《立法法》的规定，科技立法应该按照提出科技法律案、审议科技法律案、表决和通过科技法律案以及公布科技法律文件的程序进行。

二　科技法律治理以科技法律统治为关键要素

科技法律治理不能停留于良法的制定，而必须进一步将制定得良好的法律贯彻到科技活动中，使之得到科技人员的普遍遵行。科技法律治理的根本目的在于，通过科技法律实施将科技法律文件所构建的抽象行为模式转变为现实生活中人们的具体行为方式从而实现科技法律服务人、造福人的价值功能。科技良法实施对于科技法律治理的意义是不言而喻、毋庸置疑的，但科技法律实施才是关键和核心，"法立而不行，与无法等"②、

---

① 徐铭恩：《善立良法才能善用科技》，《团结》2021年第3期。
② 沈家本：《历代刑法考·刑制总考三》，中华书局1985年版，第34页。

"法律的生命力在于实施，法律的权威也在于实施"[①] 等论断同样适用于科技法律治理。科技法律实施要求科技法律居于至高无上的统治地位，科技法律统治是科技法律治理的关键与核心。

1. 科技法律统治的含义

科技法律统治是指科技法律在科技领域居于统治地位，包括科技研究探索者、科技开发创新者、科技成果转化和应用者、科技知识传播普及者、科技管理决策者等在内的所有人员和组织都必须依据科技法律规定开展研究探索、开发创新、传播普及、应用维护、管理决策以及交流合作等科技工作，行使科技法律规定的权利，履行科技法律规定的义务，依照科技法律规定处理科技活动中的矛盾和纠纷、进行科技成果的奖励、追究不当科技活动、违法科技活动的法律责任。由于科技效应有积极和消极之分、正面和负面之别，因而有必要发挥科技法律定分止争、惩恶扬善的功能。

2. 科技法律统治的功能

科技法律统治是实现科技法律价值和科技法律功能的必要条件，是科技法律治理的核心和关键。如果科技法律不居于统治地位，则无论制定得多么良好也是没有意义的，不能对科技活动发挥实际作用。更有甚者，有良好的科技法律而不实行，会影响民众对科技法律治理的信任和信心，最终会动摇科技法律治理的社会根基，使科技研发和应用行为失当，使科技领域的社会关系陷入混乱中。因此，必须坚持科技法律的至上地位，不论是科技思想还是科技伦理、抑或是科技政策，都不得与科技法律的规定、原则和精神相背离，通过科技法律的运行对各种科技活动进行调整，指引科技人员实施正当的、合理的科技研发和应用行为。

3. 科技法律统治中的宪法地位

在规范科技研发和应用行为的法律规制中，宪法关于科技的规定应该成为所有社会主体的根本活动准则，一是因为宪法作为国家根本法、作为治国安邦总章程、作为是"母法"的性质和地位决定了依法治国首先是依宪治国；二是因为我国"一元两级多层次"的立法体制决定了必须坚持法制统一的立法原则，正如习近平所言："我国是单一制国

[①] 《中共中央关于全面推进依法治国若干重大问题的决定》，《人民日报》2014年10月29日第1版。

家，维护国家法治统一至关重要"①。宪法中的科技规范在科技治理体系中具有最高地位、最高权威、最高效力，是科技治理的根本依据、根本遵循，不仅科技思想、科技伦理、科技政策必须符合宪法规定，而且专门科技法律以及其他规范性法律文件关于科技的规定等都不得同宪法相抵触。

4. 科技法律统治地位的实现方式

科技良法施行需要运用一定的方式，以主体和内容为依据可以分为科技法律执法、科技法律适用和科技法律遵守三种。

（1）科技法律执行。这是指国家行政机关及其工作人员依照法定职权和程序行使科技管理职权、履行科技管理职责，将制定得良好的科技法律贯彻到科技管理活动中，与其他行政执法一样具有国家代表性、单方意志性、自由裁量性、国家强制性、公共服务性等特征。我国现行《科学技术进步法》第15条、第16条规定就国务院、县级以上人民政府及其科技行政部门在促进科技进步方面的职权职责作出了明确规定。该法第十一章设置"法律责任"专章，不仅规定对违反本法规定的"科学技术行政等有关部门及其工作人员"和"其他依法履行公职的人员"依法给予处分，而且规定有关行政主管部门对违反本法的行为有权责令改正、依法给予行政处罚、依法给予处分等。② 为了保障科技法律得到切实执行，所有的执法行为都必须遵守合法性原则、合理性原则、效率原则以及应急性原则，确保科技领域行政执法严格规范公正文明地进行。

（2）科技法律适用。这是司法机关运用科技法律处理具体科技纠纷案件和科技犯罪案件的活动，其适用对象包括科技活动中的民事违法行为、行政违法行为和犯罪行为。人民法院依法对向其提起的科技民事纠纷案件进行审理和裁判，一方面依法对违法者的民事法律责任进行追究，使科技活动中的民事违法行为受到法律制裁，另一方面依法对受侵害的民事权利进行救济，使被侵害的民事权利恢复到被侵害前的水平。人民法院依法对科技人员认为行政机关和行政机关工作人员的科技行政行为侵犯其合法权益而提起诉讼的科技行政纠纷案件进行审理和裁判，既可以有效解决科技人员与科技行政机关的纠纷，也可以倒逼行政机关严格依法行政。人民法院依法对检察机关提起的科技犯罪案件进行审理和裁判，追究科技犯

---

① 《习近平谈治国理政》第4卷，外文出版社2022年版，第291页。
② 参见《中华人民共和国科学技术进步法》，《人民日报》2021年12月27日第14版。

罪分子的刑事责任，对科技犯罪行为进行法律矫治。在当今时代，科技发展日新月异，不断发展的科技"在改善社会生活的同时也使犯罪行为有了新的'包装'和新的'身份'：人工智能犯罪、区块链犯罪、数据犯罪等新型科技犯罪相继出现"①，必须充分发挥司法机关打击科技犯罪、遏制科技犯罪的功能。

（3）科技法律遵守。这是指社会主体特别是科技人员将制定得良好的科技法律落实到具体行动中，行使科技法律规定的权利，履行科技法律规定的义务。科技法律遵守是实现科技法律的价值和功能的重要方式，倘若将科技法律束之高阁，即便制定得再好也是没有意义的。依据我国《宪法》第 5 条的规定，所有国家机关、社会组织和公民个人都必须遵守宪法和法律，任何国家机关、社会组织和公民个人都不得有超越宪法和法律的特权。这里的"宪法和法律"，包括宪法、民法、刑法、经济法等法律中有关科技的内容，也包括专门科技法律规范。依法开展的科技研发、科技成果转让、科技成果转化和应用等活动受到法律的肯定，不仅如此，国家还建立科技奖励制度、设立科技奖项，对在科技创新、科技进步活动中作出重要贡献的组织和个人给予奖励。国务院颁布的《国家科学技术奖励条例》将《宪法》《科学技术进步法》所规定的科技奖励制度具体化，为科技奖励实施提供具体的、明确的操作规程。对于违反科技法律的行为，国家机关依法追究法律责任。

三　科技法律治理以推进科技发展与防治科技异化为要旨

科技在改善人类生活、促进社会文明方面的巨大威力与科技异化对人类生活和社会文明的不利后果之间的矛盾使人们对科技产生迷茫和困惑，导致人们对待科技的矛盾心理和态度：人们一方面知道科技作为人类理性和智慧的结晶，代表着人类文明的杰出成就，另一方面又害怕科技变成异己力量，成为不受人类控制的不道德和无人性的工具。科技所具有的相互冲突的功能和"双刃剑"效应令人警醒，倒逼着人们思考和厘清发展科技的意义。科技发展的历史向我们展示，在从近代到现代的科技发展整个过程中，对科技本质和价值的研究、对

---

① 林雨佳：《刑法司法解释应对新型科技犯罪的逻辑、立场与路径》，《东方法学》2022 年第 3 期。

科技研发和应用的关注、对科技创新和革命的思考、对科技异化预防和治理的探讨等构成了一道道亮丽的风景。人们期盼科技能够健康发展，期盼科技应用能够产生积极效应，期盼科技能够切实发挥造福人的功能。法治在国家治理、社会治理等方面的成功启迪人们以法治方式促进科技健康发展、防止科技异化现象蔓延和科技负面效应滋生。科技异化与科技发展相伴而生，科技法律治理以推进科技发展和治理科技异化为旨趣，科技发展的法律保障与科技异化的法律治理共同推进。

1. 科技发展的法律保障

从语义上说，对科技健康发展的把握，需要厘清科技发展的含义。科技发展与科技进步相通，其核心要素是创新。所谓"创"，是指"初次做""开始做"。《广雅》云："创，始也。"所谓"新"，是指"初次出现"。"创"与"新"相连，意味着更新、创造新东西以及改变，即对已有东西进行替换、创造出过去没有的新东西、对已有东西进行改进。因此，科技发展不仅意味着产生新的科技成果，而且意味着科技应用领域和范围得到拓展。科技发展是涉及科技的研发、创造、转化和应用的全过程，是一项复杂的社会工程。科技发展的系统性、复杂性决定科技发展有赖于法律推动，科技法律至少从三个方面对科技发展加以保障。

一是确认科技发展战略地位。"科技是第一生产力"是一条已经被理论和实践所证成的真理，因而为了促进经济社会发展，长期坚持科技发展战略的基本国策是必要的。在我国，科技发展战略的宪法化、法律化可以有效防止这项基本国策因时、因事、因人而改变，保障这项基本国策能够得到长期坚持。《宪法》对国家科技发展战略的确认具体表现在第 20 条规定中[1]；《科学技术进步法》依据宪法规定对国家科技发展战略作出具体规定[2]。

---

[1] 《宪法》第 20 条规定的内容是："国家发展自然科学和社会科学事业，普及科学和技术知识，奖励科学研究成果和技术发明创造。"

[2] 《科学技术进步法》规定："国家坚持新发展理念，坚持科技创新在国家现代化建设全局中的核心地位，把科技自立自强作为国家发展的战略支撑，实施科教兴国战略、人才强国战略和创新驱动发展战略，走中国特色自主创新道路，建设科技强国。"（第 2 条第 2 款）"国家制定和实施知识产权战略，建立和完善知识产权制度，营造尊重知识产权的社会环境，保护知识产权，激励自主创新。企业事业单位、社会组织和科学技术人员应当增强知识产权意识，增强自主创新能力，提高创造、运用、保护、管理和服务知识产权的能力，提高知识产权质量。"（第 13 条）

二是凝聚科技创新主体力量。不同的科技主体在科技创新中担负不同的职能、发挥不同的作用。例如,科技人才是科技创新的关键,科研机构是科技创新的骨干,科技企业是科技创新的重要力量,大学是科技创新的基本力量。不同科技主体在科技创新中的地位和功能可以通过法律规定加以明确,即是说,通过法律规定,明确科技人才、科研机构、科技企业、大学等在科技创新中的权利和义务,规范它们之间的关系,形成完善的科技创新主体体系。依据《科学技术进步法》第11条规定,国家鼓励机关、群团组织、企业事业单位、社会组织和公民等社会主体参与和支持科学技术进步活动。现代科技创新是一项复杂的活动,往往不是一个人能够完成的,需要各主体在共同合作、协调努力中最大限度地发挥创造力,因此应该"加快建立健全各主体、各方面、各环节有机互动、协调高效的国家创新体系"①。《全民科学素质行动规划纲要(2021—2035年)》对协调推进原则作出规定并提出了明确要求②。

三是构建科技创新激励机制。人具有利己性,这是不证自明的公理。科技创新激励机制为实现科技创新主体利益提供制度保障,从而对于科技创新具有推动作用。法律对知识产权保护制度的构建、对科技奖励制度的设置,引导和保障人们在科技活动中可以实现个人利益与国家利益、公共利益、人类利益的统一,可以更好地激发人们的科技创新积极性和科技创新的潜能。早在党的十八届四中全会上,中共中央就作出了"完善激励创新的产权制度、知识产权保护制度和促进科技成果转化的体制机制"③的决定。科技成果的激励往往与科技成果的评价息息相关,因而通过法律建立和完善科技成果的评价机制对于科技创新也是很重要的。为了"通过评价激发科技人员积极性",国务院办公厅于2021年8月印发《关于完善科技成果评价机制的指导意见》,"围绕科技成果'评什么''谁来评''怎么评''怎么用'

---

① 《习近平谈治国理政》,外文出版社2014年版,第126页。
② 《全民科学素质行动规划纲要(2021—2035年)》指出:"各级政府强化组织领导、政策支持、投入保障,激发高校、科研院所、企业、基层组织、科学共同体、社会团体等多元主体活力,激发全民参与积极性,构建政府、社会、市场等协同推进的社会化科普大格局。"国务院印发《全民科学素质行动规划纲要(2021—2035年)》,《光明日报》2021年6月26日第2版。
③ 《中共中央关于全面推进依法治国若干重大问题的决定》,《人民日报》2014年10月29日第1版。

完善评价机制，作出明确工作安排部署"，提出"改革完善科技成果奖励体系，控制奖励数量，提升奖励质量""完善科技成果评价激励和免责机制，开展科技成果转化尽责担当行动"等举措。该指导意见的施行有利于破解科技成果评价中的"唯论文、唯职称、唯学历、唯奖项"问题，从而推动产出高质量成果，促进创新链、产业链、价值链的深度融合。[①]

2. 科技异化的法律治理

考察近代以来科技发展的历史，可以发现这样的事实：科技异化的恶果与科技进步的善果一样令人瞩目，众多思想家也在思考着如何治理科技异化的问题。实践证明，摈弃科技而回归原始的自然状态不符合历史发展的潮流，依靠科技思想、科技政策、科技伦理也只能在有限的程度上解决问题，科技法律治理是解决科技异化问题的必然选择。事实上，科技法律一经产生就与科技异化治理联系在一起。早在近代，在鼓励科技创新的法律规范中，包含着预防和治理假冒仿冒他人科技发明、滥用他人科技成果等科技异化现象的内容。在这里，作为科技法律诞生标志的第一部专利法虽然只有一条规定[②]，但这一规定包含着鼓励机器发明以及制裁滥用或仿冒他人机器发明两个方面，而后一个方面恰正是防治科技异化现象滋生的内容。

进入现代以来，科技以更快速度发展、向更宽领域拓展，科技异化问题也更加严重。为了防止科技异化造成对人类的侵害，国际社会加强预防和治理科技异化方面的合作并签署诸多国际协议、形成诸多国际规则。例如，欧洲经济合作组织核能机构1960年订立《关于核能领域中第三方责

---

① 参见下列材料：《国务院办公厅关于完善科技成果评价机制的指导意见》，《中华人民共和国国务院公报》2021年第23期；柴新《国务院办公厅日前印发〈关于完善科技成果评价机制的指导意见〉提出——科技成果实行多层次差别化评价》，《中国财经报》2021年8月3日第2版；刘垠《坚决破解科技成果评价中"唯论文"等难题——国务院办公厅印发〈关于完善科技成果评价机制的指导意见〉》，《科技日报》2021年8月3日第1版。

② 这一条规定的内容是："任何人在本城市制造了本城市前所未有的、新而精巧的机器装置者，一俟改进趋于完善以便能够使用和应用，即应向市政机关登记。本城市的其他任何人在10年内没有得到发明人的许可，不得制造与该装置相同或者相近似的产品，如有任何制造者，上述发明人可以在本城市任何机关告发，该机关可以命令侵权者赔偿100金币，并将该装置立即销毁。"参见唐昭红《解读专利制度的缘起——从早期专利制度看知识产权正当性的条件》，《科技与法律》2004年第1期。

任的公约》①；美国、英国和苏联分别于 1963 年、1968 年签署《部分禁止核试验条约》②和《防止核武器扩散条约》③；国际原子能机构于 1963 年制定《关于核损害民事责任的维也纳公约》④、于 1997 年制定《核损害补充赔偿公约》⑤，联合国环境规划署等组织于 1998 年制定《关于在国际贸易中对某些危险化学品和农药采用事先知情同意程序的鹿特丹公约》⑥；等等。

当前，科技发展及其所带来的产业变革更加蓬勃，高科技发展所导致的网络安全、数据侵权、税收制度、公平竞争、社会伦理等一系列新情况新问题使得全球科技法律治理的意义更加凸显，加强全球科技法律治理成为当今时代国际社会的重要课题。面对世界百年未有之大变局，致力于建设社会主义现代化强国的中国必须顺应高科技迅猛发展的滚滚潮流，通过良法善治实现对科技异化现象的防范和治理，保障我国科技发展始终"面向世界科技前沿、面向经济主战场、面向国家重大需求、面向人民生

---

① 这是首个核损害责任领域的国际公约，因为在法国首都巴黎订立而又被称为《巴黎公约》，该公约的目的在于使民用核能的发展不被核责任所牵制与阻碍，解决一般侵权法无法很好解决核损害责任的特殊问题，确保核损害事故的受害人都能获得足额和公平的赔偿。由于经济合作与发展组织于 1961 年 9 月正式成立并取代了欧洲经济合作组织的职能，因而《巴黎公约》成为经合组织核能署的重要文件，由核能署负责执行与修订。该公约的大多制度为之后相关公约与各国核责任立法所吸纳，并沿用至今。参见刘久《核损害责任国际制度的产生与发展》，《人民法院报》2018 年 12 月 21 日第 8 版。

② 该条约的全称为《禁止在大气层、外层空间和水下进行核武器试验条约》，这是一个限制核武器试验的国际条约，其目标是减缓冷战期间的军备竞赛，和防止核武器试验造成地球大气中过量的放射性尘埃。

③ 该条约规定：有核国家不得将核武器或其他核爆炸器械之控制，直接或间接地让给任何国家，也绝不协助、鼓励或诱导任何非核武器国家制造或以其他方法取得核武器。

④ 该公约规定了核设施营运者对核损害承担法律责任的构成要件、营运者的证明义务、营运者对核损害的绝对责任以及营运者的赔偿责任限额，明确了受害者赔偿请求权的诉讼时效与营运者的财务保证金和核损害保险、营运人的追索权利、法院管辖权与判决效力等问题。

⑤ 该公约构建起全球性核损害赔偿机制框架，被认为是《巴黎公约》体系、《维也纳公约》体系与各国相关立法的集大成者，多方面规定都走在最前沿。

⑥ 该公约是根据《关于环境与发展的里约热内卢宣言》和《21 世纪议程》第 19 章关于"有毒化学品的无害环境管理包括防止在国际上非法贩运有毒的和危险产品"规定以及《经修正的关于化学品国际贸易资料交流的伦敦准则》《农药的销售与使用国际行为守则》《国际化学品贸易道德守则》规定的原则制定出来的，适用范围是禁用或严格限用的化学品，极为危险的农药制剂，宗旨是保护包括消费者和工人健康在内的人类健康和环境免受国际贸易中某些危险化学品和农药的潜在有害影响。

命健康"①。

四 科技法律治理以有效规范科技活动为功能优势

科技伦理只能通过外部劝诫和内在良心起作用的柔性特征决定了它不足以阻止一些人为了纯粹的个人或少数人利益、为了不正当利益而进行具有社会危害性的科技活动。科技伦理约束的有限性决定了它不能从根本上解决科技异化问题，不能从根本上杜绝现实中科技之伪、恶、丑等现象的滋生。科技伦理治理在实现良好科技治理方面存在着局限和不足，这就需要更加有力、更加有效的科技治理方式加以填补。有学者提出了加强科技伦理法治化、提升科技伦理治理法治化水平的建议："法治从外在制度和内在价值两个层面为科技伦理治理提供支撑，是有效推动科技伦理治理的重要资源和有力保障。因此，只有凝聚法治力量、吸收法治智慧，坚持在法治轨道上推动科技伦理治理，才能形成更加完善的科技伦理治理体系，提升我国科技伦理治理能力。"② 科技法律治理是人类的一种伟大发明，以有效规范和调整科技活动而彰显优越于科技思想引导、科技政策调整和科技伦理约束的功能优势，填补这些治理方式之不足，从而是推进科技治理、实现科技领域善治的根本之举。

1. 科技法律治理以行为模式和法律后果规范科技活动

科技法律治理以良好科技法律为前提基础，而良好科技法律为科技活动提供明确的行为模式。良好科技法律构建的行为模式由以正义原则为指导而规定的权利和义务两个方面构成，通过明确规定人们从事科技活动的权利和义务，为人们从事科技活动、处理科技领域社会关系提供明确的、具体的指引，使人们明确在科技活动中的可为行为、应为行为以及禁为行为。良好科技法律规定的法律后果由肯定性法律后果和否定性法律后果两个方面构成，科技活动合法行为得到法律的肯定，对科技发展和转化应用作出突出贡献的单位或个人依法得到国家奖励。我国不仅在《宪法》《科学技术进步法》中构建科技奖励制度，而且《国家科学技术奖励条例》对科技奖励的实施作出明确规定，科技奖励作为一种肯定性法律后果，不

---

① 《中共中央关于制定国民经济和社会发展第十四个五年规划和二〇三五年远景目标的建议》，《人民日报》2020年11月4日第1版。

② 李石勇、卜传丞：《科技伦理治理中法治不能缺位》，《中国社会科学报》2022年6月14日第2版。

仅是对科技活动合法行为的肯定，而且有助于调动人们进行科技创新活动的积极性、能动性。总之，良好科技法律构建的行为模式和法律后果为从事科技活动提供了行为指引。

2. 科技法律治理以人文精神为科技活动提供价值导向

人文精神是一种普遍的人类自我关怀精神，以弘扬人的主体性和价值性、对人的权利的平等尊重和关怀为特质，强调人文关爱、倡导悲悯同情。孟德斯鸠将民法比喻为"慈母"，认为民法视野中的个人即是"整个国家"，这一观点形象地道出了民法的人文精神。其实，不仅民法具有人文精神，而且一切法治意义上的法律都应该富含人文精神。现代法律既应该是一套维护社会秩序的规则体系，也应该是一种充满人文关爱的价值体系。

科技法律治理作为科技与法治的结晶体，从制定科技法律到实施科技法律的全过程都必须将人文精神作为红线贯彻其中，人文精神是科技法律治理的思想根基，也是科技法律治理的价值导向。例如，自由是人的基本属性，"人的类特性恰恰就是自由的有意识的活动"[1]，科研自由既是人追求自由的表现，也是人实现自由的途径，因而科技法律对科技自由予以确认和保障——我国《宪法》和《科学技术进步法》都有相应的规定，科技行政部门依照法律规定对科研自由给予保障。又如，秩序是人类生活的基本诉求，因而科技法律通过构建权利义务机制、法律责任机制等建立和维护良好社会秩序——专门科技法律以建立和维护科技活动社会秩序为重要目的，环境法、安全生产法、产品质量法、职业病防治法、刑法等法律也通过规范科技成果的转化应用以及科技产品的质量性能发挥着维护科技产业秩序、科技生活秩序的功能。早在上个世纪末，我国环境法学家蔡守秋就发文阐释当代环境法的"科学化"趋势：为了保护自然环境、实现生态平衡，当代环境法治建设朝着"科技化"方向发展，科技手段和科技规范在"在环境法中的作用和地位日益突出"。[2]

3. 科技法律治理以形式特征填补其他治理方式的不足

不论是科技思想、科技政策，还是科技道德，都具有原则性、抽象性，可以为科技治理提供原则指导和价值指引，但都存在着可操作性不强、保障手段乏力的弱点，这些弱点制约着对科技治理的作用。与科技思

---

[1] 《马克思恩格斯选集》第1卷，人民出版社1995年版，第46页。
[2] 参见蔡守秋《当代环境法的"科技化"》，《环境》1998年第9期。

想、科技政策、科技道德相比较，良好科技法律具有普遍而明确、稳定而连续、可操作性强以及以国家强制力保障实施等特征，这些特征为科技法律治理发挥有效作用提供形式保证。例如，科技法律虽然可以按照科技发展所导致的社会关系的变化而进行修改和完善，但是良好科技法律不会朝令夕改；良好科技法律是民主的产物，不会因为领导人的改变或领导人意志的改变而改变；良好科技法律的实施以国家暴力机关为后盾，能够有力且有效地打击、遏制和矫治科技活动违法行为。总之，良好科技法律所具有的形式特征决定了它能够对科技活动进行持续的有效的调控，是科技治理的最佳方式。

当然，任何药物都不能包医百病，任何事情都不是十全十美，科技法律治理也不是实现科技领域善治的万能工具。科技法律治理是一种有瑕疵的科技治理方式，正所谓"甘瓜抱苦蒂，美枣生荆棘"。首先，科技法律以科技活动为调整对象，对于科技人员的思想问题、作风问题、态度问题等，即便是制定得良好的科技法律，也难以起到很好的调控作用。其次，科技法律治理只有借助其形式理性才能防范科技的负面效应、实现科技的正面效应，而科技法律的形式理性本身要受到科技发展的影响，这又意味着对科技负面效应的控制在一定意义上受到科技发展状况的制约。这种科技法律与科技的二律背反势必影响和制约科技法律治理的实践效果。再次，科技法律与科技活动不是一一对应关系，因而难以避免在科技行政管理和科技违法行为司法矫治中出现缺乏科技法律依据的情形。

尽管科技法律治理有一定的功能局限，但是比较而言，它依然是科技治理的最有效方式。正因为如此，科技法律治理伴随科技进步和时代发展而日益受到重视。在近代，经济和社会在科技的作用下发展迅速，科技的重要性因科技威力的初显而被当时的资产阶级所认知，资产阶级开始以法律方式推动科技进步；与此同时，科技的消极功能和负面效应也开始显现，科技异化现象已有端倪。于是，资产阶级不仅运用法律推动科技发展，而且运用法律对科技异化现象进行治理。随着科技从近代发展到现代，尤其是随着人类进入高科技迅猛发展的当今时代，面对高科技能够更强更快地推进经济社会发展同时也能更强更快地危害经济社会的客观现实，大多数国家重视对科技活动的规制，以科技法律治理促进科技创新以抢占科技制高点，同时防范科技负面效应、防范科技异化现象滋生蔓延。

在当今中国，科技治理面临着新的科技革命和产业变革在给人类带来福祉的同时也带来挑战的形势，科技治理应该在运用科技法律治理作为基本方式的同时综合运用科技思想引导、科技政策调控和科技伦理约束等方式。以人工智能治理为例，由于人工智能与神经科学、心理学、认知科学、经济学、社会学、数学、物理、化学、材料、量子科学、分子生物学和遗传学等学科的交叉融合加快，因而必须"整合多学科力量，加强人工智能相关法律、伦理、社会问题研究，建立健全保障人工智能健康发展的法律法规、制度体系、伦理道德"①。历史向我们展示，法治和科技是推动文明发展的两翼，法治规制人的行为，科技推动社会进步。我国法治在完善，科技在发展，两者的融合和统一必将为我国营造一个光辉灿烂的美好明天，推进科技法律治理是新时代新征程全面依法治国和科技健康发展的共同课题。

第二节 以习近平法治思想指引科技法律治理实践行动

思想的指导对于行动的意义无须赘述，我国科技法律治理的实践行动必须坚持习近平法治思想的指引。习近平法治思想是中国法治建设的理论研究和实践探索在新时代的智慧凝结，是推进全面依法治国、建设良法善治的法治中国的思想指南。"以习近平法治思想引领依法治国的全面性发展，包括战略部署的全面性、涵盖领域的全面性、内容构成的全面性、空间维度的全面性、时间维度的全面性等"②，科技法律治理是全面依法治国的题中内容，习近平法治思想是科技法律治理的根本遵循。

一 习近平法治思想是新时代科技法律治理的根本遵循

法治是人类文明进步的产物和标志，反过来又成为人类文明进一步发展的推动力量和重要保障。理论和实践已经证明，法治是治理国家、处理政务的最佳方式。在当今中国，全面依法治国、建设良法善治的法治中国是新时代的重要课题，"世界正经历百年未有之大变局"的国际形势和

---

① 转引自李传兵《保障人工智能健康发展（学苑论衡）》，《人民日报》2020年7月13日，第9版。
② 沈国明：《在大国治理新征程中推进法治中国建设——习近平法治思想研究综述》，《东方法学》2023年第1期。

"我国正处于实现中华民族伟大复兴关键时期"的国内形势要求我们更加重视法治建设、更好地发挥法治所具有的"固根本、稳预期、利长远"的功能和作用，不断强化法治思维，提高法治能力，以法治方式应对中国式现代化建设所面临的重大挑战、抵御重大风险、克服重大阻力、解决重大矛盾，将中国式现代化建设不断向前推进。

顺应新时代全面依法治国的需要，以习近平同志为核心的党中央从全局和战略高度对全面依法治国进行探索，从法治理论与法治实践的紧密结合、法治历史和法治现实的承接贯通、国内法治与涉外法治的关联统筹上，深刻回答了什么是全面依法治国、新时代为什么实行全面依法治国以及怎样实行全面依法治国等重大问题，提出了一系列全面依法治国新理念新思想新战略，创立了习近平法治思想。在 2020 年 11 月举行的中央全面依法治国工作会议上，习近平发表重要讲话，这次讲话提出并阐述了如表 5-1 所示的"十一个坚持"——这"十一个坚持"构成习近平法治思想的"核心要义"[①]。

表 5-1　　　　　　　　　　习近平法治思想的核心要义

列项	内容
1	坚持党对全面依法治国的领导
2	坚持以人民为中心
3	坚持中国特色社会主义道路
4	坚持依宪治国、依宪执政
5	坚持在法治轨道上推进国家治理体系和治理能力现代化
6	坚持建设中国特色社会主义法治体系
7	坚持依法治国、依法执政、依法行政共同推进；坚持法治国家、法治政府、法治社会一体建设
8	坚持全面推进科学立法、严格执法、公正司法、全民守法
9	坚持统筹推进国内法治和涉外法治
10	坚持建设德才兼备的高素质法治工作队伍
11	坚持抓住领导干部这个"关键少数"

习近平法治思想具有深刻的理论逻辑，是马克思主义法治理论中国化、时代化的产物；具有坚实的实践逻辑，是中国特色社会主义法治实践

---

① 《习近平法治思想概论》编写组：《习近平法治思想概论》，高等教育出版社 2021 年版，第 75 页。

经验的凝聚；具有丰富的价值逻辑，以人民为中心，以依法保障人民权益为根本目的，追求公平正义。习近平法治思想不仅具有重要的理论意义，而且具有重要的实践意义，在全面建成社会主义现代化强国的新征程上，习近平法治思想是法治中国建设取得更大成就的思想旗帜，是在法治轨道上以中国式现代化全面推进中华民族伟大复兴的根本遵循。

新时代是一个伟大时代，伟大时代孕育习近平法治思想这一伟大的法治理论，习近平法治思想这一伟大的法治理论引领全面依法治国踏上新的伟大进程。《法治中国建设规划（2020—2025年）》指出："深入贯彻习近平法治思想，系统总结运用新时代中国特色社会主义法治建设的鲜活经验，不断推进理论和实践创新发展。"[①] 当前，我国发展面临着新形势，一方面，"新一轮科技革命和产业变革深入发展"的国际形势带来新的战略机遇；另一方面，"我国发展进入战略机遇和风险挑战并存、不确定难预料因素增多的时期，各种'黑天鹅'、'灰犀牛'事件随时可能发生"。[②] 应对我国发展面临的新形势，加强科技法律法治是必不可少的方式，必须以习近平法治思想为引领，在法治轨道上推进科技治理体系和科技治理能力的现代化，以法治思维和法治方式预防和解决科技异化问题、预防科技发展中的风险、保障科技健康发展。

二 以习近平关于重点领域立法的论述引领科技法律规范完善

我国社会主义法律体系已经形成并且日益完善，使得我国社会生活的各个方面基本上有法可依。然而，时代在发展，科技在进步，因而法律必须与时俱进。在新时代新发展阶段，加强重点领域立法成为全面依法治国的重要课题。依据习近平有关论述，重点领域的立法包含科技立法的内容，这些内容为完善科技法律指明了方向：未来的科技法律完善，在形式上要加强新兴科技研究和应用方面的立法；在内容上要坚持促进科技创新和保障科技安全相统一的价值取向。习近平指出："要积极推进国家安全、科技创新、公共卫生、生物安全、生态文明、防范风险、涉外法治等重要领域立法，健全国家治理急需的法律制度、满足人民日益增长的美好

[①] 参见中共中央《法治中国建设规划（2020—2025年）》，《光明日报》2021年1月11日第1版。

[②] 习近平：《高举中国特色社会主义伟大旗帜 为全面建设社会主义现代化国家而团结奋斗——在中国共产党第二十次全国代表大会上的报告》，《人民日报》2022年10月26日第1版。

生活需要必备的法律制度，填补空白点、补强薄弱点。数字经济、互联网金融、人工智能、大数据、云计算等新技术新应用快速发展，催生一系列新业态新模式，但相关法律制度还存在时间差、空白区。网络犯罪已成为危害我国国家政治安全、网络安全、社会安全、经济安全等的重要风险之一。"[1]

三 以习近平关于法律运行过程的论述引领科技法律效能增强

法律不仅要实施，而且法律实施要取得实效，使法律规范人们行为、维护社会秩序、促进经济社会稳定发展的效能得到真切实现。由此，法律治理就不能停留于思想状态，而必须转化为社会实践。作为社会实践的法律治理不是一项独立的简单行动，而是一个复杂的运行过程，这个过程由立法、执法、司法和守法等环节构成，这个过程的质量制约着法律治理的效能。要提高法律治理效能，一方面要对法律运行过程进行整体谋划，更加注重系统性、整体性、协同性；另一方要力戒形式主义、官僚主义，确保全面依法治国各项任务真正落到实处。习近平高度重视法律运行过程的质量，指出："要继续推进法治领域改革，解决好立法、执法、司法、守法等领域的突出矛盾和问题"，要"坚持全面推进科学立法、严格执法、公正司法、全民守法"。[2]

以习近平关于法律运行过程的论述为指引推进科技法律治理，一要推进科技法律的科学制定，立足于科技发展及其实际效应等方面的现实状况，反映科技发展对科技法律的客观要求，充分发挥人民群众的智慧，听取人民群众的呼声，统筹推进科技法律规范体系的完善，增强科技法律规范之间的一致性。二要推进科技法律的切实施行，一方面要推进执法机关坚持以事实为依据、以法律为准绳原则，严格执法、公正司法，搞好行政执法和司法的衔接，促使科技活动案件得到公正解决，切实发挥科技法律在规范和调整科技活动、肯定和激励合法科技活动、制裁和打击违法科技活动方面的功能，尤其要强化打击科技犯罪的力度，"依法严厉打击网络黑客、电信网络诈骗、侵犯公民个人隐私等违法犯罪行为，切断网络犯罪

---

[1] 《习近平谈治国理政》第4卷，外文出版社2022年版，第293页。
[2] 参见《习近平谈治国理政》第4卷，外文出版社2022年版，第295页。

利益链条，持续形成高压态势"①；另一方面要加强对全民的科技法律教育，提供全民的科技法律素养，使全体人民崇尚法律、遵守法律、捍卫法律。领导干部是全面依法治国的关键，也是科技法律治理的关键，推进科技法律治理时要"坚持'关键少数'以上率下"②，切实发挥领导干部在尊重科技法律、学习科技法律、遵守科技法律等方面的示范带头作用。

四 以习近平关于新发展理念的论述引领科技法律治理高质量发展

"发展理念是发展行动的先导，是管全局、管根本、管方向、管长远的东西，是发展思路、发展方向、发展着力点的集中体现。"③ 世间万事万物不会凝固不变，任何事物处于运动、变化、发展乃至消亡之中，发展本身也是发展的，因而发展理念不能也不会凝固不变。以习近平同志为核心的党中央顺应新时代发展要求，在党的十八届五中全会明确提出以创新、协调、绿色、开放、共享为内容的新发展理念。"新发展理念是一个系统的理论体系，回答了关于发展的目的、动力、方式、路径等一系列理论和实践问题，阐明了我们党关于发展的政治立场、价值导向、发展模式、发展道路等重大政治问题"④，为我国以科技现代化高质量发展推动中国式现代化奠定了思想基础，"贯彻新发展理念是新时代我国发展壮大的必由之路"⑤。

习近平关于新发展理念的论述不但是实现我国科技引领经济社会高质量发展的思想基础，也是推进我国科技法律治理高质量发展的思想指南。习近平指出：在新时代新征程上，"完整、准确、全面贯彻新发展理念，既要以新发展理念指导引领全面深化改革，又要通过深化改革为完整、准确、全面贯彻新发展理念提供体制机制保障"，中央要从"政策法律"等

---

① 张晓松、朱基钗：《习近平在全国网络安全和信息化工作会上强调敏锐抓住信息化发展历史机遇 自主创新推进网络强国建设》，《光明日报》2018年4月22日第1版。
② 习近平：《高举中国特色社会主义伟大旗帜 为全面建设社会主义现代化国家而团结奋斗——在中国共产党第二十次全国代表大会上的报告》，《人民日报》2022年10月26日第1版。
③ 习近平：《〈中共中央关于制定国民经济和社会发展第十三个五年规划的建议〉的说明》，《人民日报》2015年11月4日第2版。
④ 新华社：《〈求是〉杂志发表习近平总书记重要文章〈全党必须完整、准确、全面贯彻新发展理念〉》，《社会主义论坛》2022年第8期。
⑤ 习近平：《高举中国特色社会主义伟大旗帜 为全面建设社会主义现代化国家而团结奋斗——在中国共产党第二十次全国代表大会上的报告》，《人民日报》2022年10月26日第1版。

方面"对全党全国作出指导,抓好关键环节,通过重点突破带动贯彻新发展理念整体水平提升,从全局上不断提高全党全国贯彻落实新发展理念的能力和水平"。①《法治中国建设规划(2020—2025年)》关于"推动贯彻新发展理念、构建新发展格局,加快完善深化供给侧结构性改革、促进创新驱动发展、防范化解金融风险等急需的法律法规"②的规定,为以新发展理念引领科技法律治理高质量发展提供了政策依据和指引。

1. 以创新发展理念引领科技法律治理

科技创新不仅需要科技人员的艰苦努力,而且需要运用科技法治手段提高科技创新的效率和质量,因此,要加强科技法律治理,"破除一切制约科技创新的思想障碍和制度藩篱"③。《科学技术进步法》的第三次修订是顺应时代发展对科技创新要求的重要举措,这次修订将新时代党和国家领导人关于创新的新思想法律化,"在强化国家战略科技力量上作出一系列制度安排"④,"通过章节体例和条文逻辑的调整与重构,将制度规范主线从促进科技活动调整到了建构完善国家创新体系之上"⑤。思想自由、学术自由、科研自由是科技创新的前提基础和必要条件,但思想自由、学术自由、科研自由不是毫无约束的任意活动,而是受到法律约束的。依据《科学技术进步法》规定,国家一方面"遵循科学技术活动服务国家目标与鼓励自由探索相结合的原则"(第7条),"保障开展科学技术研究开发的自由,鼓励科学探索和技术创新,保护科学技术人员自由探索等合法权益"(第8条第1款),另一方面"禁止危害国家安全、损害社会公共利益、危害人体健康、违背科研诚信和科技伦理的科学技术研究开发和应用活动"(第107条)。⑥

2. 以协调发展理念引领科技法律治理

协调发展理念是事物普遍联系的思想反映,科技法律治理与世界上的其他事物一样是一个由多方面因素构成、受到诸多因素制约的系统,

---

① 参见习近平《全党必须完整、准确、全面贯彻新发展理念》,《先锋》2022年第8期。
② 中共中央:《法治中国建设规划(2020—2025年)》,《光明日报》2021年1月11日第1版。
③ 《习近平谈治国理政》,外文出版社2014年版,第125页。
④ 王萍:《科学技术进步法修订:为科技自立自强提供法治保障》,《中国人大》2022年第1期。
⑤ 肖尤丹:《全面迈向创新法时代——2021年〈中华人民共和国科学技术进步法〉修订评述》,《中国科学院院刊》2022年第1期。
⑥ 《中华人民共和国科学技术进步法》,《人民日报》2021年12月27日第14版。

必须将协调发展理念融贯于科技法律治理。一方面，要准确把握科技法律规制与法律规则、自然规则、科技规则的协调统一关系。自然规则是自然事物、自然系统赖以存在和运行的规则，人们可以认识和利用、但不能创造和改变。科技规则是经过人的分析与综合、具体与抽象等思维加工所获得的自然规则，是人类认识和改造自然的智慧成果。法律规则在初期主要以人际关系为调整对象，科技的诞生和发展使得人类活动对自然界的影响不断加深，于是，法律规则逐渐走出调整人际关系的范围而将人与自然的关系纳入其中。科技法律治理涉及自然、科技和法律等方面的问题，必须尊重和遵循自然规则、科技规则和法律规则。另一方面，要深刻理解科技法律治理的内部系统性、整体性。科技法律治理是科技法律规范体系、科技法律实施体系、科技法律监督体系、科技法律保障体系等方面的有机结合、相互耦合，因而要"加强与促进科技成果转化法、专利法、著作权法等法律的衔接，进一步明确知识产权保护机制，破解发明创造和转化运用的现实困惑"①，不断完善科技法律规范体系；要加大对科技法律的执法力度，加强科技发展的司法保障，提高人们的科技法律意识。

3. 以绿色发展理念引领科技法律治理

习近平在党的二十大作报告时指出："尊重自然、顺应自然、保护自然，是全面建设社会主义现代化国家的内在要求"，必须"推动绿色发展，促进人与自然和谐共生"。② 科技法律治理因将法律、科技、自然三者统一起来而对于实现绿色发展具有极为重要的意义。科技法律是科技法律治理的依据，因而尤其要重视在科技立法中以立法生态主义为指导，实现科技法律的绿色化。立法生态主义源自 20 世纪下半叶人类环境意识、生态意识的新觉醒，其基本内容是要求通过立法解决人类利益与生态利益的冲突、避免和减少对生态环境的破坏、实现人与自然的共生共荣。我国的立法生态主义"先是由国外引入并逐渐为国内法学界所接纳，先是引起环境法学者的高度重视，并逐渐为各部门法学者所承认"③。如今，立法生态主义作为立法的绿色化原则已经从学者的倡议转化为立法实践、从

---

① 陈瑜：《科学技术进步法修改在即 科技界这样建议》，《科技日报》2019 年 3 月 28 日第 3 版。

② 习近平：《高举中国特色社会主义伟大旗帜 为全面建设社会主义现代化国家而团结奋斗——在中国共产党第二十次全国代表大会上的报告》，《人民日报》2022 年 10 月 26 日第 1 版。

③ 陈泉生：《论科学发展观与法律的生态化》，《法学杂志》2005 年第 5 期。

环境领域进到科技领域。立法机关在为科技活动立法时贯彻生态主义原则，按照国家在防治各种污染、保护生态环境、合理利用自然资源等方面的生态要求，将促进科技发展与保护生态环境有机统一起来。《科学技术进步法》第47条第2款和第87条规定是绿色发展理念的法律反映①，这些规定的施行为实现绿色发展提供法治保障。

4. 开放发展理念引领科技法律治理

事物的联系性决定了不能故步自封，一个事物只有不断吸纳其他事物中有益于自身的成分才能不断发展和完善自身。当今时代是一个开放的时代，这种开放不仅是国内的，也是国际的。开放发展理念解决了发展内外联动问题，是推进中国式现代化建设必须坚持的理念。党的二十大指出，在新时代新的历史阶段，必须继续贯彻开放发展理念，"坚持高水平对外开放，加快构建以国内大循环为主体、国内国际双循环相互促进的新发展格局"②。将开放发展理念贯穿于科技法律治理，一方面要求科技法律治理向社会开放、向实践开放，对科技领域社会关系变迁作出反映，顺应科技发展以及以此导致的社会全面发展，从而使科技法律治理反映和体现未来我国科技发展的最新和最高成果、适应我国未来科技现代化发展的要求。另一方面要求科技法律治理向世界开放、向国际开放，在坚持为我国科技自强自立提供法治保障之"本国立场"的同时"坚持统筹推进国内法治和涉外法治"③，使我国科技法律治理"面向世界科技前沿"，借鉴科技法律治理的有益经验，跟上世界科技法律治理的新发展。

5. 以共享发展理念引领科技法律治理

为中国人民谋幸福、使中国人民过上美好生活是中国共产党的奋斗目标，共享发展理念是党的奋斗目标在新时代的彰显，是新时代新征程推进中国式现代化的思想指南。习近平在党的二十大作报告时指出："维护人民根本利益，增进民生福祉，不断实现发展为了人民、发展依靠人民、发

---

① 依据第47条第2款规定，"国务院有关部门和省级人民政府应当通过制定产业、财政、金融、能源、环境保护和应对气候变化等政策，引导、促使企业研究开发新技术、新产品、新工艺，进行技术改造和设备更新，淘汰技术落后的设备、工艺，停止生产技术落后的产品"。在第87条关于"财政性科学技术资金"投入的事项中，"关系生态环境和人民生命健康的科学技术研究开发和成果的应用、推广"作为第五项列入其中。参见《中华人民共和国科学技术进步法》，《人民日报》2021年12月27日第14版。

② 习近平：《高举中国特色社会主义伟大旗帜 为全面建设社会主义现代化国家而团结奋斗——在中国共产党第二十次全国代表大会上的报告》，《人民日报》2022年10月26日第1版。

③ 《习近平谈治国理政》第4卷，外文出版社2022年版，第296页。

展成果由人民共享,让现代化建设成果更多更公平惠及全体人民。"① 科技发展为人民做大"蛋糕"提供重要手段,科技法律治理则为人民共享"蛋糕"提供有力保障。在科技法律治理中践行共享发展理念,需要顺应未来科技发展的新形势、新状况,针对全体人民共享改革发展成果的实际情况和制度设计存在的"不完善的地方"② 而推进共享改革成果机制的完善,包括完善各种生产要素都能按贡献获得相应回报的收入分配法律制度以及以税收、社会保障、转移支付为主要手段的再分配调节法律机制等方面,从而使得"劳动生产、物质消费、精神生活等各场域内部利益关系趋于均衡",促进"基于新技术新产业的利益创造水平和基于制度及体制改革的利益享有水平同步提升"。③

第三节 以推进科技立法人本化提升科技法律品格

良好科技法律是科技法律治理的前提和基础,要通过科技法律治理推进科技健康发展,就要提升科技法律品格,使科技法律成为制定得良好的科技法律;推进科技立法,使科技法律规范科学完备统一。依据科技良法的形式标准,要加强科技法律规范的体系性、完整性、协调性,既要增强不同层级、不同位阶的规范性法律文件之间的协调性,又要增强人才、产业、金融、投资、税收、金融等方面的立法联动性,从而"加快形成保障和促进科技创新的法律法规体系,提高科技领域法治水平"④。依据科技良法的内容标准,要强化科技法律的人本精神底蕴,科技的人本精神与法治的人权价值相契合,决定了科技立法人本化对于提升科技法律的品位、发挥科技良法的作用是举足轻重的。

一 将社会主义核心价值观融于科技法律

核心价值观承载着一个国家、一个民族的精神追求,构筑起一个国

---

① 习近平:《高举中国特色社会主义伟大旗帜 为全面建设社会主义现代化国家而团结奋斗——在中国共产党第二十次全国代表大会上的报告》,《人民日报》2022年10月26日第1版。
② 参见《习近平谈治国理政》第2卷,外文出版社2017年版,第200页。
③ 参见易淼:《技术创新与利益共享的统一:新科技革命如何推进社会主义共享发展》,《西部论坛》2020年第1期。
④ 谭华霖:《治理之道:夯实建设科技强国的法治基础》,《人民日报》2018年6月26日第7版。

家、一个民族赖以存在和发展的精神基础，凸显出一个群体、社会的价值标准，构成一个民族、一个国家、一个群体、一个社会的最持久、最深层、最广泛、最磅礴的力量。我国是社会主义国家，弘扬社会主义核心价值观[1]。社会主义核心价值观在当今中国对于整合社会意识、凝聚社会共识、激发社会活力、引领社会进步具有重要意义。党的十八大以来，党和国家高度重视社会主义核心价值观的培育和践行。中共中央办公厅2013年12月印发的《关于培育和践行社会主义核心价值观的意见》对在经济发展和社会治理中宣传教育和贯彻落实社会主义核心价值观提出要求、作出布局[2]；党的十九大要求"把社会主义核心价值观融入社会发展各方面"[3]；党的二十大强调要"广泛践行社会主义核心价值观"[4]。

践行社会主义核心价值观，不仅是伦理道德的要求，也是宪法法律的要求。党的十九届四中全会作出的决定和中共中央印发的关于法治中国建设规划的文件都要求："完善弘扬社会主义核心价值观的法律政策体系，把社会主义核心价值观要求融入法治建设和社会治理。"[5] 党的二十大进一步强调："坚持依法治国和以德治国相结合，把社会主义核心价值观融入法治建设、融入社会发展、融入日常生活。"[6] 2018年3月第十三届全国人民代表大会第一次会议在对宪法进行修改时，在第24条第2款中增加了"国家倡导社会主义核心价值观"的内容。核心价值观从党的文件的规定到宪法的确认，使培育和践行核心价值观从党的政策转为国家法律，开启了培育和践行核心价值观法治化的进程，也使得核心价值观融入全面依法治国具体行动具有国家强制性。

科技治理是国家治理和社会治理的一部分，科技法律是科技和法律的

---

[1] 社会主义核心价值观的内容为人们所熟知：以富强、民主、文明、和谐为内容的国家层面价值目标，以自由、平等、公正、法治为内容的社会层面价值原则，以爱国、敬业、诚信、友善为内容的个人生活层面的价值规范。

[2] 《中共中央办公厅印发〈关于培育和践行社会主义核心价值观的意见〉》，《党建》2014年第1期。

[3] 《习近平谈治国理政》第3卷，外文出版社2020年版，第33页。

[4] 习近平：《高举中国特色社会主义伟大旗帜 为全面建设社会主义现代化国家而团结奋斗——在中国共产党第二十次全国代表大会上的报告》，《人民日报》2022年10月26日第1版。

[5] 《中共中央关于坚持和完善中国特色社会主义制度 推进国家治理体系和治理能力现代化若干重大问题的决定》，《人民日报》2019年11月6日第1版；中共中央：《法治中国建设规划（2020—2025年）》，《光明日报》2021年1月11日第1版。

[6] 习近平：《高举中国特色社会主义伟大旗帜 为全面建设社会主义现代化国家而团结奋斗——在中国共产党第二十次全国代表大会上的报告》，《人民日报》2022年10月26日第1版。

统一体，社会主义核心价值观是推进科技法律治理、实现科技善治、保障科技健康发展的思想根基。科技发展及其应用出现的新形势、新特征表明科技领域的良法善治的重要性，完善科技立法、提升法律品位的呼声越来越高。将科技法律治理与社会主义核心价值观结合起来，以社会主义核心价值观指导科技立法、将社会主义核心价值观融入科技法律之中，是提升法律品位的必然之举、根本之举。习近平在庆祝中国共产党成立100周年大会上发表讲话时，将发展科技、坚持依法治国与坚持社会主义核心价值观联系起来，将其作为发展中国式现代化的新道路，指出：新时代开启新征程、进入新发展阶段，要以社会主义核心价值体系为指导，完整、准确、全面地贯彻执行新发展理念，采取措施切实推动高质量发展，努力在高质量发展中保障和改善民生，大力推进科技自立自强、努力建设创新型国家，加强生态环境保护，使人民幸福、国家强盛、中国美丽三者协同推进。[①]

二 科技立法及时对科技治理要求作出反应

立法的目的在于制定出具有国家强制力的普遍性规则为处理现实中的矛盾和纠纷提供依据和途径，法律如科技一样以解决现实问题为使命，只不过科技要解决的是人与自然的关系问题，而法律所要解决的则是人与人之间的关系问题，这些问题都属于现实社会客观存在的问题，"其中的命题和结论需要根据案件事实等经验材料来作出调整"[②]。社会是处于永恒的变动中的，科技一旦产生也不会停止前进。不同时代、不同社会的科技在内容、水平以及产生的社会效应上不尽相同，对科技效应作出反应的科技法律规范也具有时代性、社会性特征。推进中国的科技法律制定需要回到滋养科技法律规范的中国科技发展及其社会效应，对中国科技发展及其社会效应作出及时的、客观的反应，以此适应中国科技发展及其应用的新形势、新特征，为科技领域的良法善治提供切实保障。

法律制度的建立和稳定需要经历一定时间、法律制度的成熟和定型需要经历一个与时俱进的动态过程，以法律制度现代化为基础、为依据、为保障的治理能力现代化也存在一个形成、发展和完善的过程。对于国家治

[①] 参见习近平《在庆祝中国共产党成立100周年大会上的讲话》，《人民日报》2021年7月2日第2版。

[②] 郑戈：《探寻法学的内在品格》，《中国法律评论》2021年第2期。

理来说，没有法律制度不行，而固守法律制度不思改变也是行不通的，习近平曾借用"治国无其法则乱，守法而不变则衰"之格言警句说明国家治理不能固守法律而必须因时因势地发展法律，使中国特色社会主义法律体系"更加科学完备、统一权威"。① 推进科技法律治理、实现科技领域良法善治，必须与时俱进地推动科技立法。这一点已经成为政界、法学界和科技界的共识，2019 年 12 月在北京举行的第一届"科技与法治"高端论坛以"构建科技界和法学界常态化对话交流机制，共同讨论研究前沿问题"为宗旨、以"人工智能与法治""网络安全与法治"为议题，来自政界、科技界、法律界和法学界的领导、专家和学者就"如何通过法律有效规制人工智能、网络安全等新科技发展带来的风险，为人工智能、互联网发展提供法治保障，推动我国加快建设创新型国家和世界科技强国"等问题展开讨论，尽管来自不同领域的与会代表关注的重点不尽相同，但"共同推进科技与法治的融合"成为与会代表的共同呼声，他们共同主张"用科技更好地支持依法治国方略的实施和落实，同时也通过法律的规制和保障来保证新兴技术的健康发展和真正使其造福人民"。②

进入 21 世纪以来，科技发展进入大爆发时代，科技创新进入空前密集活跃时期，科技创新成果的数量急剧增长，科技创新的空间和范围不断拓展。与时俱进地推进科技法律制定，就要紧跟科技发展对科技治理的现实要求，梳理科技创新法律政策，加强科技领域的立法。2019 年 1 月，习近平在省部级主要领导干部"坚持底线思维，着力防范化解重大风险"专题研讨班开班式上讲话时指出："要加快科技安全预警监测体系建设，围绕人工智能、基因编辑、医疗诊断、自动驾驶、无人机、服务机器人等领域，加快推进相关立法工作。"③ 当前，"数字经济、互联网金融、人工智能、大数据、云计算等新技术新应用快速发展，催生一系列新业态新模式，但相关法律制度还存在时间差、空白区。网络犯罪已成为危害我国国家政治安全、网络安全、社会安全、经济安全等的重要风险之一"④，必须实时制定和完善这方面的法律，为科技法律治理提供充分的法律依据。《法治中国建设规划（2020—2025 年）》以习近平法治思想为指导而制

---

① 参见《习近平谈治国理政》第 4 卷，外文出版社 2022 年版，第 293 页。
② 孟植良：《第一届"科技与法治"高端论坛召开》，http://legal.people.com.cn/n1/2019/1231/c42510-31530744.html，访问时间：2022 年 11 月 26 日。
③ 参见《习近平谈治国理政》第 3 卷，外文出版社 2020 年版，第 221 页。
④ 《习近平谈治国理政》第 4 卷，外文出版社 2022 年版，第 293 页。

定,该规划所要求的"加强信息技术领域立法,及时跟进研究数字经济、互联网金融、人工智能、大数据、云计算等相关法律制度,抓紧补齐短板"①为未来五年科技领域的重点立法提供了具体遵循。

三 将科技人本精神浸润在科技法律规范中

中国在新时代面临新的社会主要矛盾,人民群众的温饱问题得到解决但对美好生活的需要日益广泛,我国社会生产力水平总体上显著提高却存在发展不平衡不充分的问题。②在这种背景下,以科技发展带动经济社会发展,就成为解决社会主要矛盾的重要举措。以人为本是科技的内在精神,以人民利益为中心是科技的根本价值。但是,科技也有消极功能,这种消极功能在科技被滥用、被误用时表现得更加明显、危害后果也更加严重。于是,将科技人本精神融贯于、浸润于科技法律规定就具有必然性,由此可以通过科技法律的国家强制性作用为实现科技的人本精神提供强有力保障。由于科技法律原则是科技法律的灵魂所在、活力所在,为制定科技法律、构筑科技法律规范提供价值依据和精神指南,因而将科技人本精神浸润在科技法律中的第一步就是要确立科技人本的法律原则。

我国科技法律规范随着科技发展和加强科技法律异化治理的需要而不断吸纳人本精神。例如,以《科学技术进步法》这部被一些学者称为科技领域的"基本法"、各项科技事业的"小宪法"为例,该法在 1993 年颁布时确立了十项原则③,2007 年第一次修改该法时增加了"坚持科学发展观,实施科教兴国战略"原则。这一原则的增加意味着以人为本原则的间接规定,因为以人为本是科学发展观的核心。④ 进入新时代,国际国

---

① 中共中央:《法治中国建设规划(2020—2025 年)》,《光明日报》2021 年 1 月 11 日第 1 版。

② 参见《习近平谈治国理政》第 3 卷,外文出版社 2020 年版,第 9 页。

③ 这十项原则是:(1)促进科学技术进步的原则;(2)科技与经济和社会协调发展的原则;(3)科学研究自由的原则;(4)尊重知识、尊重人才、尊重科技工作者的创造性劳动的原则;(5)坚持科技体制改革的原则;(6)全面推进科技发展的原则;(7)全社会参与支持科技进步的原则;(8)加强政府科技发展的协调和管理的原则;(9)科学决策的原则;(10)全方位开展国际科技交流与合作的原则。参见罗玉中《科学技术进步法论》,高等教育出版社 1996 年版,第 32—73 页。

④ 胡锦涛在党的十七大作报告时指出:"科学发展观,第一要义是发展,核心是以人为本,基本要求是全面协调可持续,根本方法是统筹兼顾。"胡锦涛:《高举中国特色社会主义伟大旗帜 为夺取全面建设小康社会新胜利而奋斗——在中国共产党第十七次全国代表大会上的报告(2007 年 10 月 15 日)》,《人民日报》2007 年 10 月 25 日第 1 版。

内形势的变化提出了面向人民生命健康而实现科技高水平发展的要求，高水平科技发展需要更加完善的科技法律规范体系提供保障。顺应新时代科技发展的要求，《科学技术进步法》第二次修改被提上日程。在《科学技术进步法》第二次修订工作启动后，各界专家提出了诸多修订建议，包括"充分体现尊重人才、尊重创造的理念""强化科技成果转化激励措施""推行科技成果处置收益和股权期权的激励制度""明确规定地方政府支持基础研究的责任""以专门法律条款明确设立国家级科技伦理机构，对各层次伦理审查体系作出制度安排"等。① 有学者认为，2007年《科学技术进步法》存在着"欠缺对认识人类自身的研究的鼓励，欠缺对人文精神的倡导"等不足，因而建议在第1条关于立法宗旨的规定中加上"推动人的全面发展"，使之表述为"为了促进科学技术进步，推动人的全面发展，发挥科学技术第一生产力的作用，推动科学技术为经济建设、社会发展服务"。② 2021年12月24日十三届全国人大常委会对《科学技术进步法》的第二次修订充分吸收了专家建议，增加章节、条款和字数，完善了体例和内容，③ 不仅健全了加快实现高水平科技自立自强的科技体制机制，而且更好地吸纳了科技人本精神。

具体分析，新《科学技术进步法》的科技人本精神有五个方面的体现，即：(1) 规定了科学技术进步工作应当坚持的"四个面向"④，"面向人民生命健康"作为第四个"面向"位列其中；(2) 将党和国家领导人的创新思想具体化为法律规定，全面聚焦创新体系建设，同时系统构建科技安全治理机制；(3) 将"基础研究"单独成章，"彰显了科技立法整体思路从'以技术为主'回归'以人为本'"；(4) 完善科技人才制度，突出科技人才的创新主体地位（参见第19条、第21条、第23条、第25条），加强科技人才的法律保护（参见第8条、第33条、第57条、第60条、第64条、第66条），推进科技决策的科学化民主化法治化（参见第

---

① 参见陈瑜《科学技术进步法修改在即 科技界这样建议》，《科技日报》2019年3月28日第3版。

② 参见时态《浅谈科学技术进步法的修订》，《中国财政》2021年第9期。

③ 《科学技术进步法》的条文从原有的75条大幅增加到117条；字数也几乎翻倍，扩增到了15800余字，新增了基础研究、区域科技创新、国际科技合作和监督管理四个全新的章节，现有十二章。

④ 现行《科学技术进步法》第3条规定："科学技术进步工作应当面向世界科技前沿、面向经济主战场、面向国家重大需求、面向人民生命健康，为促进经济社会发展、维护国家安全和推动人类可持续发展服务。"

99条）；（5）将"科研诚信失信记录、财政科技资金绩效管理制度、建立国家科技伦理委员会和禁止学术论文买卖、代写、代投等监管规则"载入其中，从而补齐科技监督管理的制度短板。① 尽管与旧版相比，新版《科学技术进步法》更好地反映了科技人本精神，但这并不意味着该法尽善尽美。未来在对《科学技术进步法》进行修订时，可以就科技以人为本原则作出直接规定，具体可以采取这样的表述："一切科技活动都应该坚持以人为本原则，一切科技活动都应该有利于增进人的自由、尊严和幸福，都应该维护公共利益、实现人与自然和谐发展。"

《科学技术进步法》作为我国科技法律领域的基本法，对人本原则的明确规定是事关宏旨的，不仅呼应了新时代以人民为主体、以人民为中心、保障人民过上更加美好生活的时代主题，而且为本身内容的完善提供了价值指南。不仅如此，针对科技发展对人权保障的挑战，我国还加强科技领域其他专门法律规范的人本化。例如，互联网的发展、人工智能的兴起使得"个人隐私的数据保护"尤为重要，"《民法总则》第111条第一次从基本法的角度建立了个人信息保护的规则，可以说意义非常重大"，但是，"这个法律条文是从禁止侵害的角度来保护个人信息的"，不能规制机构和单位"采集、保管、利用"个人信息的"群体性社会行为"，因为"民法无法建立管理社会群体性行为的规则"。② 基于此，国家加快推进数据安全、个人信息保护等领域的专门立法，2018年9月十三届全国人大常委会将制定个人信息保护法列入立法规划，2021年8月十三届全国人大常委会第三十次会议表决通过《个人信息保护法》，该法秉持以人为本原则，以"保护个人信息权益，规范个人信息处理活动，促进个人信息合理利用"③为目的，构建起较为完善的"'以人为本'的个人信息保护法律制度"④。

四 遵循科技进步与科技安全并重基本原则

既然科技对人和社会的效应有正面与负面之别、积极与消极之分，那

---

① 参见肖尤丹《全面迈向创新法时代——2021年〈中华人民共和国科学技术进步法〉修订评述》，《中国科学院院刊》2022年第1期。
② 孙宪忠：《关于尽快制定我国〈个人信息保护法〉的建议》，http：//ex.cssn.cn/fx/201710/t20171016_3668348_2.shtml，访问时间：2021年8月30日。
③ 《中华人民共和国个人信息保护法》第1条，《人民日报》2021年8月23日第14版。
④ 参见王春晖《构建"以人为本"的个人信息保护法律制度》，《中国信息安全》2021年第5期。

么科技法律就要在规定科技人本原则的同时对科技活动坚持保障与规范并重原则，在制度设计上重视相互联系的两个方面：一方面是促进科技进步以使科技造福人；另一方面是保障科技安全以防止科技危害人。这两个方面实际上关涉科技法律的两项具体原则，即促进科技进步和保障科技安全。

1. 促进科技进步原则

科技进步的涵盖非常广泛：在横向上，涉及经济、社会、文化等各个领域，涉及农业、工业、通信、交通、地质勘察、航空航天等各个行业，涉及政党、国家及国家机关、事业企业单位以及公民个人等各个主体，涉及国际科技交流与合作，等等；在纵向上，涉及科技研发、科技成果转化与应用、科技产业发展等；在功能上，涉及服务于经济建设和社会进步以及为防灾减灾、保护环境和生态提供科技支撑。将促进科技进步确立为科技法律的原则，有两个方面的基本理据：一方面，科技进步有助于人更好地生存和发展、有助于实现人的幸福美好生活；另一方面，科技进步有助于科技异化的防范和治理。

《科学技术进步法》是我国目前唯一一部以"进步"为题的法律，现行《科学技术进步法》以两种方式对促进科技进步原则加以确认：一是对促进科技进步做出直接的、明确的表述。现行《科学技术进步法》将"全面促进科学技术进步"作为立法目的（参见第1条），而且对国家、国务院及其科学技术行政部门、地方人民政府及其行政主管部门等促进科技进步的职能及其履行作出明确规定（参见第15条、第16条、第17条）。二是对促进科技进步作出间接规定，即通过规定保障科研自由、尊重知识和人才、推进科技创新、实施科教兴国战略和知识产权战略、构建科技领域和谐社会关系、鼓励科技研发、促进科技成果转化等方面的内容为科技进步提供充分条件。尤其值得一提的是，经过两次修改之后的现行《科学技术进步法》体现了科技创新理念，浸润着科技创新精神，进一步突出科技创新的战略地位，构建推进科技创新的全链条，不仅新增创新体系建设的专门条款，而且将国家创新体系建设的制度主线贯彻其中。[①] 该法"通过健全科技创新保障措施，完善国家创新体系，破除自主创新障碍因素等，为走中国特色自主创新道路，促进实现高水平科技自立自强提

---

① 参见刘垠《新修订科技进步法迎来哪些重大变化》，《科技日报》2022年1月5日第1版。

供法治保障"①。

2. 保障科技安全原则

习近平说过："科技领域安全是国家安全的重要组成部分。"② 在总体国家安全观的维度，科技安全是科技呈现出来的以国家价值准则为依据、以保密为关键和核心、以存在与发展不受侵害与威胁为表现形式的一种状态，由"科技成果安全、科技人员安全、科技产品安全、科技设施安全、科技活动安全和科技应用安全"③ 等方面构成，它是国家安全体系的构成要素，是国家安全的强大支撑，是社会安全的力量源泉和人民安全的重要手段。这个维度的科技安全于 2014 年被写入总体国家安全观，2015 年被写入新修订的《国家安全法》。④ 进入新时代，"加强自主创新，强化科技安全，为维护和塑造国家安全提供强大的科技支撑"是"科技工作的重大任务"⑤。顺应新时代要求，新《科学技术进步法》不仅对有利于国家安全的科技创新作出肯定性和鼓励性规定（参见第 3 条、第 5 条、第 19 条、第 27 条、第 32 条、第 48 条）、对不利于国家安全的科技活动作出否定性和禁止性规定（参见第 107 条），而且对作为科技安全制度之关键和核心的保密制度作出明确规定（参见第 106 条）⑥。

在科技社会效应的维度，科技安全是指科技研发和使用造福人而不危害人。新时代对科技安全提出更高要求：一方面，人民对美好生活的向往越来越强烈、对高质量生活的追求越来越迫切；另一方面，高质量发展面

---

① 王萍：《科学技术进步法修订：为科技自立自强提供法治保障》，《中国人大》2022 年第 1 期。

② 《习近平谈治国理政》第 3 卷，外文出版社 2020 年版，第 221 页。

③ 参见刘跃进《科技安全是国家安全战略的重要内容》，《科技日报》2014 年 11 月 16 日第 2 版。

④ 我国《国家安全法》第 24 条从宏观上确认科技安全原则，指出"加强知识产权的运用、保护和科技保密能力建设，保障重大技术和工程的安全"；第 25 条从微观上规定国家对网络和信息安全的保障，指出："国家建设网络与信息安全保障体系，提升网络与信息安全保护能力，加强网络和信息技术的创新研究和开发应用，实现网络和信息核心技术、关键基础设施和重要领域信息系统及数据的安全可控；加强网络管理，防范、制止和依法惩治网络攻击、网络入侵、网络窃密、散布违法有害信息等网络违法犯罪行为，维护国家网络空间主权、安全和发展利益。"参见《中华人民共和国国家安全法》，《人民日报》2015 年 12 月 24 日第 15 版。

⑤ 黄广平、徐晓林：《中国科技安全图景：成果、问题和未来》，《科研管理》2022 年第 1 期。

⑥ 现行《科学技术进步法》第 106 条规定："国家实行科学技术保密制度，加强科学技术保密能力建设，保护涉及国家安全和利益的科学技术秘密。国家依法实行重要的生物种质资源、遗传资源、数据资源等科学技术资源和关键核心技术出境管理制度。"

临着多重压力，产业结构面临着"低端锁定"风险。这两个方面都有赖于科技进步与科技安全，然而现代科技迅猛发展却使科技安全面临诸多方面的新挑战。例如，基因编辑、合成生物学等"对社会伦理产生极大冲击"，新冠肺炎疫情"对生物安全提出了更加紧迫的要求"，云计算、大数据、区块链等对网络、金融、信息等方面的安全"带来极大挑战"，更为严重的是，"技术谬用和滥用对社会公共利益和国家安全构成潜在威胁"，使国家治理和社会治理都"面临新的挑战"。① 所有这些都表明将保障科技安全上升为科技法律原则的重要性和必要性，一旦保障科技安全成为科技法律的基本原则，那么威胁人的生存和发展、损害公共利益、破坏自然环境的科技活动就应该为法律所禁止。《科学技术进步法》对保障科技安全原则的规定通过应然性规定和禁止性规定两种方式进行，前者集中体现在第 5 条规定中②，后者集中体现在第 107 条规定中③。

五　加快和谐统一科技法律规范体系的形成

法制统一是我国立法的基本原则，现行《立法法》第 5 条明确规定："立法应当符合宪法的规定、原则和精神，依照法定的权限和程序，从国家整体利益出发，维护社会主义法制的统一、尊严和权威。"④ 推进科技立法人本化，不仅要求在科技法律中明确规定科技人本原则，而且要求将科技人本的基本原则贯彻和落实到科技法律的具体规定中，构建和谐统一、协调一致的科技法律规范体系。在科技立法中，立法者应该按照良法的标准，秉持法制统一原则，科学运用立法技术，推进科技法律规范的立、改、废、释，填补科技法律规范的不足，消除科技法律规范之间的龃龉，使促进科技发展和防治科技异化都能够有法可依。

立足于科技法律规范体系的构成，推动和谐统一科技法律规范体系的形成，可以从三个方面进行。一是通过修改宪法关于科技的规定，将

---

① 王志刚：《加强自主创新 强化科技安全 为维护和塑造国家安全提供强大科技支撑》，《人民日报》2020 年 4 月 15 日第 11 版。

② 该条规定指出："国家统筹发展和安全，提高科技安全治理能力，健全预防和化解科技安全风险的制度机制……"

③ 该条规定指出："禁止危害国家安全、损害社会公共利益、危害人体健康、违背科研诚信和科技伦理的科学技术研究开发和应用活动。"

④ 《中华人民共和国立法法》，《人民日报》2023 年 3 月 14 日第 14 版。

科技以人为本和防治科技异化载入其中，具体可以沿着两条路径进行：一是在宪法第 20 条①中加上一款作为第二款，该款内容为"国家保障科技安全，防治科技异化"；二是在现行《宪法》第 47 条②中增加一款作为第二款，该款内容为"国家对于危害国家安全、损害社会公共利益、危害人体健康、违反伦理道德的科学技术研究开发活动，予以否定和禁止"。二是以贯彻落实新《科学技术进步法》为契机，推动法规政策立改废释，指导地方修改科技进步条例等地方性法规，加强科技创新立法规划，完善其他单行的规范性法律文件③；可以考虑对已经导致和可能导致严重的科技异化问题的科技研发和应用等进行专门立法，例如，完善人类遗传资源管理、生物技术研发和安全管理等方面的法律法规，推动区块链、人工智能、数字技术等新兴领域的立法。三是完善附属性科技法律规定，对传统法律部门中涉及科技的法律规范进行修订和完善，强化其防治科技异化的功能。

第四节　以科技管理依法行政实现政府科技管理职能

科技发展对政府职能提供了发展机遇，使科技管理成为政府职能的重要内容；科技发展也对政府执法能力提出更高要求，顺应科技发展而不断发展的科技立法也将依法行政推进到新阶段，使得科技领域行政执法成为行政执法的组成部分，使得提升科技管理依法行政的能力和水平成为推进依法行政的重要内容。科技领域行政执法是政府履行科技管理职能的基本方式，但科技领域行政执法不能天马行空，依法行政是政府履行科技管理职能的根本保障。早在 2004 年 7 月，科技部党组中心组"全面推进科技依法行政，努力建设法治政府"学习会上提出，要"从科技工作的全局和长远着眼，采取有效措施"、使每一项科技管理工作

---

① 该条规定的内容是："国家发展自然科学和社会科学事业，普及科学和技术知识，奖励科学研究成果和技术发明创造。"
② 该条规定的内容是："中华人民共和国公民有进行科学研究、文学艺术创作和其他文化活动的自由。国家对于从事教育、科学、技术、文学、艺术和其他文化事业的公民的有益于人民的创造性工作，给以鼓励和帮助。"
③ 《科技部 2021 年法治政府建设情况报告》，https://www.most.gov.cn/xxgk/xinxifenlei/fdzdgknr/zfwzndbb/202203/t20220331_180064.html，访问时间：2022 年 11 月 28 日。

都"切实做到依法行政"。同年 10 月,科技部印发《科技部关于全面推进科技管理依法行政的意见》,要求"机关各厅、司、局,直属机关党委,各直属事业单位""结合本单位科技管理工作的实际情况认真贯彻执行"。① 在新时代全面推进科技法治,必须坚持问题导向,用法治给行政权力定规矩、划界限,全面推进科技管理依法行政,保障政府切实履行科技管理职能。

一 强化政府科技管理职能是政府职能转变的重要内容

中共中央、国务院印发的《法治政府建设实施纲要(2021—2025年)》指出:"坚持法定职责必须为、法无授权不可为,着力实现政府职能深刻转变,把该管的事务管好、管到位,基本形成边界清晰、分工合理、权责一致、运行高效、法治保障的政府机构职能体系。"② 政府的科技管理职能是政府在促进科技发展和科技成果转化等方面的职责和功能的综合,它是顺应发展和应用科技的需要而诞生的政府职能。在我国,党的十一届三中全会开启了以市场化为取向的经济体制改革历程,经济基础决定上层建筑,随着经济体制改革的推进,以转变政府职能为关键和核心的政府体制改革也提上日程,自从 1988 年我国机构改革将政府职能转变作为关键以来,政府职能发生了三次转变③,政府职能在不断转变中逐步明确和完善。经济发展对科技的要求越来越迫切而科技的"双刃剑"效应也越来越突出,作为政府公共职能构成部分的科技管理职能也变得越来越重要。科技发展程度与政府的参与和支持力度密不可分,科技异化的治理、科技风险的防范、科技消极效应的遏制也离不开政府对科技活动的管理和调控,强化政府科技管理职能是政府职能转变的重要内容。《法治中国建设规划(2020—2025 年)》明确指出:要"加大食品药品、公共卫生、生态环境、安全生产、劳动保障、野生动物保护等关系群众切身利益

---

① 《科技部关于全面推进科技管理依法行政的意见》,《科技开发动态》2005 年第 2 期。
② 参见中共中央、国务院《法治政府建设实施纲要(2021—2025 年)》,《人民日报》2021 年 8 月 12 日第 1 版。
③ 1988 年以来的政府职能三次转变是指:第一次转变是从精简机构精简人员转向政府职能适应经济体制改革的要求;第二次转变是从注重经济发展转向公共服务;第三次转变是资源配置从政府主导转向市场主导。参见竺乾威《政府职能三次转变的启示》,《政策》2018 年第 11 期。

的重点领域执法力度"①。从我国现行科技法律规范体系看,行政机关对科技工作的管理职能具体表现为领导和规划、组织和管理、服务、保障以及监督等。各级行政机关应该依据法定职权和程序切实履行科技管理职能,尤其要做好以下方面的工作。

1. 加强对科技工作的领导

领导职能是一种以让被领导者服从、接受并努力去实现组织目标的职能。我国宪法和法律不仅规定政府的科技领导职能,而且建立政府科技领导体制。进入新时代,为了更好地领导全国科技工作,国务院于2018年7月作出将"国家科技教育领导小组"调整为"国家科技领导小组"的决定,并赋予其"研究、审议国家科技发展战略、规划及重大政策;讨论、审议国家重大科技任务和重大项目;协调国务院各部门之间及部门与地方之间涉及科技的重大事项"等方面的职责。② 一些省、市、县也成立了科技领导小组对本行政区域内的科技进步工作进行领导。各级人民政府的科技领导小组应该依据法律的职权和程序,切实履行领导科技工作的职能,进一步提高科技进步工作决策的科学化、民主化和法治化水平,为科技健康发展提供有力保障。

2. 加强对科技工作的规划计划

科技发展规划和计划的编制与执行是我国政府的一项重要职能,既是政府实施国家科技发展战略、建设创新型国家的具体举措,也是政府推进科技现代化、建设社会主义现代化强国的重要手段。政府制定的科技发展规划和计划对于科技发展具有指导性、战略性、预测性的导向功能,应该加强政府对科技发展的规划和计划工作。各级人民政府应该依照法定职权和程序,立足当前,着眼长远,结合实际,研究和提出科技发展的规划和计划,将可能产生严重负面效应的项目排除在科技发展的规划和计划之外,将促进科技研发和转化方面的工作纳入国民经济和社会发展的规划和计划,并"在制定相关科技规划、计划和编制项目指南时应当听取相关行业、企业的意见"③,从而确保科技规划、计划和项目的科学性、现实

---

① 中共中央:《法治中国建设规划(2020—2025年)》,《光明日报》2021年1月11日第1版。
② 《国务院办公厅关于成立国家科技领导小组的通知》,《中华人民共和国国务院公报》2018年第23期。
③ 《中华人民共和国促进科技成果转化法》第10条规定,《人民日报》2015年12月25日第21版。

性，增强其可行性。

3. 加强对科技工作的统筹协调

科技活动是开放的，政府及其科技行政主管部门也是有层级的，因而政府对科技工作的统筹协调就成为政府履行科技管理职能的重要方式之一。加强政府对科技工作的统筹协调，从内容上说要加强政府及其科技行政主管部门内部各种管理要素的统筹协调和政府及其科技行政主管部门与外部因素之间的统筹协调；就方法而言要采用计划、组织、决定等方式对科技人员、科研机构、科技投入、科技资源等进行统筹协调；就目的而言要促进科技健康发展、保障科技安全、防止科技异化现象滋生和蔓延、保障现代科技朝着服务人和造福人的方向发展。从现实看，政府对科技工作的统筹协调尚需加强。例如，为了改变长期以来我国科技成果转化率偏低的状况，各级人民政府应该特别重视促进科技成果的转化，做好科技成果转化的管理、指导和协调工作，切实履行"加强科技、财政、投资、税收、人才、产业、金融、政府采购、军民融合等政策协同，为科技成果转化创造良好环境"[①] 等方面的职能。

4. 加强对科技工作的保障实施

科技研发、科技成果的转化和应用都需要良好的制度为之提供保障。我国"一元两级多层次"的立法体制决定了科技工作的制度供给不只是各级人大及其常委会，县级以上人民政府是重要的制度供给者。早在二十年前就有学者指出："制定、组织和实施一整套有效率的产权制度，为众多市场参与者提供博弈的基本规则，通过制度创新来降低各种创新活动的成本，提高创新的收益，就成为政府在科学技术迅猛发展的今天所应完成的一些基本任务。"[②] 在当今时代，各级人民政府依据宪法和法律规定的权限和程序，通过科技行政立法构建权利义务机制、法律责任机制，为科技活动提供行为模式，为规制科技活动违法违规行为提供依据。同时，作为执法的主体，政府及其职能部门具有依法遏制科技活动违法违规行为的职能，政府及其职能部门通过履行这些职能实现对科技活动的控制，主要体现在以下三个方面：一是公安机关对科技犯罪行为进行侦查，为司法机关通过追究刑事责任的方式对科技犯罪行为进行控制提供证据；二是政府

---

① 《中华人民共和国促进科技成果转化法》第 5 条规定，《人民日报》2015 年 12 月 25 日第 21 版。

② 周文、张峰：《试论政府的科技职能》，《生产力研究》2003 年第 2 期。

及其职能部门依照法律职权和程序对违反科技法律规定尚未构成犯罪的科技活动违法行为追究行政法律责任;三是政府职能部门如财政部门、审计部门等依法对以"拨、投、贷、补、奖、买"等方式支持科技研发和应用的公共财政科技研发经费的管理和使用情况进行检查监督,防止截留、挪用、贪污、冒领、虚报财政性科技研发资金的行为。

二 科技管理依法行政为政府科技管理职能履行提供保障

政府科技管理职能及其切实履行的重要性根植于政府的性质和科技的"双刃剑"效应之中,然而,政府是一个"理性经济人"[①],从现实看,政府在追求经济利益最大化的过程中出现偏离政府科技管理职能的现象,或者政府对科技职能的履行存在着强调科技进步而忽视科技风险、重视科技积极效应而轻视科技负面效应等方面的偏颇。改变这些现象,使政府切实履行科技管理职能,当然要求加强政府伦理建设,提高公务人员道德素质,更要求加强法治政府建设,强化科技管理依法行政。

科技管理依法行政是依法行政在政府科技工作中的具体要求和具体实现。在我国,依法行政是行政体制改革和行政法制建设发展的成果。党的十一届三中全会以后,特别是1982年《宪法》颁布以后,行政法制建设进入比较稳定的发展阶段,行政管理逐步走向法制化的轨道。1989年4月《行政诉讼法》的颁布反映了行政立法在指导思想和价值取向上的重大转变,开启了通过行政诉讼来促进政府机关依法行政的征程。1992年党的十四大确立社会主义市场经济体制,行政法制建设充满生机,依法行政成了时代的要求。1993年八届全国人大一次会议上的《政府工作报告》在我国历史上第一次以政府文件形式确立依法行政原则。党的十五大确立依法治国的基本方略,1999年《宪法修正案》对这一治国基本方略作出规定。为了推进依法治国基本方略在行政领域中的实施,国务院于1999年发布《关于全面推进依法行政的决定》,于2004年制定《全面推进依法行政实施纲

[①] 政府的"理性经济人"性质曾经是我国学界关注的一个重要课题,有关观点可参见以下资料:曹立村:《论基于新经济人假设的政府经济人理性的回归》,《求索》2008年第3期;莫勇波:《论"政府经济人"及其对政府执行力的制约》,《社会科学家》2008年第5期;黄玉妹:《地方政府经济人过度趋利行为及解决路径》,《东南学术》2010年第5期;王连伟:《行政人·经济人·复杂人:公共部门行为逻辑与治理模式的一种谱系——兼论改革开放以来我国政府治理模式的演化历程》,《岭南学刊》2013年第3期;李智永、景维民:《政府经济人视角下市场监管中的政企合谋》,《经济体制改革》2014年第6期。

要》。2021年,中共中央印发的《法治中国建设规划(2020—2025年)》将"构建职责明确、依法行政的政府治理体系"确立为"统筹推进法治中国建设各项工作"的内容之一;中共中央、国务院印发的《法治政府建设实施纲要(2021—2025年)》将"政府行为全面纳入法治轨道,职责明确、依法行政的政府治理体系日益健全"纳入法治政府建设到2025年总体目标中。

依法行政是对政府行政工作的要求,政府的科技管理也必须坚持依法行政。当依法行政与政府科技管理相结合时,科技管理依法行政就应运而生。早在2004年10月,为了将《全面推进依法行政实施纲要》贯彻落实到科技行政工作中,科技部结合科技行政主管机关的具体情况出台了《关于全面推进科技管理依法行政的意见》。作为依法行政不可或缺的内容,科技管理依法行政随着法治政府建设的推进而推进,政府科技管理职能在科技管理依法行政的基础上定位逐步合理、履行逐步到位。2020年4月3日,科技部发布《关于贯彻落实〈法治政府建设实施纲要(2015—2020年)〉情况的报告》[1],该报告对五年来科技部科技管理依法行政情况进行回顾和总结:在科技管理依法行政的前提和基础方面,政府不断推进科技管理依法行政的"法"建设;[2] 在科技管理依法行政的关键和核心方面,强调政府科技管理依法行政的"依"法而行。[3] 这些情况表明,政府的科技管理职能在严格规范公正文明的科技管理行政执法中得到有效履行。

三 推进政府科技管理职能的法律界定及依法履行

科技部《关于贯彻落实〈法治政府建设实施纲要(2015—2020

---

[1] 《科技部关于贯彻落实〈法治政府建设实施纲要(2015—2020年)〉情况的报告》,http://www.most.gov.cn/xxgk/xinxifenlei/fdzdgknr/zfwzndbb/202004/t20200403_152889.html,访问时间:2021年8月15日。

[2] 例如,国务院颁布了《人类遗传资源管理条例》、修订了《国家科学技术奖励条例》;科技部推进了《促进科技成果转化法》《科学技术进步法》等法律的修订工作,发布了《科学技术部全面推行行政执法公示制度执法全过程记录制度重大执法决定法制审核制度实施方案(试行)》,编制《科技部主动公开基本目录》;科技部、发展改革委、教育部等20个部门发布了《科研诚信案件调查处理规则(试行)》;等等。

[3] 例如,依法推进科技管理政务公开,其方式包括:政务服务窗口设置岗位信息公示牌、明示岗位职责等信息;通过"政务平台""微信公众号"等途径公示行政许可和行政处罚决定;通过文字记录、电子记录等形式准确记录行政执法全过程;等等。

年）〉情况的报告》将"持续推进政府职能转变"确立为未来"推进科技领域国家治理体系和治理能力现代化"的第三项举措[①]；《法治政府建设实施纲要（2021—2025年）》将推进政府职能法治化规定为建设法治政府的重要内容[②]。推进政府科技管理职能的法律界定和依法履行，是科技管理依法行政的核心内容。党的二十大报告所指出的转变政府职能的措施中包括推进政府职能法律界定和依法履行的措施[③]，这些措施当然适用于政府科技管理职能。

1. 推进政府科技管理职能的法律界定

政府科技管理职能及其履行的法律界定为科技管理依法行政提供明确依据，为防止政府科技管理"越位""缺位""错位"提供有力保障。一方面，在科技法律法规中明确界定所有科技主体的权利和义务，明确政府与科研人员、科研机构、企业等科技主体的科技职责分界，按照"把市场自己能够做好的事情留给市场去做，而市场自己做不到或者做不好的事情，就应该由政府去做"的原则确立政府科技管理职能，使政府科技管理职能定位于通过保障科技研发者、使用者的科技研发和应用的自由而推动科技创新，通过"建立和发展技术市场，推动科学技术成果的商品化"而促进科技成果转化为生产力的实际效应。另一方面，在科技法律法规中确立科技人本原则，构建以促进科技健康发展为目的的政府职能，明确政府科技管理职能既包括促进科技成果数量的增加，也包括促进科技成果质量的提升；既包括促进科技创新及其成果的产业化，也包括防止科技不端行为、遏制科技异化现象的滋生和蔓延。

2. 提高科技领域行政执法能力和水平

政府科技管理职能的法律界定为实现科技管理依法行政提供了依据，

[①] 该项举措的具体内容是："深入践行'放管服'职能转变思路，强化为创新主体、创新行为服务的理念和措施，推动工作重心从科技计划管理向科技战略规划、科技政策创新、科技资源配置等领域转变，实现政府职能从微观管理向宏观管理转变。"

[②] 该纲要指出："坚持法定职责必须为、法无授权不可为，着力实现政府职能深刻转变，把该管的事务管好、管到位，基本形成边界清晰、分工合理、权责一致、运行高效、法治保障的政府机构职能体系。"中共中央、国务院：《法治政府建设实施纲要（2021—2025年）》，《人民日报》2021年8月12日第1版。

[③] 党的二十大报告指出："转变政府职能，优化政府职责体系和组织结构，推进机构、职能、权限、程序、责任法定化，提高行政效率和公信力。"习近平：《高举中国特色社会主义伟大旗帜 为全面建设社会主义现代化国家而团结奋斗——在中国共产党第二十次全国代表大会上的报告》，《人民日报》2022年10月26日第1版。

要将政府科技管理职能的法律规定转为现实，就要求执法主体具有良好的科技领域行政执法能力。从现实看，"一些地方运动式、'一刀切'执法问题仍时有发生，执法不作为问题突出"①，这些问题的解决有赖于科技领域行政执法能力建设。一要培养科技领域行政执法者的科技法律素养。《韩非子·有度》所言"国无常强，无常弱。奉法者强则国强，奉法者弱则国弱"② 在今天依然适用。行政执法者只有具有良好的法律素养才会坚持严格规范公正文明执法，政府科技管理职能只有通过严格规范公正文明的科技管理依法行政才能得到切实履行。科技领域行政执法者的良好科技法律素养，既来自外部的灌输，即科技法律专家学者对科技行政管理者进行法治教育；也来自内部的养成，即科技行政管理者自主学习科技法律知识。二要提高科技执法者的科技执法技巧。科技法律现象的复杂性决定了科技领域行政执法不是对科技法律生搬硬套式的机械适用，法条主义不能保证科技领域行政执法的良好效应。在科技领域行政执法中，（1）要坚持问题导向，加大与食品药品、公共卫生、自然资源、生态环境、安全生产等与国计民生有着密切关系的科技活动的执法力度；（2）要坚持严格规范公正文明执法，摒弃简单粗暴生硬的执法方式，"广泛运用说服教育、劝导示范、警示告诫、指导约谈等方式，努力做到宽严相济、法理相融，让执法既有力度又有温度"③；（3）要优化以领导、服务、管理、监督为内容的科技职能运作方式，坚持以法律手段为主同时兼及经济手段、行政手段的科技职能履行方式；（4）要提高科技突发事件依法处置的能力，提高应对科技异化突发事件上的反应、决策与执行能力，依法预防和处置重大科技突发事件。

3. 理顺政府机关的科技管理职能关系

如果各级政府及其职能部门在科技领域行政执法中见到利益就上、遇到困难就撤，则势必影响科技领域行政执法的效能，因而必须理顺各级政府及其职能部门的科技管理职能关系，使之各负其责同时协调配合，从而使各级政府及其职能部门在科技领域行政执法中形成合力，由此提升科技领域行政执法的效能。《法治政府建设实施纲要（2021—2025年）》关

---

① 《习近平谈治国理政》第4卷，外文出版社2022年版，第294页。
② 《韩非子·有度》。
③ 中共中央、国务院：《法治政府建设实施纲要（2021—2025年）》，《人民日报》2021年8月12日，第1版。

于"坚持优化政府组织结构与促进政府职能转变、理顺部门职责关系统筹结合,使机构设置更加科学、职能更加优化、权责更加协同"①的规定为进一步理顺政府机关科技职能关系提供了遵循。在法律维度,《科学技术进步法》第15条、第16条构建起政府科技行政管理协同系统,在这一协同系统中不同层级的政府机关承担着如表5-2所示的不同职能,不同层级的政府机关必须各司其职、各负其责,既分工负责又相互协作,在科技治理中形成合力。

表5-2　　　　　　　　　我国政府科技管理协同系统

政府机关	科技管理职能
国务院	领导全国科技进步工作,负责制定科技发展规划和科技创新规划并发挥这些规划引导和统筹科技发展布局、资源配置和政策制定方面的战略导向作用。
科技部	负责全国科技进步工作的宏观管理、统筹协调、服务保障和监督实施。
国务院其他部委	在各自的职责范围内负责有关的科技进步工作。
县级以上人民政府	将科技进步工作纳入国民经济和社会发展规划,加强对科技进步工作的组织和管理。
县级以上地方人民政府的科技行政部门	负责本行政区域的科技进步工作。
县级以上地方人民政府的其他行政部门	在各自的职责范围内负责有关的科技进步工作。

各级政府及其科技行政部门、其他行政部门依据法律规定既分工负责又相互配合,形成保证政府科技行政管理职能得到切实履行的合力。在这里特别强调两点:一是强化国家科技领导小组的职权与职责,切实发挥国家科技领导小组对于全国科技进步工作的领导、组织和统筹协调功能,整合各方面力量从而凝聚为防治科技异化的强大合力,为科技健康发展提供有力保障;二是协调好科技行政部门与其他行政部门之间的关系,发挥其他行政部门在促进科技健康发展、预防和治理科技异化中的协同效应。

四　夯实保障科技领域行政执法严格规范公正文明的制度根基

行政执法作为行政机关履行政府职能的一种重要方式,对于全面推进

---

① 中共中央、国务院:《法治政府建设实施纲要(2021—2025年)》,《人民日报》2021年8月12日,第1版。

依法治国是事关宏旨的。行政执法不能天马行空，只有制度的约束才能保障行政执法的规范性。制度建设是一个具有全局性、稳定性、长期性的问题，设计一个好的制度对于国家善治的重要性是自不待言的，诚如邓小平所言："制度好可以使坏人无法任意横行，制度不好可以使好人无法充分做好事，甚至会走向反面。"[1] 在新时代，中共中央进一步强调制度建设对于实现治理现代化的意义，将坚持和完善中国特色社会主义制度作为治国理政的重大课题。在科技突飞猛进的当今时代，实现科技治理体系和治理能力现代化，要求加强科技领域行政执法制度建设，构建防范行政权在科技管理中发生缺位、错位、越位的制度体系，夯实保障科技领域行政执法严格规范公正文明的制度根基。

1. 完善科技领域行政决策机制

《法治政府建设实施纲要（2021—2025年）》确立了"健全行政决策制度体系，不断提升行政决策公信力和执行力"的时代课题，完善科技领域行政决策机制成为当今时代"健全行政决策制度体系"的内容之一。就科技工作进行决策是政府及其职能部门的一项法定职能，政府及其职能部门对科技工作的科学决策是推动科技健康发展的前提基础。一旦政府及其职能部门的科技工作决策出现偏差，尤其一旦有关科技发展重大事项的行政决策出现偏差，则不仅会造成投入科技活动的人力、物力、财力的损失，而且为科技风险事故的发生、科技异化现象的滋生蔓延埋下隐患。在科技管理中，一个科学的、民主的、法治的行政决策机制可以保证行政决策依据民主原则、按照法定权限和程序进行，从而凝聚和吸纳各方智慧，增强决策的科学性，防止行政决策因个人偏私和主观臆断而出现失误、发生错误。在当今时代，面对科技发展的积极功能和科技异化的风险挑战并存的严酷现实，"如何做出既发挥科技价值又规避其风险的决策以有效治理公共危机，成为政府面临的重大挑战"[2]。

科技的"双刃剑"效应需要完善科技领域行政决策机制，以保障政府及其职能部门的科技进步工作决策按照科学化、民主化、法治化的要求进行。这是一项系统工程，尤其需要重视三个方面：一是强化政府对科技发展的总体部署和宏观管理，加强对重大科技政策制定、重大科技计划实施和科技基础设施建设的统筹；二是以遵循"坚持科学决策、民主决策、

---

[1] 《邓小平文选》第2卷，人民出版社1994年版，第333页。
[2] 郭美玲：《公共危机治理中的科技风险决策机制优化研究》，《经济师》2022年第3期。

依法决策"的原则,从"强化依法决策意识""严格落实重大行政决策程序""加强行政决策执行和评估"等方面入手,着力提高决策的科学性,"切实避免因决策失误产生矛盾纠纷、引发社会风险、造成重大损失";①三是依据"智库"建设和发展规律,从我国实际情况出发,建设现代高端科技智库,切实发挥"科技智库"服务于国家重大科技行政决策的功能,建立健全多层次、多方位、多专业、高质量的科技决策咨询体系,强化来自科技界、产业界、教育界等各界专家"外脑"在重大科技行政决策方面的建议功能,不断提高科技行政决策的科学化、民主化、法治化水平。②

2. 完善科技领域行政执法规范化机制

针对行政执法中存在着比较突出的"损害人民群众利益和政府公信力"的"不严格、不规范、不文明、不透明问题",国务院办公厅于2018年12月5日发布了关于全面推行"聚焦行政执法的源头、过程、结果等关键环节"的"三项制度"的指导意见。③这一指导意见适用于包括科技领域行政执法在内的所有行政执法活动。依据该指导意见,要推进科技领域行政执法的规范化,就要聚焦执法的结果,同时要关注执法的源头和过程,为此,执法过程记录和执法公示两个方面的制度建设就成为重中之重。

众所周知,以事实为依据、以法律为准绳是处理案件的基本原则,科技领域行政执法全过程记录是对执法事实的记录,为科技领域行政执法的合法性、有效性提供重要保证,加强科技领域行政执法过程记录制度建设是非常有必要的。在科技领域行政执法从启动到终结的整个过程中,执法人员自始至终都应该坚持合法、客观、公正的原则,以影像、声音、文字等方式如实记录科技领域行政执法各环节、全过程的活动并将这些活动记录加以妥善保存,所记录的活动具体包括开始启动、调查取证、进行审查、作出决定并加以送达与执行等。需要注意的是,对涉及国家秘密、个人隐私以及商业秘密的科技领域行政执法信息应该"严格按照保密工作的有关规定和权限"进行记录并加以"管理"。记录的目的在于使用,应

---

① 中共中央、国务院:《法治政府建设实施纲要(2021—2025年)》,《人民日报》2021年8月12日第1版。

② 参见喻思南《加快完善科技决策机制》,《人民日报》2018年7月9日第18版。

③ 《国务院办公厅关于全面推行行政执法公示制度执法全过程记录制度重大执法决定法制审核制度的指导意见》,《中华人民共和国国务院公报》2019年第2期。

该充分发挥全过程记录信息的积极作用,"善于通过统计分析记录资料信息,发现行政执法薄弱环节,改进行政执法工作,依法公正维护执法人员和行政相对人的合法权益"①。

为了保障科技领域行政执法严格规范公正文明地进行,必须重视科技领域行政执法公示制度建设。科技领域行政执法公示是行政执法公开的题中内容。《政府信息公开条例》规定"行政机关应当及时、准确地公开政府信息"②;《法治政府建设实施纲要(2021—2025年)》也提出了"加快构建具有中国特色的公共企事业单位信息公开制度"的要求。科技领域的行政执法信息属于"政府信息""公共企事业单位信息"的范畴,行政机关应该将《政府信息公开条例》关于政府信息公开的规定适用于科技领域的行政执法中。对科技领域行政执法信息的公示应当遵循合法、全面、准确、及时、便民的原则,坚持以公开为常态、不公开为例外,即:除非科技领域的行政执法信息"涉及国家秘密、商业秘密、个人隐私"(依据《政府信息公开条例》第14条第4款规定),否则应该予以公开;各级科技领域行政执法公示工作由各级人民政府领导,可以设立专门机构负责公示内容的采集、传递、审核和发表;在公示方式方面,紧跟数字科技发展进程,以数字政府建设为契机,运用互联网、大数据、人工智能等科技手段,大力推进科技领域行政执法信息化平台建设,将科技领域行政执法基础数据、科技领域行政执法程序流转、科技领域行政执法信息公开等汇聚一体,建立全国科技领域行政执法数据库,实现科技领域执法数据有序共享,推进政府治理信息化与法治化的深度融合,使法治政府建设数字化水平得到大力提升。③

3. 完善科技领域行政执法监督机制

政府责任与政府权力的对称与平衡是依法行政的内在要求,有权力必须有责任、用权力必须受监督、违法执法必须受到追究,监督和惩戒制度是防止行政执法失范的制度屏障。为了确保科技行政管理依法行政,有必要健全科技领域行政执法监督机制,充分发挥科技领域行政执法监督

---

① 《国务院办公厅关于全面推行行政执法公示制度执法全过程记录制度重大执法决定法制审核制度的指导意见》,《中华人民共和国国务院公报》2019年第2期。

② 参见《中华人民共和国政府信息公开条例》第6条规定,《法制日报》2019年4月16日第9版。

③ 刘京、邹爱华:《提升法治政府建设数字化水平》,《光明日报》2022年2月21日第12版。

"统筹协调、规范保障、督促指导"等方面的作用。《法治政府建设实施纲要（2021—2025年）》指出要"加强行政执法制约和监督"，党的二十大报告强调要"强化行政执法监督机制和能力建设"，这些要求为完善科技领域行政执法监督机制提供了指导。科技领域行政执法监督机制是一个由政府内部监督和外部监督构成的体系，其监督方式随着科技发展以及科技治理能力的提高而发展。科技领域行政执法法制审核制度是科技领域行政执法监督制度的一项制度创新，如何贯彻落实以发挥其实际效能则需要进一步探讨。

国务院办公厅专门发文为各行政机关如何建立和落实重大执法决定法制审核制度提供指导意见，足以表明该制度对于推进依法行政的意义非凡。从国务院办公厅发布的建立和落实"三项制度"的指导意见看，不论是执法公示制度还是执法全过程记录制度都具有监督的意蕴，但比较而言，重大执法决定的法制审核制度具有更加突出和鲜明的监督性质，因为依据这一制度，"行政执法机关作出重大执法决定前，要严格进行法制审核，未经法制审核或者审核未通过的，不得作出决定"[①]。重大执法决定法制审核制度是行政执法监督制度的一项制度创新，将这一制度与科技领域行政执法勾连起来、统一起来，就使得科技领域行政执法法制审核成为科技领域行政执法监督的制度内容。做好法制审核工作，以确定该科技执法主体和执法程序的合法性以及事实证据和法律依据运用的适当性。为此，要加强科技领域行政执法法制审核队伍建设，提高科技领域行政执法法制审核人员的素质，使科技领域行政执法法制审核队伍的人员构成和人员素质契合审核的任务。

此外，完善科技领域行政执法监督机制，还应该做好以下方面的工作：建设覆盖全国各省、各市、各县乃至各乡的科技领域行政执法监督工作体系，搞好科技领域行政执法的痕迹管理，完善对科技领域行政执法的投诉、举报、考核、评议等方面的制度，针对科技领域行政执法的突出问

---

① 行政机关的重大执法决定包括"涉及重大公共利益，可能造成重大社会影响或引发社会风险，直接关系行政相对人或第三人重大权益，经过听证程序作出行政执法决定，以及案件情况疑难复杂、涉及多个法律关系"等方面的行政规划和行政决策。参见《国务院办公厅关于全面推行行政执法公示制度执法全过程记录制度重大执法决定法制审核制度的指导意见》，《中华人民共和国国务院公报》2019年第2期。

题，围绕中心工作部署开展专项监督行动。①

4. 完善科技领域行政执法问责制度

对科技领域行政执法的监督会带来两个方面的后果，即对科技领域中合法的行政执法行为加以肯定与对科技领域中违法的行政执法行为加以否定，而这后一个方面则导向责任追究制度或称为问责制。《法治政府建设实施纲要（2021—2025年）》指出："全面落实行政执法责任，严格按照权责事项清单分解执法职权、确定执法责任。"② 党的二十大报告进一步强调要"严格落实行政执法责任制和责任追究制度"③。把问责制运用于科技领域行政执法中，有助于强化科技领域行政执法者的责任理念、激发科技领域行政执法者的担当精神。2020年9月1日起施行的科技部《科学技术活动违规行为处理暂行规定》将科技管理人员纳入科技人员之列。④ 该规定对科技违规行为的种类、执法主体、处理措施、处理程序、处理原则等作出明确规定，构建起严密的科技活动违规行为的责任追究制度，为行政机关处理科技活动违规行为提供依据，有利于防止行政执法在科技活动出现缺位、错位、越位的现象，有利于降低科技异化现象滋生、蔓延的风险。

由于责任有道德责任、纪律责任和法律责任之分，因而"问责"可以从道德、纪律和法律三个维度进行。道德具有"柔性"特征，只能发挥"劝诫"作用，因而应该尽可能将道德责任制度化。如，引咎辞职是一种道义上的责任，如果责任人不主动提出，则这一责任形式就不能落实，而将道德责任制度化就可以使它因制度保障而能够得到切实履行。《中国共产党党内监督条例》《中国共产党纪律处分条例》《中国共产党问责条例》《党政领导干部辞职暂行规定》等一系列文件的出台和修订，标志着纪律问责制特别是对官员问责的纪律问责制逐渐成熟。在

---

① 参见中共中央、国务院《法治政府建设实施纲要（2021—2025年）》，《人民日报》2021年8月12日第1版。

② 中共中央、国务院：《法治政府建设实施纲要（2021—2025年）》，《人民日报》2021年8月12日第1版。

③ 习近平：《高举中国特色社会主义伟大旗帜 为全面建设社会主义现代化国家而团结奋斗——在中国共产党第二十次全国代表大会上的报告》，《人民日报》2022年10月26日第1版。

④ 该规定第2条指出："对下列单位和人员在开展有关科学技术活动过程中出现的违规行为的处理，适用本规定……（三）科学技术人员，即直接从事科学技术活动的人员和为科学技术活动提供管理、服务的人员……"中华人民共和国科技部：《科学技术活动违规行为处理暂行规定》，《中华人民共和国国务院公报》2020年第25期。

对官员的纪律问责上实行党政同责①，问责的条件包括履行科技管理监督职责不力、在职责范围内发生严重的科技风险事故、在科技研发和科技成果转化中的不作为以及乱作为和假作为等。但是，对官员进行纪律问责的重要前提是合理地配置和划分行政权力以及构建合理的官员进退制度，而这有待更深刻更全面的制度改革。曾有人对现实中"问责问不下去的现象"进行分析，提出"让问责主体责任更加明晰""建立问责情况统计及通报制度"等建议。② 在问责制度体系中最严厉、也是最有效的制度是法律问责制即法律责任追究制度，对一切违法的行政执法行为依法追究法律责任。

第五节 以科技活动违法行为的司法矫治赋能科技健康发展

最高人民法院于2021年9月发布的《关于加强新时代知识产权审判工作为知识产权强国建设提供有力司法服务和保障的意见》指出："充分发挥司法裁判在科技创新成果保护中的规则引领和价值导向职能，总结提炼科技创新司法保护新规则，促进技术和产业不断创新升级。"③ 科技法律具有普遍性、概括性，科技活动违法行为则具有特殊性、具体性。司法的使命就在于把特殊性、具体性的违法行为与普遍性的、概括性的法律规则勾连起来，用普遍性的、概括性的法律规则去处理特殊性的、具体性的违法行为。人具有趋利性，而科技具有满足人的利益诉求的功能。在当今时代，不但科技的发展速度惊人，而且科技的生产力价值凸显，科技对经济的影响超过以往任何时代。科技所蕴含的利益因素使得人们"日益关注其研究成果的商业前景、知识产权归属等利益问题"④，导致科技活动的违法行为时常出现。对科技活动的违法行为进行司法矫治是科技法律治

---

① 所谓党政同责，是指"无论是党委还是政府部门，在某些工作中都同样承担职责，出了问题都要被问责，而不是彼此替代"。白广磊：《问责的出发点是什么——健全配套制度推动精准规范问责》，《中国纪检监察》2020年第6期。

② 参见李蕲《专责何以变主责——党委（党组）特别是一把手要做制度执行的表率》，《中国纪检监察》2020年第6期。

③ 《最高人民法院关于加强新时代知识产权审判工作为知识产权强国建设提供有力司法服务和保障的意见》，《人民法院报》2021年10月30日第3版。

④ 赵乐静：《远离认识偏见——直面科技界的利益冲突、义务冲突》，《世界科学》2002年第8期。

理的组成部分，司法机关运用科技法律处理具体的科技活动违法案件，实现对科技活动违法行为的司法矫治，为科技健康发展赋能，并使国家制度和国家治理体系所具有"切实保障社会公平正义和人民权利的显著优势"① 在科技治理中得到体现。

一 科技活动违法行为的司法矫治及其对科技健康发展的保障

经过多年的理论研究和实践探索，科技发展对司法的促进以及科技发展需要司法赋能等已经成为社会各界的共识，相关的理论研究成果丰富，相关的实践实施举措多样。② 司法是国家司法机关依法定职权和法定程序运用法律处理具体案件的专门活动，自近代实行分权制度以来作为法律运行不可或缺的部分而存在。司法的独立存在具有充足的理据：法律不会自发地规范人的行为、调控社会关系，法律对人的行为的规范、对社会关系的调控需要司法机关适用法律的活动；司法作为制裁违法行为、救济被侵害的权利、维护法律秩序的重要方式，对立法目的和法律价值的实现发挥重要功能。司法是解决社会矛盾、维护社会公平正义的最后环节，当科技活动中出现了违法行为而通过其他方式不能得到解决时，就需要发挥司法的矫治功能。

1. 科技活动违法行为的司法矫治释义

随着科技成果应用于生产和生活所产生的便利和利益不断彰显，科技所展现的迷人魅力激发人们从事科技活动的积极性，催生了科技成果交易市场，使得投入科技活动的人力、物力、财力不断提升，同时也带来了各种各样的利益龃龉、滋生各种各样的权利纠纷、产生各种各样的违法现象。处理利益龃龉、解决权利纠纷、规范科技活动需要采取合理的方式，虽然协商、调解、仲裁等非诉讼方式可以发挥一定作用，但只有司法才是最佳方式，因为司法具有国家强制性，对具体案件的裁决具有终局性。当司法运用于对科技活动侵权或违法案件的裁判中，当司法机关被要求介入

---

① 《中共中央关于坚持和完善中国特色社会主义制度 推进国家治理体系和治理能力现代化若干重大问题的决定》，《人民日报》2019年11月6日第1版。

② 参见以下资料：吕国强《加强对知识产权的司法保护——促进科技文化事业的繁荣与发展》，《华东科技管理》1995年第2期；何士青：《论现代科技发展与司法理性提升》，《法治研究》2014年第11期；崔永东：《司法与科技》，《河北法学》2020年第6期；孙晓勇：《让司法为科技创新赋能》，《人民日报》2022年5月31日第9版。

科技活动侵权或违法案件的处理中，则科技活动侵权或违法的司法矫治就应运而生。

作为司法机关运用法律处理科技活动侵权或违法案件的专门活动，科技活动侵权或违法的司法矫治以科技活动侵权、违法乃至犯罪的存在为前提。须知，司法具有不同于立法、执法的性质和功能：司法具有被动性，遵循"不告不理"原则；司法的功能集中表现为对违法行为进行矫治，即：司法机关以国家名义对某种行为的合法性进行评价、对某种违法行为所具有的性质以及应当承当的法律责任作出裁判，对违法行为依法追究法律责任，对受侵害的权利依法给予救济。通常而言，司法对科技活动的介入在两种情况下具有合理性。一种情况是当事人因科技活动发生侵权纠纷不能自行解决而向司法机关提起诉讼、请求司法机关作出裁断；另一种情况是出现了科技犯罪行为而必须加以处理。

2. 科技活动违法行为的司法矫治为科技健康发展提供保障

司法机关通过对具体的科技活动侵权或违法案件的处理而解决科技纠纷、惩罚科技违法行为、救济被侵害的权利，从而为科技健康发展赋能。

第一，解决科技活动侵权纠纷。科技活动侵权纠纷是因科技研发、科技成果转让和使用而引起的侵权纠纷。当科技活动当事人在知识产权的获得和使用、科技合同的签订和履行、科技成果的获得和应用等方面产生侵权争议、出现侵权纠纷而向人民法院提起诉讼时，人民法院依据法律和事实进行审理、作出裁决。科技健康发展要求发挥司法在解决科技活动侵权纠纷方面的作用，人民法院必须"依法妥善处理因科技成果权属认定、权利转让、价值确定和利益分配产生的纠纷"[1]。事实上，最高人民法院早在1994年4月就从当时涉及科技活动的纠纷案件增多的实际情况出发、基于"正确审理科技纠纷案件"的需要而出台了《关于审理科技纠纷案件的若干问题的规定》，为各级人民法院审理科技纠纷案件提供指导。[2] 虽然这一规定在2000年7月被废除，但不可否认在当时科技法律还不发达的情况下对各级人民法院正确处理科技纠纷案件发挥了重要作用。

---

[1] 《最高人民法院关于加强新时代知识产权审判工作为知识产权强国建设提供有力司法服务和保障的意见》，《人民法院报》2021年10月30日第3版。

[2] 《最高人民法院关于审理科技纠纷案件的若干问题的规定》，《中华人民共和国最高人民法院公报》1995年第3期。

随着我国科技发展，科技纠纷案件也日益复杂，不仅科技法律规范更加具体明确、系统完善，而且最高人民法院针对审理科技纠纷案件的司法解释也更加精细、更加专业。为了正确审理专利纠纷案件，最高人民法院于2001年6月出台并于2015年1月修改《关于审理专利纠纷案件适用法律问题的若干规定》；为正确审理船舶油污损害赔偿纠纷案件，最高人民法院于2011年1月出台《关于审理船舶油污损害赔偿纠纷案件若干问题的规定》；为正确审理侵害信息网络传播权民事纠纷案件，最高人民法院于2012年11月出台《关于审理侵害信息网络传播权民事纠纷案件适用法律若干问题的规定》；为了规范互联网法院诉讼活动，最高人民法院于2018年9月出台《关于互联网法院审理案件若干问题的规定》；为正确审理银行卡民事纠纷案件，最高人民法院于2019年12月出台《关于审理银行卡民事纠纷案件若干问题的规定》；为正确审理申请注册的药品相关的专利权纠纷民事案件，最高人民法院于2021年5月出台《关于审理申请注册的药品相关的专利权纠纷民事案件适用法律若干问题的规定》；如此等等，不一一列举。

最高人民法院针对审理科技活动侵权纠纷案件作出司法解释，为科技活动侵权纠纷的司法解决提供更加明确且更具可操作性的依据，有利于新时代更好地协调科技活动中的利益关系、解决科技活动中出现的利益纠纷、形成科技活动的良好秩序，为科技健康发展提供有力的司法保障。例如，在技术合同签订确立法律关系以后，在当事人"对协议效力和协议的内容存在不同认识，以及是否要继续维持协议的效力等存在分歧"时，如果当事人诉至法院、请求法院加以解决，那么人民法院依据法律和事实予以审理和裁决，具体分为四个方面：一是确认法律关系的有效性，如确认技术转让合同有效；二是保护法律关系，如裁定技术合同当事人继续履行合同；三是变更法律关系，如批准高科技企业变更经营范围；四是消灭法律关系，如裁定技术合同无效。① 未来，应该完善科技活动纠纷案件的司法裁判机制。一方面，"以实质性解决专利纠纷为目标，建立专利民事行政案件审理工作在甄别统筹、程序衔接、审理机制、裁判标准等方面的协同推进机制"，为案件审判工作公正而高效地进行提供切实保障；另一方面，"依法妥善运用行为保全、证据保全、制裁妨害诉讼行为等措施"，

---

① 牛忠志：《科技法律秩序的刑法保护研究》，知识产权出版社2019年版，第45页。

加强对侵权行为的"溯源打击",降低维护科技活动权益的成本,提高科技活动侵权违法的成本,由此促进"不敢侵权、不愿侵权的法治氛围"的形成。①

第二,制裁科技活动违法行为。科技活动违法行为是科技活动主体违反科技法律规定实施的、造成社会危害的、有过错的行为,"从广义上讲,产生于科技活动之中的一切违反宪法、民法、刑法和其他法律、法规中对有关科技活动规定的法律规范的行为和违反科技专门法律、法规的行为,都属于科技活动中的违法行为"②。科技活动违法行为具有严重的社会危害性,不仅破坏科技领域社会秩序、阻滞科技健康发展,而且导致科技风险事故发生、使得科技异化现象滋生,进而威胁社会安全。曾任科技部部长的王志刚就制定和实施《科学技术活动违规行为处理暂行规定》的意义进行过阐释,将其归结为"有利于推进科技治理体系和治理能力现代化,丰富科技管理制度体系;有利于巩固科研作风学风建设成果,规范科学技术活动、匡正科技界风气、净化科技创新生态;有利于强化对科研管理部门权力的监督和制约,惩治营私舞弊行为,促进规范公正地行使权力"③。对科技活动违规行为进行处置尚且具有如此重要的意义,那么对具有更严重社会危害性的科技活动违法行为加以制裁的重大意义更是自不待言的。

科技活动违法行为的司法制裁是指司法机关以事实为依据、以法律为准绳,通过对科技活动违法案件的审理,就被诉人在科技活动中实施的具体行为是否违法、是否追究法律责任等进行裁判,依法使被诉人因科技活动违法行为而在财产、人格乃至自由等方面受到减损,以科技活动违法行为为前提,以认定和归结违法者的法律责任、使违法者承担不利法律后果为结果,体现出对科技活动违法行为的否定性评价和谴责,通过法律责任的惩罚性而发挥遏制科技活动违法行为的功能。在我国,科技活动违法行为有科技活动民事违法行为、科技活动行政违法行为以及科技活动刑事违法行为即犯罪行为之分,科技活动违法行为的法律责任有民事责任、行政责任和刑事责任三种,科技活动违法行为的法律制裁由民事制裁、行政制

---

① 参见《最高人民法院关于加强新时代知识产权审判工作为知识产权强国建设提供有力司法服务和保障的意见》,《人民法院报》2021年10月30日第3版。

② 罗玉中:《科技法学》,华中科技大学出版社2005年版,第534—535页。

③ 陈若、胡喆:《守好科技工作"生命线"向科技违规行为"亮剑"——科技部部长王志刚就〈科学技术活动违规行为处理暂行规定〉答记者问》,《中国科技奖励》2020年第9期。

裁和刑事制裁三个方面所构成。

由于科技活动违法行为呈现出违法主体知识化、违法手段智能化、违法后果严重化、违法动机多样化等特征，因而对科技活动违法行为的司法制裁也具有复杂性。需要重视两个方面：一是"依法加大涉及国家安全和利益的技术秘密司法保护力度，严惩窃取、泄露国家科技秘密行为"[①]。二是出台科技活动犯罪行为的刑事司法解释，加大对科技活动违法犯罪的刑事打击力度。高科技犯罪是一种最严重的科技活动违法行为，其社会危害性远超行政违法行为、民事违法行为。在当今时代，与高科技发展如影随形的高科技犯罪已经成为一个严重的社会问题，不仅严重损害科技的人本精神，而且使公民权利、公共利益、国家安全等受到严重威胁，因而有必要依法加大对高科技犯罪的制裁力度，切实发挥法律制裁对科技犯罪行为的矫治功能。当然，基于刑事制裁的严厉性以及对被制裁人所产生后果的严重性，在司法裁判中必须"从严把握定罪标准，严格区分罪与非罪，避免把一般违法或违纪作为犯罪处理，支持科技创新和研发活动"[②]。

第三，保护科技活动相关权益。依据《最高人民法院关于加强新时代知识产权审判工作为知识产权强国建设提供有力司法服务和保障的意见》的规定，人民法院必须落实《科学技术进步法》《促进科技成果转化法》等法律规定，加强对科技人员的科技活动相关权益的司法保护。该意见要求，人民法院在相关案件审理中"依法支持以科技成果转化所获收益"对科技成果的发明者、转化者"给予奖励和报酬"，对"职务发明人获得奖励和报酬的合法权益"和"国家战略科技力量的名称权、名誉权、荣誉权等权利"以及"科研人员经费使用自主权和技术路线决定权"都依法予以保护。[③]

对科技人员的科技活动相关权益予以司法保护，一种必不可少的方式是对科技人员受到侵害的科技活动相关权益进行救济。"有权利必有救济，无救济即无权利"的法律格言在科技法律领域同样是适用的。对被科技活动违法行为或违约行为所侵害的权利进行救济是发挥法律纠错功能

---

① 《最高人民法院关于加强新时代知识产权审判工作为知识产权强国建设提供有力司法服务和保障的意见》，《人民法院报》2021年10月30日第3版。

② 《最高人民法院关于加强新时代知识产权审判工作为知识产权强国建设提供有力司法服务和保障的意见》，《人民法院报》2021年10月30日第3版。

③ 参见《最高人民法院关于加强新时代知识产权审判工作为知识产权强国建设提供有力司法服务和保障的意见》，《人民法院报》2021年10月30日第3版。

的必要之举，既有利于矫治科技活动违法行为，也有利于保护当事人的合法权利，其实质在于"恢复正义"。多年来，我国各级法院加强了对科技活动相关权益的保障。以湖北省法院为例，"近年来，湖北法院始终坚持法治思维、运用法治方式全面加强对科技创新成果的保护，2021年全省法院共受理知识产权案件19464件（含旧存708件），结案16744件，结案率86.03%"①。

我国科技法律规定了被侵权者的权利救济措施。然而，在科技活动违法案件的司法矫治中，由于科技案件所涉科技知识的专业性、科技活动违法行为的技术性、被侵权者举证能力受限等原因导致案件的事实证据难以认定，被侵权者的维权之路并不顺畅，被侵害权利的司法救济存在困难。这种状况倒逼着科技法律对被侵害权利司法救济的制度完善。总体而言，应该正确把握惩罚性赔偿构成要件，加大科技活动相关权益侵权的损害赔偿力度，合理运用证据规则，恰当使用经济分析方法手段，完善科技成果价值的侵权损害赔偿制度。② 以个人信息网络侵权的司法救济为例，网络侵权人与网络侵权受害人不论是诉讼能力还是证据能力都存在着较大差异，而网络侵权行为的隐秘性和技术性则进一步加剧了这种失衡。为解决立法与司法实践之间的偏差，有必要重新审视个人信息网络侵权中主观过错的归责原则及因果关系的认定，在此基础上对诉讼中信息权人的证明权利和信息管理人的陈述义务进行规制。③

二 科技活动违法行为司法矫治公正及其制约因素

公正是司法的价值和精神，也是司法的生命和灵魂。古往今来，无数有智慧的头脑在思考法治问题时都强调司法公正，培根关于不公正的司法裁判败坏了水源的论断④为我们所熟知。在我国法治建设的历史进程中，对司法公正的追求作为一条红线贯穿其中，通过不断推进司法体制改革而

---

① 刘志月、刘欢、蔡蕾：《知识产权属核心竞争力 司法保护惩侵权促创新》，《法治日报》2022年6月12日第6版。
② 参见《最高人民法院关于加强新时代知识产权审判工作为知识产权强国建设提供有力司法服务和保障的意见》，《人民法院报》2021年10月30日第3版。
③ 参见刘丹《个人信息网络侵权的认定及其司法救济》，《学习与实践》2020年第1期。
④ 这一论断的具体表述是："一次不公的裁判，比多次不平的举动为祸尤烈。因为这些不平的举动不过弄脏了水流，而不公的裁判则把水源败坏了。"［英］弗·培根：《培根论说文集》，水天同译，商务印书馆1983年版，第193页。

实现司法权的规范运行、司法行为的规范实施，从而确保司法公正高效权威、使得人民群众在每一个司法案件中都能感受到公平正义。在新时代新征程上，实现司法公正是建设良法善治的法治中国的重要内容。党的二十大报告不仅提出"严格公正司法"的课题，而且提出了实现严格公正司法的举措，这些举措如图5-1所示。公正地审理和裁判是对所有司法案件的要求，科技活动违法行为的司法审理也必须公正地进行，司法机关必须以事实为依据、以法律为准绳对案件作出公正裁判。

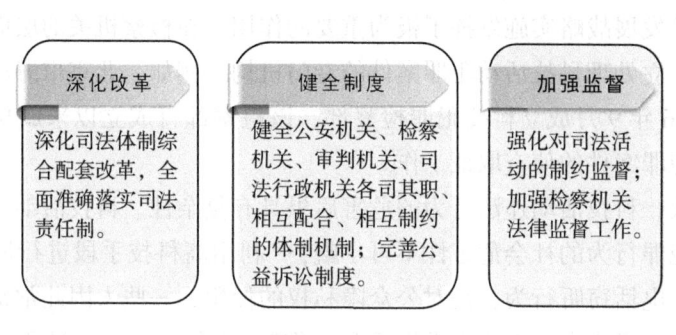

深化改革	健全制度	加强监督
深化司法体制综合配套改革，全面准确落实司法责任制。	健全公安机关、检察机关、审判机关、司法行政机关各司其职、相互配合、相互制约的体制机制；完善公益诉讼制度。	强化对司法活动的制约监督；加强检察机关法律监督工作。

图5-1 党的二十大报告中关于实现严格公正司法的举措

科技活动违法行为司法矫治公正与所有其他司法公正一样，具有程序公正和实体公正两个方面的内容。在科技活动违法行为的司法矫治中，程序公正是指司法机关对科技活动违法行为审理符合法定程序，这些程序具有合法性、公开性、平等性、中立性；实体公正是指司法机关适用法律处理科技活动违法案件的结果符合事实和法律规定，使科技活动违法行为受到应有制裁、侵权行为受到应有惩罚、受侵害权利得到应有救济。实体公正和程序公正之间存在着辩证关系，两者相辅相成，具体而言，程序公正是实体公正的前提和保障，实体公正则是程序公正的目的和结果。

司法公正的实现受到司法体制、法官素质、案件情形等诸多因素的制约，因而司法公正的实现不是一个自然而然、水到渠成的过程，而且不同的司法案件因性质、情节、证据等方面的不同而在实现公正的方式和路径上具有差异性。科技类案件的司法公正不仅受到司法体制、法官素质、案件情形等因素的制约，而且由于该类案件具有区别于其他案件的特征而彰显出特殊性。

首先，科技类案件不仅涉及科技法律，而且涉及相关科技专业知识，科技专业属性带来取证难、举证难、质证难等问题。取证难是办理科技类案件的最大困难，一些司法机关成立了专门部门加以应对。例如，在审判机关的层面，最高人民法院于 1994 年发布《关于进一步加强知识产权司法保护的通知》，该通知指出具备条件的大中城市的中级人民法院及其高级法院可以设立知识产权审判庭对知识产权案件进行集中审理；① 党的十八届三中全会提出"探索建立知识产权法院"的时代课题②，十二届全国人大常委会于 2014 年 8 月 31 日通过《全国人大常委会关于在北京、上海、广州设立知识产权法院的决定》③，知识产权法院的设立和运行对矫治知识产权侵权行为和违法犯罪行为、保护权利人的合法权益、推动国家创新驱动发展战略实施发挥了极为重要的作用。在检察机关的层面，一些检察院设立处理科技活动犯罪案件的专门机构。例如，北京市海淀区检察院于 2016 年 9 月成立科技犯罪检察部，该检察部自成立以来成功介入一些科技犯罪案件的侦查取证工作。④

其次，科技活动违法行为的危害后果具有复杂性。科技活动违法行为特别是犯罪行为的社会危害性不可小觑，"利用高科技手段进行所谓的手机定位、电话窃听行为，是对公众隐私权的侵犯，一些人因此常常处于防范警惕和焦虑之中，无法正常生活和工作"，不仅如此，而且科技活动违法行为"放大了高科技的负面作用，模糊了公共空间和私人空间的界限，扰乱了正常的公共安全管理秩序，挑战了公众的道德底线"。⑤ 因此，必须加强对科技活动违法行为的制裁和打击。然而，有些科技活动违法行为的危害结果呈现出复杂的情形，例如，科技成果的转化应用所造成的人体损害、资源损害、环境损害等需要经过一定的时间才能显现出来；科技成果转化应用的损害后果所涉及的范围往往比较广泛，导致受害主体难以确定。科技类案件的复杂性制约着科技活动违法行为司法矫治的公正性，生活在高科技时代的我们必须高度重视、认真对待，采取有效措施切实推进科技活动违法行为司法的矫治公正，使司法在科技治理中的功能得到切实发挥。

---

① 《最高人民法院关于进一步加强知识产权司法保护的通知》，《中华人民共和国最高人民法院公报》1994 年第 4 期。
② 《中共中央关于全面深化改革若干重大问题的决定》，《人民日报》2013 年 11 月 16 日第 1 版。
③ 《全国人大常委会关于在北京、上海、广州设立知识产权法院的决定》，《人民日报》2014 年 9 月 1 日第 4 版。
④ 杨永浩：《"他们都成了高科技案件办理专家了"》，《检察日报》2018 年 6 月 24 日第 2 版。
⑤ 郭振纲：《完善法规遏制高科技犯罪》，《工人日报》2010 年 11 月 26 日第 3 版。

三 实现科技活动违法行为司法矫治公正的基本要求

一切司法活动都必须遵守法律规定的规则，遵守司法的普遍性规则是实现科技活动违法行为司法矫治公正的一般条件。为了实现司法公正，我国构建有中国特色社会主义司法体制，制定规制司法权运行的规则，确定司法基本原则。依据我国宪法和法律的规定、原则和精神，司法机关在科技活动违法行为的司法矫治中应该坚持平等、法治、独立、监督和责任五项原则。

1. 坚持司法平等原则

平等是公正的最基本含义，司法具有保障人们从事科技活动的平等权利的功能。例如，针对网络平台的垄断行为，加强反垄断和反不正当竞争的司法规制，"依法严惩平台强制'二选一''大数据杀熟'等破坏公平竞争、扰乱市场秩序行为，切实保护消费者合法权益和社会公共利益，维护和促进市场公平竞争"[1]。平等也是司法的价值精神，它作为科技活动违法行为司法矫治的一项基本原则有着深厚的法理基础以及明确的宪法法律依据[2]。在科技活动违法行为的司法矫治中，一切社会组织和所有公民个人不享有任何特权，司法机关对一切社会组织、一切公民个人一律平等地适用法律，对任何组织和公民个人的科技活动侵权行为和违法行为都依法追究法律责任，对任何组织和公民个人的科技活动相关权益都依法予以平等保护。

2. 坚持司法法治原则

司法法治原则根植于科技活动违法行为司法矫治的应有内容，即：科技活动违法行为的司法矫治是一个查明案件事实和准确适用法律的过程。事实的有无、多少、轻重、是非等问题对于案件的存在和性质以及是否和如何适用法律的判断是至关重要的，因而司法机关必须对科技类案件的发

---

[1] 《最高人民法院关于加强新时代知识产权审判工作为知识产权强国建设提供有力司法服务和保障的意见》，《人民法院报》2021年10月30日第3版。

[2] 现行《宪法》第33条明确规定："中华人民共和国公民在法律面前一律平等。任何公民享有宪法和法律规定的权利，同时必须履行宪法和法律规定的义务。"《人民法院组织法》第5条规定："人民法院审判案件，对于一切公民，不分民族、种族、性别、职业、社会出身、宗教信仰、教育程度、财产状况、居住期限，在适用法律上一律平等，不允许有任何特权。"《人民检察院组织法》第8条规定："各级人民检察院行使检察权，对于任何公民，在适用法律上一律平等，不允许有任何特权。"

生过程进行回溯，查明案件事实、厘清案件的真相；在依据查明的事实和真相的基础上确定案件的性质，根据相关法律规则就案件作出裁判，最终"得出一个'非黑即白'式的结论"①。科技活动违法行为司法矫治的法治原则涵盖着"以事实为依据"和"以法律为准绳"两个方面，要求在查清科技类案件之事实真相的基础上正确适用法律。这里需要注意的是，司法机关只能以与科技类案件有关的事实为判断案件性质和作出裁判的依据而不能主观臆断，应该注重证据而不轻信口供，应该严格遵守实体法和程序法的规定，既防止主观臆断，又拒斥权力、人情和金钱的影响。

3. 坚持司法独立原则

以司法机关独立行使职权为内涵的司法独立原则具有根本法依据，我国《宪法》第131条和第136条分别就"人民法院依照法律规定独立行使审判权和"人民检察院依照法律规定独立行使检察权"作出明确规定，这些规定被具体化为法官法、检察官法、人民法院组织法、人民检察院组织法以及诉讼法等法律的具体规定。将平等原则贯彻到科技活动违法行为的司法矫治中，有助于排除人情、关系、权力、金钱等非法律因素对科技活动违法行为司法矫治的影响而实现司法公正。依据司法独立原则的要求，司法机关适用法律处理科技类案件时必须严格依照法律规定进行，司法机关只服从法律，不受其他非法律因素的影响。需要注意的是，司法独立原则在我国与在西方国家有着本质区别，不能将两者混为一谈，我国的一切司法活动，包括科技活动违法行为的司法矫治，都不能照搬西方国家的模式和做法，"决不走西方所谓'宪政'、'三权鼎立'、'司法独立'的路子"②，"各级人民法院必须正确认识'意识形态工作'领域斗争的长期性、复杂性、艰巨性，以全面依法治国新理念新思想新战略'十个坚持'为指导，充分发挥职能作用，彰显中国特色社会主义司法制度的优越性"③。

4. 坚持司法监督原则

习近平曾经指出，我国司法存在着"权力制约监督不到位""监督形

---

① 胡玉鸿：《司法公正的理论根基——经典作家的分析视角》，社会科学文献出版社2006年版，第126页。
② 《习近平谈治国理政》第4卷，外文出版社2022年版，第290页。
③ 中国应用法学研究所课题组：《坚持以习近平新时代中国特色社会主义思想为指导 旗帜鲜明地反对西方"司法独立"等错误思潮》，《中国应用法学》2020年第3期。

同虚设"等问题,必须"加快构建规范高效的制约监督体系"。① 在科技活动违法行为的司法矫治中坚持监督原则,从主体层面说,要加强党的领导,强化人民代表大会的监督,完善司法机关内部监督体制机制,重视社会组织、公民和媒体的监督;从方法层面说,要在传统监督方式的基础上引入现代科技手段,包括构建"基于数据采集的实时监督机制,基于数据画像的业绩考核机制,基于知识图谱的证据审查机制以及基于法律推理的偏离度预警机制"② 等。当然,在"加强司法大数据充分汇集、智能分析和有效利用"③ 的同时,要防范数据风险和算法风险,避免大数据对司法矫治的过度干预。

5. 坚持司法责任原则

司法责任原则体现了司法机关从实际出发、实事求是的工作作风,是实现司法公正、树立司法公信力、维护法制统一和尊严、保障公民合法权益的必然要求。我国已经建立了错案责任追究制度,但在实施中存在着"目标偏移"现象,为了切实发挥该制度的功能、实现该制度的目的和宗旨,有必要"通过错案责任构成要件认定标准的明确和运行机制的司法化改革以及外部环境的优化予以矫正"④。将司法责任原则贯彻落实到科技活动违法行为的司法矫治中,要求在司法机关对科技类案件的事实和性质的认定出现失误或者对科技活动违法案件的裁判在法律适用方面出现错误时,必须做到有错必纠、承担相应的责任。

四 实现科技活动违法行为司法矫治公正的必由路径

前面已经指出,科技类案件具有不同于一般民事案件、行政案件、刑事案件的特殊性,科技类案件的特殊性决定了实现司法矫治公正需要采取一些特殊的方法和措施。举证责任倒置、专家论证适当应用、对科技侵权的归责适用无过错责任原则、发展公益诉讼等是实现科技活动违法行为司法矫治公正的基本方法和必由路径。

---

① 参见《习近平谈治国理政》第4卷,外文出版社2022年版,第295—296页。
② 王燃:《大数据司法监督机制研究》,《湖南科技大学学报(社会科学版)》2021年第3期。
③ 《最高人民法院关于加强新时代知识产权审判工作为知识产权强国建设提供有力司法服务和保障的意见》,《人民法院报》2021年10月30日第3版。
④ 江钦辉:《错案责任追究制度的目标偏移与矫正——以西北地区某基层法院错案责任追究的实践为考察对象》,《河北法学》2019年第7期。

1. 实行举证责任倒置

证据是法官作出正确裁判的事实依据，没有证据或证据不充分的裁判很可能导致错误的结论。因此，诉讼法要求法官在审理案件的过程中必须查明证据，例如，我国《民事诉讼法》第 67 条第 3 款规定："人民法院应当按照法定程序，全面地、客观地审查核实证据。"① 为了使法官能够查明案件的事实、获得裁判案件的证据，我国与其他诸多国家一样构建了法庭辩论制度，在这一制度下，原告和被告及其诉讼代理人在法庭上进行公开辩论，就案件事实进行举证和质证。在民事司法案件中，一般遵循"谁主张谁举证"的举证责任分配原则，这就是我国《民事诉讼法》第 67 条第 1 款规定的："当事人对自己提出的主张，有责任提供证据。"在科技活动侵权案件中，作为原告的受害者因缺乏科技知识而举证难度比较大。虽然《民事诉讼法》第 82 条就"当事人可以申请人民法院通知有专门知识的人出庭，就鉴定人作出的鉴定意见或者专业问题提出意见"② 作出了规定，但是不排除现实中会出现这样的情形：受害者对于哪些属于"有专门知识的人"也难以确定。在这种情况下，实行举证责任倒置有利于实现司法公正。

回溯举证责任倒置原则的历史源流，可以发现它正是适应公正处理科技类案件的需要而产生出来、发展起来的。近代以来的科技发展和应用引发工业革命，而科技活动以及工业革命导致环境污染所引发的损害赔偿案件、医疗事故所引起的伤害赔偿、科技活动侵权案件等时有出现。对这些案件的审理如果沿用传统的一般举证责任分配原则，就不符合法律正义原则，而对受害者也是有失公平的。于是，在 19 世纪末 20 世纪初的德国，一些法官根据司法实践中的新情况进行司法制度创造，在缺乏明确法律规定的情况下运用自由裁量权，确定由加害人承担举证责任。随着环境污染案件、医疗事故案件、科技活动侵权案件的大量出现，举证责任问题引起立法机关的关注和重视。经过立法者的努力，由加害人承担与科技有着直接关系或间接关系的案件的举证责任成为法律的明文规定。③

我国《民事诉讼法》自 1991 年颁布实施以来经过多次修正，谁主张

---

① 《中华人民共和国民事诉讼法》，《中华人民共和国全国人民代表大会常务委员会公报》2024 年第 1 期。

② 《中华人民共和国民事诉讼法》，《中华人民共和国全国人民代表大会常务委员会公报》2024 年第 1 期。

③ 参见叶自强《举证责任的确定性》，《法学研究》2001 年第 3 期。

谁举证原则一直保留其中。最高人民法院于 2014 年作出的《关于适用〈中华人民共和国民事诉讼法〉的解释》在规定谁主张谁举证原则的同时亦规定"法律另有规定的除外"[①]，该规定的内容在该司法解释的 2020 年和 2022 年两个修正案中都予以保留。举证责任倒置是民事诉讼举证责任分配的例外情形，适用科技活动侵权方面的诉讼，表 5-3 列举了适用举证责任倒置原则的主要场景及其法律规定。

表 5-3　　适用举证责任倒置原则的主要场景以及法律规定

具体场景	法律规定
专利侵权诉讼	《专利法》第 61 条："专利侵权纠纷涉及新产品制造方法的发明专利的，制造同样产品的单位或者个人应当提供其产品制造方法不同于专利方法的证明。"
环境污染致害的赔偿诉讼	《民法典》第 1230 条："因污染环境、破坏生态发生纠纷，行为人应当就法律规定的不承担责任或者减轻责任的情形及其行为与损害之间不存在因果关系承担举证责任。"
民用核设施或者运入运出核设施的核材料发生核事故致害的侵权诉讼	《民法典》第 1237 条：民用核设施的营运单位就"证明损害是因战争、武装冲突、暴乱等情形或者受害人故意造成"而"不承担责任"承担举证责任。
民用航空器致害的侵权诉讼	《民法典》第 1238 条：民用航空器的经营者就"证明损害是因受害人故意造成"而"不承担责任"承担举证责任。
占有或者使用易燃、易爆、剧毒、高放射性、强腐蚀性、高致病性等高度危险物致害的侵权诉讼	《民法典》第 1239 条：占有人或者使用人就"证明损害是因受害人故意或者不可抗力造成"而"不承担责任"承担举证责任。
从事高空、高压、地下挖掘活动或者使用高速轨道运输工具致害的侵权诉讼	《民法典》第 1240 条：经营者就"证明损害是因受害人故意或者不可抗力造成"而"不承担责任"承担举证责任。
建筑物、构筑物或者其他设施倒塌、塌陷致害的侵权诉讼	《民法典》第 1252 条：建设单位与施工单位就"证明不存在质量缺陷"而不承担侵权责任承担举证责任。

除了上表所列，在侵权诉讼中适用举证责任倒置原则的情形还有以下几种：（1）无民事行为能力人在幼儿园、学校或者其他教育机构学习和

---

① 该条内容是："当事人对自己提出的诉讼请求所依据的事实或者反驳对方诉讼请求所依据的事实，应当提供证据加以证明，但法律另有规定的除外。"《最高人民法院关于适用〈中华人民共和国民事诉讼法〉的解释》，《人民法院报》2022 年 2 月 5 日第 3 版。

生活期间受到人身损害的侵权诉讼①；（2）饲养的动物致人损害的侵权诉讼②；（3）堆放物倒塌、滚落或滑落致人损害的侵权诉讼③；（4）公共道路上堆放、倾倒、遗撒妨碍通行的物品致人损害的侵权诉讼④；（5）林木折断、倾倒或者果实坠落等致人损害的侵权诉讼⑤；（6）公共场所或者道路上挖掘、修缮安装地下设施等致人损害的侵权诉讼以及窨井等地下设施致人损害的侵权诉讼⑥；等等。总体上说，适应举证责任倒置的具体场景包括科技活动侵权案件或者与科技活动有关的侵权案件之侵权诉讼。随着科技不断发展和法律不断完善，为法律所列举的适用举证责任倒置原则的具体场景会越来越多。应该说，将举证责任倒置原则运用于所有的科技活动侵权诉讼中，既是实现司法公正的要求，也有利于提高科技人员的科技安全意识，从而提高科技活动和科技产品的安全性能。

2. 适当采用科技专家论证

案件的复杂性和事实认定的困难性使得现实生活中疑难案件不可避免，而正是疑难案件的存在为专家参与司法诉讼提供了土壤。对某些疑难案件，法学专家就如何适用法律进行学理上的论证，或者就相关司法机关适用法律正确与否从学理角度提出自己的看法，为司法机关处理案件提供参考。尽管人们对法学专家论证的看法不尽相同，但是，在科技类案件中，科技专家论证具有存在的价值，我国诉讼法为人民法院运用科技专家论证方式解决科技相关疑难案件提供了可供操作的具体规定。

在科技活动违法行为的司法矫治中，科技专家论证的合理性既根植于法律规定的局限，也根植于认定科技活动违法行为事实的艰难复杂。就法

---

① 依据《民法典》第1199条规定，"无民事行为能力人在幼儿园、学校或者其他教育机构学习、生活期间受到人身损害"，幼儿园、学校或者其他教育机构就"证明尽到教育、管理职责"而不承担侵权责任承担举证责任。

② 依据《民法典》第1245条规定，动物饲养人或者管理人就"证明损害是因被侵权人故意或者重大过失造成"而"不承担或者减轻责任"承担举证责任。

③ 依据《民法典》第1255条规定，堆放人就"证明自己没有过错"而不承担责任承担举证责任。

④ 依据《民法典》第1256条规定，公共道路管理人就"证明已经尽到清理、防护、警示等义务"而不承担责任担负举证责任。

⑤ 依据《民法典》第1257条规定，林木的所有人或者管理人就"证明自己没有过错"而不承担责任承担举证责任。

⑥ 《民法典》第1258条规定："在公共场所或者道路上挖掘、修缮安装地下设施等造成他人损害，施工人不能证明已经设置明显标志和采取安全措施的，应当承担侵权责任。窨井等地下设施造成他人损害，管理人不能证明尽到管理职责的，应当承担侵权责任。"

律规定而言，科技法律具有稳定性、抽象性，而科技活动具体行为具有多样性、复杂性、变动性，这样势必导致出现科技法律规定不能适用科技活动具体行为的情形。科技活动具体行为具有与科技相关的专业性，立法者就科技活动进行立法时，虽然考虑各种可能出现的情形但难以穷尽所有可能出现的情形，更何况科技发展及其在生产和生活中日益广泛的应用势必带来科技活动具体行为的新样态、带来科技领域社会关系的新变化，因而具有稳定性的科技法律规定可能存在漏洞和真空。一旦案件涉及科技的专业性或者现有法律规定不能适用的情形，就需要具有专门科技知识的专家进行论证，发表专业性的意见。就查明案件事实而言，科技活动违法案件的事实涉及科技知识，而科技知识及应用是经过专业学习训练的人所能懂得的高深知识。就法官而言，他们可以经过法学专业学习而具有丰富的法律知识，也可以经过多年的审判实践而具有高超的法律技能，但是，他们不可能精通科技知识，不可能是"科技百科全书"。就当事人而言，不是所有人都是科技领域的专业人才，他们对案件所涉的科技知识可能懵懂无知。概言之，对科技活动违法行为的司法矫治，只有具有科技专业知识的人才能理解和厘清案件所涉科技知识，故此，司法人员在办案中有必要适当采用科技专家论证方式。

在我国目前的诉讼法律规定中，有两个方面的制度设计为在科技活动违法行为的司法矫治中适当运用科技专家论证方式提供依据。

一是鉴定人出庭制度。鉴定人是司法机关指派或聘请的运用专门知识或技能对案件的专门性问题进行鉴别和判断的人员，其中包括具有科技知识的科技专家，例如医学鉴定方面的专家。鉴定人出庭制度使得科技专家以鉴定人身份在法庭上就案件事实发表专业性的鉴定意见。鉴定人出庭作证的法理依据在于"面对面"的质证是查明事实证据的方法。"鉴定意见的真实性和可靠性是其能否作为定案证据的关键"，鉴定意见涉及科技的专门性问题，鉴定人出庭使当事人可以就鉴定意见进行当面询问从而了解鉴定意见的形成过程、鉴定意见的真实性；也使法官可以"通过鉴定人对鉴定涉及事项的说明、答疑等活动传递的信息"而"对鉴定意见的可靠性作出判断"。可见，"鉴定人出庭就鉴定意见进行说明和解释对于法庭查明事实，保障诉讼当事人权利意义重大"。[1] 我国现行《民事诉讼法》

---

[1] 参见赵丹、包建明《鉴定人出庭作证规则研究》，《中国司法鉴定》2019年第3期。

和《刑事诉讼法》确立了鉴定人出庭作证的规则。2019年10月14日公布、2020年5月1日施行的《最高人民法院关于民事诉讼证据的若干规定》将鉴定人出庭纳入"质询"的内容予以规定，依据该若干规定第80条和第81条关于"鉴定人应当就鉴定事项如实答复当事人的异议和审判人员的询问""鉴定人拒不出庭作证的，鉴定意见不得作为认定案件事实的根据"的规定①，出庭作证是鉴定人的义务。

  二是具有专门知识的人出庭制度。在科技活动违法行为的司法矫治中，具有专门知识的人出庭是指科技专家作为具有专门知识的人在法庭上就案件所涉科技知识发表专业性的意见。作为一项正式诉讼法律制度，具有专门知识的人出庭作证制度在我国三大诉讼法中都有相应规定。2018年2月最高人民检察院出台《关于指派、聘请有专门知识的人参与办案若干问题的规定》，而《最高人民法院关于民事诉讼证据的若干规定》则将具有专门知识的人出庭规定在质证的内容中。专门知识是指"特定领域内的人员理解和掌握的、具有专业技术性的认识和经验等"②，在内容上涵盖自然科学和社会科学两大领域，"包括但不限于法医、物证、声像资料、电子数据、心理测试、司法会计以及生态环境、资源保护、食品药品安全、国有财产保护、国有土地使用权出让和其他专业技术领域等"③。可见，具有专门知识的人是在科学、技术以及其他专业方面具有特殊的专门知识或经验的人员，毫无疑问具有科技知识的科技专家位列其中。由此，科技专家出庭属于具有专门知识的人出庭的组成部分。在科技活动违法行为的司法矫治中，具有专门知识的科技专家出庭进行专业性论证、发表专业性意见，有助于厘清案件事实，有助于防止冤假错案，有助于实现司法公正。需要注意的是，具有专门知识的人在法庭上就专业问题进行的论证、提出的意见视为当事人的陈述，因而当事人在申请科技专家出庭前应当充分告知其案件基本情况，避免科技专家在法庭上发表于己不利的言论。

---

① 参见《最高人民法院关于民事诉讼证据的若干规定》，https://www.court.gov.cn/fabu-xiangqing-212721.htm，访问时间：2022年12月4日。
② 《最高人民检察院关于指派、聘请有专门知识的人参与办案若干问题的规定（试行）》，《中华人民共和国最高人民检察院公报》2018年第3期。
③ 赵志刚等：《〈关于指派、聘请有专门知识的人参与办案若干问题的规定（试行）〉理解与适用》，《人民检察》2018年第10期。

3. 正确适用侵权归责原则

依据我国《民法典》的规定和精神①，当科技活动给他人和社会组织的民事权益造成损害时，民事权利受到侵害的被侵权人有权请求进行科技活动的侵权人承担侵权责任。科技活动侵权归责意指科技活动侵权法律责任的认定和归结，在逻辑学意义上，它是一个以法律责任为大前提、以损害事实为小前提而根据逻辑规则对科技活动侵权行为人应该承担的法律上的不利后果进行判断、认定、追究的思维过程。科技活动侵权归责是矫治科技活动违法行为和违约行为、救济被侵害的权利的重要方式和手段。通过对科技活动侵权行为的责任追究，体现国家对科技活动侵权责任主体的道德诘难和法律处罚，实现对科技活动侵权行为的矫治，维护科技活动正常秩序，为科技健康发展奠定善治的社会根基。

由于法律责任具有惩罚性，因而法院在对科技活动侵权进行归责时不能天马行空，不仅要依照法定程序，而且要坚持基本原则。根据我国法学界通论，归责原则主要有责任法定原则、因果联系原则、公正原则等，这些原则都应在对科技活动侵权进行归责时得到遵循。② 因果关系具有复杂性，鉴于《民法典》第1186条关于"受害人和行为人对损害的发生都没有过错的，可以根据实际情况，由双方分担损失"的规定"只是基于民法上的公平原则产生的一种损害分担方式，而非侵权行为的归责原则"③，因而可以将我国《民法典》对侵权归责原则的规定具体化为过错责任原则和无过错责任原则两种。

（1）过错责任原则。该原则内容是法院在认定和追究侵权责任时以行为人存在着故意或过失的过错及过错程度为依据。依据这一原则，行为人仅在有过错的情况下承担民事责任，没有过错就不承担民事责任。但这一原则包含着"推定过错责任"这一种特殊情形，即：如果行为人不能证明自己的致害行为没有过错，那么法院可以推定其有过错并追究其应承

---

① 例如，我国《民法典》第120条规定："民事权益受到侵害的，被侵权人有权请求侵权人承担侵权责任。"第1165条规定："行为人因过错侵害他人民事权益造成损害的，应当承担侵权责任。"第1167条规定："侵权行为危及他人人身、财产安全的，被侵权人有权请求侵权人承担停止侵害、排除妨碍、消除危险等侵权责任。"

② 责任法定原则要求法院认定和归结科技活动侵权行为的法律责任是由法律规范预先规定的；因果联系原则要求司法机关在认定和归结科技活动侵权行为的法律责任时必须确认侵权行为与损害结果之间具有内在逻辑关系；公正原则要求司法机关认定和归结科技活动侵权行为的法律责任与科技活动侵权行为相适应。

③ 徐明：《论侵权行为的归责原则》，《法制博览》2019年第21期。

担的法律责任。也就是说，推定过错责任原则不是一种独立的侵权归责原则，而是涵盖在过错责任原则之中。这一点可以从《民法典》将两者放在第1165条这一条规定中得到说明："行为人因过错侵害他人民事权益造成损害的，应当承担侵权责任。依照法律规定推定行为人有过错，其不能证明自己没有过错的，应当承担侵权责任。"①

过错责任原则是科技活动侵权归责中的常用原则，但由于科技活动侵权的主体和行为的复杂性，过错责任原则也呈现复杂的情形。有些科技活动、科技产品侵权归责的过错责任原则在法律中有明确规定，例如，在医疗损害侵权归责方面，《民法典》对过错责任原则和推定过错责任原则作出了明确规定。有些科技活动、科技产品侵权归责的过错责任原则还处于学理中。例如，对于人工智能侵权的归责，"由于人工智能产品具有不同于普通产品的自主性，需要在法经济学视阈下重构人工智能技术背景下的产品责任制度……理论分析结果表明，应当明确以过错责任而非严格责任作为我国人工智能产品责任归责原则"②。又如，对于算法侵权的归责，由于"算法侵权"不存在特定的第三方侵权主体，而搜索引擎公司又以技术中立主义进行抗辩，因而被算法侵害的权利"陷入一种被技术侵害而救济无门的境地"，因此，"搜索引擎公司对其算法产生的搜索结果不能仅以'技术中立性'为由采取消极放任的态度，其仍负有在接到权利人请求采取必要措施的通知后进行阻止、预防的注意义务，否则应当基于'过错责任'原则承担侵权责任，以实现权利人救济"③。

（2）无过错责任原则。该原则的内容是：法院在认定和归结侵权责任时以行为人的行为以及所管理的人或物与造成的损害后果之间具有因果联系为依据，不考虑行为人是否存在过错。我国《民法典》第1166条规定："行为人造成他人民事权益损害，不论行为人有无过错，法律规定应当承担侵权责任的，依照其规定。"④需要注意的是，在侵权归责中，无过错责任原则不具有普遍适用性，只有在法律规定了行为人无过错也应该承担侵权责任的情况下才能适用。《民法典》规定了若干具体适用无过错

---

① 《中华人民共和国民法典》，《人民日报》2020年6月2日，第1版。
② 魏益华、于艾思：《法经济学视阈下人工智能产品责任归责原则》，《吉林大学社会科学学报》2020年第2期。
③ 何丽新等：《搜索引擎"算法侵权"的归责路径探析》，《西北工业大学学报（社会科学版）》2020年第2期。
④ 《中华人民共和国民法典》，《人民日报》2020年6月2日第1版。

责任原则的情形，这些情形大多属于科技应用或科技产品所导致的侵权责任的认定和归结，例如产品侵权归责、环境污染侵权归责、高度危险侵权归责等。

伴随科技发展而频发的科技风险事故使得无过错责任原则在科技活动侵权归责中的地位凸显。科技风险事故具有不同于其他风险事故的特征：究其成因而言，造成事故的科技研发或应用活动合法且必要，事故的发生可能由于科技产品存在缺陷所引起；就其损害结果而言，事故导致的损害后果严重、受害者众多；就举证责任而言，被害人难以证明加害人是否具有过失。[①] 这些特征决定了对科技活动侵权进行归责时采用无过错责任原则的必要性、重要性，既有利于解决利益龃龉、维护社会秩序，也有利于实现公平、维护法律的价值。进一步说，适用科技活动侵权的无过错责任原则对科技研发和运用提出了更高要求，不论是科技研发者还是科技成果应用者都必须重视科技安全，采取有效措施防止科技风险事故。

4. 发展公益诉讼

科技的发展既可以使公益诉讼借助科技手段更有效地实施和推进[②]，又可以使公益诉讼的适用范围得到拓展，产生对科技活动违法行为的公益诉讼。马克思说过："只有维护公共秩序、公共安全、公共利益，才能有自己的利益。"[③] 实现维护公共利益与救济受害人权益相统一需要制度保障，而公益诉讼恰正契合了这一需要。理论界和实务界对公益诉讼的界定不尽相同，一般认为，公益诉讼是特定国家机关或者相关社会组织、公民个人依据法律对违反法律规定而导致国家利益和社会公共利益受到损害的行为寻求司法救济而向法院提起的诉讼。公益诉讼存在的法理依据在于："不仅可以打击、制裁侵犯公益的行为或者纠正违法行为，而且可以对可能发生的相关行为予以震慑，从而在一定程度上实现对'公地悲剧'的

[①] 马俊驹、余延满：《民法原论》（下），法律出版社 2000 年版，第 1015 页。

[②] 例如，通过"深度应用'内生数据''共享数据''公开数据'，拓展公益诉讼办案线索，应用卫星遥感、无人机、勘察工具车（箱）等新兴技术固定证据"使得公益诉讼的调查难、取证难等问题得到有效解决。参见金鸿浩、林竹静《检察公益诉讼科技手段应用研究》，《中国检察官》2019 年第 21 期。

[③] 《马克思恩格斯全集》第 2 卷，人民出版社 1957 年版，第 609 页。

防控"①，由此实现对国家利益、社会利益和弱势民众利益的切实维护和有效保障。

公益诉讼的历史源远流长，并在历史演进中越来越完善，如今已经成为一种被众多国家所广泛运用的维护公共利益的重要方式。我国的公益诉讼缘起于"守护绿水青山""建设美好家园""保障'舌尖上的安全'""提高人民生活质量""维护公共利益"的客观需要，也是社会主义法治建设发展的必然成果。自2005年开始，公益诉讼受到理论界和实务界的高度关注，公益诉讼制度在法治发展中得以建立并不断完善。从2015年开始，最高人民检察院经过全国人大常委会授权在北京、内蒙古、吉林等十三个省、自治区、直辖市开展为期两年的公益诉讼试点工作。② 最高人民检察院的两年试点工作为构建公益诉讼制度提供了实践经验，公益诉讼制度的法律构建成为必然，现行《民事诉讼法》第55条、《行政诉讼法》第25条分别就民事公益诉讼和行政公益诉讼作出了规定。为了正确适用这两部诉讼法关于人民检察院提出公益诉讼制度的规定，最高人民检察院会同最高人民法院于2020年12月修订《关于检察公益诉讼案件适用法律若干问题的解释》，不仅就检察机关提出民事公益诉讼、行政公益诉讼作出了详细规定，而且就刑事诉讼附带民事公益诉讼作出明确规定③。2021年6月，最高人民检察院公布《人民检察院公益诉讼办案规则》④，为检察机关办理公益诉讼案件提供明确的具有可操作性的行为规范和行为指南。

从《民事诉讼法》《行政诉讼法》等法律规定和有关司法解释可以看出，一些公益诉讼与科技活动违法行为有着密切相关，例如，食品药品安

---

① 宋远升：《公益诉讼可以有效防控"公地悲剧"》，《检察日报》2022年5月10日第3版。

② 殷泓、王逸吟：《13省区市拟试点检察机关提起公益诉讼》，《光明日报》2015年6月26日第3版。

③ 该解释的第20条规定："人民检察院对破坏生态环境和资源保护，食品药品安全领域侵害众多消费者合法权益，侵害英雄烈士等的姓名、肖像、名誉、荣誉等损害社会公共利益的犯罪行为提起刑事公诉时，可以向人民法院一并提起附带民事公益诉讼，由人民法院统一审判组织审理。人民检察院提起的刑事附带民事公益诉讼案件由审理刑事案件的人民法院管辖。"最高人民法院、最高人民检察院：《关于检察公益诉讼案件适用法律若干问题的解释》，https://www.spp.gov.cn/spp/xwfbh/wsfbt/202012/t20201230_504430.shtml#2，访问时间：2022年12月4日。

④ 最高人民检察院：《人民检察院公益诉讼办案规则》，《检察日报》2021年7月15日第4版。

全问题的发生大多因为食品药品科技的违法使用，包括违法添加食品添加剂、婴幼儿配方奶粉、保健品、农产品等。违反法律规定而从事科技研发和转化应用等方面的活动，势必侵害国家利益、社会公共利益和不特定多数人利益，因而发展针对科技活动违法行为的公益诉讼就理所当然。科技活动违法行为公益诉讼以科技活动违法行为或科技产品已造成对社会公共利益的现实损害为前提，提起人可以是科技活动违法行为、科技运用行为或科技产品的直接受害人，也可以是社会组织和人民检察院。对于损害国家利益、社会公共利益和不特定人利益的科技活动违法行为，法律允许该科技活动违法行为的直接受害人作为原告提起含有请求私益救济内容的公益诉讼；对于损害国家利益、社会公共利益和不特定人利益的科技活动违法行为，法律授权人民检察院通过提出检察建议、提起诉讼和支持起诉等方式履行公益诉讼检察职责[1]。

由于检察公益诉讼具有"以国家强大的组织体系为后盾，主动地履行对社会公益的监督职能，使得相对封闭的司法活动更为积极开放"[2]等特质，因而在科技活动违法行为公益诉讼中的地位举足轻重，对于防治科技异化、实现科技善治发挥着十分重要的作用。如今，检察公益诉讼已经成为"维护国家利益和社会公共利益，维护社会公平正义，维护宪法和法律权威，促进国家治理体系和治理能力现代化"[3]的重要手段。例如，陕西省检察机关自2018年以来"全力推进食品药品领域公益诉讼工作"，到2021年上半年，"全省食品药品领域公益诉讼案件共立案2952件，办理诉前程序案件2965件，提起诉讼107件，有效保障了人民群众'舌尖上的安全'"[4]。又如，自2018年浙江省宁波市"骚扰电话"整治公益诉讼案被纳入《检察公益诉讼十大典型案例》以来，对个人信息保护领域的检察公益诉讼，社会关切度较高、呼声强烈[5]。

为了更好地发挥检察机关法律监督职能作用，中共中央于2021年6月

---

[1] 参见最高人民检察院《人民检察院公益诉讼办案规则》第2条、第3条。
[2] 邓炜辉、于福涛：《回应型治理：检察公益诉讼治理模式的祛魅与重构》，《社会科学家》2021年第8期。
[3] 最高人民检察院：《人民检察院公益诉讼办案规则》第2条，《检察日报》2021年7月15日第4版。
[4] 吕贵民：《陕西检方立案查办食药领域公益诉讼案件2900多件》，《陕西日报》2021年8月13日第6版。
[5] 龙婧婧：《"民法典时代"检察公益诉讼的发展》，《民主与法制时报》2021年8月12日第6版。

印发《关于加强新时代检察机关法律监督工作的意见》。依据该意见，检察机关要以高度的政治自觉依法履行包括公益诉讼在内的检察职能，积极稳妥地推进包括科技活动违法行为公益诉讼检察在内的公益诉讼检察。[①] 未来，检察公益诉讼制度将在对国家治理现代化、社会治理现代化之需要的回应中不断发展和完善，检察机关在推进对科技活动违法行为的公益诉讼、实现科技领域良法善治方面将发挥更加重要的作用，为治理科技异化现象、防范科技风险事故发生、保障科技健康发展不断作出新贡献。

[①] 中共中央发布的《关于加强新时代检察机关法律监督工作的意见》指出："积极稳妥推进公益诉讼检察。建立公益诉讼检察与行政执法信息共享机制，加大生态环境和资源保护、食品药品安全、国有财产保护、国有土地使用权出让和英烈权益保护、未成年人权益保护等重点领域公益诉讼案件办理力度。积极稳妥拓展公益诉讼案件范围，探索办理安全生产、公共卫生、妇女及残疾人权益保护、个人信息保护、文物和文化遗产保护等领域公益损害案件，总结实践经验，完善相关立法。"《关于加强新时代检察机关法律监督工作的意见》，《检察日报》2021年8月3日第1版。

第六章 现代科技发展伦理约束和法律治理之例证

世界上的任何事物都是由多方面构成的有机整体，构成事物整体的各个部分称为要素，属于微观领域，由诸多要素构成的事物整体称为系统，属于宏观领域；系统在要素与要素的相关性中产生出高于要素的整体性效应，微观领域的建设有利于整体发展，也就是人们常说的"1+1>2"的效应；虽然宏观的、整体功能不能还原为微观的要素功能，但微观要素的功能提升有助于宏观系统的功能优化。《法治中国建设规划（2020—2025年）》指出：推进法治中国建设，要"着眼推进国家治理体系和治理能力现代化"，既坚持"统筹推进"，又坚持"问题导向和目标导向"，聚焦法治建设存在的问题，"固根基、扬优势、补短板、强弱项，切实增强法治中国建设的时代性、针对性、实效性"。运用系统由要素构成、要素促进整体的系统思维对现代科技健康发展进行法哲学分析，在对现代科技发展的伦理约束和法律治理进行宏观的整体的探讨之后，有必要进到现代科技系统的构成要素进行微观的、具体的分析，本章以人工智能、人类基因编辑技术为分析范例。

第一节 人工智能风险的伦理和法律防范[①]

诞生于20世纪中叶的人工智能对人类社会的影响是无与伦比的，如今已经成为在人类生产和生活中、在国家和社会治理中广泛应用的高科技。据统计，"截至2021年6月份，全球人工智能企业超过1万家。2020

---

① 本节初稿由许茜、靳太中撰写。

年中国人工智能产业规模达 3031 亿元，同比增长 15.1%"①。人工智能在各个国家的发展水平不一，总的来说，"尽管美国依然绝对领先，但中国似乎取得了比美国和欧盟更快的进步……中国的人工智能研发和应用是快节奏和务实的，旨在寻找有助于解决现实问题的应用"②。随着人工智能向人类社会的各个领域、各个方面的加速渗透，人类的生活、生产及自然环境也发生日益明显的改变，这种改变既包括相互矛盾甚至对立的方面，一方面使得人类生活及环境变得更美好，为人的全面发展创造更充分条件，另一方面又使得人类的生活及环境面临安全问题，使国家和社会治理面临诸多挑战。面对人工智能的隐忧，为了人类的福祉，实现人工智能对人的积极功能、抑制人工智能对人的消极效应、将人工智能的力量变成一种善的力量，至关重要而且必须如此。在这一过程中，法律的地位举足轻重，伦理的角色也不能缺少。伦理和法律相得益彰，确保人类在降低人工智能风险的同时，发挥人工智能的潜力。

一　人工智能及其与人类智能的关系

"人工智能是科技发展过程中的必然环节，不只是中国，整个人类社会都是如此"③。作为一项高科技，人工智能以研究、掌握和应用人类智能规律为必要前提，以制造能够模拟、延伸和扩展人类智能的机器为目的，故而有人称其为人类智能的"容器"。从历史看，人工智能的概念早在 20 世纪 50 年代就被提出，从那时开始研究、探索和开发人工智能的活动就一直没有停止过。人工智能的发展和计算机科技的发展紧密联系，正是 20 世纪 50 年代数字计算机研制成功拉开人工智能发展的序幕，"随着移动互联网的爆发，各种终端设备互连互通，为大量数据的产生提供了可能性，为人工智能的发展提供了庞大的数据基础。而云计算则给这些庞大的数据赋予了能量"④。经过多年的发展，如今的人工智能已经成为一个应用范围相当广泛的领域，在金融贸易、医疗诊断、工业操作、远程通

---

① 李芃达：《人工智能能否改变生活》，《经济日报》2021 年 8 月 12 日第 6 版。
② [英] 赫西·艾略特：《人工智能在中国迅速发展》，刘德译，《环球时报》2020 年 7 月 3 日第 6 版。
③ 二五八集团：《人工智能为什么这么火?》，https://www.sohu.com/a/334602263_120055280，访问时间：2021 年 11 月 21 日。
④ 二五八集团：《人工智能为什么这么火?》，载 https://www.sohu.com/a/334602263_120055280，访问时间：2021 年 11 月 21 日。

信、交通工具、城市建设、法律服务、音乐绘画、玩具游戏等领域都可以发现人工智能的足迹和印记。作为一种新科技理论,人工智能具有交叉性,涉及自然科学、社会科学和思维科学等学科领域的内容;作为一种高新技术,人工智能在生产和生活中具有广泛的应用空间和应用前景。从增进人类福祉的角度说,人工智能是一种"善"的力量,通过推进工业自动化发展而极大提高劳动生产率从而促进经济繁荣、进步和发展,通过在信息、通信、医疗、教育、政府工作等领域的广泛应用而极大提高公共服务的质量和水平,通过在资源和环境保护方面的积极作用而实现人与自然、人与社会的和谐发展。

公益数字化是人工智能增进人类福祉的一个例证。全球已经步入数字社会,数字化浪潮不可逆转,已经成为当前社会的基本面。公益数字化有助于公益组织获得更广泛的社会价值认可,破解公益资源瓶颈,改变传统粗放运作模式。2021年4月,腾讯公司战略升级,将"推动可持续社会价值创新"纳入公司核心战略,立足于数字化与公益的融合,以提升专业度、深化信任感和加强敏捷性为发力点,加强数字化公益服务、数字化公益组织和数字化公益生态三维建设,推进数字化向以公共利益为中心的社会价值回归,通过提升服务专业度、深化公众信任感、加强协作敏捷性,提升公益组织与受助群体、与捐赠人、与上下游之间链接的广度和深度,并从效率和价值多方面创新提升,走出公益发展速度与发展质量并行之路,实现科技向善的理念引导下的社会价值创新。①

本质上,人工智能是对人脑接受和处理信息的思维模拟,这一模拟分为两个方面:一方面是"结构模拟",即"仿照人脑的结构机制";另一方面是"功能模拟",即仿照人脑的"功能过程"。② 虽然人工智能的本质是模拟人类智能,但毕竟它是一种机器思维,因而与人类智能不可同日而语。首先,人工智能属于机械的、物理的过程,而人类意识属于生理的、心理的过程;其次,人工智能不会考虑模拟人类智能的结果所引发的社会效果,而作为社会主体的人在思维和行动时常常考虑由此导致的社会效果;再次,人工智能被动地接受指令而进行"思维"、采取"行动",

---

① 参见腾讯研究院《2021公益数字化研究报告》,https://www.tisi.org/,访问时间:2021年8月18日。

② 参见李秀林、王于等《辩证唯物主义与历史唯物主义原理》(第四版),中国人民大学出版社1995年版,第62页。

人则主动地提出问题而进行思维、采取行动。可见，人工智能扩大了人的意识结构、强化了人的思维功能。

人工智能归根到底是一种"机器"，因而其本身不具有社会性，也就是说，在技术层面上说，人工智能与所有其他科技一样是价值中立的。然而，人工智能本身的无社会性并不能成为否定人工智能"思维"和"行动"具有社会效果的证明。事实上，人工智能的"思维"和"行动"具有鲜明的社会性，人工智能在实际应用中的效果是"创造性"和"破坏性"兼具，既可能产生正向社会效果，也可能导致负向社会效果。可见，对于人工智能，也存在着如何治理的问题。从现实看，随着人工智能技术应用向深度和广度拓展，AI 产业内形成了不能走"先发展、后治理"的老路、必须走"边发展、边治理"的新路的共识，人们普遍认为"在规范 AI 技术应用的同时，要构建可持续发展的 AI"①。

人工智能的研发和应用表明，"人工智能稳健发展的两大前提是可持续发展和人工智能的善治"②。人工智能的善治当然离不开科技的不断进步，但单纯的科技进步不足以解决人工智能领域存在的问题，面对人工智能的伦理风险和法律风险，加强伦理约束和法律规制是必要的。对此，人工智能研发者有着清楚的认识。在 2021 年 8 月举行的首届全球数字经济大会的人工智能产业治理主题论坛上，首个《人工智能产业担当宣言》正式发布，在该宣言提出的倡议中，"人工智能系统的设计、研发、实施和推广应符合可持续发展理念，以促进社会安全和福祉为目标，以尊重人类尊严和权益为前提""最大限度确保人工智能系统安全可信""保障各方权利和隐私"等内容包含着伦理约束和法律治理之意蕴，有利于"引导和规范科技从业者行为，促进人工智能产业健康发展"。③

二　人工智能的伦理风险防范

实践向我们显示，人工智能与其他所有科技一样对人类产生"双刃剑"效应，不仅深刻改变生产方式、对人类生活方式带来深刻变化，而且深刻影响人们的价值观念、冲击社会的伦理秩序，使得人工智能伦理风

---

① 钱玉娟：《旷视科技印奇谈人工智能治理：这是一个长期问题，旷视不缺席，不对立》，http://www.eeo.com.cn/2020/0710/389301.shtml，访问时间：2024 年 2 月 1 日。

② 李芃达：《人工智能能否改变生活》，《经济日报》2021 年 8 月 12 日第 6 版。

③ 闫晓虹：《〈人工智能产业担当宣言〉发布 致力推动 AI 企业共举科技担当》，http://www.chinanews.com/it/2021/08-03/9535642.shtml，访问时间：2021 年 8 月 18 日。

险防范成为人工智能发展中必须重视和解决的重要课题之一。

英国学者玛丽亚·塔德奥（Mariarosaria Taddeo）和旅英意大利学者卢西亚诺·弗洛里迪（Luciano Floridi）对人工智能的伦理探讨进行历史回溯，表达了对人工智能伦理风险的忧虑，指出了加强对人工智能伦理风险防范的必要性：关于人工智能的伦理争议可以追溯到20世纪60年代，随着人工智能在越来越多的情况下使用，人工智能可以承担哪些任务以及如何为其表现承担责任成为需要迫切解决的道德问题；随着人工智能变得无所不在，新的伦理挑战也随之出现，人类自决权的保护是最为重要的问题之一，必须高度重视。①

苹果CEO蒂姆·库克（Tim Cook）也表达了对人工智能伦理风险的忧虑，提出了防范人工智能伦理风险的主张。在2018年的一次演讲中，他告诉人们：人工智能是他经常思考的一个领域，这项技术的核心让所有人受益，然而对个人信息的收集常常侵害人们的隐私，而"人工智能要想真正聪明，就必须尊重人类的价值观，包括隐私"，因此，人类在追求人工智能的过程中不应该牺牲人类智能的人性、创造力和独创性，应该坚持实现伟大的人工智能和制定优良的隐私标准并重，"这不仅是一种可能性，也是一种责任"。②

人工智能的伦理风险在我国也受到广泛关注，第四届全国赛博伦理学暨人工智能伦理学研讨会于2017年12月24日在湖南长沙举行，该研讨会集中讨论了"大数据时代的信息伦理与人工智能伦理"等问题，将人工智能伦理的构成概括为"人工智能设计伦理""人工智能道德算法""人工智能社会伦理""人工智能道德哲学"四个部分，这四个部分的研究对象及主要内容在表6-1中加以说明③。

"人工智能设计伦理""人工智能道德算法""人工智能社会伦理""人工智能道德哲学"是四个相互关联而又相对独立的领域，每一个领域都有具体的伦理问题，这些问题意味着人类伦理面临着人工智能的冲击，将人

---

① 参见[英]玛丽亚·塔德奥、[意]卢西亚诺·弗洛里迪《如何让AI成为一种善的力量》，智能观编译，https://www.sohu.com/a/252048212_99905735，访问时间：2021年8月17日。
② 参见[美]库克《人工智能要想真正聪明，必须尊重人类的价值观》，https://tech.sina.com.cn/it/2018-10-28/doc-ihnaivxp6849164.shtml，访问时间：2021年8月18日。
③ 参见潘宇翔《大数据时代的信息伦理与人工智能伦理——第四届全国赛博伦理学暨人工智能伦理学研讨会综述》，《伦理学研究》2018年第2期。

类伦理置于风险境地。以人工智能的道德算法为例,很可能出现因国家、民族、社会、生活、文化、宗教等方面的不同而导致的算法结果的差异性从而损害社会公平,"人类要怎样通过智能计算建造出高于人类道德认知的人工道德智慧体系,赋予人工智能载体真正的道德自主权,解决现有的道德伦理冲突与相对主义,也是一个亟待解决却又需从长计议的问题"[①]。

表 6-1　　　　　　　　　　人工智能伦理研究的构成

板块构成	研究对象	主要内容
人工智能设计伦理	明确人工智能设计和制造的伦理准则从而使人工智能的设计与人类价值保持一致。	从机器人设计目的上明确机器人用途,使智能机器人的种类高度专业化,做到专机专用;机器人设计应以安全性为目标,不得利用机器人的法律真空做出逾越法律的事情;机器人的设计者要对可能出现的伦理问题做出足够的论证,使机器人的设计有益于人类;机器人的设计要关注公平和正义,避免扩大主体间权力、地位上的差距。
人工智能道德算法	开发道德算法并将其植入人工智能从而使人工智能做出合乎道德的决策。	为机器赋予符合人类利益的效用函数;巧妙融合形而上的"善"与功利主义的"善",进行"先验"与"效用"的转化。
人工智能社会伦理	善用并阻止恶用人工智能从而使人工智能造福于人类。	对人工智能及其应用后果进行全方位的价值反思,制定智能社会的价值原则与综合对策,立足"可能性"审慎地决定"应该"怎么办,确立不容逾越的基本价值原则,启动"兴利除弊"的社会系统工程,将人工智能纳入健康发展的轨道。
人工智能道德哲学	传统道德哲学如何面对人工智能的挑战以及人工智能如何促进道德哲学的发展。	根据人们对待人工智能的态度构建人工智能的道德体系,使其做出符合公众期望的道德决策,由此谋划出一套适应于公众道德意识的人工智能的道德规范和道德决策程序。

理论和实践向我们展示,作为一种飞速发展且应用广泛的高科技,人工智能带来的伦理风险是前所未有的。对于这些伦理风险的具体表现,有人提出将其划分为社会伦理风险、人文伦理风险和生态伦理风险三种类型:人工智能的社会伦理风险集中在"相关权利与责任问题""智能武器的安全问题""大规模失业问题"三个方面;人工智能的人文伦理风险主要表现为人工智能"是否构成对人类主体性的威胁""是否可以具备伦理道德"两个方面;人工智能的生态伦理风险主要有"人工智能技术发展

---

① 参见刘鸿宇等《人工智能伦理研究的知识图谱分析》,《情报杂志》2019 年第 7 期。

的高能耗问题""人工智能技术发展与生物多样性的不对称性问题"两个方面。① 也有人将人工智能的伦理风险具体列举为"隐私保护、虚假信息、算法歧视、网络安全等伦理与社会影响"②。总之,对人工智能伦理风险具体表现的研究,成果丰富,观点纷呈。

科技创新的车轮滚滚向前,人工智能的研发和应用是加速度的,人类不可能因人工智能的伦理风险而停止发展人工智能的脚步,正确的选择是通过加强人工智能的伦理控制、对人工智能伦理风险进行防范和治理。目前,国际社会高度重视应对人工智能的伦理风险问题,我国也发布了人工智能治理伦理规制的相关文件。例证如下:

> 相关国家、部门、企业甚至个人都提出了智能产品研发的道德准则,如韩国政府拟订《机器人道德宪章》、美国信息技术产业委员会(ITI)颁布人工智能政策准则、美国电气电子工程师学会(IEEE)发布第二版《人工智能设计的伦理准则》、欧盟出台史上最严的《通用数据保护条例》,等等。③
>
> OECD 和 G20 已采纳了首个由各国政府签署的人工智能原则,成为人工智能治理的首个政府间国际共识,确立了以人为本的发展理念和敏捷灵活的治理方式。我国新一代人工智能治理原则也紧跟着发布,提出和谐友好、公平公正、包容共享、尊重隐私、安全可控、共担责任、开放协作、敏捷治理八项原则,以发展负责任的人工智能。④

通过人工智能的伦理规制而实现人工智能伦理风险的防治,归根到底是通过对人类研发、使用、治理人工智能的行为进行的。2019 年 5 月 25 日,《人工智能北京共识》⑤ 发布,该宣言针对人工智能的研发和使用等提出各个参与方应该遵循的伦理原则。2023 年 2 月 21 日,在北京举行的"全球安全倡议:破解安全困境的中国方案"论坛上,中方正式发布《全

---

① 参见李旭、苏东扬《论人工智能的伦理风险表征》,《长沙理工大学学报(社会科学版)》2020 年第 1 期。
② 司晓:《智能时代需要"向善"的技术伦理观》,《学习时报》2019 年 8 月 14 日第 6 版。
③ 邱德胜:《智能时代工程师的伦理责任》,《光明日报》2018 年 9 月 3 日第 15 版。
④ 司晓:《智能时代需要"向善"的技术伦理观》,《学习时报》2019 年 8 月 14 日第 6 版。
⑤ 该宣言由北京智源人工智能研究院联合北京大学、清华大学、中国科学院自动化研究所等单位共同发布。

球安全倡议概念文件》，呼吁"加强人工智能等新兴科技领域国际安全治理，预防和管控潜在安全风险"①。也有学者提出加强伦理审查的建议："一方面，事前加大对相关研发人员伦理审查的力度，确保该类人员具有从事相关行业的职业伦理底线；另一方面，事后对相关智能产品进行核查，以确保流通中的智能产品不存在任何伦理问题，如果查处存在该方面问题应当及时停止相关类产品的研发和流通。"②我们认为，在整体上，人工智能的研发和使用必须以增进人类的福祉为目的，所有研发和使用人工智能的行为都必须有利于人类的生存、人们的生活以及社会的发展，毕竟人工智能是人制造的机器，人造的机器必须是服务人、造福人的。具体而言，人工智能伦理风险防治在人工智能的研发和使用方面存在一些差别，具体分析如下。

人工智能的研发是人工智能产品制造、使用的前提和基础，因而人工智能的研发伦理就显得尤为重要。人工智能研发伦理风险防治的总体要求是"人工智能研发要对潜在伦理风险与隐患负责"③，具体可以从两个方面入手。一方面是研发者的伦理自觉。研发者必须深刻理解人工智能的"机器"实质，立足于人工智能作为机器必须服务人、造福人的伦理原则，以人工智能的设计和开发有益于增进人类、社会与生态的福祉为目的。在人工智能的设计上，坚持以人为本原则，使产品呈现出多样性、包容性从而能够惠及更多人；同时坚持安全可靠原则，充分考虑人工智能产品的潜在风险，致力于开发出人工智能的道德认知系统④，努力提升防范各种风险的技术水平，经过严格测试、反复验证以确保依据研发和设计制造出的产品不会危及人身财产、数字网络以及社会环境等方面的安全。另一方面是外部组织或机构的伦理审查。虽然内因是变化的根据，但外因也

---

① 《全球安全倡议概念文件》，《人民日报》2023年2月22日第15版。
② 姚万勤：《防范人工智能法律风险应把握好三个重点》，《人民法院报》2019年1月28日第2版。
③ 孙艳、郭强：《人工智能研发要对潜在伦理风险与隐患负责》，《工人日报》2019年5月27日第4版。
④ 有学者提出了人工智能道德算法的研究方向，主要有三个方面：一是互动性，即在机器与环境变化互动下的道德反射；二是自动性，即无须环境刺激下的自动道德行为；三是适应性，即根据环境变化的自我调整的道德能力。也有学者建议赋予人工智能载体执行人类命令的三项伦理导向原则，即数据处理或代理决策的公信能力、处理伦理困境与复杂道德关系的伦理能力以及互动交流的关怀能力。参见刘鸿宇等《人工智能伦理研究的知识图谱分析》，《情报杂志》2019年第7期。

是变化的条件，人工智能的组织或机构对人工智能的研发进行伦理审查是必要的，审查的内容可以包括"是否具有开展的价值""如何保证数据安全可靠和隐私保护""风险获益是否合理"等伦理问题，引导研发者"注重专能机器人的研发，限制全能机器人的设计，消除当机器人具有自我或反思能力时毁灭人类的可能性，始终将人机关系的主导权牢牢掌握在人类的手中"①。

人工智能的使用是人工智能研发的直接目的，人工智能只有通过使用才能彰显、实现其价值。但是，对于人工智能的研究成果和人工智能产品，不能想怎么用就怎么用、爱怎么用就怎么用，而必须遵循一定的伦理规则。就人工智能研发成果的转化而言，应该秉持人工智能产品造福人的目的，任何背离造福人的目的的人工智能成果转化都因不符合伦理诉求而被禁止。特别是，智能武器对人类的打击是毁灭性的，因而必须坚决抵制将人工智能研究成果转化为智能武器的制造，严格限制在将人工智能研究成果转化为人工智能产品时赋予其使用武器尤其是高能武器的能力。就人工智能产品的应用而言，"提倡善用和慎用，避免误用和滥用，以最大化人工智能技术带来的益处、最小化其风险，应确保利益相关者对其权益所受影响有充分的知情与同意，并能够通过教育与培训适应人工智能发展带来的影响"②。

三　人工智能的法律风险防范

人工智能科技的飞速发展不仅带来伦理风险，也给法律规范乃至整个法律体系带来冲击，甚至在某些情况下伦理风险与法律风险是一致的，例如，人工智能的发展导致人的隐私安全风险，既是一个伦理问题，也是一个法律问题。正如人工智能带来的伦理风险不容小觑，人工智能导致的法律风险也必须而且已经引起高度重视。自1981年发生一家摩托车厂的机器人杀死正在干预其行动的工人之不幸事件以后，对人工智能风险防范的研究快速发展，"达到运用法律来处理人工智能应用程序对社会环境安全、风险和责任影响的程度"③。在我国，随着人工智能科技的发展，有

---

① 邱德胜：《智能时代工程师的伦理责任》，《光明日报》2018年9月3日第15版。

② 孙艳、郭强：《人工智能研发要对潜在伦理风险与隐患负责》，《工人日报》2019年5月27日第4版。

③ ［巴西］Sergio Ferraz, Victor Del Nero：《人工智能伦理与法律风险的探析》，《科技与法律》2018年第1期。

关人工智能的法律研究成果如雨后春笋,关于人工智能法律风险及其防范的观点纷呈。

1. 人工智能的法律风险

人工智能的法律风险有诸多方面的表现,从目前人工智能的研究和实践看,人工智能的法律风险集中在人工智能归责难、人工智能侵权以及人工智能犯罪三个方面。

第一,人工智能归责难。责任自负是归责的基本原则,这一原则表明确定责任主体对归责的重要性。依照法律责任的构成理论,责任主体是法律构成的必备条件,而责任主体是因违反法律规定、合同约定或者法律规定事由而承担法律责任的人,这里的"人"是一个泛指概念,包括自然人、法人和其他社会组织。在一般情况下,只要坚持以事实为依据、以法律为准绳以及因果联系等原则,法律责任主体的认定并不是太困难的事情。人工智能不具有真正的意识,不具备承担法律责任的能力,因而在人工智能产品的侵害案件中法律责任主体的认定不是一件容易的事情。尽管有部分学者建议"赋予人工智能产品法律权利主体地位",例如,"无人驾驶汽车作为民事主体承担侵权责任,智能机器人作为主体承担删除数据、修改程序、永久销毁的刑事责任,等等",① 但在我们看来,在现阶段,人工智能产品还比较"弱",作为人类行为的一种"辅助性"物质工具,承担法律责任是存在困难的。还是以无人驾驶汽车在发生交通事故引起的法律责任问题为例,由于无人驾驶汽车属于"物"和"辅助工具"的范畴,不能追究它的法律责任,那么,法律责任应该由汽车制造者承担还是由系统开发者承担抑或由车主承担,这个问题相对于一般侵权归责而言是比较复杂的。概言之,当人工智能产品"出现'意外'而造成的侵权行为甚至犯罪事件"时,"该由谁负责就成为人工智能技术的主要法律问题"②。

第二,人工智能侵权。人权是法律的基本价值,甚至可以说是法律的终极价值。然而,从现实看,人权容易受到外界的侵害,而人工智能加剧了人权受侵害的法律风险,这种风险集中表现在人身权、财产权、隐私权、劳动权以及知识产权等方面。目前,不仅已经出现机器人杀人事件,

---

① 参见李晓郛《人工智能犯罪怎么判》,《解放日报》2018年7月18日第9版。
② 参见党家玉《人工智能的伦理与法律风险问题研究》,《信息安全研究》2017年第12期。

而且已经有了人工智能车辆发生车祸的案例①，而车祸的发生不仅导致财产损失，也危及人的生命和健康安全。人工智能需要大数据的支持，而基于数据共享性规律的人工智能对大数据的采集和使用势必带来包括公民隐私在内的个人信息被泄露的风险，并且公民个人信息一旦泄露，则受宪法和法律保护的人格尊严也面临被侵害的风险。例如，"人脸识别作为最为广泛的技术之一，已经导致非常多的数据隐私问题""当人脸识别应用在越来越多的领域时，肖像权的数据确权将成为一个最重要的问题"。② 劳动是公民的一项义务也是公民的一项权利，且劳动权的实现与公民的财产权、生存权等权利的保障联系在一起。然而，具有感知、记忆和推理能力的人工智能不仅可以从事体力劳动，而且可以从事脑力劳动。人工智能在生产和生活中应用日益广泛，使一部分人面临失业的风险，影响到其生存权、发展权。据联合国教科文组织预测，伴随着新职业的增长以及低技能任务实现自动化，人工智能的渗透所引发的失业率会急剧上升，造成社会和政治紧张，同时带来收入不平等日益加剧的风险。此外，作为人类智慧的"容器"，人工智能的日益发展也存在着侵犯知识产权的风险，例如，人工智能"在参与研发及应用过程中也可能构成对现有专利权的侵犯"③。

第三，人工智能犯罪。有人指出："'人工智能的犯罪问题'是一个前沿中的前沿问题。"④ 对人工智能犯罪及其防治的研究如火如荼。概览人工智能犯罪问题的研究，可以发现目前人们将人工智能犯罪归纳为三个方面。一是利用人工智能技术实施犯罪。人工智能可以成为造福人类、服务社会的"有力帮手"，也可以成为违法犯罪、危害社会的"得力助手"。在人工智能犯罪中，利用人工智能技术实施犯罪是最常见的现象。例如，2017年9月浙江绍兴警方破获一个案件，这个案件是警方所破获的全国首例犯罪分子利用人工智能技术窃取公民个人信息案件，犯罪分子搭建一

---

① 据来自网络的资料，在中国，2016年1月20日，在京港澳高速河北邯郸段，一辆特斯拉轿车撞上道路清扫车的追尾事故；在美国，2016年5月，在佛罗里达州，一辆特斯拉轿车与横穿马路的重型卡车相撞；2018年1月，在洛杉矶，一辆特斯拉轿车撞上了停在路边的消防车。央视网：《国内首起"特斯拉"车祸致死案：确认为"自动驾驶"》，http://news.cctv.com/2018/04/19/ARTIZzv9BLsbAmvSi0oF0lhJ180419.shtml，访问时间：2020年7月14日。

② 背爽：《旷视印奇谈人工智能治理：负责任的AI是可持续发展的AI | WAIC 2020》，https://www.leiphone.com/news/202007/fL9cCuq4zft7zAGd.html，访问时间：2020年7月12日。

③ 刘强、马欢军：《人工智能专利侵权问题研究》，《福建江夏学院学报》2018年第4期。

④ 杜晓、刘小玉等：《人工智能给法律带来哪些"变"与"不变"》，《法制日报》2017年12月8日第5版。

个名叫"快啊"打码平台,利用人工智能识别技术有效识别图片验证码,轻松绕过互联网公司设置的账户登录安全策略,破解、窃取、贩卖和盗用个人信息,给网络诈骗、"黑客"攻击等提供犯罪工具。[1] 二是人工智能产品因自身的缺陷而实施犯罪行为。人工智能产品因人工智能研究不断推陈出新而不断发展完善,在人工智能产品的发展道路上,没有最好,只有更好。换言之,人工智能产品可能因为理论上的不成熟、设计和编制上的不完善或在软件上存在缺陷或者在运用中出现"病毒"软件而实施犯罪行为。在美国曾经出现过这样的案例:"有一名网页开发者在 Twitter 上向当地的一个时装秀发布了一个死亡威胁,然而被逮捕后他却表示对此事毫不知情,调查后发现,始作俑者却是来自他编写的一个程序。"[2] 三是人工智能产品基于自身的犯罪意图而实施犯罪行为。正如有专家所担忧的,随着人工智能从"弱"到"强"的发展,未来"自身具有的辨认能力和控制能力"的强人工智能"可以在设计和编制的程序范围外实施危害社会的行为",这种危害社会的犯罪行为"未受到设计者或使用者等任何人为设置或操控,完全是自发实施的,且该种行为超越甚至根本违背了相关人员的意志";或许,未来某一天,人工智能产品会与人类争夺地球统治权,倘若如此,"将会给人类社会带来极大的威胁,甚至会导致人类社会的毁灭"。[3]

2. 人工智能法律风险的防范措施

面对人工智能的法律风险,我们不能视而不见。实际上,人工智能存在法律风险且必须加以防范,已经成为 AI 界、政界和学界的共识,而如何进行法律防范才是难点所在。假如赋予人工智能自主意识的研发取得成功从而机器人能够像自然人一样具有感情、进行思考、实施犯罪行为,那么人类就将面对"怎样去追究一个机器人的刑事责任""如何处罚一个机器人"等问题——这些问题目前"都是无法解决的"。[4] 无论如何,对于

---

[1] 参见王春《绍兴警方侦破全国首例利用 AI 犯罪案》,http://www.xinhuanet.com/local/2017-09/26/c_1121726167.htm,访问时间:2020 年 7 月 16 日。

[2] 《4 个案例——深度解密你所不了解的机器人法律简史》,https://www.sohu.com/a/65846007_335773,访问时间:2020 年 7 月 16 日。

[3] 参见刘宪权《人工智能时代的"内忧""外患"与刑事责任》,《东方法学》2018 年第 1 期。

[4] 参见杜晓《人工智能给法律带来哪些"变"与"不变"》,《法制日报》2017 年 12 月 8 日第 5 版。

人工智能法律风险如何防范的问题，学者们的研究已经展开，观点纷呈甚至在有些方面意见不一。例如，有学者认为，对法律在人工智能中作用的研究应该聚焦于两个方面：一方面是"因使用人工智能而产生的行为或不作为所引起的责任制度，以及在这种情况下适用的惩罚"；另一方面是"防止这种伤害"，构建包括"智能系统或机器人取代人类活动的基本规则"在内的"一套道德规范"。① 而对于是否需要将人工智能犯罪刑法化，存在两种对立的观点：有学者认为"有必要在刑法中增设删除数据、修改程序、永久销毁等刑罚种类"②；也有学者认为"没有必要通过增设刑法罪名来予以应对"③。

众所周知，安全可靠是人工智能发展的最基本要求，诚如国务院发布的《新一代人工智能发展规划》所指出的："高度重视可能带来的安全风险挑战，加强前瞻预防与约束引导，最大限度降低风险，确保人工智能安全、可靠、可控发展。"④ 人工智能的安全可靠当然离不开技术的完善，同时也需要法律保障。安全是法律的基本价值，正如美国法哲学家博登海默（Edgar Bodenheimer）所言："安全同法律规范的内容相关，这些规范涉及的是如何保护人类免受侵略、抢劫和掠夺等行为的损害，再从较为缓和的程度来看，这些规范还可能涉及如何缓解伴随人类生活而存在的某些困苦、盛衰和偶然事件的影响。"⑤ 确保人工智能安全可靠，需要加强人工智能的法律风险防范。

第一，完善人工智能法律风险的立法规制。从现实看，不论是人工智能的研发，还是人工智能使用，已经提出了法律风险防范的立法诉求。人工智能的法律风险必须通过法律加以解决，推动人工智能立法是明智之举。这里的立法是广义的，即：面对人工智能的法律风险，不论是各级人民代表大会，还是各级人民政府，都可以依据法定的职权和程序制定规范性法律文件。从我国现行法律渊源看，法律、法规和规章中的一些条款可

---

① ［巴西］Sergio Ferraz, Victor Del Nero：《人工智能伦理与法律风险的探析》，《科技与法律》2018 年第 1 期。
② 刘宪权：《人工智能时代的"内忧""外患"与刑事责任》，《东方法学》2018 年第 1 期。
③ 姚万勤：《对通过新增罪名应对人工智能风险的质疑》，《当代法学》2019 年第 3 期。
④ 国务院：《新一代人工智能发展规划》，http://www.gov.cn/zhengce/content/2017-07/20/content_5211996.htm，访问时间：2020 年 7 月 14 日。
⑤ ［美］E. 博登海默：《法理学——法哲学及其方法》，邓正来等译，华夏出版社 1987 年版，第 207 页。

以应用到对人工智能法律风险的应对中。例如,《电子商务法》第 18 条规定①被认为是"在法律层面对大数据算法杀熟的回应"②。《民法典》第 1194 条规定有利于遏止"网络用户、网络服务提供者利用网络侵害他人民事权益"的法律风险。《刑法》中的诸多罪名可以适用于人工智能犯罪,例如,第 286 条规定的拒不履行信息网络安全管理义务罪,可以适用于人工智能服务的提供者"不履行保证人义务致使人工智能扰乱网络秩序、影响网络安全"的行为;第 253 条规定的侵犯公民个人信息罪,可以适用于"未经允许擅自挖掘、利用用户个人信息造成严重后果的行为";等等。

尽管目前对人工智能法律风险的防范基本上有法可依,然而现行法律不足以应对人工智能的法律风险。面对人工智能发展的汹涌之势,制定一部专门的《人工智能法》对人工智能的研发和使用进行规范是必要的,该法律就人工智能的伦理道德、资源获取、主体认定、行为认定、责任划分等方面作出规定,从而构筑起防范人工智能法律风险的屏障,尤其要重视两个方面。

一方面,明确人工智能的法律特征与法律地位。这是实现人工智能法律风险立法规制的最基本要求,也是重中之重。依据学者观点,可以考虑将人工智能区分为弱人工智能和强人工智能以确定其是否承担法律责任。依照现行的法律关系理论,法律关系主体是法律关系中权利的享有者和义务的承担者。弱人工智能"仅是一种帮助人类完成那些有规则可循的重复性工作的工具,并不具有真正的意识"③,因而不具备法律责任能力而不能成为侵权责任的可归责主体。一般而言,弱人工智能产品侵权或犯罪的法律风险根植于人工智能产品存在质量问题和使用者不当使用该产品两个方面的原因,而人工智能产品存在质量问题与设计者和生产者息息相关。因此,对于人工智能产品侵权和犯罪的归责问题,应该根据侵权的具

---

① 该条规定的内容是:"电子商务经营者根据消费者的兴趣爱好、消费习惯等特征向其提供商品或者服务的搜索结果的,应当同时向该消费者提供不针对其个人特征的选项,尊重和平等保护消费者合法权益。"《中华人民共和国电子商务法》,《人民日报》2018 年 10 月 24 日第 20 版。

② 汪庆华:《怎样对人工智能进行法律规制》,《经济参考报》2020 年 3 月 17 日第 8 版。

③ 姜涛:《刑法如何应对人工智能带来的风险挑战》,《检察日报》2019 年 12 月 7 日第 3 版。

体成因而厘定可归责主体。① 强人工智能因"具有辨认能力和控制能力"而"具有独立人格和刑事责任能力",因而应该成为确立其作为刑事责任的可归责主体。由于现行的自由刑和财产刑不能对人工智能造成损害,可以考虑增设针对人工智能的刑罚方式,这些方式根据目前学界的建议主要有"删除数据、修改程序、永久销毁"等②。至于人工智能专利侵权,可以考虑修订和完善《专利法》将人工智能侵权的规制纳入其中,由此"平衡人工智能权利人与现有专利权人之间的利益冲突,促进相关产业发展"③。

另一方面,明确人工智能研发和使用的基本原则,这些原则包括以尊重客观规律为基础的技术性原则,也包括以造福人类为核心的伦理原则,禁止以谋求私利、危害公共利益和人类福祉的人工智能研发和使用,例如,禁止大数据算法杀熟、禁止将人工智能武器用于恐怖活动。

第二,加强人工智能法律风险的行政监管。通过提高人工智能研发者、成果应用者、产品使用者的道德素质而加强自利性,对于人工智能法律风险的防范是必要的,但不是充分的,外在的法律监管对于人工智能法律风险的防范是不可或缺的。要通过外在的法律监管,筑牢防范人工智能法律风险的严密体系。将美国科幻小说家艾萨克·阿西莫夫(Isaac Asimov)提出的机器人三定律略作修改,是可以普遍适用于人工智能产品的:(1)人工智能产品不得伤害人类,或看到人类受伤害而袖手旁观;(2)在不违反第一定律的前提下,人工智能产品必须服从人类给予的任何命令;(3)在不违反第一、第二定律的前提下,人工智能产品尽力保护自己。

从《新一代人工智能发展规划》看,我国政府从总体要求、重点任

---

① 具体而言,由于人工智能设计者的原因导致人工智能产品存在缺陷,设计者承担侵权责任;由于人工智能生产者的原因导致人工智能的产品存在缺陷,则生产者承担侵权责任;由于人工智能销售者的过错使人工智能产生缺陷,销售者承担侵权责任;由于人工智能使用者在使用过程中操作不当而造成对他人侵权,那么可以区分为"用人单位"和"非用人单位"两种责任形式:如果是用人单位的职工操作不当而造成的损害,则由用人单位承担责任,如果劳动者存在过错的话,用人单位可以予以追偿;如果是非用人单位的其他个人造成的侵害的话,那么就有必要根据民事侵权责任的"危害行为、损害后果、因果关系和主观过错"四个要件进行具体判断,如果能得出肯定的结论,那么使用者应对该结果承担责任。参见姚万勤《防范人工智能法律风险应把握好三个重点》,《人民法院报》2019年1月28日第2版。
② 王燕玲:《人工智能时代的刑法问题与应对思路》,《政治与法律》2019年第1期。
③ 刘强、马欢军:《人工智能专利侵权问题研究》,《福建江夏学院学报》2018年第4期。

务、资源配置和保障措施等方面为促进人工智能发展提供行政指导，同时担负着监管人工智能法律风险的重任。政府对人工智能的法律监管以安全监管为核心，通过项目规划、专家评估、经费支持、监管机制创新等方式构筑起人工智能研发和使用的安全防护体系，将人工智能的研发、应用乃至发展规制在安全可控范围内。人工智能的项目规划与专家评估结合在一起，既可以引导研发者、应用者"准确把握技术和产业发展趋势"从而保障人工智能符合国家发展需要，又有利于将具有法律风险的人工智能研发和应用项目遏止在萌芽中从而消灭人工智能发生法律风险的可能性。在监管机制方面，政府坚持公开透明、全面系统的原则，实行设计问责和应用监督并重的双层监管结构，实现对人工智能算法设计、产品开发和成果应用等的全流程监管。

第三，加强人工智能法律风险的司法应对。依据《人民法院组织法》第 2 条规定①和《人民检察院组织法》第 2 条规定②，司法的任务是解决人们提交的争讼，在听取争议各方主张、证据、意见的基础上，对争议的事实作出认定并将实体法确立的有关原则和规则适用于该事实，对有争议的法律问题作出裁决，为受到损害的权利提供最终的救济，对侵害他人利益和公共利益的违法犯罪行为予以制裁，最终维护社会秩序，实现公平正义。

对于人工智能法律风险，司法应该发挥其应有功能。与立法规制、行政监管相比较，司法应对具有其独特性，立法规制侧重人工智能法律风险的事前防范，行政监管侧重人工智能的事中解决，而司法应对则侧重人工智能法律风险的事后补救，通过对人工智能侵权案件的审理和裁决救济被侵害的权利，通过对人工智能犯罪案件的审理和裁决制裁人工智能犯罪和利用人工智能犯罪的行为。与所有案件的司法审理和裁判一样，人工智能案件的审理和裁判也需要根据违法行为、损害事实、损害结果以及因果关

---

① 《人民法院组织法》第 2 条规定："人民法院通过审判刑事案件、民事案件、行政案件以及法律规定的其他案件，惩罚犯罪，保障无罪的人不受刑事追究，解决民事、行政纠纷，保护个人和组织的合法权益，监督行政机关依法行使职权，维护国家安全和社会秩序，维护社会公平正义，维护国家法制统一、尊严和权威，保障中国特色社会主义建设的顺利进行。"

② 《人民检察院组织法》第 2 条规定："人民检察院通过行使检察权，追诉犯罪，维护国家安全和社会秩序，维护个人和组织的合法权益，维护国家利益和社会公共利益，保障法律正确实施，维护社会公平正义，维护国家法制统一、尊严和权威，保障中国特色社会主义建设的顺利进行。"

系四个要件确定人工智能违法行为的性质与后果。在目前阶段，作为工具的弱人工智能产品还不可能自主地侵权或犯罪，而一旦出现损害事实，则要根据因果关系原则，确定损害事实是出于设计者、制造者还是使用者的行为过错，以确定归责主体及其责任。由于人工智能科技的复杂性、专业性、高新性等特征，人工智能案件的审理和裁判要求法官不仅应该熟悉相关法律规定，而且应该具有人工智能的相关知识。在人工智能侵权或犯罪案件的审理中，法庭应当允许公诉人、当事人和辩护人、诉讼代理人依法申请有人工智能知识的人出庭提出专业性的意见。

目前，我国已经在北京、广州、杭州等地建立互联网法院。2018年9月7日起施行的最高人民法院《关于互联网法院审理案件若干问题的规定》"为规范互联网法院诉讼活动，保护当事人及其他诉讼参与人合法权益，确保公正高效审理案件"① 提供了制度保障。据报道，北京互联网法院在2023年审结全国首例AI生成图片著作权案：该案起源于刘某在其发布的文章中使用了李某使用某人工智能软件生成并发布于社交平台的图片，李某认为刘某未经其许可使用涉案图片截去了自己的署名水印，严重侵害了其享有的署名权及信息网络传播权，诉至北京互联网法院；北京互联网法院审理后，认定被告侵害了原告的署名权和信息网络传播权，判决被告赔偿原告经济损失500元，并公开赔礼道歉；一审宣判后，双方均未上诉。② 本案判决保护和强化"人"在人工智能产业发展中的主导地位，对于我国人工智能产业发展具有积极意义。未来，可以考虑将互联网法院发展为人工智能法院，专门审理人工智能相关案件，并将人工智能科技运用到案件审理中，使人工智能的"技术"与人类（法官）智能的"理性"有机结合起来。"人工智能技术的司法应用，用技术赋能司法"有利于"解放法官生产力"③，同时使裁判的结果在技术上更标准、更准确。但同时必须注意的是，人工智能技术的司法应用也存在风险，因而"在司法人工智能的应用中更应对其所能带来的相应影响保有充分警觉并尽力

---

① 最高人民法院：《关于互联网法院审理案件若干问题的规定》，《人民法院报》2018年9月8日第3版。
② 参见行海洋《全国首例AI生成图片著作权案入选北京高院工作报告》，https://www.bjnews.com.cn/detail/1705974483129287.html，访问时间：2024年5月30日。
③ 参见张纯《创新与冲突：北京互联网法院举办人工智能研讨会》，http://www.mzyfz.com/index.php/cms/item-view-id-1390210，访问时间：2020年7月20日。

规避"①。此外，由于人工智能科技的专业性，可以在人工智能法院建立人工智能专家智库，通过引入"外脑"妥善审理案件，保障每一个人工智能的案件得到合理合法的解决。

第二节 人类基因编辑的伦理与法律保障②

人类基因编辑是一项"可能改变人类未来"的高科技，也会带来一系列伦理和法律问题，因而该技术的产生和发展引起国际社会的广泛关注。1992年，国际生命伦理学学会在荷兰阿姆斯特丹举行，大会围绕遗传伦理展开了激烈讨论。2015年12月，在华盛顿召开的"第一届国际人类基因编辑高峰会议"，来自医学界、伦理学界、法学界、生物学界等诸多业内专家、学者组建了"人类基因编辑：科学、医学和伦理委员会"，该委员会于2017年起草的报告《人类基因组编辑：科学、伦理学和治理》着重申明：对生殖系细胞的编辑要严格限制在现有的伦理规范和管理体系框架内，并且对该实验的临床研究和实践设定了严格的管理标准。③ 2018年11月，在香港举行"第二届国际基因编辑峰会"，与会者讨论的主题之一就包括可遗传基因组编辑的科学、伦理和治理问题。2023年3月，在伦敦举行第三届人类基因组编辑国际峰会上，基因编辑技术的伦理问题和政府监管仍然是讨论的焦点。

在我国，对生命伦理的研究起步于20世纪80年代，当时中华医学会设立了全国医学伦理学学会，旨在分析和研究生物医学技术临床应用所带来的伦理问题；而进入21世纪，基因编辑的伦理和法律问题研究不断深入。由于人们对人类基因编辑的认知不一，因而在现实中人类基因编辑研究的情况各异。2018年中国首例"基因编辑婴儿"事件④和2019年日本

---

① 姜萌萌：《人工智能进法院的可能风险探讨》，《数字技术与应用》2020年第3期。

② 本节初稿由赵艺哲、陈龙撰写。

③ 孙伟平、戴益斌：《关于基因编辑的伦理反思》，《重庆大学学报（社会科学版）》2019年第4期。

④ 2018年11月26日，任职南方科技大学的副教授贺建奎宣布，一对名为露露和娜娜的基因编辑婴儿于11月在中国健康诞生，由于这对双胞胎的一个基因被编辑，她们出生后即能抵抗艾滋病。该事件以贺建奎被南方科技大学解职并被深圳市南山区人民法院以"非法行医罪"判处"有期徒刑三年，处罚金人民币三百万元"而告终。参见王攀等《聚焦"基因编辑婴儿"案件》，《北海晚报》2019年12月31日第3版。

政府批准"人兽杂交胚胎的干细胞实验"事件[①]犹如打开"潘多拉魔盒",引起国际社会的极大关注,将人类基因编辑的伦理和法律讨论推向高潮。在经济学意义上,基因干预有利于实现个体健康以及社会福祉的最大公约数,契合经济学上标准成本效益评估,但是在伦理学和法学意义上,人类基因编辑技术存在着诸多隐忧。人类基因编辑是一柄"双刃剑",加强人类基因编辑的伦理和法律规制是必要的。

一 人类基因编辑及其缘起

基因关系到人类遗传的性状,关系到种族、血统以及人类遗传资源的多样性,关系到生命伦理以及人格尊严。人类基因编辑是对精子/卵子、受精卵或早期胚胎细胞的临床技术干预,势必导致生殖细胞遗传物质发生改变,其结果不仅影响本人,还会影响后代。就成因而言,人类基因编辑技术的形成和发展不仅是人类追求和探索生命医学的重大成果,而且与人类中心主义和优生学思想息息相关。

1. 人类基因编辑的界定

基因编辑即"重组"DNA,它是一种可以对基因组或转录产物进行精确修饰的技术,可完成基因定点突变、片段的敲除或敲入等,类似于计算机编程中的"剪切"和"粘贴"程序。人类历史上最早将基因编辑的理论探索应用到临床实践是在1970年,曾有人将一段来自细菌病毒的DNA和三个来自大肠杆菌的基因成功地连接到完整的SV40的基因组上,由此实现了人类对生物体的基因进行组合的零的突破,为后期的基因编辑工程打下了坚实的基础。[②] 基因编辑技术实践应用广泛,适用对象包括动物、植物、人体不同领域,"随着基因编辑技术的进步和应用工具的多样化,人类基因编辑的潜力被进一步激发"[③]。

基因编辑技术临床实践是1990年美国科学家进行了世界上第一例临

[①] 2019年7月26日,英国学术期刊《自然》报道了日本政府批准任职东京大学医学科学所教授的中内启光(NAKAUCHI Hiromitsu)以"让动物能长出适配人类的器官,以解决目前移植器官紧缺的问题"为目的的"人兽杂交胚胎的干细胞实验"的消息,该消息再度在国际社会引起震动,一些科学家质疑"顶着巨大伦理争议去发展'人—动物胚胎',是否有确切意义"。参见张梦然《用动物胚胎培育人类移植器官 面对的是伦理与技术两座大山》,《科技日报》2019年8月6日第8版。

[②] 杨焕明:《科学与科普——从人类基因组计划谈起》,《科普研究》2017年第3期。

[③] 毛新志、唐婷:《人类基因编辑滑坡论争议及伦理反思》,《伦理学研究》2023年第6期。

床基因治疗①，自此拉开了人类基因编辑的序幕，尤其是在 CRISPR/Cas9 基因编辑技术的成熟和推广以来，人类基因编辑技术更是取得了飞速进步。② 人体细胞有体细胞和生殖细胞之分，针对人体不同细胞的基因干预，人类基因编辑技术具体可细分为基因治疗（体细胞基因治疗、生殖细胞基因治疗）和基因增强（体细胞基因增强、生殖细胞基因增强）。基因治疗是出于医学目的，在 DNA 水平上对人体缺陷基因进行调整以达到生命活动所需要的正常基因水平从而治疗和预防疾病。基因治疗在临床上广泛应用于某些遗传病的前期诊断和后期治疗、康复上，目前正成为治疗先天遗传性疾病的一种备受人们关注的临床手段。基因增强不以治疗为目的，其着眼于完善或增强人类的表观遗传性状和某些特异能力，它是通过将非治疗性的目标基因导入人体的受体细胞，使其表达于特定的蛋白质，从而实现增强人类表观性状和能力的愿景。基因增强是基于人类对自身自然形状的担心抑或不满，通过生物医学技术手段干预基因表达的性状，从而实现"完美无疵"的人生及美好生活的愿景。

2. 人类基因编辑的技术风险

技术乐观主义者认为科学技术的进步能解决人类社会发展中的一切难题和僵局，坚信技术的进一步改良及优化能够使人类摆脱目前伤痕累累的境遇、救人类脱离苦海。但是，人类基因编辑技术是对人体单个细胞的定点修饰和更改，在还未弄清基因、环境、个体三者之间相互作用机制下，此技术的安全性便得不到切实的保障，技术的后果便面临着极大的未知风险的考验。诚如有学者所担忧的："基因技术还不够成熟，科学家们对于基因的许多秘密还不完全清楚，对于修改基因后会发生的各种情况还不能准确而全面地预测到；而且实验过程也没法保证'百发百中'。这些悬而未决的技术问题给'基因编辑'技术的应用带来许多不确定因素，稍一出错就可能对当事人及其家属造成极大的伤害。"③ 人类基因编辑在技术上至少存在两个方面的风险。

一方面，人类基因编辑具有技术的不确定性。基因编辑尤其是 CRISPR/Cas9 技术的应用和推广，使定点敲除、替换基因变得简单易行，有利于从分子生物水平上了解疾病机理，实现精准医疗。但 CRISPR/Cas9

---

① 邓洪新等：《基因治疗的发展现状、问题和展望》，《生命科学》2005 年第 3 期。
② 刘耀等：《基因编辑技术的发展与挑战》，《生物工程学报》2019 年第 8 期。
③ 李石：《论"基因编辑"技术的伦理界限》，《伦理学研究》2019 年第 2 期。

基因编辑技术并未达到想象中安全可靠的地步，在临床上仍然面临基因"脱靶"的风险。[①] 例如，2018 年年末，在中国诞生的世界首例免疫艾滋病病毒"基因编辑婴儿"。此次人类基因编辑是对孕体胚胎细胞 CCR5 基因进行的定点修饰，以敲除癌变基因靶位点，阻断艾滋病病毒的生存受体，让身患 HIV 感染的父母能够生下一个健康、快乐的宝宝。[②] 业内专家分析认为，此项技术自身存在着极大的风险，CRISPR/Cas9 基因编辑技术并没有想象中的那样安全有效，人体仍然面临着 CCR5 基因脱靶的风险。此外，艾滋病病毒除了寄生于人体 CCR5 基因受体外，还表达于人体 CXCR4 基因或 CRR5 与 CXCR4 合体基因，若只对 CRR5 基因进行编辑，其实并未完全切断艾滋病病毒的传播，并且还会适得其反，人体还要额外承受免疫细胞中 CCR5 缺失而容易导致的 CRR5-Δ32 突变对人体所带来的危害。[③] 所以，这次人类基因编辑婴儿技术安全性并未切实得到保障，在临床实践中还未达到完全成熟状态，在此种技术下诞生的婴儿的身体、健康等合法权益在未来将面临潜在的巨大风险。况且，人类基因编辑技术"可能导致人类基因组的遗传性改变"，使得"未来人可能被贴上'可替代的人'的基因标签"。[④]

另一方面，人类基因编辑具有客体的复杂性。人类基因编辑技术作用的对象为细胞，细胞作为人体器官最小的生命单位，该技术努力尝试实现的理想结果是从根源上治疗某些遗传性疾病，实现疾病的精准防治。可也有不少情况，在人类无节制欲望的推波助澜下，人类想要努力利用该技术实现更多和更高的要求，如满足人类改进人体某些外观性状（如身高、体重、鼻梁等）以实现内心理想的"完美人格"以及延缓人类细胞坏死的速率以延长生命达成"超人"的希冀。但众所周知，人体生命活动的发生以及组织的新陈代谢是由人体内亿万个异彩缤纷的细胞或细胞种群互动、影响、合力共同作用的结果，人体的生命体征以及与外界环境的反

---

① 参见陈景辉《有理由支持基因改进吗?》，《华东政法大学学报》2019 年第 5 期。
② 参见高良等《"基因编辑婴儿"事件的伦理争议与规制原则探微》，《自然辩证法通讯》2019 年第 7 期。
③ 参见卢光琇《通过编辑人类胚胎 CCR5 基因预防艾滋病事件的反思》，《医学与哲学》2019 年第 2 期。
④ 参见肖妤《人类生殖系基因编辑的技术风险及其伦理反思》，《系统科学学报》2022 年第 2 期。

应、刺激、产出也是以整体、系统的方式呈现。① 虽然随着20世纪人类基因组计划的启动,在到21世纪初遗传分子生物学家成功绘制出人类基因组序列图,CRISPR/Cas9技术在临床上的成功应用和推广,人工干预遗传生物分子物质——基因已成为现实,并逐渐走向成熟,人类由此进入了"基因诊断""基因治疗"的后基因组时代。然而,面对人体错综复杂的生理结构,亿万个异彩纷呈的细胞群,科学还未来得及发现隐藏于人体之中对生命活动起重要作用的无数"暗物质",人类对生命活动、遗传信息的探索和揭秘只不过是复杂生命活动中的冰山一角。② 人类在尝试揭示人体生命活动之谜的道路上还有很长一段路要走,由此在掌握有限人类生命活动信息基础上开展的人类基因编辑技术也必然带来诸多潜在的未知风险。

3. 人类基因编辑的缘起

人类基因编辑在技术上存在着明显的风险,为什么人类基因编辑的研发、实验在现实中时有出现呢?这有着诸多方面的原因,而其中一个重要原因就在于人类中心主义思想。人类基因编辑技术的发展根植于现代社会的历史文化大背景,即人类中心主义视角在世界的普遍确立。自达尔文(Charles Robert Darwin)提出自然界优胜劣汰、生物进化的观点,孟德尔(Gregor Johann Mendel)发现基因影响人类性状的遗传规律,赫尔曼·约瑟夫·穆勒(Hermann Joseph Muller)用实验证明基因可控的现实情景后,在生物分子遗传学领域具体表现为"基因中心主义"。一大批生物与遗传学家便尝试着把自然选择的机制由自然界延伸到人类社会,扮演基督教世界里无所不能的上帝角色,人工干预个体基因组以改造人类,加速理想人类表观遗传形状的生成和表达。例如,赫伯特·斯宾塞(Herbert Spencer)引申出"社会达尔文主义",弗朗西斯·高尔顿(Francis Galton)1883年出版其著作《人类才能及其发展的研究》一书,提出了"优生学"理论,他在1909年创办的《优生学综述》杂志也涉及选择性的繁育和选择性的绝育。③ 以查尔斯·达文波特(Charles Davenport)为

---

① 参见郭慧敏、张茵《马克思和恩格斯生命哲学思想逻辑的三个有机统一》,《西北大学学报(哲学社会科学版)》2019年第5期。
② 参见[美]布莱森《万物简史》,严维明、陈邕译,接力出版社2017年版,第288—295页。
③ [美]道尔顿·康利、詹森·弗莱彻:《基因:不平等的遗传》,王磊译,中信出版社2018年版,第4页。

代表的美国优生学运动引领者们从"罪犯是藏在人群中的猿"的思想观念出发，提出对罪犯和精神病患者实行绝育。[1]

人类基因编辑技术的临床实践和应用最早可追溯到第二次世界大战期间，纳粹推行的"应用生物学"实践是"优生学"的翻版和升级，建立在其所谓的"种族科学"理论基础之上的绝育、安乐死以及集体大屠杀行为创造了人类历史上黑暗而肮脏的一页，仅1933年至1943年两年间便造成约40万人被强制接受了绝育手术，600万犹太人、2万吉卜赛人、几百万苏联和波兰公民还有不计其数的无名人士被惨遭毒害。[2] 在"种族净化"的运动里许多人的命运被一张无情的铁链锁住，一些人沦为生命的"布道者""刽子手"，而另一些人却沦为任人宰杀、随意玩弄的羔羊。集体化的"种族改良"运动严重损害了生命伦理和人格尊严、严重侵犯了人类朴素的道德情感；建立在遗传资源多样化基础上的个体性自由、发展被无情阻断造成人类实践中无数次的伦理悲剧。

"优生学"运动的幽灵一直藏匿于人类虚妄的脑回路中，不断催生着人类基因编辑技术的更新和换代，也对临床基因预防和诊断产生了重要影响。目前基因治疗技术只是实现了对定点单个基因靶位点的识别、判断和替换，在临床实践过程中能够成熟应用并成功实践的只是对单基因遗传性疾病的预防和治疗，如我们常见的色盲、镰状红细胞贫血等。而人们生活中常见的遗传性疾病，如高血压、糖尿病、癌症、阿尔茨海默病等，大多数是因多基因突变而形成的，可目前为止，临床上基因治疗多基因遗传性疾病的效果并不明显。[3] 此外，由于生殖细胞的基因治疗是对精子/卵子、受精卵、早期胚胎细胞基因的定点修饰，会导致遗传因子发生改变，其技术改变的结果将产生跨时间、区域的影响，不只涉及患者或实验个人，还会涉及种族甚至人类整个"基因池"。

二 人类基因编辑的伦理挑战及其应对

虽然人类基因编辑存在着技术上的风险，但是正如科技本身没有善恶

---

[1] 李瞳：《自然观念的演变：对20世纪三种进化观的反思》，《自然辩证法研究》2017年第9期。

[2] 参见［美］悉达多·穆克吉《基因传：众生之源》，马向涛译，中信出版社2018年版，第127—128页。

[3] 参见陆俏颖《人类基因编辑与基因本质主义——以CRISPR技术在人类胚胎中的应用为例》，《自然辩证法通讯》2019年第7期。

之分，应对人类基因编辑的技术风险要求人类采取行动，在正视科学理性自身存在的局限性及不确定性的基础上从其"外部"寻找契合社会主流价值体系的理性来源以实现对技术风险的有效治理。① 评判人类基因编辑善恶的关键在于是否符合社会伦理规范、是否产生正向社会效应。人类基因编辑技术尝试对人体基因进行定点修饰和更改，以实现根治某些遗传性疾病和改良某些外观性状的目的，不仅存在着如前所言的技术风险，而且可能冲击伦理规范、产生伦理风险。遇到问题就必须来解决问题，对于人类基因编辑的伦理风险不能听之任之，而必须采取措施加以应对。正如有学者所主张的："当前，我们对人类基因编辑的处理不应'一禁了之'，也不能'先做了再说'，而是需要寻找到合适的伦理边界，不仅要探索人类基因编辑技术发展的合理路径，而且要最大限度地降低人类基因编辑技术研究与应用的社会风险，推动人类基因编辑的敏捷治理，并给人类带来更多的福祉。"②

1. 人类基因编辑的伦理挑战

有学者根据人类基因编辑技术临床应用的目的对其区分，认为基于增强目的人类基因编辑所导致的伦理问题比以治疗为目的的人类基因编辑所导致的伦理问题更加严重，究其原因主要有三个方面：（1）通过基因编辑而增强基因需要以一定财力作支持，基于增强目的的人类基因编辑只能适用于少部分有钱人，这有违医学的"普惠"原则，损害社会公平；（2）通过基因编辑像"整形"一般重塑人类后代的基因，颠覆人类生命的自然繁衍方式，生命的尊严遭受挑战；（3）通过基因编辑的人为手段来选择人类的性状"如若发生脱靶问题"，则可能导致具有"毁灭性的""其他基因突变"问题。③

我们对人类基因编辑伦理挑战的讨论，不区分增强目的的人类基因编辑所导致的伦理问题与以治疗为目的的人类基因编辑所导致的伦理问题，而是从整体上进行分析，将其归结为三个方面。

首先，人类基因编辑技术的作用对象是人体基因，该实践在临床上呈

---

① 参见张海柱《科学不确定性背景下新兴科技风险的反身性治理——以人类基因编辑风险为例》，《中国科技论坛》2023 年第 10 期。

② 毛新志、唐婷：《人类基因编辑滑坡论争议及伦理反思》，《伦理学研究》2023 年第 6 期。

③ 参见陈伟伟等《人体胚胎基因编辑的伦理及法律问题研究——以"基因编辑婴儿"事件为分析对象》，《科技与法律》2019 年第 2 期。

现不可逆的技术后果，而基因关乎人类的自然外在特征、遗传法则，若是针对生殖细胞基因进行编辑，则该技术的后果便会嵌入"有性生殖"的根节点，并会一代代地传递下去，产生代际影响，并最终扰动整个"人类基因池"的池水。[1] 这势必导致人类是否有权为将来的一代人作出选择的问题。

其次，人类基因编辑技术的起初便涉及好坏基因的识别和筛选。然而，好坏基因的选择涉及主观价值判断问题。主观价值是时代的印记，是立足于某一时期政治、经济、社会制度在思想文化上的具体表现，每个时代都有自己的主题，都有在该主题下凝结而成的主流价值内核，同时每一个时代也都会在前一代的基础上适度增加或删减部分内容而形成属于自己时代的价值体系。由此可见，好坏基因的识别不是绝对的，而是相对的，这就涉及现时代基因编辑技术运用时选择剔除的缺陷基因是否真的存在"缺陷"的问题，也涉及人类基因编辑技术是否需征得当事人的同意、父母能否为胎儿做主的问题。所有这些问题的背后都将涉及一系列伦理问题。

再次，人类基因编辑技术的前提是把人类基因分为三六九等，分为"好"与"坏"、"差等"与"优等"，其背后隐藏着将某个人或某些人眼中的"差等人"从社会生活中排除出去的观点，这是人种歧视的一种表现。人类基因编辑还涉及获益者与风险承担者分别是谁、第三者是否受到牵连、技术是否使社会中最不利地位的人的利益受损、人类基因编辑的安全评估标准是什么、谁有权对该行为做出决定等诸多对社会伦理观念带来冲击的问题。基于公平正义的伦理价值，不能让人类基因编辑的发展成为社会中一少部分人专属使用的工具、成为富人或掌握着先天优势资源的人打压甚至报复穷人或处于社会不利地位的人的技术工具。此外，除了要关注同时代国内不同利益主体公平正义的实现问题，还要兼顾不同时代的代际正义以及国家与国家之间的平等正义。而不同国家、不同群体之间由于利益冲突导致的分配争议、由于价值差异导致的评估争议、由于道德评估导致的标准争议，势必造成人类基因编辑上的公平性难题。

2. 人类基因编辑伦理挑战的应对

面对人类基因编辑对社会伦理的冲击，必须加强人类基因编辑的伦理

---

[1] 参见钱继磊《论作为新兴权利的代际权利——从人类基因编辑事件切入》，《政治与法律》2019年第5期。

建设,完善人类基因编辑的伦理治理。事实上,我国对人类基因编辑的伦理要求随着该技术的发展而不断完善。早在 2001 年 2 月 20 日,卫生部发布《人类辅助生殖技术管理办法》,该管理办法第 3 条规定,人类辅助生殖技术应用的目的应当是"医疗",地点应当在"医疗机构",基本要求是应当"符合国家计划生育政策、伦理原则和有关法律规定"。① 2003 年 7 月 10 日,卫生部发布《人类辅助生殖技术规范》,该技术规范要求"实施体外受精与胚胎移植及其衍生技术的机构"建立"生殖医学伦理委员会工作制度",要求"从业人员"必须"具备良好的职业道德",要求"实施技术人员"必须做到"严格遵守国家人口和计划生育法律法规""严格遵守知情同意、知情选择的自愿原则""尊重患者隐私权"等;此外,该规定还对开展人类嵌合体胚胎试验研究以及对配子、合子、胚胎等实施基因操作作出禁止性规定。② 从内容看,该技术规范规制的主体包括从事人类辅助生殖技术的各类医疗机构和计划生育服务机构,并没有将科研机构囊括其中。2003 年 12 月 24 日,科技部与卫生部联合颁布《人胚胎干细胞研究伦理指导原则》,为"促进人胚胎干细胞研究的健康发展"提供伦理指南。③ 2007 年 1 月 11 日,卫生部颁布《涉及人的生物医学研究伦理审查办法(试行)》,用以"引导和规范我国涉及人的生物医学研究伦理审查工作,推动生物医学研究健康发展,更好地为人类解除病痛、增进健康服务"(第 1 条规定)。④ 2016 年 9 月 30 日,国家卫生和计划生育委员会基于"保护人的生命和健康,维护人的尊严,尊重和保护受试者的合法权益"的伦理目的而制定《涉及人的生物医学研究伦理审查办法》,该审查办法对于"各级各类医疗卫生机构开展涉及人的生物医学研究伦理审查工作"具有规范和指导功能。⑤ 2022 年 3 月 20 日,中共中央办公厅、国务院办公厅印发《关于加强科技伦理治理的意见》,该文件被

---

① 参见《人类辅助生殖技术管理办法》,《中国卫生法制》2001 年第 2 期。
② 参见《人类辅助生殖技术规范》,《中国生育健康杂志》2004 年第 1 期。
③ 该指导原则第 1 条开宗明义,指出制定其目的在于"使我国生物医学领域人胚胎干细胞研究符合生命伦理规范,保证国际公认的生命伦理准则和我国的相关规定得到尊重和遵守,促进人胚胎干细胞研究的健康发展"。中华人民共和国科技部、中华人民共和国卫生部:《人胚胎干细胞研究伦理指导原则》,《中国生育健康杂志》2004 年第 2 期。
④ 参见《涉及人的生物医学研究伦理审查办法(试行)》,http://yxky.fudan.edu.cn/cc/ce/c6346a52430/page.htm,访问时间:2020 年 7 月 22 日。
⑤ 参见《涉及人的生物医学研究伦理审查办法》,http://www.gov.cn/gongbao/content/2017/content_5227817.htm,访问时间:2020 年 7 月 22 日。

认为是"我国首个对于基因编辑提出伦理道德规范的国家层面的文件"①。

综上所述，可以得出这样的结论：我国不仅重视人类基因编辑的伦理约束，而且以规范化、制度化的方式强化伦理的作用。然而，"行百里者半九十"，人类基因编辑的伦理建设不是一步到位的。未来，加强人类基因编辑的伦理规制是保障人类基因编辑技术健康发展和良善运用的必然之举，至少需要重视以下三个方面。

第一，明确人类基因编辑的伦理界限。人类基因编辑并非一无是处，事实上，正如众多专家和学者所认为的："基因编辑具有类似'手术刀'的潜力，可以从根本上治疗从癌症到罕见遗传病的大量疾病""基因编辑改写人类的未来"。②所以，对于人类基因编辑的研发是必要的，问题的关键在于这一技术研发不能超过必要的伦理限度。前面已经讨论过，科技的内在精神在于以人为本，科技具有真、善、美的伦理品格。正是科技的人本精神以及真、善、美的伦理品格，为人类基因编辑的研发和应用设定了伦理限度。在规范性伦理文件中，人类基因编辑的伦理界限通过"不得""禁止"等语词加以表达。例如，《人胚胎干细胞研究伦理指导原则》第6条在规定研发和应用人类基因编辑技术必须遵守的三项基本规则时都使用"不得"一词：第一项是"时效规则"，即利用遗传修饰获得的人囊胚胎的体外培养期限自受精或核移植开始"不得"超过14天；第二项是"非植入规则"，即利用遗传修饰获得的已用于研究的人囊胚胎"不得"植入人或任何其他动物的生殖系统；第三项是"非结合规则"，即人的生殖细胞"不得"与其他物种的生殖细胞结合。又如，《关于加强科技伦理治理的意见》关于科技活动"不得"的规定同样适用于人类基因编辑活动：任何单位、组织和个人开展科技活动"不得"危害社会安全、公共安全、生物安全和生态安全，"不得"侵害人的生命安全、身心健康、人格尊严，"不得"侵犯科技活动参与者的知情权和选择权，"不得"资助违背科技伦理要求的科技活动。

第二，坚持人类基因编辑的伦理原则。"伦理原则是对人类基因编辑

---

① 参见前瞻产业研究院《2023年基因编辑行业道德伦理建设情况："边缘试探"与监管完善同步进行》，https://www.qianzhan.com/analyst/detail/220/231009-60742672.html，访问时间：2024年5月30日。

② 参见以下材料：赵青新《基因编辑，改写人类的未来》，《湖北日报》2017年6月11日第6版；刘柳《独家深度报告：基因编辑改写人类的未来》，http://www.biotech.org.cn/information/149974，访问时间：2020年7月23日。

进行伦理治理的基础,在人类基因编辑的伦理体系中发挥着基础性的作用。"[1] 人类基因编辑属于"涉及人的生物医学研究",因而《涉及人的生物医学研究伦理审查办法》第 18 条规定的"涉及人的生物医学研究"的知情同意、控制风险、免费和补偿、保护隐私、依法赔偿、特殊保护等六项伦理原则适用于人类基因编辑。为了清楚地把握这些原则的内容,以表格方式将其展示,见表 6-2。

表 6-2　　　　　　　涉及人的生物医学研究伦理原则

伦理原则的名称	伦理原则的内涵
知情同意原则	研究者应该保障受试者充分地知晓实验的真实情况,这些情况包括实验的目的、方法、预期的好处以及潜在的危险等;应该尊重受试者参加研究的自主决定权,不得使用欺骗、利诱、胁迫等手段使受试者同意参加研究。
控制风险原则	研究风险与受益比例应当合理;研究者应该对拟定研究的项目进行风险评估,采取措施预防风险发生,在风险控制中将受试者人身安全、健康权益放在优先地位,力求使受试者尽可能避免伤害。
免费和补偿原则	研究者对受试者参加研究不得收取任何费用,对于受试者在受试过程中支出的合理费用还应当给予适当补偿。
保护隐私原则	研究者应当保护受试者的隐私,未经授权不得将受试者个人信息向第三方透露。
依法赔偿原则	受试者参加研究受到损害时,应当得到及时、免费治疗,并依据法律法规及双方约定得到赔偿。
特殊保护原则	研究者应对特殊人群的受试者包括儿童、孕妇、智力低下者、精神障碍患者等予以特别保护。

第三,严格执行人类基因编辑的伦理审查制度。目前,我国已经构建起生物医学研究的伦理审查制度,关于伦理审查的主体、客体、原则、程序等有明确规定。然而,我国人类基因编辑的伦理审查制度在具体运行中存在着缺陷,典型表现为"机构审查'自给自足'"所导致的"走过场"以及"跟踪审查制度落地难"所造成的"挂羊头、卖狗肉"等形式主义现象[2]。正是由于伦理审查制度在运行中存在问题,导致贺建奎"基因编辑婴儿"这一不符合医学伦理学的人类基因编辑事件发生,"122 名科学家联名指责

---

[1] 毛新志:《人类基因编辑的伦理治理框架探究》,《伦理学研究》2022 年第 5 期。
[2] 陈伟伟等:《人体胚胎基因编辑的伦理及法律问题研究——以"基因编辑婴儿"事件为分析对象》,《科技与法律》2019 年第 2 期。

该项目的'伦理审查形同虚设'"①。对症下药,需要严格执行人类基因编辑伦理审查制度,《关于加强科技伦理治理的意见》的下列规定为之提供宏观指导和政策遵循:"明晰科技伦理审查和监管职责,完善科技伦理审查、风险处置、违规处理等规则流程。建立健全科技伦理(审查)委员会的设立标准、运行机制、登记制度、监管制度等,探索科技伦理(审查)委员会认证机制。"具体而言,严格执行我国人类基因编辑伦理审查制度,需要重视以下方面:(1)严格执行伦理委员会委员遴选产生机制,确保伦理委员会委员从伦理学、法学、社会学、生命科学、生物医学等领域的专家以及非本机构、本单位、本组织的社会人士中通过遴选而产生;(2)严格执行利害关系人"回避"制度,实行不同机构、不同组织之间进行交叉审查或者协作审查,以此防止科研机构给"内部人员"打开"绿色通道"而使审查成为形式主义的"走过程",确保人类基因编辑研究项目的伦理审查实质化;(3)"对已批准实施的研究项目"严格执行"跟踪审查"制度,防止这些项目在研究中因缺乏监督而偏离伦理航向;(4)国家卫生计生委、县级以上地方卫生计生行政部门、国家医学伦理专家委员会、省级医学伦理专家委员会以及医疗卫生机构各司其职、各负其责、分工配合,构筑起防止人类基因编辑研发逾越伦理的严密屏障。②

三 我国人类基因编辑的法律隐忧及其消解

人类基因编辑是一项新兴的生物医学技术,目前人类对这一新兴科技还存在诸多未知。为了降低临床基因治疗所带来的未来潜在的不可知的巨大风险,为了保存人类生命体遗传资源的丰富多样性,目前国内外通行的做法是只允许针对体细胞进行基因编辑,对于生殖细胞的基因治疗以法律的形式明令禁止,同时也以国际公约、协定、宣言等形式来最大范围地约束各国有关临床试验。例如,国际社会通过的《世界人类基因组与人权宣言》《赫尔辛基宣言》《贝尔蒙报告》等一系列公约和文件以及我国颁

---

① 赵天宇:《"走过场"还是"真审核"?基因编辑婴儿事件背后的中国式医学伦理审查》,《北京科技报》2018年12月10日第28版。

② 参见国家卫生和计划生育委员会:《涉及人的生物医学研究伦理审查办法》第9条、第21条、第27条、第40条、第41条、第42条、第43条,《中华人民共和国国务院公报》2017年第27期。

布的《人类遗传资源管理条例》《人基因治疗研究和制剂质量控制技术指导原则》《人胚胎干细胞研究伦理指导原则》等一系列规范性法律文件都明确禁止生殖细胞基因编辑的临床实验。但是，在法律约束薄弱、社会监管松软、商业利益纵深的灰色地带，在缺少必要的内心道德律令的约束下，个人行为经常会被私益、非法目的所驱使，以至于触碰道德和法律的双重红线。从 2015 年中山大学的"黄军研究团队"对三原核合子人类胚胎进行了突破性的基因编辑尝试，到 2018 年南方科技大学贺建奎团队宣布世界上首例"免疫艾滋病病毒基因编辑婴儿"诞生，这些事件表明一些人类基因编辑的理论研究和技术实验仿佛断了线的风筝、脱了绳的烈马，让人不由得对基因技术研发的边界和目的产生追问，对人类基因编辑技术本身的合法性产生追问。[①] 人类基因编辑不仅冲击人类固有的伦理，需要通过加强伦理建设予以应对，而且存在诸多法律方面的隐忧，需要加强法治建设予以消解。

1. 我国人类基因编辑技术法律规制的现状

揆诸当下，我国初步形成从国家到地方的调控和保障人类基因编辑技术的法律规则体系，从法律渊源的角度看主要包括以下方面。

就全国人大及其常委会制定的有关法律而言，2009 年修正的《执业医师法》第 14 条规定，医师从事职业活动，必须要具备相应的专业技术资格条件，未取得医生职业资格者不得从事与此相关的职业活动；该法第 26 条规定，医师进行临床实践研究、治疗，必须要征得医院和受试主体的同意。为了更好地规范医疗诊疗活动，保障医师的合法权益，《执业医师法》修改提上日程，被列入第十三届全国人大常委会立法规划。2021 年 8 月，第十三届全国人大常委会第三十次会议通过《执业医师法》修正案，并将该法更名为《医师法》。2013 年修正生效的《传染病防治法》规定了医护人员在临床治疗活动中知悉的病患个人隐私信息负有保密义务，医疗机构不得故意泄露能够识别特定主体病患的隐私信息，若非法泄露的，应根据情节的轻重追究不同程度的行政责任，情节严重且构成犯罪的还需追究刑事责任。

就行政法规而言，《医疗机构管理条例》第 25 条明确规定医疗机构及其从业人员应当遵循有关法律及其技术规范的规定。《艾滋病防治条

---

① 参见梁琦《从不幸科学事件看科学研究管理》，《武汉科技大学学报（社会科学版）》2019 年第 3 期。

例》细化列举了医疗机构所负有的相关个人隐私信息的保密义务，如艾滋病患者及其家属的姓名、住址、工作单位、肖像、病史治疗等具有可识别其身份的信息。1998年国务院颁布《人类遗传资源管理暂行办法》（以下简称《暂行办法》）开启了用制度保护和开发以基因为基础的国家人类遗传资源的时代，但囿于当时科技认知的局限，该《暂行办法》在强化人类遗传资源物质属性保护时，未对遗传资源自身存在的信息属性引起足够的重视。2018年10月1日起施行的《医疗纠纷预防和管理条例》第11条规定，医疗机构应当按照国务院有关部门制定的医疗技术应用管理规定，从事相关的治疗活动，开展医疗技术活动应当保障该技术的临床应用安全，降低医疗风险；采取医疗新技术的，应当开展技术评估和伦理审查，确保符合技术安全和伦理的要求。2019年7月1日起施行的《中华人民共和国人类遗传资源管理条例》（以下简称《条例》）在总结1998年《暂行办法》实践经验的基础上，完善了以下内容：重新界定人类遗传资源管理的范围和边界；明确人类遗传资源管理部门为国务院科学技术行政部门，其他有关部门予以合作；明确划定了人类遗传资源活动的法律红线，要求采集、利用我国人类遗传资源开展实践活动不得危害公众健康、国家安全和社会公共利益；强调了我国人类遗传资源的开发和利用服务和造福人类的目的。此外，2021年1月1日起施行的《民法典》在第1009条中就"从事与人体基因、人体胚胎等有关的医学和科研活动，应当遵守法律、行政法规和国家有关规定，不得危害人体健康，不得违背伦理道德，不得损害公共利益"作出规定，该规定表明人类基因编辑受到法律规制；2021年4月15日起施行的《生物安全法》在第六章就"人类遗传资源与生物资源安全"作出规定，该章提出的对我国遗传基因研究进行限制和保护的内容适用于人体基因编辑的研究活动。

就部门规章而言，2003年3月20日原国家食品药品监督管理局发布《人基因治疗研究和制剂质量控制技术指导原则》《人体细胞治疗研究和制剂质量控制技术指导原则》两份规范性法律文件：前者规定人类基因治疗技术的质控必须保障安全有效和符合医学伦理学的基本要求，并设置了严格的基因治疗临床方案申报程序，加强基因编辑临床实践、研究过程的监管；后者规定基因治疗技术手段仅适用于人体的体细胞，不包括生殖细胞的基因治疗，同时细化了体细胞基因治疗各个阶段应严格执行的操作标准。另外，在体细胞基因治疗伦理学考量上应参照《药物临床试验质量管理规范》的有关要求。2003年9月1日起施行的《药物临床试验质量管理规范》（以下简称《管理规范》）突出强调了药物临床试验的过程中"受试者权益保障"的问题，尤其是患者及其家属知情权保护等方面，严格推行临床试验"知情同意书"签署制度，除存在特别紧急处理的情形外。此外，该《管理规范》还规定成立专门的伦理委员会，并对伦理委员会的组成人员、审查事项、程序等内容作出了具体制度安排，要求特殊医疗诊疗技术必须要首先征得伦理委员会的同意。2019年2月26日，国家卫生健康委员会发布《关于生物医学新技术临床应用管理条例（征求意见稿）公开征求意见的公告》（以下简称《公告》），该《公告》指出国家卫生健康委员会起草《关于生物医学新技术临床应用管理条例（征求意见稿）》的目的在于规范生物医学技术临床试验，推动技术成果转化，促进医学发展，保障医疗质量安全，维护人的尊严和生命健康。《关于生物医学新技术临床应用管理条例（征求意见稿）》共有七章六十三条，主要包括以下内容：界定生物医学技术的内涵和外延，将其定义为已完成临床前研究拟作用于细胞等生物分子水平上对人体疾病干预和指导采取的任何医学专业手段和措施，明确了管理范畴；建立生物医学新技术临床研究和应用分级负责、分级审批制度，分别规定医疗机构、医疗、科研项目负责人等不同主体开展生物医学新技术临床试验的行政审批要求，在此基础上明确卫生行政部门审批应当以学术审查和伦理审查为基础，并确立了国家和省级两级部门分级负责、分级审批的制度；在遵循生命伦理学的共识下，借鉴国际通行的伦理审查标准，规定了我国行政审批中学术审查、伦理审查的主要内容。此外，强调医疗机构主体以及科研临床试验人员的不同程度的法律责任，加大了违规处罚力度。[①]

2. 我国人类基因编辑的法律隐忧

目前，我国人类基因编辑技术的法律监管主要依赖于以行政主体为核心制定的行政法规、规章等规范性文件，侧重于行政法上的监督管理。在行政监管对象上，侧重于医疗机构及其从事医疗活动的职业人员，缺少人类基因编辑利益相关方的基本权益的保障，人类基因编辑涉及的民事权益保护、行政法律制裁与刑事法律制裁的衔接机制尚待完善。在法律的秩序

[①] 国家卫生健康委员会：《生物医学新技术临床应用管理条例（征求意见稿）》，http：//www.nhc.gov.cn/yzygj/s7659/201902/0f24ddc242c24212abc42aa8b539584d.shtml，访问时间：2024年5月31日。

价值层面说，我国在立法上还未建立起一套完善的调整和保障人类基因编辑技术的法律规范体系。所有这些导致我国人类基因编辑的研发和应用存在一定的法律隐忧，主要表现为以下方面。

第一，私权利保护的不足。人类基因具有人身、财产双重属性，具体到个体基因权利保护上，法律应当在基因人格和财产权方面给予不同程度的保护。《民法典》对私权保护的不足导致人类基因编辑的法律隐忧，集中表现在两个方面。

一方面，基因作为个体人身的一部分，以信息为载体与外界产生接触和识别，这其中便涉及基因信息权的保护问题。基因信息作为公民个人信息的一部分，除具有个人信息的一般表现特征（如人身性、专属性等）外，还因其自身信息所携带的遗传性特征而应当在基因人格权上受到与一般个人信息同等甚至更高程度上的保护。[①] 目前对个人信息私法保护的法律依据主要是《民法典》和《个人信息保护法》。《民法典》第四编第二章"生命权、身体权和健康权"之下的第 1009 条[②]只是对人类基因编辑的抽象性规定，并没有就人体基因的权利属性作出规定；第 1034 条对个人信息的定义中将"生物识别信息""健康信息"纳入其中，意味着人类基因编辑作为个人信息权利的内容加以保护，但对于人体基因信息的决定、保密、报酬请求等没有做出具体细化的规定。《个人信息保护法》第 28 条规定基于保护自然人的人格尊严或人身、财产安全的目的而保护敏感个人信息，虽然该条规定在列举敏感个人信息时将生物识别信息置于其中，但是没有就基因信息作出明确规定。人们只能从逻辑推理中获得这样的认知：生物识别信息属于敏感个人信息，基因信息又是生物识别信息的一种表现形式，因此人体基因信息属于个人信息的具体分类。

另一方面，基因作为人体遗传性信息，基因草图为个体描述出了一幅专属于自我的基因肖像图，它是比一般个人信息更为重要的敏感个人信息，具有隐私权保护的基本特征，并且在某种程度上，它比一般的隐私信

---

① 参见陈全真《基因人格权：一个新型人格权的理论证成》，《科技与法律》2018 年第 5 期。

② 该条内容是："从事与人体基因、人体胚胎等有关的医学和科研活动，应当遵守法律、行政法规和国家有关规定，不得危害人体健康，不得违背伦理道德，不得损害公共利益。"《中华人民共和国民法典》，《人民日报》2020 年 6 月 2 日第 1 版。

息更为重要，因为此隐秘信息不仅涉及个人，还会涉及家族甚至整个种群。① 我国《民法典》规定隐私权的权利保护，并且设定了侵害隐私权的司法救济渠道，权利人除了可以主张侵权人物质损害赔偿外，在某种程度上还可以追究精神损害赔偿。依据"举轻以明重"的基本原则，私法上应该为更为重要、更加敏感的基因隐私权提供法律保护和司法救济渠道，以回应生物医学技术的发展和基因权利保护的需要。

第二，公权力制约衔接机制的缺失。我国《宪法》第33条第3款规定"国家尊重和保障人权"和第38条规定"禁止用任何方法对公民进行侮辱、诽谤和诬告陷害"，为促进我国以人格权为基础的公民基本权利保护体系的完善提供了根本法上的支持，为我国法律部门完善人格权保护条款提供了根本原则，为涉及以基因为载体的人格和财产权的保护提供了价值指引。我国没有建立起宪法诉讼机制，对受侵害的公民权利进行救济的直接依据是普通法律。然而，普通法律涉及人类基因编辑的规定存在着法律隐忧。

众所周知，刑法因具有剥夺公民自由和生命的惩戒功能而成为国家最严厉的法律，与宪法的联系也更为紧密。《刑法》第253条规定了侵犯公民个人信息罪。为严厉打击严重侵害公民个人信息的行为，《刑法》规定了最高达三年以上七年以下自由刑处罚标准。此外，为保障公民生命健康安全、防止医疗行业出现违法犯罪情况，《刑法》分别规定了医疗事故罪、非法行医罪，并依据犯罪情节轻重给予从拘役到有期徒刑等不同程度的处罚。2021年第十三届全国人大常委会第二十四次会议在通过《刑法修正案（十一）》时，在第336条中增加了"非法植入基因编辑"和"克隆胚胎罪"两项罪名并规定了量刑标准："将基因编辑、克隆的人类胚胎植入人体或者动物体内，或者将基因编辑、克隆的动物胚胎植入人体内，情节严重的，处三年以下有期徒刑或者拘役，并处罚金；情节特别严重的，处三年以上七年以下有期徒刑，并处罚金。"② 在保护基因信息权利以及惩戒医疗犯罪行为等方面提供了刑罚上的支持。众所周知，刑法担负着惩罚犯罪和保障人权的双重使命，其调整对象是严重危害社会的行为，一般作为社会救济的最后手段来使用，在其可替代的方式能较好修复

---

① 参见张亮、郑丹《我国人体基因资源的立法保护》，《四川师范大学学报（社会科学版）》2017年第2期。
② 《中华人民共和国刑法修正案（十一）》，《人民日报》2021年1月4日第15版。

已损害的"社会法益"的情形下，刑罚应保持谦抑性。

与刑罚处罚相比，行政处罚较为温和，常见的方式是警告、罚款，较严重的也只是吊销营业执照、拘留等。在动态变化着的社会现实面前，行政法规、行政规章由于广泛地深嵌入人们的日常生活管理之中，能够对社会利益的变化及时作出回应和调整，相较于宪法和刑法，行政法规、行政规章自身的灵活性和适应性的功能作用被放大。在人类基因编辑法律监管方面，虽然原国家食品药品监督管理局早在2003年就制定了《人基因治疗研究和制剂质量控制技术指导原则》《人体细胞治疗研究和制剂质量技术指导原则》等行政规章，后来科技部、卫生部也制定过有关的部门规章，但由于现实中存在着多部门立法、执法现象，从而造成各部门之间职责分工不清、相互推诿的情形，影响行政法上的社会监管效果。[①] 在关于人类基因编辑技术的行为调控上，我国立法上并没有确立由行政法规、行政规章到刑法的过渡的惩戒形态，存在公权力制约衔接机制缺失的情形。

第三，社会秩序保障的乏力。随着福利国家理论研究和实践的推进，国家的角色定位和具体职能也发生改变，国家由自由市场经济"守门人"逐渐演变为社会利益促进者的角色，由传统管理员的身份演化为服务者的角色。这就要求国家在涉及教育、劳动、就业、贷款、保险等社会领域担负起更重的职责，尝试尽可能多地提供优质均等化的服务。法律不是凝固不变的，而是随着时代变迁而变革，随着社会关系变化而变化。面对急剧变化的社会现实，在传统的公、私二分法的法律体系下，一个新的法律部门即社会法部门逐步形成。

随着人类基因编辑技术的发展，基因筛检技术广泛应用于保险、就业、贷款、教育等领域，由此带来了诸多社会问题，其中较为突出的问题是基因歧视。基因歧视是"基因决定论"在社会领域的现实体现，它以某类个体由于携带某类行为或疾病的倾向性基因而将其差别对待的一种处理方式。例如，在保险领域，保险公司没有正当理由只是基于被保险人携带了异常基因而额外收取高标准的保费或拒绝与其签署保险合同，或者保险公司在了解到投保人由于携带了某些疾病的倾向性基因而将其排除在投保范围之外；在就业领域，用人单位或雇主因求职者或雇员携带某些异常基因而拒绝录用，或者采取不对等的工作、薪资待遇等行为。

---

① 参见王康《人类基因编辑多维风险的法律规制》，《求索》2017年第11期。

在司法实践领域，我国也出现过相关的基因歧视案例。例如，广东省佛山市周某、谢某和唐某因是地中海贫血基因的携带者，被佛山市人力和社会保障局拒绝录用，三人到法院起诉，要求确认佛山市人力和社会保障局拒绝录用的具体行政行为违法，一审、二审法院均驳回了原告的诉讼请求。我国第一件"反基因歧视案"以失败告终，但其并不影响人们对该案件进行反思，该案件背后涉及的"基因歧视"问题引起人们重视。[①] 我国《就业促进法》规定了劳动者平等就业和自主择业的权利，不因民族、种族、性别、宗教信仰而受到歧视或差别对待，但其条款并没有"基因歧视"的有关规定。我国有必要尽快推进反基因歧视立法工作，为维护良好的社会法秩序提供有力保障。

3. 我国人类基因编辑法律隐忧的消解

人类基因编辑的法律隐忧需要通过法律的途径加以解决，加强人类基因编辑的法律规制是全面依法治国的重要课题，是解决人类基因编辑法律隐忧的必然之举。立法是法律运行的基础和前提，加强人类基因编辑的立法、完善人类基因编辑法律规范是消解人类基因编辑法律隐忧的核心和关键所在。人类基因编辑的技术性、科学性、专业性、精深性决定了完善人类基因编辑的法律规范是一项艰巨而复杂的系统工程。

第一，坚持立法基本原则。完善人类基因编辑法律规范除了要兼顾社会医疗机构、医师、科研人员、患者及其家属的利益需要和价值追求外，还要满足生物医学技术发展、生命伦理、社会主流文化的现实要求，因而既要坚持《立法法》规定的合宪、合法、科学、民主等普遍性原则，又要遵循预防、不损害和尊重等特殊原则。

预防原则。由于人类基因编辑技术是对人体遗传物质 DNA 的定点修饰和更改，将会对人类身高、肤色、鼻梁等表观性状产生根本的改变，针对生殖细胞的基因编辑，更会经子代传递产生代际影响，最终波及家族、种群、甚至整个人类。面对人类基因编辑技术产生的诸多技术、伦理、道德等不确定风险问题，完善人类基因编辑技术法律规范必须遵循预防人类基因编辑风险原则、控制人类基因编辑技术的滥用和不当应用、使人类基因编辑成为一项"负责任"的科技活动。

不损害原则。完善人类基因编辑技术法律规范的出发点除了让技术发

[①] 参见王康《基因正义论——以民法典编纂与基因歧视司法个案为背景》，《法学评论》2019 年第 6 期。

展循着法律规定的路径进行而相应减少技术发展过程中带来的潜在风险外，在更大程度上是为了让技术发展释放的红利能够更多更公平地惠及更广范围内的人，保障人类基因编辑技术发展过程中利益相关方的基本权利①，因而应该遵循不损害原则，规定人类基因编辑不得危害人体健康，不得违背伦理道德，不得损害公共利益。

尊重原则。人除了共享生命体共有的生命体征外，还具有专属于人类的神圣不可侵犯的人格尊严。人格尊严是一般人格利益的基础，它赋予人类以内在的价值，促进人类去寻求自由，开拓创造，共建美好未来。为了保存地球生命资源的多样性和丰富性，维护自然有机界的生态平衡，彰显对生命个体自由、平等的尊重，完善人类基因编辑技术法律规范必须要恪守尊重原则，对"在进行人体基因编辑时尊重个体的权利和意愿"作出规定。

第二，遵行立法基本程序。程序性是法律鲜明的特点和突出的特征，其具体表现在法律的制定、修改、通过、实行、废止都遵循着一套严格的步骤、方法和顺序。完善人类基因编辑法律规范也得遵循法定的程序要求。但由于人类基因编辑技术作为新型的生物医学技术，其技术的发展还处于动态的变化之中，所以完善人类基因编辑法律规范除了要满足一般的法定程序外，还需满足自身技术发展的特定程序要求，尤其强调公众参与、技术后果评估、共识会议等三个方面。

公众参与。公众参与立法是人民民主在立法中的具体体现，也是参与主义立法模式的基本要求。所有立法都应该有公众参与，完善人类基因编辑法律规范也不例外。当然，在这里，特别强调人类基因编辑方面的科学家、哲学家、伦理学家、法学家等在"公众"中的构成。

技术后果评估。完善人类基因编辑法律规范必然涉及技术利益和技术风险的社会分配问题，但无论是技术利益社会分配，还是技术风险社会分配，都是建立在对人类基因编辑技术后果的清醒和客观认识基础之上。② 关于人类基因编辑技术的评估，应该抛弃传统的以技术论为内容的形而上学之片面观点，在相关环境、社会、人和技术综合关系的基础上进

---

① 利益相关方的基本权利主要是指社会医疗机构自主独立营业权、医疗人员的职业自由和职业保障权、临床实践研究人员的科研自由权利以及患者及其近亲属基本权益等。

② 参见唐伟华《对作为经验的欧美人类种系基因编辑立法的省思》，《科学与社会》2019年第4期。

行价值判断和道德考量：使用人类基因编辑技术欲实现社会之目的；实现此目的社会可容忍范围之内允许使用的方法、手段；使用该技术手段可能带来的有利的和不利的影响。通过人类基因编辑技术评估，促进建立该技术利益和社会风险分配的知识信息积累，是人类基因编辑立法过程中必不可少的一环，也是实现法律工具价值和实质价值的必然要求。

共识会议。完善人类基因编辑技术风险法律规范不仅要致力于促进国内不同利益冲突主体（如社会医疗机构、医疗执业人员、患者等）社会保障的公平实现，还要兼顾不同国家之间、当代人与未来人之间的利益的公平分配问题。为实现此种社会目的的内在要求，完善人类基因编辑法律规范不仅是一个国内各方消除异见、形成共识的过程，也是在国际社会交流合作中吸取先进立法经验的过程。

第三，完善法律规范内容。针对前面提到的我国人类基因编辑所存在的私权利保护不足、公权力制约机制不完善以及社会秩序保障无力等问题，完善人类基因编辑法律规范的内容可以从以下方面入手。

人类应该倍加关注和珍视的最根本东西应该是人的价值和尊严。在现代社会，宪法致力于在政府治理的有序化、人民生活的多元化以及个人自由最大化的矛盾和冲突之间寻求最合理的平衡，以促进人的自由、尊严价值的舒张和全面发展诉求的满足。人的自由、平等、尊严价值的实现与宪法的保障日益密不可分，人类基因编辑技术的法律秩序也离不开宪法的参与。宪法作为国家的根本大法，在法律位阶上和效力上高于其他部门法，其他部门法必须以宪法为根本指引，遵循宪法的内在价值，将宪法尊重和保障公民自由、平等、尊严的价值理念贯穿到普通法律的具体规定中。

根据宪法的原则和精神，可以在《民法典》中增加基因人格权的规定。关于基因人格权的内涵，目前民法理论界还处于争论之中，但其外延与公民其他基本人格权存在着交叉和包含关系，可以通过适当扩大公民其他有关权利的内容来确立基因人格权的保护。例如，一般情况下，公民基因人格权的侵害的发生主要存在于对公民的生命和健康"法益"的侵害事实之中，因而法律可以通过对公民的生命和健康"法益"的保护来附带保障公民的基因人格权利。又如，公民基因人格权保护的内容主要涉及基因个人信息权、基因隐私权保护两个方面：个人信息权作为一项新的权利内容已为《民法典》所确认，此时基因信息权的保护内容可以经由公民个人信息的保护内容所涵盖；在涉及基因隐私权保护方面，由于基因隐私属于典型意义上个人隐私的一部分，而我国公民个人隐私权的保护早已在我国法律体系中确立起来，随着《民法典》颁布实施，公民可以援引《民法典》中关于公民隐私权的法律规范来保护个体的基因隐私权。顺应人类基因编辑技术发展的要求，未来对人类基因编辑的法律规范在《民法典》中应该有更完善的内容。因为，基因人格权作为公民一项基本人格权，其物质载体是个体基因，它除了满足传统意义上一般人格权的人身性、专属性等特征外，还具有自身独立的遗传性特征。正因为基因人格权与传统意义上人格权存在不同，《民法典》应当将基因人格权视为公民享有的一项独立存在的权利形态，单独对其做出规定。

行政法是关于行政权的授予、行使、监督以及对行政权产生的后果予以规定的法律规范，主要用于调整行政权与其他国家权力和公民权利之间的社会关系。由于行政权属于公权力，行政执法具有天然的优位性，所以在行政执法过程中要严格遵守比例和诚实信用等基本原则。国家行政权在介入到人类基因编辑技术活动中时，一方面，行政法律规范要明确医疗机构、科研院所、医疗、科研等有关人员的技术规则，违反技术规范所应承担的具体行政责任；另一方面，行政法律规范要明确行政执法主体应遵守的具体程序、方法和步骤，保障行政相对人或相关人的陈述、申辩、听证的权利以及提起申诉、行政复议、行政诉讼、申请国家赔偿的权利。

刑法是规定犯罪和刑罚的法律，刑罚是国家最严厉的制裁措施，轻则限制人的自由，重则剥夺人的生命，所以在适用刑法上必须要严格遵守罪刑法定的基本原则。在对人类基因编辑的刑法规制方面，曾经存在不同的观点。有学者主张，将人类基因编辑技术严重侵犯公民和社会的"法益"的行为涵摄入以危险方法危害公共安全罪的"公共安全"所保障的"法益"之中，以危害公共安全罪论处。[①] 也有学者认为此观点值得商榷。为保持刑法的谦抑性和贯彻罪刑法定的基本原则，危害公共安全罪的适用范围不宜扩大。[②]

---

① 参见徐光华《公众舆论与以危险方法危害公共安全罪的扩张适用》，《法学家》2014年第5期。

② 参见陆诗忠《论"以危险方法危害公共安全罪"中的"危险方法"》，《法律科学（西北政法大学学报）》2017年第5期。

有学者认为，我国现存刑法文本针对严重侵害公民人身生命和健康"法益"的行为在一般生活领域规定的有故意杀人罪、故意伤害罪、过失致人重伤罪、过失致人死亡罪等，在医疗领域存在医疗事故罪、非法行医罪等规定，这些罪名的规定可以涵盖人类基因编辑技术的规范性调整。[①] 也有学者认为，实则并非如此，因为人类基因编辑行为很难涵摄到以上相应罪名之中。[②] 刑法作为保障公民基本人权最为密切的法律，必须要对人类基因编辑行为进行规范性调整。

纵观世界范围的立法发展，各国"刑法典"对生物医学技术行为的规范调整都较重视，如法国"刑法典"设置的"保护人之种类罪"、西班牙"刑法典"规定的"改变人类基因罪""过失改变基因罪"、澳大利亚"刑法典"规定的"对基因进行可遗传性的操作罪"、芬兰"刑法典"规定的"战争与反人类罪"等。[③] 加强对人类基因编辑的刑法规制是当今时代的潮流，我国在人类基因编辑行为的刑法规制方面作出了自己的努力。"非法植入基因编辑罪"和"克隆胚胎罪"两项罪名及其量刑标准已经载入《刑法修正案（十一）》中。有学者建议："刑法对人类基因编辑行为的介入应当保持谦抑性，以客观的刑法解释为原则，处理好科技创新与法律规范的罅隙"[④]。在未来的司法中，在法律技术层面，要通过参照对同类犯罪司法解释的理解对犯罪构成要件、情节严重、单位犯罪缺失问题进

[①] 参见朱晓峰《人类基因编辑研究自由的法律界限与责任》，《武汉大学学报（哲学社会科学版）》2019年第4期。

[②] 理由有二，一是故意杀人、伤害罪具体表现为行为人具有剥夺他人生命核心权益的主观恶意，该罪规制的对象是以非法方式侵害他人身体的行为，保护的法益是个人身体的神圣不可侵犯性以及生命核心法益；其次，过失致人重伤、死亡罪适用于行为人因存在过失致被害人重伤、死亡的结果，上述罪名是典型的结果犯，行为的实害结果未发生、未显现，都不宜适用该条规定调整；但是人类基因编辑技术行为所带来的社会危害结果，有些具有明显的具体实害结果，但大多数行为表现出的社会危害是内隐性的、潜在的，行为的不利影响非但不会立即显现，有些甚至会在个体上潜伏数年之久。二是医疗事故罪保护的客体为医疗工作秩序和患者的生命健康法益，非法行医罪保护的法益为国家对医疗机构的管理制度以及公众的生命、健康权，前者的犯罪主体必须是获取了职业资格证书的医疗职业人员，而后者必须要满足未取得医师执业资格证书的行为人故意从事医疗行为且造成严重后果的行为，这些罪的成立都适用于独立存在的领域，且肩负的保护社会法益的任务不同。可见，人类基因编辑技术的危害行为很难涵摄到以上相应罪名之中。参见刘艳红《刑法理论因应时代发展需处理好五种关系》，《东方法学》2022年第2期。

[③] 参见以下资料：杨杰《基因编辑的社会风险规制》，《科技与法律》2019年第3期；杨建军、李姝卉《CRISPR/Cas9人体基因编辑技术运用的法律规制——以基因编辑婴儿事件为例》，《河北法学》2019年第9期。

[④] 宋浩、李振林：《人类基因编辑行为的刑法规制》，《中国卫生法制》2024年第1期。

行补正；于法律价值层面，"要以被允许的危险理论和生命伦理理论作为刑法介入人类基因编辑行为的限度"①，以实现对人类基因编辑行为的规范调整和相应主体的权益保障。

---

① 魏汉涛：《人类基因编辑行为的刑法规制》，《法商研究》2021 年第 5 期。

结　　语

在现代社会，科技已经成为人类生活的一部分，可以说已经成为人类的生产方式和生活方式。离开科技，人类难以探究自然的奥秘；离开科技，人类难以提高改造自然的能力；离开科技，人类只能停留于"必然王国"而成为受到规律束缚的"奴隶"。如我们所见，人类变得更加健康、活得更加长久，人类战胜自然灾害、去除社会陈迹，人类进入"自由王国"而成为掌握和利用规律的主体……，科技功不可没，在人类迈向文明的道路上，到处闪现着科技的身影。然而，正如一个硬币有两面，科技也并非只有正面的积极效应。正如每一次重大的科技发明总能引起人们的欢呼，每一次重大的科技异化事件也引起人们的深思。

中国的"基因编辑婴儿"事件以及日本批准全球首例"在动物胚胎中培育人体器官的研究"，将人类基因编辑这项具有高度伦理和法律争议的科技推到舆论的风口浪尖。虽然个别人对"基因编辑婴儿"实验表示支持，但绝大多数人持反对态度。人们普遍认为，以生育为目的的胚胎基因编辑操作违反了公认的伦理规范，存在着诸多法律风险。中华医学会医学伦理学分会呼吁科学界乃至整个社会充分认识科技与伦理之间的密切关系，使科技活动符合国家法律法规和国际国内伦理规范，共同维护科学精神和道德秩序。世界卫生组织（WHO）下属专家委员会发布《人类基因组编辑管治框架》和《人类基因组编辑建议》。2020年将作为极不平凡的一年载入人类史册，这不仅仅是因为新冠疫情的暴发催生了新型冠状病毒疫苗（2019-nCoV Vaccine）[①]、促进了人类医学和医疗事业的发展，而且使得伦理和法律在应对疫情防控中基于"健康码"与"蓝牙追踪"为代

[①] 田雅婷：《中国疾控中心成功分离中国首株新型冠状病毒毒种》，《光明日报》2020年01月25日第3版。

表的"中心化"与"去中心化"两种数据处理方案而产生的实现个人隐私保护与公共健康管理之间平衡等问题得到较好解决,个人数据保护立法与执法在世界范围内铺开,我国《民法典》《个人信息保护法》的出台清晰地勾勒了个人数据保护的中国方案。[①]

没有约束的科技活动是危险的,科技伦理约束和科技法律治理对科技健康发展是不可或缺的。问题的关键在于厘清科技伦理约束和科技法律治理的理据和实施路径。这就要求对科技治理进行法哲学分析。法哲学是法学理论系统的基石,伦理和法律不可分割的关系决定了法哲学必然涉及伦理和法律两个领地,并以探究伦理约束和法律治理的方式路径以及赖以存在的理据。据此,以马克思主义法哲学为指导研究现代科技发展的伦理约束和法律规制,首先就要考察科技的现象和本质。有关科技的观点多种多样,但无论如何界定科技,都不会否定它是科学与技术的融合与统一。科技不是从来就有的,而是人类认识和改造自然的成果发展到近代的产物;科技也不是人类毫无目的的"无端制造",而是人类基于自己生存和发展需要、过上更加富足舒适的美好生活而创造出来的。人是科技的主体、科技的目的、科技发展的动力,科技是人类更好地与自然进行物质、信息和能量交换的工具,科技的价值突出表现为服务人、造福人。科技的人本价值既具有人性的本源,也具有实践的根据。然而,科技在人类认识和改造自然中的功能凸显,导致一些人对科技极度推崇,科技工具理性偏离了科技价值理性,"科技拜物教"盛行导致科技的研发和应用偏离人本价值的方向,现实中科技在应用中损害人的主体地位、消解人的规范行为、破坏人的生态环境、威胁人的族类安全等,表明科技"善""恶"并存,科技异化是科技"恶性"的具体表现。

科技所具有的"双刃剑"效应决定了对科技发展进行规制的必要性,科技发展根源于科技研发和应用,而科技研发和应用是人的行为、人的活动,所以,解决现代科技发展中的问题,归根到底是解决科技研发和应用等行为规制问题:一方面要鼓励科技创新、鼓励科技成果从知识形态的生产力转化为现实形态的生产力,发挥科技作为"第一生产力"的效能,促进科技健康发展;另一方面要坚持人本价值指引,秉持行善、自主、不

[①] 参见腾讯研究院《规则的激荡与新生——2020年数据治理年度报告》,http://www.yidianzixun.com/article/0T8AASAD?s=op398&appid=s3rd_op398,访问时间:2021年8月19日。

伤害和公正等原则，维护人的权利和尊严，使科技更好地为人类造福，而不是危害人类。为此，必须运用科技伦理加强科技研发和应用行为的约束。科技伦理是科技与伦理的统一体，具有科技职业属性，属于伦理的新兴子系统。现代科技所具有的真、善、美等伦理品格决定了现代科技发展应该坚持求真务实、人道主义以及和谐安宁的伦理向度。然而，在现实中，现代科技发展伦理向度受到诸多因素的制约，科技之伪侵蚀着科技之真，科技之恶消解着科技之善，科技之丑遮蔽着科技之美。必须加强科技伦理建设，强化科技伦理对科技研发和应用的功能，确保现代科技发展求真务实、人道主义以及和谐安宁等伦理向度。

由于科技伦理对科技研发和应用行为的规制通过行为主体的外部"劝诫"和内在"自省"发生作用而具有有限性，于是科技法律的规范和调整就具有必要性。科技法律与科技伦理是防止科技异化、保障科技健康发展的两翼，在规范和调整科技研发和应用行为中相辅相成、相得益彰。两相比较，科技法律因其内容的明确性、稳定性、国家强制性等特征而在规范和调整科技研发和应用等行为中具有更加重要的地位。在我国，科技法律随着改革开放以来科技进步和法制发展而逐渐成为一个独立的法律部门，科技法治也随着依法治国方略的实施和推进而成为社会主义法治的重要组成部分。中国特色社会主义进入新时代，"坚持和完善中国特色社会主义制度""推进国家治理体系和治理能力现代化"是新时代的重要课题，以推进科技法治而推进现代科技合乎道德的研发和应用是这个新时代课题的题中之义。推进科技法治，不仅要坚持科技良法与科技良法统治并重、实现科技良法制定与科技良法施行紧密结合、保障科技健康发展法律与防治科技异化法律的共同推进，而且要将创新、协调、绿色、开放、共享等五大发展理念融入科技法治建设之中，以推进科技人本立法提升科技法律品位，以推进科技依法行政强化政府科技职能，以推进科技司法公正发挥司法矫治功能，以科技伦理治理与科技法律治理微观建设推动科技伦理治理与科技法律治理法治整体发展。

总之，解决现代科技发展中的异化现象、风险事故、负面效应等问题，通过不断创新发展更加进步的科技是必要的，但要避免落入技术创新主义泥沼。要知道，现代科技的流弊并非根源于科技本身，而是来自人们的思想错误及对科技成果的误用滥用。消除现代科技的流弊，解决现代科技发展存在的问题，必须找到实现科技手段与人本价值之间平衡的方法。

这就必须有正确的科技观和方法论。倘若人们能够有正确的思想和方法，便可以导引科技研发和应用进入正途；即便科技研发和应用误入歧途，也可以及时矫正，避免科技危害人的种种现象的发生。马克思主义法哲学顺应矫治科技发展的偏误、保障科技健康发展的要求，强调科技伦理约束和科技法律规制的相互结合、相得益彰，既给科技研发者和应用者广阔的空间，让他们发展科技、应用科技而泽惠于人，同时又保障科技研发者和应用者的合法权利，使他们合理合法地研发和应用科技，为人民实现追求美好生活的愿望提供更多更好的工具和手段。

参考文献

一 学术著作

［英］阿伦·布洛克：《西方人文主义传统》，董乐山译，生活·读书·新知三联书店1997年版。

［英］边沁：《道德与立法原理导论》，时殷弘译，商务印书馆2000年版。

关西普、汤步华：《科学学》，浙江教育出版社1985年版。

［德］尤尔根·哈贝马斯：《作为"意识形态"的技术与科学》，李黎等译，学林出版社1999年版。

何士青：《现代科技发展与法学理论创新》，中国社会科学出版社2014年版。

何悦：《科技法学教程》，法律出版社2018年版。

［德］黑格尔：《法哲学原理》，范扬等译，商务印书馆1961年版。

［英］J. D. 贝尔纳：《科学的社会功能》，陈体芳译，广西师范大学出版社2003年版。

［美］凯斯·R. 孙斯坦：《风险与理性——安全、法律与环境》，师帅译，中国政法大学出版社2005年版。

［德］康德：《纯粹理性批判》，蓝公武译，商务印书馆1960年版。

［美］罗·庞德：《通过法律的社会控制 法律的任务》，沈宗灵等译，商务印书馆1984年版。

罗玉中：《科技法学》，华中科技大学出版社2005年版。

［美］马尔库塞：《单向度的人》，张峰等译，重庆出版社1988年版。

［英］M. 戈德史密斯、A. L. 马凯：《科学的科学——技术时代的社会》，赵红州等译，科学出版社1985年版。

[美]尼古拉·尼葛洛庞帝：《数字化生存》，胡泳等译，电子工业出版社2017年版。

牛忠志：《科技法律秩序的刑法保护研究》，知识产权出版社2019年版。

欧阳光明：《科技发展与社会进步》，江西人民出版社2009年版。

[美]乔治·萨顿：《科学史和新人文主义》，陈恒六等译，华夏出版社1989年版。

唐钧：《政府风险管理——风险社会中的应急管理升级与社会治理转型》，中国人民大学出版社2015年版。

[美] M. W. 瓦托夫斯基：《科学思想的概念基础——科学哲学导论》，范岱年等译，求实出版社1982年版。

王前、杨慧民：《科技伦理案例解析》，高等教育出版社2009年版。

王学川：《科技伦理价值冲突及其化解》，浙江大学出版社2017年版。

吴文新：《科技与人性》，北京师范大学出版社2003年版。

《习近平法治思想概论》编写组：《习近平法治思想概论》，高等教育出版社2021年版。

杨舰、刘兵：《科学技术的社会运行》，清华大学出版社2010年版。

[美]伊森·凯什、[以色列]奥娜·拉比诺维奇·艾尼：《数字正义：当纠纷解决遇见互联网科技》，赵蕾等译，法律出版社2019年版。

易继明：《技术理性、社会发展与自由——科技法学导论》，北京大学出版社2005年版。

[美]约翰·罗尔斯：《正义论》，谢延光译，上海译文出版社1991年版。

张文显：《法理学》（第五版），高等教育出版社2018年版。

周海源：《创新的法治之维：科技法律制度建设研究》，北京大学出版社2017年版。

二 学术论文

崔永东：《司法与科技》，《河北法学》2020年第6期。

邓炜辉等：《回应型治理：检察公益诉讼治理模式的祛魅与重构》，

《社会科学家》2021 年第 8 期。

杜祥琬：《加强科学道德建设是科技共同体责任》，《中国科技奖励》2010 年第 8 期。

韩保江等：《中国式现代化：特征、挑战与路径》，《管理世界》2022 年第 11 期。

韩大元等：《谈现代科技的发展与宪法（学）的关系》，《法学论坛》2004 年第 1 期。

郝勇东：《理解科学异化——马克思"人的自我异化"的启示》，《科学技术哲学研究》2017 年第 5 期。

何丽新等：《搜索引擎"算法侵权"的归责路径探析》，《西北工业大学学报（社会科学版）》2020 年第 2 期。

和鸿鹏等：《科研不端认定的依据与争议》，《北京航空航天大学学报（社会科学版）》2022 年第 1 期。

雷瑞鹏：《科技伦理治理的基本原则》，《国家治理》2020 年第 3 期。

李括：《美国科技霸权中的人工智能优势及对全球价值链的重塑》，《国际关系研究》2020 年第 1 期。

李正明等：《试论经济人、理性人与诚信的统一性——对我国经济人、理性人通行定义的批评》，《学术界》2010 年第 10 期。

梁琦：《从不幸科学事件看科学研究管理》，《武汉科技大学学报（社会科学版）》2019 年第 3 期。

林雨佳：《刑法司法解释应对新型科技犯罪的逻辑、立场与路径》，《东方法学》2022 年第 3 期。

令小雄等：《ChatGPT 爆火后关于科技伦理及学术伦理的冷思考》，《新疆师范大学学报（哲学社会科学版）》2023 年第 4 期。

刘大椿等：《科技时代伦理问题的新向度》，《新视野》2000 年第 1 期。

刘益东：《前沿科技领域治理应警惕科技伦理法律陷阱》，《国家治理》2020 年第 25 期。

刘益东：《致毁知识与科技伦理失灵：科技危机及其引发的智业革命》，《山东科技大学学报（社会科学版）》2018 年第 6 期。

刘子成等：《职业伦理的三重哲学根基——以"分工"概念为分析视角》，《社会科学战线》2021 年第 5 期。

马敏：《现代化的"中国道路"——中国现代化历史进程的若干思考》，《中国社会科学》2016年第9期。

毛新志等：《技术化生存与人性化生存》，《科学技术与辩证法》2007年第2期。

倪晓宁：《面向2035年科技创新促进人类命运共同体构建》，《中国科技论坛》2020年第4期。

苏力：《法律与科技问题的法理学重构》，《中国社会科学》1999年第5期。

孙伟平：《人工智能与人的"新异化"》，《中国社会科学》2020年第12期。

滕松艳：《哈贝马斯科技意识形态异化解析》，《北方论丛》2017年第4期。

汪怀君：《技术恐惧与技术拜物教——人工智能时代的迷思》，《学术界》2021年第1期。

汪俊等：《制度框架下的科研不端行为治理对策研究》，《中国科学基金》2009年第5期。

王长征等：《科技向善的国外研究回顾与展望》，《科技进步与对策》2023年第9期。

王俊超：《网络恐怖主义犯罪防控策略研究》，《信息安全与通信保密》2020年第8期。

王孟祺：《浅谈科学——科学、非科学、伪科学之联系》，《科技风》2018年第3期。

王萍：《科学技术进步法修订：为科技自立自强提供法治保障》，《中国人大》2022年第1期。

王蒲生等：《技术的报复——科技伦理与科技人员的伦理责任》，《科学中国人》2002年第5期。

王小伟：《"道德物化"与现代科技伦理治理》，《浙江社会科学》2023年第1期。

王晓升：《黑格尔与法兰克福学派的现代性批判理论》，《社会科学战线》2019年第1期。

王野林：《科技异化：人与自然关系异化的直接动因》，《人民论坛》2016年第25期。

吴猛：《价值形式：马克思商品拜物教批判的理论定位》，《中国社会科学》2020年第4期。

许先春：《中国式现代化的科技意蕴、战略支撑及实践要求》，《北京行政学院学报》2023年第1期。

杨焕明：《科学与科普——从人类基因组计划谈起》，《科普研究》2017年第3期。

杨丽娟等：《高技术立法规制问题的哲学探讨》，《法学论坛》2005年第1期。

易淼：《技术创新与利益共享的统一：新科技革命如何推进社会主义共享发展》，《西部论坛》2020年第1期。

张红艳等：《国家治理现代化需求导向的高质量发展研究》，《荆楚学刊》2023年第1期。

张钦坤等：《以科技向善引领新兴数字科技治理》，《民主与科学》2022年第5期。

赵鹏：《科技治理"伦理化"的法律意涵》，《中外法学》2022年第5期。

郑宝明：《国际恐怖主义活动的新特点及反恐对策》，《理论学刊》2002年第1期。

郑戈：《在鼓励创新与保护人权之间——法律如何回应大数据技术革新的挑战》，《探索与争鸣》2016年第7期。

钟世镇：《数字人——信息与生命科学结合的新领域》，《科技导报》2005年第2期。

周家荣等：《从工具理性到价值理性：科技与社会关系的重大调整——兼论科技在构建和谐社会中的功能整合》，《科学管理研究》2007年第5期。

庄友刚：《科技伦理讨论：问题实质与理论自觉》，《观察与思考》2017年第3期。

后 记

本书是作者承担的中央高校基本科研业务费资助项目"现代科技发展的法哲学研究"（2019WKZDJC021）的结项成果，也是国家社会基金重大项目"民族自治地方社会治理现代化的机理与路径研究"（22VMZ006）、国家人权教育与培训基地项目"大数据时代的生存方式与法治回应研究"（2022WKFZZX012）的阶段性成果。

本书以马克思主义法哲学为指导，以习近平法治思想为遵循，综合运用哲学、科学学、法学、伦理学等学科的知识和方法，立足于我国现代科技发展状况和社会效应，以保障现代科技健康发展、推进现代科技为人民美好生活赋能为目的，借鉴已有研究成果，对现代科技发展进行法哲学分析，内容涉及科技的人本精神、科技异化对人本精神的背离、科技伦理和科技法律的辩证关系、现代科技发展的伦理向度及其保障、现代科技的法律治理及其实施路径等方面，在研究内容和研究方法上实现了一定程度的创新。

在本书的写作过程中，作者借鉴了已有的研究成果，在此对这些研究成果的作者致以深深的谢意。感谢全国哲学社会科学工作办公室和华中科技大学，其所提供的研究经费使得该成果得以形成。感谢中国社会科学出版社宫京蕾老师为本书出版付出的辛勤劳动。

本书只是作者的一得之见，由于水平有限，内容难免有不妥之处，敬请读者指正。

何士青
2024.12